KB247261

대각선 논법과 역

# 대각선 논법과 역

Cantor's Diagonal Argument and I Ching

초판 제1쇄 인쇄  2012. 1. 3.
초판 제1쇄 발행  2012. 1. 9.

지은이   김상일
펴낸이   김경희
펴낸곳   본사 • 경기도 파주시 교하읍 문발리 520-12
　　　　　전화 (031)955-4226 · 4227 팩스 (031)955-4228
　　　　서울사무소 • 서울시 종로구 통의동 35-18
　　　　　전화 (02)734-1978 팩스 (02)720-7900
　　　　인터넷한글문패  지식산업사
　　　　인터넷영문문패  www.jisik.co.kr
　　　　전자우편  jsp@jisik.co.kr
　　　　등록번호  1-363
　　　　등록날짜  1969. 5. 8.

책값은 뒤표지에 있습니다.

ⓒ 김상일, 2012
ISBN 978-89-423-6309-4   93150

이 책을 읽고 지은이에게 문의하고자 하는 이는
지식산업사 전자우편으로 연락 바랍니다.

# 대각선 논법과 역 易

칸토어의 대각선 증명과 러셀 역설로 본 역

## 김 상 일

지식산업사

# 머리말

    철학에 관심을 두기 시작한 지 50여 년 동안 필자에게 가장 매력 없었던 책은 《주역》이었다. 그러나 지금 필자 곁에 한시도 없어서는 안 될 책이 역에 관한 책들이다. 그 동안 역이 매력 없었던 이유는 그것이 점서였기 때문만은 아니고, 〈계사전〉에 나오는 "태극이 음양을 낳고 음양이 사상을 낳고"와 같은 매우 단순하고 기계적으로 보이는 언어 표현들 때문이었다. 그리고 효나 괘를 가족 관계나 자연 현상에 비유하는 은유법 때문이었다. 이 두 가지가 역학 서적을 펴는 순간 필자를 질리게 만들었다.

    역에 대한 필자의 생각을 180도 바꾸어 놓은 것은 칸토어의 대각선 논법을 알게 되면서부터이다. 사각형의 세로와 가로에 1, 3, 4. …와 같은 자연수를 배열하고, 그것으로 대각선을 만들었을 때 일종의 격자 형식이 이루어지는데, 만약에 사각형 속에 무한개의 수가 있다고 할 때 대각선에 있는 수들을 모두 다른 것으로 바꾸고(이를 반가치화), 대각선을 가로로 만들면(이를 반대각선화) 반드시 사각형 안에 들어가지 않는 수가 하나는 있다는 것이 대각선 논법이 말하려는 것의 전부이다. 그런데 만약에 사각형 안의 모든 수를 무한개라고 한다면, 이는 무한보다 더 큰 수가 있다는 결론이고 보면, 큰 무한과 작은 무한이라는 집합이 생기게 된다. 그러면 크고 작은 두 무한 사이에 끼여 있는 무한이 있느냐 없느냐 하는 논쟁이 이른바 '연속체 가설 논쟁'이다. 이 논쟁은 세기적 논쟁거리가 되었다. 그리고 칸토어는 이 가설의 결론을 보지 못하고, '있다'는 믿음만 가지고 죽고 말았다.

그런데 이런 논쟁의 빌미를 제공한 격자무늬 형식이 다름 아닌 소옹邵雍이 작도하였다고 하는 방도方圖이다. 라이프니츠가 보고 경탄을 금하지 못하였다는 바로 그것이다. 그러나 그는 그 속에 있는 대각선 논법을 놓치고 살피지 못하였다. 100여 년 뒤 독일의 수학자 칸토어에게 세기적 관심사를 넘겨 줄 수밖에 없었다. 2006년 필자는 《역과 탈현대의 논리》(지식산업사)에서 역과 대각선 논법을 연관시키는 시도를 하였다. 그 뒤 미국 캘리포니아대학(UCLA) 찰스영도서관에서 사이먼스의 《보편성과 거짓말쟁이》(*Universality and the Liar*)를 접하고 나서, 대각선 논법을 거짓말쟁이 역설과 연관을 시키는 계기를 만들었다. 2006년도의 필자의 시도가 제대로 된 것임을 확인할 수 있었다.

2008년 베이징으로 달려가 베이징대학 앞 서점에서 역에 관한 책들을 저인망식으로 거두어 와 읽기 시작하였다. 이번에 출간하는 《대각선 논법과 역》은 중국에서 펼쳐진 역의 강물 속에서 헤엄쳐 보려는 것이었다. 그러나 그것은 욕심이었다. 한대의 경방京房과 송대의 유목劉牧 등 몇 안 되는 인물만 다루었는데도 책의 부피는 그만 과부하가 되고 말았다. 만약에 대각선이란 노를 사용하면 얼마든지 큰 역의 바다로 나가 항해를 할 수 있을 것이다.

방법론이 서니 한국역의 강물 속으로도 뛰어들지 않을 수 없었다. 놀라운 것은 그 동안 한국 철학사가 한국의 역학은 왜 거의 다루지 않았는가였다. 역이란 동양 철학의 논리학이다. 논리학 없는 철학, 그것은 상상만 해도 조롱거리이다. 논리학은 오직 인간의 사고 그 자체만을 대상으로 하는 학문이기에, 논리학 없는 철학은 주춧돌 없는 집과 같다고 하겠다. 그 동안 한국 철학자들이 다루지 않았을 뿐이지 중국과는 비교도 안 될 수준 높은 역의 강물이 흐르고 있었다. 적어도 대각선 논법의 지렛대를 사용하면 이 점이 보인다는 것이다. 그 가운데 하나가 김일부의 정역正易이다. 책의 과부하 때문에 이 책에서는 빠질 수밖에 없었다. 그래서 《대각선 논법과 한국역》이란 제목으로 이어서 자매편으로 출간될 예정이다.

공자가 늘그막에 '나에게 삶의 시간이 더 주어진다면 오직 역을 공부하겠다'는 말이, 이 책을 읽는 동안 이해되기를 바란다. 그러나 공자가 대각선 논법이라는 방법론으로 역을 보았다는 것은 아니다. 그가 이를 몰랐기 때문에 그가 지었다는 《십익》 속에는 역에 관한 많은 의문점을 토로해 놓고 있다. 공자는 실로 윤리가 이상으로 논리가였다. 윤리倫理가 논리論理와 글자 모양이 같아 보이는 이유를 역을 통해 이해할 만할 것이다.

끝으로 독자들에게 당부하고 싶은 말은, 이 책이 아주 이해하기 쉽다는 선입관을 가지고 읽어 나가기 바란다는 것이다. 돼지 열 마리가 강을 건넌 다음에 어미 돼지가 다 건넜는지 셈을 하는데, 한 마리가 모자란다. 자신을 셈하지 않았기 때문이다. 이 책을 읽는 동안 어려움에 봉착하면 이 돼지 이야기로 돌아가 머리를 정리하기 바란다. 멱집합의 원리, 시생원리, 가족 관계의 원리라는 말들이 모두 이와 연관이 되기 때문이다. 이론 도입 부분에는 낯선 논리적 기호들이 나오는 곳이 있다. 사실 독자들은 이 부분을 뛰어넘어 읽어도 내용을 소화하는 데 지장이 없다. 그리고 같은 내용을 반복해 말하는 부분은 필자의 글쓰는 방식인 동시에 강조와 방점을 찍기 위한 것이니 양해를 바란다.

김경희 사장님은 필자가 무슨 글을 썼다는 것을 다 알고 있는 분이다. 책의 가치와 영업을 함께 고려해야 할 출판사 사장으로서, 이 책이 출간된 뒤 어떤 운명일지 착잡한 마음으로 바라보지 않을 수 없을 것이다. 염치없이 또 부탁드리게 되었다. 감사한 마음뿐이다.

이 책이 이렇게 출간될 수 있도록 여러 여건을 만들어 주신 분은 CalUMS의 데이비드 박 총장님이다. 2006년에 한국의 대학을 떠나 미국으로 온 뒤 박총장님은 환경 좋은 곳에 연구실을 마련하여 오직 학문에만 전념하고 매진하도록 기회를 만들어 주셨다. 박총장님은 내가 평생 추구해온 '한'이란 개념을 누구보다 사랑하는 분이다. 한의 '하나'는 세로, '여럿'은 가로로 할 때 '한'이란 다름 아닌 대각선이다. 이번 책도 지금까지 추구해 오던 작업의 연장이라 할 수 있다. 그래서 내가 평생 가장 가지고 싶었던 시간들을 이 책을 쓰는 동안에 누렸다고 할 수 있다. 앞으로도 이런 시간들이 필자에게 주어질 것이라 생각할 때, 필자는 은혜 속에 살고 있는 행복감을 만끽하게 된다. 《논어》 학이 편 첫 구절은 생각할수록 기쁘고 좋다.

이 책을 쓰는 처음 2년 동안은 미국 서부 사막도시 빅터빌에서, 말 그대로 두문불출하고 바람과 별만 친구 삼아 집필에 몰두하였다. 여기 나오는 역에 관한 발상은 거의가 새로운 것이다. 새로운 발상을 글로 표현해 낸다는 것은 비슷한 발상을 하는 다음 사람들에게 길을 내 주기 위해서이다. 한 순간의 생각이 이렇게 긴 글이 되었다. 편집을 해 주신 지식산업사 식구들의 노고가 이만저만이 아니었다. 감사 말씀 드린다. 책이 나올 때까지 책이 진행되는 과정을 늘 점검하면서 지켜보고 격려해 준 아내와 가족들에게도 함께 감사한다.

단기 4344년(2011년) 신묘년 겨울에
미국 서부 모하베 사막 근처에서

# 차 례

머리말 _5

# 모둠글

　"경위를 알아보자" "경위를 따져보자" 할 때, 여기서 말하는 '경위經緯'는 사각형의 '세로'와 '가로'를 말한다. '날줄'은 세로, '씨줄'은 가로이다. 지구라는 구면상에서 말하는 경도와 위도는 우리 귀에 가장 익숙하다. 경도는 변하지 않는 것이고, 위도는 변할 수 있는 것이다. 경도는 남극과 북극을 연결하여 세로선에서 원을 만든 것으로서, 지구 구면상의 모든 경도는 크기가 같다. 그러나 위도는 동서를 연결하는 가로선으로, 가장 큰 원이 바로 적도이다. 남극과 북극 양 방향으로 갈수록 그 크기가 작아져 두 극에서는 0이 된다.

　이와 같이 경과 위는 서로 같은 성격의 것이 아니고 서로 반대되는 성격의 것이다. 그리고 경과 위는 사각형의 세로와 가로로서, 90도 각도에서 만나는 두 선이다. 그리고 가로와 세로를 서로 연관시키는 것이 바로 이 책의 주제어로서 말하려고 하는 대각선diagonal이다. 바로 이때

"경위를 알아보자"는 가로와 세로의 상호 관계인 대각선을 알아보자는 말과 같다.

이 책의 내용을 한 마디로 요약하자면 "경위를 알아보는 것" 바로 이것이라 해도 지나친 말이 아니다. 무엇의 '경위'냐고 묻는다면, 답은 유클리드적 사각형 공간에서 시작하여, 그 사각형이 비유클리드적 위상 공간 속에서 다양하게 변하는 모습을 통하여 경위를 알아보는 것이라 하겠다. 가로와 세로가 서로 만날 때 제일 처음 생기는 결과가 대각선이다. 중학생 정도의 수학에서도 알 수 있는 경위와 대각선의 문제가 복잡해지고 어려워지면서 온갖 만사가 경위와 대각선 문제에 연관 안 되는 것이 없을 정도가 되었다. 그 가운데 동양의 역 만큼 경위의 문제와 대각선의 문제를 두고 씨름하고 고민한 분야도 없을 것이다.

서양에서 대각선이 하나의 정리diagonal theorem로 발전하게 된 동기는, 19세기 말쯤 독일의 수학자 칸토어Georg Cantor에 의해서이다. 즉, 그가 무한의 크기를 비교하는 과정에서 대각선 정리가 요청되면서부터이다. 그런데 비슷한 대각선에 관한 논증diagonal argument[1])을 처음으로 거론한 분야가 다름 아닌 동양의 역이다. 가로와 세로에 괘를 배열하는 과정에서 대각선상에 있는 괘들은 자기언급self reference을 하는 현상에서 대각선이 문제시되었는데, 수천 년 역의 역사는 이 대각선의 자기언급 문제와 씨름하는 과정이라 할 수 있다. 하도와 낙서, 그리고 두 개의 팔괘도 문제가 모두 이 대각선의 자기언급 문제를 푸는 과정이라 할 수 있다는 것이다. 이 책의 주제는 이것이 전부이다.

---

1) 대각선을 칸토어의 그것과 연관하여 특수하게 정의될 때에는 '대각선 정리'라 하고, 일반적인 경우로 쓰일 때에는 '대각선 논증' 또는 '대각선 논법'이라 할 것이다.

역은 고대에 점을 친 데서부터 비롯하였다. 점괘가 모아지면서 그것을 괘卦와 수數와 상象, 그리고 사辭로 표현하였다. 이런 괘들을 모아 정리하는 과정에서 같은 내용끼리 하나의 명패名牌로, 또는 명패 밑에 분류하였다. 이때 명패를 세로-날줄-경선에 배열하고, 명패 밑에 딸리는 물건들을 가로-씨줄-위선에 배열하였다. 이런 작업이 복희시대에 이미 이루어졌던 것 같다. 역의 64괘도를 '복희64괘도'라 하는 것으로 보아 그렇게 생각할 수 있다.

그러나 이른바 방도方圖라고 하는 정사각형square 안에다 64괘를 모두 배열하는 것은 송대의 소옹邵雍(소강절)에 의하여 이루어졌고, 주자가 이를 채택하였다. 이 책은 소옹의 방도에서부터 시작한다. 그리고 방도의 경위를 알아보려고 한다. 이때 그냥 지나칠 수 없는 것은 정사각형 방도의 대각선이다. 방도에서 괘와 수를 배열하는 방법은 행렬行列에 맞춘 단순기법으로 된 것 같지만, 이것이 칸토어의 대각선 정리에서 사용한 것과 같고, 그 이전에 리만이 곡선의 곡률을 측량할 때 사용한 '리만 계량 텐서Riemann metric tensor'와도 같고, 더 거슬러 올라가 피타고라스가 음악의 악보와 같이 사용한 '피타고라스 테이블Phytagorian table'과도 같다. 최근에는 처치 교수가 말하는 신경망 텐서와도 일치한다. 역과 현대 과학의 일치 문제는 끊임없이 사람들 사이에서 회자되고 있지만, 둘의 본질적인 일치는 대각선 논증에서 찾아야 한다고 본다.

그렇다면 우리는 여기서 역과 기하학, 특히 위상기하학의 관계를 먼저 생각해 보지 않을 수 없다. 역에는 방도 이후에 하도와 낙서가 있었다. 수천 년에 걸친 발달 과정에서 작도된 대표적인 도상이다. 두 가지 역 말고도 한국에서는 19세기 말에 정역이 태어났다. 이를 역 3도라고 한다. 역 3도의 전개 과정을 이 책에서는 위상수학의 뫼비우스띠, 클라인병, 사영평면에 견주어 볼 것이다. 결론적으로 하도는 뫼비우스띠, 낙서는 클라인병, 정역은 사영평면적 구조를 가지고 있다는 것이다.

이러한 역에 대한 새로운 연구를 필자는 '위상역Topological Yi'이라고 부른다. 지금 한국에서 역학 연구는 왕필의 의리역에 지나치게 기울어져 있다. 의리역이 주류를 이루어, 상과 수를 연구하는 상수역은 점술가들 사이에서나 유행할 정도이다. 이러한 즈음에, 역학 연구의 새로운 전기는 역에 대한 새로운 발상에서만 가능할 것이다. 필자는 역학의 새로운 연구 분야란 다름 아닌 역학과 위상수학을 연관 짓는 것이라 본다. 시중에는 역을 오직 수로서만 연구한 '수역數易'이란 이름의 책자도 출간되었다. 그렇지만 이 책에서 말하는 위상수학의 수는 지금까지의 그것과는 아주 다른 의미를 지닌다. 이는 무엇보다도 집합론에서 거론된 수 개념을 다룬다는 뜻이다. 이를 종래의 수학에 대하여 '수학론數學論'이라고도 한다. 유클리드의 수학은 이미 그 한계를 그의 제5공리에서 드러내고 말았다.

제5공리는 '무한'을 다루는 공리이다. 집합론이 무한집합을 다루다가 대각선 정리가 나타나, 수는 '초수surnumber'를 다루지 않을 수 없게 되었다. 무한집합은 역설을 만나게 되었으며, 이는 판도라의 상자와 같이 수학자들을 죽음으로 내모는 불행을 몰고 왔다. 역학에서도 마찬가지로, 방도의 대각선상과 하도와 낙서의 두 도상 속에 들어 있는 대각선 개념이 피치 못할 난제들을 쏟아내 놓았다. 역학에서 다루는 수의 개념은 비유클리드적인 초수학적인 것이다. 수를 음양과 생성 등으로 나누는 것은 서양에서는 낯선 방법이라 아니할 수 없다. 이를 두고 비과학적이라는 수모를 겪으면서도 역수는 이제 비유클리드적인 수와 만나 제 모습을 새삼 드러내게 되었다.

 '역 3도'(하도, 낙서, 정역도)를 두고 선·후천으로 나누기도 하고, 시각과 공간 개념으로 나누기도 하고, 질서와 무질서 개념으로 나누기도 한다. 그러나 역 3도를 위상수학의 개념으로 파악하는 것이 가장 정확하고 포괄적으로 이해하는 길임을 이 책은 밝힐 것이다. 그리고 이러한 결론은 대각선을 통한 역과 위상수학을 비교 고찰함으로써 분명해질 것이다. 그리고 최근 차원에 대한 관심이 높아지고 있는 마당에, 이는 시의적절하다 하겠다.

 여기에 한 가지, 이러한 비교의 목적은 다름 아닌 철학이 태동하면서 제기된 난제aphoria인 '거짓말쟁이 역설'을 푸는 새로운 방법론을 제시하려는 것이다. 역과 위상기하학의 연관을 통해서 철학의 난제에 접근하고 해석하는 새로운 방법론을 제시하려는 것이다. 이것은 어디까지나 하나의 제시이지, 난제에 대한 해결이 아님을 강조해 둔다. 난제는 어디까지나 난제이기 때문이다.

 '대각선 정리'라는 말 자체는 19세기 말 칸토어가 고안해 사용한 것이다. 칸토어는 집합론의 창시자이다. 그는 실수, 무리수, 유리수 등을 사각형 속에 넣고 그 경위를 따지는 과정에서 실수의 무한은 무리수의 무한보다 크다는 사실을 발견하여 일대 충격에 사로잡혔다. 그는 실수의 무한(C)과 자연수의 무한($\aleph$) 사이에 끼여 있는 무한의 존재 여부를 고심하던 끝에, 이른바 '연속체 가설'이라는 미완의 문제를 남겨놓고 1918년에 타계하였다. 그 뒤 60여 년 동안 이 문제는 미완의 과제로 남아 있었다. 1931년에 괴델이 '불완전성 정리'를 통해, 증명이 될 수도 안 될 수도 있다는 결론을 내리는 것으로 논란의 종지부를 찍었다. 괴델의 불완전성 정리 역시 칸토어의 대각선 정리에서 발단이 되어 그 여정 끝에서 이른 결론이다. 이러한 여정이 동양의 역의 전개 과정 속에도 있었다는 것은 하나의 경이로운 일이라 아니할 수 없다.

　필자는 《역과 탈현대의 논리》를 통해 이 문제를 거론하기 시작하였다. 그 이후 사이먼스 교수와 교류하면서 그가 대각선 정리와 거짓말쟁이 역설의 관계를 처음으로 연구하는 학자임을 알았다. 그의 책 《보편성과 거짓말쟁이》(*Universality and the Liar*, 1993)는 오랜 동안 필자의 숙원이었던 역설 연구를 대각선 정리와 연관 짓게 해주었다. 그래서 대각선 정리를 가지고 역과 거짓말쟁이 역설의 삼각관계를 연관 지을 수 있다는 착상을 자연스럽게 하게 되었다. 원래는 이 주제로 영문 원고를 작성하고 있었으나, 국내 학계에 소개하는 것이 더 급선무라 생각하여, 5년여 시간 끝에 이렇게 탈고하게 되었다. 필자로서는 학문적 노정의 대부분을 결집한다는 각오로 원고를 작성하였다. 이 책에 나오는 여러 가지 도형들이 꿈에서도 나타날 정도로 필자에게 기쁨도 주었고 고통도 주었다. 그때마다 꿈은 악몽도 되고 길몽도 되었다. 앞으로 대각선 정리의 남은 과제는, 필자가 2000년대 초반에 출간한 《원효의 판비량론》과 연관시키는 작업이라 하겠다. 현대에서 탈현대로 넘어오게 한 기틀이 바로 대각선 정리라고 해도 지나친 말이 아니기 때문이다.

　서양 철학이 동양 철학을 폄훼하는 까닭이 주로 논리적인 치밀성에서 뒤지기 때문이라고 한다. 역설은 서양에서는 난제라 하여 타기의 대상이다. 그 성격이 이성의 토대를 허물고 지식의 기반을 흔들기 때문이다. 그러나 같은 역설을 두고 이를 다루고 고민하는 정도에서 동양은 크게 달랐다. 역설을 다루는 태도와 방법에서 동양은 더 정치하면 하였지 덜하지는 않았음을 이 책에서 독자들은 알게 될 것이다.

물론 서양 철학의 낯선 논리적 기호를 동원하는 것이 오히려 역을 난해하게 만든다는 비난을 받을 수도 있다. 그러나 이러한 비난을 감수하고라도 강행하는 이유는, 역이 단순한 점술서가 아닌 치밀한 논리적 구조로 짜여 있다는 것을 서양 학계에 보여, 궁극적으로는 동서 철학의 지평을 융합시키기 위해서이다. 나아가 서양과 동양이 같은 사상적 토대 위에 서 있음을 인식시키는 데 이 책이 도움을 주려는 것이다.

이 책은 2부로 되어 있다. 1부에서는 대각선 논증의 6대 요소를 관점으로 하여 역에 대한 일반적인 고찰을 할 것이다. 이진수와 십진수의 관계, 팔괘와 64괘의 성립 배경, 하도와 낙서의 기본구조 등을 가지고 대각선 논증을 고찰할 것이다. 2부에서는 유목劉牧을 중심으로 한 중국 역에서 대각선 논증이 어떻게 다루어지는가를 고찰하였다.

이 책에서 다루지 못한 역학도 수없이 많다. 대각선 논증이 눈에 띄게 나타나는 학자들만 임의로 골랐기 때문이다. 그러나 이 책에서 제시하는 방법론은 이 책에 들어오지 않은 다른 역학자들의 역을 연구하는 데 도움이 되리라 생각한다. 이러한 새로운 역학 연구 방법론이 얼마나 기존 학계나 역학계에 설득력을 가질까는, 이 책을 쓰면서 염두에 두지 않을 수 없는 문제였다. 그러나 이번 한국 역학을 연구하면서, 이렇게 오랜 동안 한 번도 세상 사람들의 관심을 끌지 못하고 묻혀 있을 수도 있구나 생각할 때 위로가 되기도 하였다.

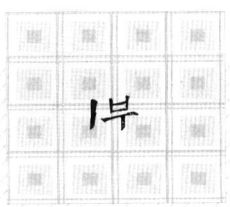

1부

칸토어의 대각선 논법과 역

# 1장 '대각선 가족'의 원조와 종류

## 1.1. 대각선의 기원과 유래

### 명패와 물건의 유래

이 책의 가장 큰 관심사는 역의 논리이다. 그래서 역의 역사와 유래, 기원에 관해서는 최대한 말을 아끼려고 한다. 그러나 책의 중핵이 〈복희도〉에서 팔괘가 중첩하여 만드는 복희64괘도에 있는 만큼, 역의 유래와 그것의 발전과정을 고찰하는 것은 반드시 필요하다. 64괘 하나하나를 '대성괘'라 한다. 하나의 대성괘는 두 개의 소성괘로 만들어지는데, 소성괘 각각을 내괘와 외괘, 또는 하괘와 상괘라고 한다. 64괘를 가로 여덟 개, 세로 여덟 개로 하여 정사각형 안에 배열한 것을 방도方圖라고 한다.

역의 대각선에 대한 관심사는 바로 이 방도에서부터 시작한다. 대각선은 가로와 세로의 조합 및 결합이다. 그래서 인간에게 대각선 개념이 생겼다는 것은 이차원의 세계로 사고구조가 변한 뒤부터라 할 수 있다. 이 책에서는 줄곧 세로는 명패名牌, 가로는 물건物件이라 부르고, 대각선은 '사건事件'이라 부른다. 이 책은 사실 이 세 용어에 대한 주석이라 해도 지나친 말이 아니다. '대각선화'란 물건이 사건이 되고, '반대각선화'란 다름 아닌 사건이 물건이 되는 것을 말한다. 그래서 우리가 일상생활 언어로 사용하는 '사물'이란 말 속에는 이러한 대각선 논증에 관한 중요한 의의가 담겨 있다. 전산화 시대에 걸맞은 말로 바꾸면, 이러한 일련의 과정은 데이터베이스화의 과정이다. 명패란 '파일'의 다른 표현에 지나지 않기 때문이다.

그러면 언제부터 동북아시아에서 가로와 세로 개념, 즉 '경위經緯' 개념이 나타났고, 드디어 사건화되고 사물화되었는가? 필자는 그 유래가 역에서부터라고 가정해 본다. '주역周易'은 말 그대로 주나라의 역이다. 이 말은 주나라 이전에도 역이 있었음을 암시한다. 은나라에도 역이 있었다는 뜻이다. 주역 이전에 귀장역歸藏易, 연산역連山易 등이 있었다는 기록이 있다. 그러나 역의 종류가 무엇이든 상관없이, 우리의 관심사는 괘에서 명패와 물건의 관계, 즉 역의 데이터베이스화에 대한 관심이다. 《구약성서》 창세기에는 신이 인간을 창조한 다음, 동산에 데리고 나와 사물의 이름을 짓게 한다.

주 하나님이 들의 모든 짐승과 공중의 모든 새를 흙으로 빚어서 만드시고, 그 사람에게로 이끌고 오셔서, 그 사람이 그것들을 무엇이라 하는지를 보셨다. 그 사람이 살아 있는 동물 하나하나를 이르는 것이, 그대로 동물들의 이름이었다. 그 사람이 모든 집짐승과 공중의 새와 들의 모든 짐승에게 이름을 붙여 주었다.(〈창세기〉 1장 19~20절)

'집짐승'이라는 말이 나오는 것을 보면, 이미 인간이 농경사회로 넘어왔음을 알 수 있다. 다시 말해서, 물건의 사물화는 유목민 생활에서 농경민 생활로 넘어오면서 이루어진 것으로, 사고가 일차원에서 이차원으로 변하였다고 할 수 있다. 그래서 역의 괘를 상하로 나누어 사각형 안에 배열하였다는 것은, 역이 농경민들의 유산임을 한눈에 보여주는 것이라 할 수 있다. 《구약성서》의 〈민수기〉에는 인구를 집합론적으로 분류하는 기록이 나온다. 우리나라 족보의 형제간 '항렬'을 정하는 것도 일종의 명패와 물건의 분류법이다.

신은 물건을 진흙으로 빚어 만들고, 인간은 여기에 명패를 달았다. 신의 작업과 인간의 작업이 합쳐지면 사건화를 거쳐 사물이 된다. 중국의 한자 같이 사물 하나마다 하나의 문자를 만들어 붙이려면, 그 수가 엄청나게 많아야 할 것이다. 그러나 만약에 숫자로 데이터베이스화하면 단 열 개로 족하다. 낙원의 첫 '데이터베이스화'라 할 수 있다. 1에서 10까지 열 개의 수를 사용해 두 자릿수만 만들어도 무려 100가지나 된다. 수로 명패를 만들면 문자로 하는 것보다 데이터베이스화가 다양하고 쉬워진다.

그러나 명패를 붙일 때 수와 글자 가운데 어느 것을 먼저 사용할 것이냐에 따라 선후 문제가 생길 수밖에 없다. 수數와 자字 그 사이에 나타난 것이 바로 '문文'이다. 물론 후대에 둘은 합쳐져 '문자文字'가 된다. 이제부터는 '수'와 '자'와 '문'이란 트로이카가 나타나면서 우리의 사고를 좀 더 복잡하게 만들기 시작하고, 이 셋이 서로 대질을 하기 시작하면서 역설 또는 모순이라는 것이 나타난다. 수와 물건이 일대일 대응을 할 때 그 사이에 나타나는 것이 바로 상象이다. 여기서 수를 사각형에서 세로줄,

물건을 가로줄이라고 할 때, 상이 대각선에 해당한다. 이는 영상이며, 명패와 물건이 상호 대응할 때 대각선화 현상이 나타난다는 것이며, 괴델 정리에서는 이를 사상寫像, mapping한다고 한다. 이 책에서 가장 중요한 위치에 있고, 가장 빈도가 높게 나타나는 말이 바로 이 '사상'이다. 명패와 물건을 사상시킨 것이 사건이고 역설이기 때문이다. 인간이 물건에다 명패를 달면서 역설이 나타났고, 이를 두고 창세기는 '타락'이라고 한다. 위 창세기 기사 다음에 바로 타락 설화가 나오는 배경이다.

즉, 데이터베이스란 대각선화 또는 사상을 뜻한다. 그러면 언제부터 이런 데이터베이스화가 일어났는가? 역사적으로나 고고학적으로 고찰할 때, 두 개의 괘를 한 조로 만들어 하나는 아래에(이를 '貞'이라 함), 또 하나는 위에(이를 '悔'라 함) 배열하는 것의 유래와 기원을 찾기란 어렵다. 그러나 이 정과 회가 명패와 물건으로 나누는 효시임은 분명하다. 세 개의 효를 단위로 하는 팔괘Trigram를 기초로 하여 4획 괘, 5획 괘 등이 나타나기는 하나, 언제부터 3획 괘가 겹쳐지는 괘로 나타나기 시작하였는지가 궁금하다. 《구약성서》는 물건을 만든 것은 신이고, 명패를 붙인 것은 인간이라고 역할 분담을 하고 있다. 가일배법으로 효가 증가하는 것보다, 팔괘를 겹치는 행위가 더 차원이 높은 것임은 두말할 필요가 없다. 전자가 일차원적이라면 후자는 이차원적이다. 이는 집합론에서 말하는 원소element와 부분part을 나눌 줄 알았음을 뜻한다. 현대 프랑스 철학자 알랭 바디우가 이 점에 착안하여 수학적 존재론mathematical ontology을 소개하고 있다. 그는 수학의 모든 난제가 여기서 발생한다고 보았다. 이 점에 관하여 필자는 이 책 여러 곳에서 언급을 할 것이다. 왜냐하면 이 문제가 역의 중심부에 자리 잡고 있기 때문이다. 원소와 부분의 구별 말이다.

## 대각선의 두 종류, 양성과 악성

'대각선對角線'이란 말은 원래 기하학에서 유래하였음은 초등학생들도
아는 상식이다. 그러나 '대각선 가족the family of the diagonal'이라는 말이 생
겨날 만큼 그 적용범위가 넓고 다양하다. '대각선'이란 말이 다양하고
널리 적용된 것은 1892년 독일의 수학자 칸토어Georg Cantor가 처음으로
'대각선 정리diagonal theorem' 또는 '대각선 증명diagonal proof'을 발표한 다음
부터이다. 그 뒤로 20세기의 거의 모든 학문 분야, 즉 인문・자연・사
회・예술 등에서 이 말이 쓰이지 않는 분야가 없을 정도이다. 그래서
칸토어의 대각선 정리는 금세기 최대의, 그리고 가장 중요한 정리로까
지 알려졌다. 그러나 필자는 이 책에서 대각선 정리에 해당하는 것이
서양보다 무려 2천여 년 앞서 동양의 역 속에 들어 있었다고 주장하는
데서 나아가, 혹시 이 역의 그것이 라이프니츠를 통해 칸토어에게 전해
지지 않았나 하는 추측까지 하게 되었다.

'대각선 가족'이라는 말을 사이먼스Keith Simmons의 책 《보편성과 거짓
말쟁이》(*Universality and the Liar*)에서 필자는 처음 발견하였다. 사이먼스
는 대각선 가족 속에는 괴델과 타르스키의 정리를 비롯하여, 집합론의
중요한 증명들과 의미론적 역설까지도 다 이 말 속에 넣어 생각할 수
있다고 하였다.(Simmons, 1993, 20) 대각선 가족에 들려면 조건이 있다. 그
조건을 대각선 논증이 갖추어야 할 6대 요소라 하는데, 바로 가로, 세로,
나열, 가치, 반가치화, 반대각선화이다. 사이먼스는 이 가운데 어느 하나
가 들어가느냐 빠지느냐에 따라서 크게 '악성bad'과 '양성good'으로 나누

어지고, 다시 양성은 '직접direct'과 '간접indirect'으로 나누어진다고 보았다. 이 책은 사이먼스의 기준에 따라서 역이 대각선 가족에 들어갈 수 있는 조건을 논할 것이며, 역의 주요 도상들인 하도와 낙서, 그리고 정역도가 어느 종류의 대각선 논증에 해당하는지를 고찰할 것이다. 실로 대각선 논증의 세기적 중요성을 감안한다면, 이러한 일련의 시도가 의미 없다고 할 수는 없을 것이다.

즉, 대각선 논증이 안고 있는 여러 문제점들은 다름 아닌 어떤 대각선은 역설paradox을 야기하고, 어떤 대각선은 정리theorem를 야기하느냐에 있다. 사이먼스의 관심사는 주로 여기에 집중되어 있다. 그리고 동양의 역은 과연 두 가지 대각선 가운데 어느 것에 해당하는가를 검토하는 것이다. 검토를 위해서는 첫째, 칸토어가 말한 본래의 대각선 정의가 무엇인지를 알아야 하고, 둘째, 대각선 정리에서 특수와 일반의 두 가지 정의를 통해 역설을 불러일으키는 원인과 문제점을 밝혀내야 하며, 셋째, '정리'를 야기하는 양성 대각선 논증good diagonal argument과, '역설'을 야기하는 악성 대각선 논증bad diagonal argument의 차이를 역을 통해서 찾아내야 한다.

그리고 양성 가운데 '직접 대각선 논증'은 칸토어의 특수 제1대각선 논증이고, '간접 대각선 논증'은 일반 제2대각선 논증이다. 전자는 대각선 논증의 발단이 된 원조이다. 우리에게 잘 알려진 실수와 자연수를 세로와 가로에 나열하고, 이를 일대일 대응시켰을 때 만들어지는 대각선의 수들을 반대로 하는 반가치화를 시켰을 때 절대로 가로선상에는 없는 수가 나타난다는 증명이다. 이것은 이른바 '연속체 가설'로 이어진다. 제2대각선 논증은 다름 아닌 멱집합의 역설을 두고 하는 말이다. 이 멱집합의 역설이 이른바 '칸토어의 역설'이다. 그리고 직접과 간접은 역의 효가 괘를 만드는 두 가지 방법인 가일배법인 $2^6$법과 8의 자승법인 8×8=64법과 연관이 있는 것으로 파악하였다. 이 두 방법은 역의 효와 괘를 만드는 원리로서 이 책에서는 '시생원리'라 부른다. 이 시생원리가 괘의 가족 관계와 일관성과 비일관성을 조장하는 것이 칸토어의 대각선 정리에 마주 몰려 책의 화두가 되고 있다.

## 대각선 논증의 6대 요소

서양에서 대각선 논증의 원조가 칸토어가 아닌 것은 분명하다. 칸토어가 대각선 논증을 처음 발표한 해는 1891년이지만, 이보다 먼저인 1877년에 보이스-레이몬드가 논증을 발표하였다는 데는 의심의 여지가 없다. 그러나 외형상으로는 두 논증이 비슷해 보이지만 근본적으로 둘은 다르다. 대각선의 6대 요소가 다 갖추어지지 않았다는 점에서 이들을 대각선 논증의 원조라고 할 수는 없다. 다시 말해서, 칸토어 대각선 논증의 필수적인 조건은 반가치화counter-value인데, 이것이 보이스-레이몬드의 경우에는 빠져 있다. 반가치화란 대각선의 값을 바꾸어 반대로 하는 것이다. 대각선은 가로와 세로의 결합으로 만들어진 값인데, 이러한 대각선상에 있는 값을 다시 가로로 되돌리는 것을 '반대각선화 anti-diagonalisation'라 한다. 칸토어는 이러한 반가치화와 반대각선화 과정에서 이른바 연속체 가설continuum hypothesis 문제에 직면하게 되었다. 그래서 이것은 대각선 논증에서 가장 중요한 것을 놓치는 것이기 때문에 보이스-레이몬드가 대각선 논증의 원조라고는 할 수는 없다. 적어도 '대각선 정리'라는 말을 이들에게 돌릴 수는 없다. 혹시 리만의 행렬 계산법이 대각선 논증의 원조가 아닌가 생각할 수도 있을 것이나, 마찬가지 이유로 리만 텐서를 대각선 논증의 효시라고 할 수는 없다. '피타고라스의 테이블'도 리만의 그것과 비슷하지만 6대 요소를 갖추지 못했다.

여기서 필자는 대각선 논증의 원조의 원조는 동양의 역易이라는 것을 주장하려 한다. 대각선 논증의 6대 요소와 그것을 넘어서는 '역대각선화'란 요소가 역 속에 있다. 한국역에 와서는 '생수대각선화'와 '성수대각선화'란 말이 추가될 것이다. 그래서 라이프니츠가 역에서 이진수와 상·수·사의 관계를 발견하였다면, 칸토어는 역에서 대각선을 발견하였지 않았나 하는 가정을 먼저 해 본다. 칸토어 이전에도 리만은 사각형의 가로와 세로가 결합된 격자가 만든 텐서가 없었던 것은 아니다. 그러나 6대 요소를 모두 갖춘 경우는 칸토어가 처음이 아닌가 한다. 라이프니츠가 역에서 이진수를 보고 대각선을 보지 못한 것은 그의 시대적인 한계일 것이다. 그는 아직 수학에 나타날 역설에 대해서 조금도 눈치를 채지 못하고 있었던 것이 분명하기 때문이다.

라이프니츠는 이 세계와 우주를 두고 신이 만들 수 있는 '가장 가능한 최상의 세상best possible world'으로 볼 만큼 합리주의자였다. 그래서 역설이 끼여 있는 세계를 용납할 수도, 이해할 수도 없었을 것이다. 설령 그런 것이 우주 속에 발견된다 하여도 신의 '가장 가능한 최상의 세상'에 의해 합리적으로 설명될 수밖에 없었을 것이다. 그래서 그에게서 역설을 구하기란 연목구어이다. 그러나 유클리드 이후 서양 수학사에서 제외된 수와 기호의 결합을 비로소 그가 다시 해냈다는 점은 괄목할 만하다. 그러나 상·수·사를 분리시키지 않고 사고해 온 것은 역학의 변함없는 전통이다. 서양에서도 유클리드 이전에는 있었던 전통이다. 그러

나 유클리드는 수에서 기호나 문자를 없애 버렸다. 그러나 라이프니츠
가 어디에서 이러한 갑작스런 착상을 하였을까 추리할 때, 그가 이진수
와 함께 역으로부터 배운 또 하나의 암시는 수와 기호의 연관성이라 할
수 있다.

사이먼스에 따르면 대각선 논증의 여섯 가지 요소는 세로-옆side, 가
로-위top, 정렬array, 가치value, 반가치countervalue, 반대각선화anti-diagonalisa-
tion이다.(Simmons, 29-a) '반대각선화'란 대각선을 가로로 바꾸는 것을 말
한다. 여기서 세로와 가로란 흔히 말하는 경위經緯 또는 행렬行列을 이르
는 말이다. 가치와 반가치, 그리고 반대각선화는 경위를 따져보거나 알
아보는 것이다. 그래서 6대 요소 가운데 가장 중요한 것은 반가치화와
반대각선화이다. 가로, 세로, 나열은 궁극적으로 이를 위한 준비단계라
할 수 있다. 정렬 또는 나열을 하는 이유는 경위를 알아보기 위해서이
다. 이들 요소들 때문에 칸토어는 레이몬드를 제치고 대각선 논증의 원
조가 된다. 그런데 이러한 반가치화는 역에서 가장 중요하고도 흔한, 아
니 필수적으로 갖추어야 요소 가운데 하나이다.

역의 전 역사는 바로 가치와 반가치의 문제라고 해도 과언이 아니다.
역도의 변화와 6효의 효변과 같은 것도 모두 이와 연관이 되기 때문이
다. 즉, 다음에 말할 효와 괘의 변화 관계를 의미하는 효변술 가운데 하
나인 응·비·승·승도 바로 가치와 반가치의 문제에 해당한다. 반대
각선화가 역에서는 도상의 변화에 결정적으로 중요하다. 대각선의 위치
와 그 존재 여부가 바로 대각선화와 반대각선화의 문제이기 때문이다.
반가치화는 복희64괘도를 문왕64괘도로 바꾸는 데 결정적인 역할을 한
다. 그리고 하도에서 낙서, 다시 낙서에서 정역도로 변하는 전 과정이

모두 반가치화와 반대각선화의 문제이다. 그래서 사이먼스가 분류한 (Simmons, 1995, 29) 대각선 논증의 종류에 따라서, 역의 대각선은 어디에 해당하는가를 찾아내는 것이 이 책의 중요한 과제 가운데 하나이다.

　필자가 대각선의 중요성을 강조하기 시작한 것은 원효의 판비량론에 관한 두 권의 책1)과《역과 탈현대의 논리》에서이다. 사이먼스의 책을 접하게 된 것은 차라리 그 이후의 일이다. 사이먼스를 통해 역의 논리를 서양학자들이 해 놓은 작업 덕에 더 심화시킬 수 있었고, 서양 철학과 논리학의 언어로 표현해 낼 수 있다는 착상을 하게 되었다. 그래서 이 책에서는 역 3도라 할 수 있는 하도와 낙서, 그리고 정역도를 변형한 여러 가지 도상들을 가지고 많은 대각선 논증에 관계 되는 내용들을 소개할 것이다. 다시 말해서, 동양적 의미의 '대각선 가족'들을 소개할 것이다. 소개할 때마다 6대 요소가 잘 갖추어진 양성인지, 아니면 그렇지 않은 악성인지를 판가름할 것이다.

## 1.2. 역의 기본구조와 역설

### 이진수와 십진수의 유래

역 트로이카 가운데에서 수數가 가장 우선한다. 의리역에서는 사辭가 우선이지만, 이것은 역이 발생한 유래를 무시한 결과일 뿐이다. 역에서는 이진수와 십진수를 동시에 구사한다. 그 이유는 역의 구조가 성립되는 원인이 되는 만큼 중요하다. 즉, 역사적인 유래로 볼 때 십진수가 먼

---

1)《원효의 판비량론》(지식산업사, 2003)과《원효의 판비량론 비교연구》(지식산업사, 2004).

저인가 이진수가 먼저인가는 역의 유래를 밝히는 단서가 될 만큼 중요하다는 것이다. 이는 서筮가 먼저인지 복卜이 먼저인지를 밝히는 것과 밀접하게 관계된다. 복은 신탁에 의해 응답을 받은 때 '이냐'와 '아니냐'만 묻는다. 빈칸에 어떤 물건을 '담을 것인가 말 것인가'를 결정하는 것이다. 여기서 이진수가 시작된 것은 더 물을 필요가 없다. 담는다가 양이 되고 안 담는다가 음이 된다. 그래서 이진수는 수라기보다 언어이다. 이렇게 이진수에 의한 결정을 반복하다보면 자릿수가 늘어나, 결국 이진수를 십진수로 표시할 수밖에 없게 된다. 이러한 자릿수의 표시와 자릿수에 들어갈 음수와 양수의 구별이 다양해지면서 신탁이 아닌 인간의 합리적 이성이 동원될 필요성이 생긴다. 여기서 산가지에 의한 점법인 서筮가 등장한다. 그러나 다른 한편, 복卜은 인간의 언어나 문자가 동원되어야 하는 만큼 그 복잡성 때문에 수로 표현하는 것이 중요시되지 않을 수 없다. 그래서 십진수가 제일 먼저 발달하였다는 추리도 가능하다. 그래서 64괘가 〈계사전〉의 '태극생양의설'에 근거한 $2^6=64$에 의한 것이냐, 아니면 '괘의 착종설'에 근거한 $8\times8=64$에 의한 것이냐 할 때 그 답이 간단하지 않은 것이다. 전자는 원소를, 후자는 부분을 전제하고 있기 때문이다. 전자는 원소를 이진법적으로 가일배시켜 나가는 방법이고, 후자는 세 원소(효)들을 한 개의 부분(괘)으로 하는 계산법이다. 알랭 바디우는 존재론의 모든 것은 바로 원소와 부분의 문제라고 보았을 정도로 이 문제는 중요하다. 그렇다면 이 두 차이를 나누어 보는 것에 역철학의 존재론이 담겨 있다고 해도 과언이 아니다.

　이 책의 주 관심사는 대각선 논증이지만, 칸토어와 역의 대각선 논법을 말하기에 앞서 먼저 검토해야 하는 것이 바로 동양과 서양의 수 개념의 차이이다. 많은 다른 시각에서 비교할 수 있겠지만, 여기서 중요시되는 것은 진수와 진법의 문제이다. 칸토어는 십진수만 다루었지만 역에서는 이진수와 십진수가 늘 병행 또는 동행해야 한다고 보았다.[2] 어느하나가 다른 것 없이, 아니 다른 것을 전제하지 않고는 성립할 수가 없기 때문이다. 동양에서는 먼저 수를 양수와 음수로 나눈다. 여기에 해당하는 것이 서양의 이진수 개념이다. 그러나 동양과 서양이 이 점에서반드시 일치하는 것은 아니다. 동양의 이진수 개념은 집합론에서 멱집합 이론이 생겨나면서 그 진정한 의미가 드러난다. 멱집합은 공집합과거기에 담기느냐 안 담기느냐에 의해 담기는 부분의 수가 결정되기 때문이다. 이에 대하여는 나중에 따로 논하기로 한다.

음과 양 외에 동양에는 생수와 성수라는 대칭 수 개념이 있다. 생수와성수는 1에서 10까지의 십진수에 의해서 분류되는 개념이다. 생수와 성수, 그리고 양수와 음수는 하도와 낙서의 대각선 논증을 논할 때 매우중요한 개념으로 등장한다. 수를 순과 역의 서로 상반된 방향에서 셈하기 등 동양에는 서양과는 다른 수 개념이 있었다. 서양의 수학자들도이런 수 개념을 이해하기 시작하였으며, 이런 수를 특히 '초수surnumber'라고 한다.

《주역》의 모든 괘에는 괘명, 괘상, 괘수, 괘사, 그리고 효의 효사가있다. 예를 들어 ☰라는 괘는 아무 의미 없는 기호이다. 이 괘의 이름인괘명은 '건乾'이고, 괘상은 '천天'이고, 괘수는 '1'이다. 이 상·수·사 트로이카를 기본구조로 하여 역의 틀이 잡힌다. 하나의 괘 안에는 여섯

---

2) 병행하는 이유가 바로 효와 괘의 두 가지 다른 발생설과 무관하지 않다. 가일배법은 이진수를, 착종설은 십진수를 가능하게 한다는 것이다.

개의 효가 들어 있다. 그런데 상·수·사 가운데 어느 것이 먼저 생겼는
가는 초미의 관심거리라 아니할 수 없다. 이것이 중요한 이유는 대각선
논증의 6대 요소 가운데 정렬의 경우, 가로와 세로는 각각 물건과 명패
이기 때문이다.

　지금까지는 전설적인 내용에 근거하여 괘상이 가장 먼저 생겼을 것
이라 생각해 왔다. 전설적인 내용이란 복희가 황하에서 올라온 용마의
등에 팔괘의 상이 그려져 있는 것을 보고 하도를 작도하였다는 것이다.
그러나 최근 고고학의 발견에 따라, 괘상이 아니라 괘수가 먼저라는 설
이 더 설득력을 얻고 있다. 그 이유는 역은 점서이므로, 점서의 방법인
서筮와 복卜 가운데 어느 것이 먼저 있었느냐 하는 문제와 연관되는데,
서는 철저하게 수를 기준해 점을 치는 것이기 때문이다. 즉, 1118년 출
토된 방정명문方鼎銘文에 따르면 '78666'과 '87666'이란 숫자가 나오는데,
만약에 여기서 홀수를 양, 짝수를 음의 기호로 바꾸면 이는 23.산지박괘
山地剝卦(䷖)와 12.천지비괘天地比卦(䷋)가 된다. 그 밖에 다른 지역에서 출
토된 자료들에서도 홀수와 짝수로 된 숫자 괘만 보이지 괘상은 안 나타
난다. 이는 인간이 태어나서 가장 먼저 배우는 것이 셈하는 것이고, 어
느 두 다른 언어가 같은 언어계통인가를 확인하는 방법도 바로 수사가
같아야 한다는 데서 수가 더 근원적임을 알 수 있다. 이 모든 간접적인
증거들을 보아도, 역에서도 점을 칠 때 숫자가 먼저였다는 주장이 설득
력을 얻는다.

　숫자 괘가 먼저라고 한다면, 위의 42.박괘와 8.비괘의 예에서 보는 바
와 같이 숫자는 1과 9 사이의 십진수여야 한다. 그런데 일반적인 오해는
홀수와 짝수를 이진수라 보는 경향이 있다는 점이다. 서양에서 이진수

는 라이프니츠에 의하여 재조명되었다. 그리고 칸토어에 의해 멱집합 power set, 즉 부분집합이 거론되면서 다시 이진수는 제 모습을 갖추게 되었다. 다시 말해서 n개의 원소로 부분집합subset을 만든다고 할 때, '부분'이란 어떤 자리(또는 '위')에 n개수의 원소들이 '담김'과 '안담김'에 의하여 결정이 된다. 여기서 '담김'과 '안담김'이란 두 개의 말이 이진수의 '2'에 해당한다는 것이다. 여기서 '담김including' 여부에 따라 부분집합의 개수가 결정된다. 이때 n개의 부분집합은 $2^n$과 같다. 여기서 지수인 2가 바로 이진수라 할 때, 이것은 언어이지 수가 아니다. 그래서 이진수는 그 자체가 하나의 실수인 동시에 '담김'과 '안담김'이란 언어적 작용이 바로 '두 개'라는 것이다.

### '담김'과 '안담김'

'담김'과 '안담김'은 수가 인간에게 발생하는 근본적인 계기를 만든다. 손바닥 위에 '수 5'를 놓아 보라고 할 때, 먼저 할 수 있는 일은 5개의 감, 5개의 밥그릇, 5센티미터의 잣대 등일 것이다. 그러나 이것은 수 자체로서의 '5'는 아니다. 그러나 이런 예들이 없이는 수가 성립하지 않는다. 이렇게 자리, 즉 위位가 정해지면 다음 순서로 '5'라는 수를 추상하고, 그 다음은 '5'라는 개념을 형성한다. 대략 사람은 일곱 살 정도 되어야 이것이 가능해지는데, 인지발달론자 피아제는 이 시기를 '구체적 조작기'라고 하였다. 계통 발생적 문명사관으로 보면 기원전 5세기에서 7세기, 이른바 차축시대에 해당한다.3) 그런 의미에서 역의 철학적 면모는

---

3) 구체적 조작기는 기원전 2000년쯤 청동기시대부터 싹트기 시작하여 차축시대에 이르러 절정에 이르게 된다.

구체적 조작기에 와서야 가능해졌다고 할 수 있다. 다만 지역에 따라서 연대 차이는 있을 수 있다. 역이 처음에는 복사에 의하여 이런 조작을 못하였지만, 인지의 발달로 이진수가 등장하면서 가능해졌다.

여기서 체體와 용用의 유래에 대하여 한 번 생각해 보자. 체는 반드시 어느 위치를 차지하고 있어야 한다. 여기서 들어가 담김과 안담김은 작용이다. 어느 위치에 들어가 담길 때 기호는 양(-)이고, 들어가지 않을 때 기호는 음(--)이다. 여기서 n개의 원소를 갖는 집합을 {n}이라고 하면, { }는 자리인 위를 표시하는 것이다. 위에 아무것도 담기지 않음을 {∅}로 표시하고, 이를 몇 개냐의 수로 표시할 때에는 {0}이다. 전자는 위이고 후자는 수이다. n개가 '담김'과 '안담김'이란 두 개 모두가 아닌 위치 자체가 { }로 표시된다. 이는 수의 발생이 어떻게 시작하는가를 보여주는 것으로 매우 중요하다. 칸토어의 집합론 이전의 유클리드가 왜 이런 발상 자체를 하지 않았는가는 의문이지만, 그 까닭은 공백의 두려움 때문이었을 것이다. 공백을 표시하면 그 자체는 있는 것이 되기 때문이다.

역과 현대수학의 집합론이 맥을 같이하는 것은 바로 수數를 위位를 통해 이해한다는 점이다. 이 점에서 유클리드 수학과는 달랐다. 이에 대한 연습을 더한다면 다음과 같다. 바구니 { } 안에 사과가 3개 들어 있으면, 사과가 3개 {바구니 속에 담겨 있다}고 해야 하고, 만약에 들어 있지 않으면 이 경우에도 사과 0개가 {바구니 속에 담겨 있다}고 해야 한다. { }에 담기는 경우, 3개가 담기는 경우나 0개가 담기는 경우나 모두 '담김'이란 작용 그 자체는 같다. 0을 나타내는 한자 '영零'은 '비울 영' 또는 '나머지 영'으로, 반드시 '비운다'와 같은 언어, 즉 말의 작용이 따라야

한다. '0'이란 이와 같이 "'비울 때 나머지가 하나도 없다'가 "있다"는 뜻
이다. 다 비워도 빈 바구니 자체는 남는다가 바로 0이다. 이렇게 다 비울
때 남는 빈 바구니에 담긴 0을 {0}으로 표시해야 한다는 것이다. 적어도
이 정도의 수에 대한 이해를 해 두지 않으면 역수의 개념을 바로 이해할
수가 없다. 담김이 양으로 안담김이 음으로 발전하기 때문이다. 수를 비
울 때 위가 남으면, 그때의 위도 수로 표시해야 한다는 것이 역의 입장
이고, 이는 후대에 석합보공론으로 발전한다.

　이들 괘수의 생성작용을 효위에 연관을 시키면 다음과 같다. 역의 진
정한 출발은 이제부터이다. 하나의 괘 안에 여섯 개의 효들이 차지하는
위치는 다음과 같다.

$$6 \ \{ \quad \}$$
$$5 \ \{ \quad \}$$
$$4 \ \{ \quad \}$$

$$3 \ \{ \quad \}$$
$$2 \ \{ \quad \}$$
$$1 \ \{ \quad \}$$

　역을 공부하기 전에 위의 수 옆에 있는 빈칸을 의식하는 것은 필수이
다. 막연한 공백으로 생각해서는 안 된다. 스테판 카세르는 이 빈 공백
을 두고 '원형적 순간archetypal moment'이라고 하였다.(Karcher, 2003, 300) 아
래로부터 위로 셈하여 올라가는 '공백empty space'이라고 생각해야 한다.

정인들이 점을 쳐서 얻어지는 복사로 채워야 할 공백이다. 이 공백은 자기 자신의 비어 있는 마음 자체이다. 먼저 이것이 전제되어야 한다는 것이다. 이러한 공백에 대한 이해는 오히려 최첨단의 과학자들에게 와서야 의식되기 시작하였다.

칸토어의 집합론에서는 { }의 빈 공간 안에 아무것도 들어가지 않는 위치 자체를 {Ø}로 표시해야 한다. 이를 공집합null set이라 한다. 이는 마치 역의 괘 배열 순서에서 말하는 좌우대정左右對貞의 형식과 같다고 할 수 있다. 멱집합의 이러한 이진수 논리가 아니면 멱집합이 만들어질 수 없듯이, 64괘 역시 이런 좌우대정의 논리 없이는 괘들의 형성 자체가 불가능하다.

'좌우대정'의 논리란 다음과 같다. 복점卜占을 할 때 거북 껍질에 적는 좌우의 질문이 다르다. 즉, 왼쪽에는 "비가 오겠습니까?"라고 묻고, 오른쪽에는 "비가 오지 않겠습니까?"라고 묻는다. 직감적으로 이상하지 않는가? 즉, 왼쪽의 물음에서 답이 나오면, 그 반대를 "비가 오지 않음"의 답으로 여기면 될 것을, 구태여 반대되는 물음을 따로 적은 오른쪽 칸을 만들 필요가 있었을까? 이것은 전자인 유를 표시한다면, 그 반대인 무도 표시해 주어야 한다는 것과 같다. 이는 마치 현대 집합론에서 공집합을 따로 표시하는 것과 같다고 할 수 있다. 또 사과가 0개 {바구니 속에 들어 있다} 하는 것과 같다. 오른쪽에서 "비가 오겠습니까"라는 질문에서 '예'와 '아니오'라는 답이 나오면 비가 오고 안 오고는 결정이 나는데, 구태여 왼쪽에서 "비가 오지 않겠습니까"를 물을 필요는 없을 것 같이 보이지만, 사정은 그렇지 않다. 전자도 표시를 해주고, 후자도 표시해 주어야 하는 이유는 표시 방법이 다르기 때문이다.

교통 신호등에서 '가라'를 파랑색으로 표시하고, '가지 말라'를 아무 색으로도 표시하지 않는다고 해보자. 이는 좌우대정에서 하나만 표시하고 다른 하나는 표시하지 않는 것과 똑같은 원리이다. 신호등에 아무 불도 안 들어와 있는 경우를 '가지 말라 stop'로 본다면 이것은 위험천만이다. 아마도 이 정도 설명이면 복사에서 왜 좌우대정법을 썼는가를 충분히 이해할 수 있을 것이다. 이는 수라는 기호의 위치와 양을 모두 생각해야 한다는 사고방식의 결과이다.

좌우대정법을 공자는 〈계사전 상〉에서 태극이 음양을 낳고 음양이 사상을 낳고 하는 식으로 논리화하고 철학화하였다. 양이란 가닥이 음양으로, 음이란 가닥도 음양으로 나누어지는 방법은 현대 집합론의 멱집합을 만드는 원리와 같다. '비가 온다'는 1로, '비가 오지 않는다'는 0으로 보아, 이를 이진수의 원조라고 한다면 오류이다. 차라리 멱집합의 원조라고 하면 맞다. 집합의 '전부분집합'과 '공집합'이 1과 0의 관계라 보면 된다.

유클리드의 수학에서는 바로 이러한 복점의 원리를 무시하였기 때문에 2,500여 년 동안 0이란 숫자의 존재를 인정하지 않았던 것이다. 긍정의 부정을 부정으로 생각하였기 때문이다. 그러나 1과 마찬가지로 0도 독립된 수이다. 아니 공집합에서 만물이 유래하고, 수 1도 공집합 없이는 형성될 수조차 없다. 공집합 {0}도 하나의 집합이다. 다시 말해서, '없다'는 것은 있는 것에서 비우는 것이다. 그러면 다 비우고 나면 0이란 집합 {∅}이 남는다. 이것이 집합론이 수를 이해하는 방법이다. 그러면 공집합 {∅}을 수로 표현하면 {0}이 된다. 전자는 위, 후자는 수라고 하면 역과 대화의 문이 열린다. 윷놀이에서 '모'는 위는 없으면서 수만 있는 경우이다. 역설적이지만 '공집합의 집합'이 가능해지며, 이는 { }와 구별하여 {∅}로 표시한다. 좌우대정의 논리란 바로 이러한 공집합의 논리를 두고 말한다. 이러한 좌우대정 없이는 괘들이 만들어질 수 없다.

이진수는 0을 전제하지 않으면 불가능하다. 고대 이집트에도 0이란 개념이 없었다. 이 개념은 인도에서 전해졌다고 한다. 아라비아숫자도 인도에서 처음 만들어졌으나, 이것이 아라비아를 통해 서양에 알려졌기 때문에 '아라비아숫자'가 된 것뿐이다. 그런데 인도인들이 0을 최초로 발견한 것이 아니다. 지금까지 연구된 바로는, 고대 마야인들이 인도인들보다 무려 몇 세기 전에 0을 알고 이를 응용할 줄도 알았다. 그러면 마야인들은 어디서 이 개념을 가져왔을까? 이것은 앞으로 연구과제라 하겠다. 아무튼 0의 발견은 인류문명 발달에 지대한 공헌을 하였다. 다시 강조하면, 0은 수의 문제가 아니고 먹집합의 문제이다. 담김과 안담김의 문제라는 것이다.4)

위의 내용을 종합할 때, 0은 세 가지 큰 의미를 갖는다. 1. 없다, 2. 기준점, 3. 빈자리이다. 여기서 '없다'를 나타낼 때는 {0}으로, '빈자리'를 나타낼 때는 {∅}으로 해야 한다. '기준점'이란 물이 어는 기준 온도를 0도로 하는 것 등이다. 수 '3'의 경우도 세 개가 담겨 있다와 3이 세 자리를 차지하고 있다고 해야 한다는 것이다. 0이 짝수냐 홀수냐고 할 때,

---

4) 그런데 고대 동북아 일대에서는 정인들이 좌우대정법을 통해 0의 사용법을 알고 있었다. 그것은 '아니다' 또는 '없다'를 표시해 주어야 한다는 말이다. 요약하면 '바구니 속에 3개의 사과가 들어 있다'를 {3}으로 표시해 주어야 하듯이, 아무것도 없을 때에도 {0}으로 표시해 주어야 한다는 것이다. 이는 수를 이해할 때 반드시 위를 고려해야 한다는 의미이다. 0으로 곱해도 나누어도 모두 0이 되는 이유는, 0은 위치를 차지하고 있을 뿐이기 때문이다.

수학에서는 일단 짝수라고 약속을 해 둔다. 왜냐하면 0을 2로 나누면 나누어 떨어지기 때문이다. 그러나 0은 홀수로 나누어도 떨어진다. 그래서 0을 짝수라고 하는 것은 하나의 약속일 뿐이다. 서양에서는 0이 다른 수보다 300년 뒤에 나타난다. 그레고리역의 바탕이 된 율리우스역(기원전 46년에 제정)에 0이 없어서, 예수가 태어난 해를 0년이라 할 수가 없었고, 0세기도 불가능해 세기를 셈하는 것이 실제 해보다 1이 늦다. 그래서 2000년대가 '21세기'가 되는 것이다.

그러나 동양에서는 설령 0이란 기호는 없었지만, 역에서 수를 자리와 수로 나누었다는 것은 0을 인식하고 있었다는 말이 된다. 역의 기본 골격은 한마디로 빈자리를 표시해 준다는 것이라고 할 수 있다.

### 이진수와 역

괘수는 이미 일어난 일 또는 물건과 명패에 모두 사용된다. 같은 수가 물건도 되고 명패도 된다는 것인데, 이 점은 매우 중요하다. 그러나 그리스철학에서는 명패와 물건은 다른 것이어야 한다는 것이 철학의 운명을 결정하고 말았다. 명패를 '이데아'라 할 때 이러한 주장은 타당성을 얻게 된다. 칸토어의 대각선 정리는 가로와 세로, 즉 물건과 명패를 수로 하기는 하였으나, 전자는 자연수를 후자는 실수를 사용하였다. 좌우대정을 통해 점을 칠 때, 좌우에 나타나는 갈림을 '징조徵兆'라 하고 그 징조를 모두 수로 표시하였으며, 그것을 괘수의 효시로 보았다. '비가 옴'과 '오지 않음'이란 징조에 따라 선하후상先下後上의 원칙으로 괘를 배열한다. '선하후상'이란 괘수를 먼저 나오는 순서대로 아래에서 위로 배열한다는 뜻이다. 그래서 '비가 오지 않는다'고 하면 짝수를, 다음 '비가

온다'고 하면 홀수를, 나오는 순서대로 밑에서부터 거슬러 올라가면서 효를 놓는다. 따라서 역에서는 지금까지도 효가 아래에서부터 시작한다.5) 처음 시작 효를 '초효', 다음 효를 '중효', 가장 위의 효를 '상효'라고 한다. 한국의 정역에 와서는 그 순서가 완전히 반대가 된다.

원시적 명패와 물건의 구분은 이렇게 서와 복 사이에 이루어졌다고 할 수 있다. 명패를 붙인다는 것은 일종의 추상화 행위이다. 정인들은 징조의 내용들을 분류하는 작업이 필요하였다. 튜링이 컴퓨터의 원리를 처음 발명할 때 행한 데이터베이스화database 작업과 같은 것이 필요해진 것이다. '데이터베이스화'의 명패에 해당하는 세로줄과 이 명패가 지시하는 가로줄의 자료를 분류하는 것과 같다. 이는 정인들이 한 작업이나 튜링이 한 작업이나 큰 차이가 없다는 말이다. 이때 수가 사용된 이유는, 수는 제 자신의 속성을 가지고 있지 않기 때문에 가장 보편적인 명패 역할을 할 수 있었기 때문이다. 대각선 논증에서 볼 때 수는 가로줄에 해당하고 복사는 세로줄에 해당한다. 정인들은 수가 부단히 복사의 내용과 일대일 대응이 되도록 해야 한다고 생각하였다. 그런데 어떤 때는 같고 어떤 때는 다르다. 세 사람의 의견이 일치하지 않을 때에는 두 사람이 찬성하는 것으로 정한다. 정인들은 징조들을 수로 바꾸어 세로로, 그것이 지시하는 물건들을 가로로 하여 사각형 속에 배열한다. 이때 대각선에 해당하는 것이 인간사의 사건이 된다. 이는 최초의 대각선 논증이라 할 수 있다. 그리고 이 사각형이 방도의 단서이다.

5) 차를 운전하다 보면, 한국에서는 먼저 내리는 출구의 순서가 아래로부터 시작된다. 그러나 서양에서는 반대로 위에서부터이다. 추측하기로는, 한국의 이러한 문화는 역에서 비롯된 것이라 판단된다.

이제 이 대각선을 반가치화한다. 효의 가치에 해당하는 음과 양을 반대로 바꾸는 것이다. 이것이 변괘變卦이고 괘변卦變이다. 그리고 대각선을 다시 가로줄 가운데 하나로 만드는 것이 반대각선화이다. 이런 전 과정이 역 안에서 일어나는 것의 전부라고 해도 지나친 말이 아니다. 징조를 부호와 언어로도 표현해야 하는데, 그것이 상이고 괘명이고 괘사이고 효사이다. 이들 언어 안에서 다시 대각선 논증이 벌어진다.

여기서 가로줄은 위緯, row(또는 top)라 하고 세로줄은 경經, column(또는 side)이라고 한다. 리샤르 정리와 칸토어의 대각선 정리에서도, 그리고 복희64괘도인 방도에서도 세로줄(경)은 경으로서 명패이고 지시체이다. 반면 가로줄(위)은 명패가 지시하는 물건들이다. '경위'라 할 때에는 사정 또는 사건 상황과 같은 의미로도 사용된다. '경위'란 세로줄과 가로줄이 상호 작용하는 것으로서, 바로 이것이 대각선에 해당한다. 경위란 그래서 대각선을 말하는 것이란 뜻이다. 위에 대해서 경은 원칙을, 즉 명패를 의미한다.6) 가로줄에 해당하는 1, 2, 3, 4, 5를 생수, 그리고 이에 대한 명패수를 5라고 하는 데서부터 데이터베이스화의 기초가 만들어진다.

역에서 수는 어느 위치position를 차지하고 있어야 한다. 수에는 효수가 있고 괘수가 있다. 효수는 이진수에 의하여 결정되나, 그것이 차지하는 위치는 자릿수이고 위수는 십진수로 표시한다. 효가 위치를 차지하면

---

6) 역경과 역위라고 할 때, 역에서 전자는 세로줄과 같고 후자는 가로줄과도 같은 것이다. 역에서 경이 언제 만들어졌느냐고 할 때, 경전으로서의 역경과 경의 원시적인 모습을 나누어 생각해야 한다. 역경의 원시적인 모습이란 서와 복으로서, 이것이 서로 경위가 되는 데서 역의 대각선 논증은 시작한다.

그것은 괘로 변한다. 2효면 4상, 3효면 8괘, 6효면 64괘가 가일배법에 의해 만들어진다. 즉, n개의 효이면 $2^n$이 된다. 2효의 부분집합 또는 멱집합은 4개, 3효면 8개, 6효면 64개란 뜻이다. 그래서 효와 괘의 관계는 집합과 부분집합의 관계, 즉 멱집합의 관계로 본다. 멱집합에서도 n개의 원소는 $2^n$개의 부분집합을 만든다고 보기 때문이다. 그리고 괘의 고유한 번호를 괘수라고 하며, 모든 괘수는 십진수이다. 그리고 괘의 고유한 번호는 64괘 안에서 서차 번호이기도 하다. 그래서 역에서는 수가 몇 개냐 하는 기수cardinal number와 몇 번째냐 하는 서수ordering number가 모두 중요시된다. 전자를 '수'라 하고 후자는 '위'라 한다. '괘변' 또는 '변괘'란 위와 치의 두 가지, 즉 위와 치(또는 수)에 따라서 괘가 달라지는 것을 의미한다. 모든 효는 음과 양이란 치를 가지고 있고, 모든 치는 자기 위를 가지고 있다. 그런데 홀수 위치(1, 3, 5)에 홀수가, 짝수 위치(2, 4)에 짝수가 들어 있으면 '정正'이고, 그 반대면 '부정不正'이다. 정이면 길吉하고, 부정이면 흉凶하다고 한다. 이러한 치와 위는 이진수와 십진수에 의해 각각 결정된다.

　이렇게 위치를 정하는 데 십진수와 이진수의 역할은 크다고 할 수 있다. 이에 둘의 관계를 일목요연하게 표시하면 다음과 같다. 알프레드 홍Alfred Hung은 64괘와 그것의 이진수와 십진수를 아래와 같이 일목요연하게 나열하였다.(Hung, 2000, 40) 튜링 기계는 이진수 0과 1로 테이프를 길게 종으로 만들고, 내적 상태들을 알파벳으로 A, B, C, D, …, L 표시한

| 십진수 | 0 | 1 | 2 | 3 | 4 | 5 | 6 | 7 | 8 | 9 | 10 |
|---|---|---|---|---|---|---|---|---|---|---|---|
| 이진수 | 0 | 1 | 10 | 11 | 100 | 101 | 110 | 111 | 1000 | 1001 | 1010 |

다음 이를 횡으로 한다. 이제 종횡으로 엮이면서 기계의 머리 부분을 읽어 나가다가 내적 상태가 0과 1 가운데 어느 하나를 선택한다. 그러면 튜링 기계는 종으로 횡으로 움직이면서 0과 1 가운데 하나를 선택해 기록한다. 즉, 횡으로는 좌냐 우냐, 종으로는 전진이나 정지냐를 결정하면 된다. 이는 마치 정인들이 좌우대정의 방법으로 복사를 결정하는 것과 같다고 할 수 있다.(캐스티, 2002, 131)

　십진수는 인간이 가장 쉽게 대상들을 셈하기 하는 데서 얻을 수 있는 수이다. 사실 크기는 이진수보다 커 보이지만 만들어지는 과정이 일차원적이다. 직선으로 나열만 하면 되기 때문이다. 그러나 이진수의 경우는 크기는 작아 보이지만 그것이 만들어지는 과정은 이차원적이다. 다시 말해서, '비가 오지 않음'도 하나의 정보임을 파악하는 것은 마치 '거짓말을 거짓하면 참이 되는 것과 같은 메타화의 과정이 필요하다. 십진수 만들기보다 한 차원 더 높다는 이유 때문에 십진수가 이진수보다 먼저라고 한다. 그러나 역에서는 십진수와 이진수가 한시도 분리될 수 없는 체와 용의 관계이다. 이진수의 작용 없이는 십진수가 만들어질 수조차 없기 때문이다. 그리고 이진수 자체도 체로서 수가 될 때는 다름 아닌 양수와 음수이다. 양수와 음수는 이진수의 체의 측면이다. 지금까지 이진수를 말할 때, 이렇게 체용의 양면성을 보지 않았기 때문에 오류가 있었다. 이렇게 추리할 때 라이프니츠는 이진수의 체는 보았어도 용은 보지 못하였다. 그러나 칸토어는 이진수의 용의 측면을 보고 멱집합을 고안할 수 있었다. 1860년대의 조지 불마저도 아직 이진수의 용을 보지는 못하였다. 그가 멱집합을 아직 몰랐다는 것이다. 최첨단의 전산기에 십진수가 아니고 이진수가 이용되는 이유가 바로 여기에 있다.

## 괘의 데이터베이스화와 러셀 역설

사실 이 책에서 이 절은 가장 중요한 부분 가운데 하나이다. 역에서 역설이 발생하는 처소를 발견하고 급소를 찌르는 것과도 같기 때문이다. 이 절은 이 책의 결론 부분에 와야 이해될 만큼 난해하다. 그러나 이것을 먼저 아는 것이 책 전체 내용을 쉽게 이해하는 지름길이기 때문에 당겨서 논하기로 한다.

역의 철학적 문제는 점사들을 데이터베이스화하면서부터 비롯된다. 왜 데이터베이스가 역설이란 결과를 초래하는가? 그것은 데이터베이스화란 명패와 물건을 구별하는 것이기 때문이다. 낙원에서 인간들이 물건에 명패를 달면서 타락이 시작되었듯이. 《주역》을 펴면 여섯 개의 효가 하나의 괘가 된 것이 64개 나온다. 이들 하나하나를 '대성괘'라 하고, 이는 모두 6선형이다. 이들 6선형은 두 개의 3선형이 결합된 것이기도 한다. 두 개의 3선형 가운데 하나는 하괘-내괘이고 다른 하나는 상괘-외괘이다. 이렇게 하나의 대성괘는 하괘-명패와 상괘-물건의 결합이기 때문에 역설을 피할 수 없다. 자기가 명패도 되고 물건도 되는 것을 자기언급self reference이라고 한다. 그리고 역설은 '자기언급'을 동반한다. 자기언급은 '어느 집합이 자신의 원소를 자신 속에 귀속시키는 것'이다. 그래서 자기언급은 원소와 집합 사이의 문제이기도 한다.

이명섭은 대성괘의 내괘와 외괘를 역설적인 관계로 보고, 이를 러셀 역설과 연관시키고 있다. 즉, 내괘와 외괘는 하나의 '속성'을 가지는데, 내괘는 '자기귀속'적이고 외괘는 '비자기귀속'적이라는 속성을 가진다. 명패이면서 동시에 물건이 되는 것을 '자기귀속적self belonging' 속성이라고 한다. 예를 들어서 5는 생수인 물건수이면서 동시에 명패수이다. 그래서 5와 5의 합인 10은 대각선수이고 자기귀속적이 된다. 이 책은 처음부터 끝까지 5와 10이란 수와의 전쟁이라 할 정도이다. 이들 수가 역설을 조장하기 때문이다.

자기언급적 속성은 방도의 대각선에서 생긴 것이다. 하괘-내괘는 사각형의 세로줄에 배열이 되는데, 대각선에서 명패로서 자기 자신과 같은 물건과 만난다. 이는 특히 '정대각선direct diagonal'이라고 한다. 정대각선이 아닌 괘들은 '비자기귀속'적이다. 물론 여기서 말하는 대각선은 사각형 방도의 좌상에서 우하로 향하는 대각선이며, 이를 정대각선이라 한다. 그 반대 방향의 대각선은 '역대각선'이라 하며, 이 대각선에서는 상·하괘의 음양이 모두 정반대이지만 자기언급을 하는 것은 아니다.

이렇게 정대각선상에 있는 괘들의 속성을 '귀속'과 '비귀속'으로 나눌 때, '비자기귀속'이란 말을 하나의 속성으로 보았을 때, 이 비자기귀속인 어느 집합에 '비자기귀속적'인 속성이 귀속하면 '자기귀속적'이고, 반대로 '자기귀속적'인 속성이 귀속하면 '비자기귀속적'이다. 여기서 '속성property'이란 말에 각별히 유의하여야 한다. 특히 리샤르는 '비자기귀속적'이란 말에서 이런 역설을 발견한 당사자이며, 이를 이른바 '리샤르 역설Richard's paradox'이라고 한다. 그리고 '비자기귀속적인 속성'을 특히 '리샤르 속성'이라고 한다. 이에 대한 자세한 논의는 4장에서 이루어질 것이다. 이를 역의 대성괘에 적용해 보자는 것이다.

리샤르 역설은 러셀 역설로 발전한다. 러셀은 '자기귀속'을 기호화하여 $S \ni S$와 같이 표현한다. 러셀 역설의 "'비자기귀속'이 자기귀속하면 '비자기귀속'이다"는 말을 괘의 속성에 적용해 보자. 위에서 명패괘에 해당하는 내괘는 이러한 리샤르 속성을 갖는다. 정대각선은 자기귀속적이고 역대각선은 비자기귀속적이라 할 때, 역의 방도는 리샤르 역설과 러셀 역설을 숙명적으로 그 안에 가지고 있다. 이것이 '거짓말쟁이 역설'과 궤를 같이 하는 것이다. 역의 전체 체계는 궁극적으로 이 역설을 해의하자는 데 있고, 역이 이 역설을 어떻게 해의하고 있는가를 고찰하는 것이 역의 본령에 해당한다는 것이다. 이명섭이 외괘와 내괘의 관계를 이렇게 '비자기귀속'이란 속성에서 보고, 역설적으로 역 전체 체계를 역설 해의와 연관시킨 것은 정확한 지적이라 하겠다.(이명섭, 1993, 290~292)

다시 말해서, 이명섭은 알기 쉽게 벤그림Venn diagram을 러셀 역설 설명에 원용하고 있다. 아래 벤그림에서 T는 '비자기귀속'적인 리샤르 속성을 갖는 '부분집합 $M_1$'의 전체 집합이다. 여기서 '전체 집합'이라는 말에 각별히 유의하여야 한다. 그리고 $M_2$는 '자기귀속'적인 집합이다. 예yes는 T가 $M_1$에도 $M_2$에도 귀속하는 경우이고, 아니오no는 T가 $M_1$과 $M_2$에 귀속하지 않는 경우이다.(〈그림 1-1〉)

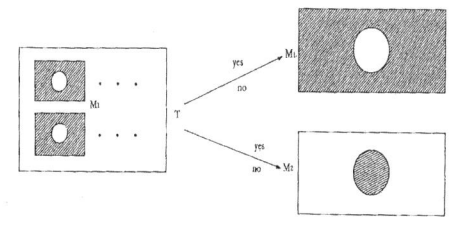

그림 1-1. 벤그림과 러셀 역설

이런 경우에 역설이 발생하며, 그 역설의 성격이 리샤르 역설 또는 러셀 역설과 같다는 것이다. 자기언급이라는 자기귀속이 결부되면서 역

설의 조건이 갖추어졌다. 이렇게 벤그림에 적용한 다음, 이어서 역의 대
성괘에 적용해 보면 다음과 같다. 즉, 이런 벤그림의 구도를 역의 대성
괘 가운데 하나인 건괘에 적용해 본다. T는 외괘 전체 집합에 해당한다.
외괘는 물건 괘이기 때문에 자기언급을 하지 않는다. 이런 자기언급을
하지 않는 외괘가 전체 집합이 되어 자기 자신인 외괘를 귀속하는 경우
면 '예', 귀속하지 않는 경우면 '아니오'라 한다. 그리고 같은 외괘가 내괘
를 귀속하면 '예', 하지 않으면 '아니오'이다.(〈그림 1-2〉)

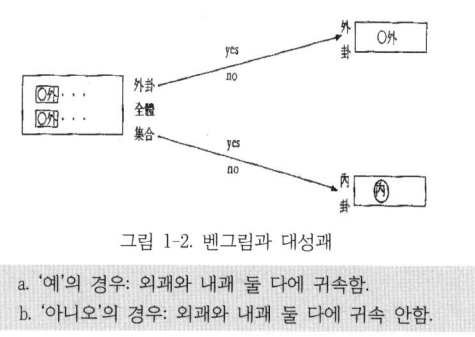

그림 1-2. 벤그림과 대성괘

a. '예'의 경우: 외괘와 내괘 둘 다에 귀속함.
b. '아니오'의 경우: 외괘와 내괘 둘 다에 귀속 안함.

먼저 〈그림 1-2〉에서 외괘는 집합 $M_1$이다. 전체 외괘 집합 T(왼쪽)가
있고, 그것에 귀속하는 외괘 $M_1$이 있다. 이에 대하여 내괘는 $M_2$이다. 그
러면 '예'와 '아니오' 두 경우에 어떤 역설이 발생하는지를 살펴보자.

a. '예'의 경우(둘 다 귀속)

외괘의 전체 집합(벤그림의 왼쪽, T에 해당)은 외괘를 모두 부분집합으
로 포괄하기 때문에 이는 동시에 자기 자신까지도(벤그림의 오른쪽, $M_1$에
해당) 부분집합으로 포함하지 않으면 안 된다. 그러면 어떤 현상이 생기

는가? 그 결과는 물건괴인 외괴가 자기 자신까지 포함하는 것이 되며, 이것은 외괴가 내괴에 귀속한다는 말과 같다. 내괴만이 자기귀속을 할 수 있기 때문이다.

이런 현상이 생기면 내괴의 자기귀속이라는 속성인 S∋S에 의하여 '외괴 전체 집합 ∋ 외괴 전체 집합'이 된다. 그런데 외괴의 전체 집합은 본래 내괴가 만드는 집합이기 때문에, 이번에는 도리어 외괴에 내괴가 귀속하게 된다. 그 결과 외괴의 전체 집합은 내괴에도 속하고 외괴에도 속하는 역설이 발생한다. 외괴는 집합이기도 하고 원소이기도 하다는 것이다. 〈그림 1-2〉에서 보듯이 세 개의 외괴들, 외괴1, 외괴2, 외괴3은 상호 포함관계에 있다. 이는 외괴는 자기귀속을 하지 않는다는 원칙을 어기는 것이다. 내괴의 성질을 외괴가 갖고 있는 격이기 때문이다.

b. '아니오'의 경우(둘 다 귀속 안 함)

외괴의 전체 집합(T)이 외괴 집합에 속한다고 한다면, 외괴의 전체 집합은 외괴를 부분집합으로 포함하고 있기 때문에 성격상 내괴 집합이 된다. 이것은 외괴의 전체 집합은 외괴라는 부분집합들 $M_2$의 집합이라는 전제와 모순이 된다. 이 말은 위에서 정의해 둔 외괴의 성격 자체를 스스로 포기하는 것이 된다. 이제는 반대로 외괴의 전체 집합이 내괴 집합에 귀속한다고 하면, 내괴가 갖는 성격상의 정의에 따라서 외괴의 전체 집합을 자기의 부분집합으로 포함할 수 있다. 그러나 이는 외괴의 전체 집합은 자기 자신을 원소로 하지 않는다는 속성인 리샤르 속성을 위반하는 것이다.

결과는 이렇다. 외괴의 전체 집합은 외괴의 집합인 경우에도, 내괴의 집합인 경우에도 역설이 발생한다. '외괘에도 내괘에도 속하지 않는다' 는 말은 '둘 다'도 '둘 다 아님'도 모두 통한다는 말이다. 요약하면, 외괘 의 전체 집합은 외괘와 내괘에 동시에 귀속적이기도 하고('둘 다 귀속 함'), 외괘와 내괘에 동시에 비귀속적이기도 하다('둘 다 귀속 안 함').

결론적으로 말해서 64괘 대성괘 하나에는 이러한 복잡한 비결정성의 문제를 안고 있다. 이러한 결론은 연속체 가설이 괴델과 코헨에 의하여 비결정으로 끝나는 것과 같은 결론이다. 이렇게 같은 결론으로 끝나는 이유는 모두 대각선 때문이다. 즉, 명패와 물건이 서로 사상하여mapping 사건을 만들기 때문이다. 사건의 성격이 바로 비결정성이다. 그리고 이 는 러셀 역설과도 성격이 같다. 그러나 러셀은, 명패와 물건은 서로 유 형이 다른데, 이들 유형을 혼동하였기 때문에 역설이 발생한다고 보고, 유형의 위계질서를 철저하게 지키면 역설이 제거될 것으로 보았다. 여 기서 위계질서란 가로와 세로의 유형을 고수하는 것, 그리고 대각선을 절대로 만들지 못하게 하는 것이 그의 역설 해의이다. 그러나 이것은 판단착오이다. 역설은 이미 유형의 혼동의 불가피성에서 생긴 것인데, 유형의 위계질서를 고수하라는 것은 불가피성을 회피하는 것과 같다. 음식을 먹어 식중독에 걸렸는데, 식사를 하지 않으면 식중독이 없어질 거라고 말하는 것과 같다. '불가피성의 회피' 이것이야말로 역설적인 표 현이다.

### 러셀 역설과 서양 수학계의 고민

러셀은 이런 역설의 내용을 프레게에게 보냈고, 1902년 6월 16일 프 레게에게 전달되었다.[7] 그때 프레게는 역설이 없는 수학의 기초 닦기에 골몰하면서 저술을 하고 있었다. 이 편지 한 장으로 10여 년 이상 수학의 기초를 놓으려는 노력은 물거품이 되고 말았다. 이와 같이 역설은 한 생명을 앗아가듯 학자들의 학문적 기초를 완전히 허물어버렸다. 1908년에 체르멜로Ernst Zermelo도 역설 박멸의 최전선에 선다. 1922년에 프렌켈에 의하여 보충되어 체르멜로-프렌켈 정리(ZF 정리)가 나온다. 근본적으로 체르멜로의 이론은, 역설을 배제하자는 것보다 어떻게든 역설을 피해 가려는 것이었다. 체르멜로는 먼저 역설이 '집합의 집합의 집합……'처럼 집합을 무한 퇴행시켜 너무 큰 집합을 도입한 데서 역설이 발생한다고 보았다. 위에서 '전체 집합이란 말에 주의하라는 이유가 이 때문이었다. '전체'라는 말만 사용하지 않았어도 대성괘에서 그와 같은 역설은 발생하지 않았을 것이기 때문이다. 이 두 수학자는 역설 발생의 원인이 유형의 위계질서가 확장되는 데 있었다고 본 것이다. 다시 말해서, '모두'라든지 '전체'라는 말을 집합에 사용하는 데서 문제가 발생한다고 보았다. 그래서 그들은 원소와 집합의 관계를 고정된 절대적인 관계로 보지 말고, 가변적이며 상대적인 관계로 보자고 제안한다.

그래서 체르멜로는 집합을 구성하는 아주 단순한 방법을 고안해내어 무한대로 집합이 적용되는 것을 제한하면 역설이 사라진다고 생각하였다. 러셀 역설이란 집합이 자기가 자신의 원소가 되는 데서, 즉 자기귀

---

7) 그 편지는 프레게에게 비참한 것이었다. 프레게는 필생의 작업으로서 집합론의 개념을 광범위하게 적용시킨 《산술의 기초》를 1893년과 1903년 사이에 출판하였다. 프레게가 러셀의 편지를 받았을 때는 2권의 원고가 출판사에 넘어가 있던 상태였다. 프레게의 반응은 낙망 그 자체였으나, 새로운 진실 앞에서 택한 그의 솔직한 태도는 칭찬할 만하다. 프레게의 말을 들어보자. "과학자가 논문을 완성하자마자 그 논문의 기초가 무너지는 것을 안 것보다 더 슬픈 일은 없을 것이다. 내 책의 인쇄가 거의 끝나가고 있을 때, 러셀 씨로부터 한 통의 편지를 받았다."

속적인 데서 발생하는 것인데, 만약 집합의 수를 제한한다면 그러한 역
설이 사라지지 않겠는가 하는 것이다. 그런데 러셀 자신은 집합의 수를
제한하려고 하지는 않았으며, 집합의 계열을 유형별로 위계적이고 일관
성 있게 구분하면 역설이 사라질 것이라고 보았다. 이를 그의 유명한
유형론typology 또는 '위계적 일관성 이론'이라고 한다. 체르멜로-프렌켈
은 어느 집합이 있다고 할 때, 그 집합에 속하는 모든 원소를 다 만들
수는 없다고 보았다. '학생'이란 집합을 말할 때 어느 특정 학교를 제한
하지 않는 학생 '모두'를 원소로 삼을 수는 없다는 것이다. '모두'라는
말 속에 '모두'라는 것을 원소로 넣을 때 역설이 발생하므로, 그것만 막
으면 될 것이라 생각하였다.

　이를 막기 위해 어떤 집합 안에서 필요한 원소들만 선택한다고 하여
체르멜로는 이를 '선택 공리axiom of selection'라고 하였다. 칸토어 역설도
'모든 집합의 집합'을 다룬 것에 문제가 있었다고 보았다. 예를 들면, 어
떤 집합의 멱집합은 그 집합보다 더 큰 집합을 만들었기 때문에 생긴다.
그러나 체르멜로는 이러한 '집합의 집합' 같은 메타집합은 집합이 아니
라고 보았다. 왜냐하면 선택 공리는 이렇게 터무니없이 큰 집합을 만들
수 없도록 집합의 크기를 선택적으로 제한하기 때문이다. 존재하는 집
합의 부분집합만으로 집합을 만들 수 있도록 제한하자는 것이다. 따라
서 '모든 집합의 집합……'처럼 너무 큰 집합은 집합이 되지 못하도록
제한하여 집합론을 체계화함으로써 칸토어 역설과 부랄리-포르테 역
설8)을 극복하려고 하였다.(이종우, 2000, 138)

8) 서수의 역설로서, 한 집합의 서수 가운데 마지막 수는 다른 집합의 처음이 된다는
역설이다.

그러나 이것이 진정한 역설 해법의 실마리가 될 수 없음은 명백하다. 이는 〈이솝우화〉에서, 나무가 너무 높아 포도를 따 먹을 수 없는 것을 두고 '신 포도'라고 하면서 여우가 스스로를 위로하는 것과 같다. 역설의 사다리가 너무 높아 올라갈 수 없으니, 사다리를 작게 만들 것을 제의하는 것과 같다. 이것은 소심한 발상일 뿐이다. 역설은 사다리의 높고 낮음에서 발생하는 것이 결코 아니다. 이제 역설을 통해 "수학자들이 깨달은 것이 있다면, 모순 없는 체계를 발전시키는 데에 직관에 의존하기에는 사고가 너무나 허약한 갈대라는 교훈이었다."(네이글, 2003, 37~38) 이제부터 수학의 광야에서 이 역설을 놓고 해법의 공방전이 벌어지기 시작하면서 결국 3파전이 된다. 바로 직관주의, 논리주의, 형식주의가 그것이다.

역은 과연 '모든 집합'의 문제를 어떻게 해결하고 있는가? 효는 '6개', 괘는 '64괘'로 제한한다. 역은 무한개의 효와 무한개의 괘를 다루지는 않는다. 그리고 역에서 다루는 수 개념 또한 서양과는 다르다. 우선 수를 음과 양으로 나눈다. 다시, 수를 생수와 성수로 나눈다. 무엇보다 수는 위를 반드시 동반해야 한다. 수와 위는 바늘과 실의 관계와도 같다. 역에서는 수가 반드시 상과 사와 트로이카를 만든다. 이와 같이 역의 수 개념은 서양의 그것과 다른 점이 있지만, 한 가지 같은 점도 있다. 그것은 역설이 생기는 이유가 명패와 물건의 구별 때문이고, 그 구별에서 대각선이 만들어지고, 역설의 진원지는 대각선에 있다는 점이다. 낙원에서 인간과 신은 이렇게 물건과 명패를 만들어 대각선 놀이를 하다가 타락하고 만다. 역은 원소와 부분의 구별이 중요하다는 사실도 알았다. 즉, 효와 괘의 구별, 그리고 '괘의 괘'까지 만들었다. 궁극적으로는 원소와 부분은 다르고, 후자가 전자를 초과한다는 사실을 알았다. 이러한 공통점들이 있어서 역과 서양 수학의 대화는 가능해졌다. 대화가 가능해진 배경에는 칸토어의 대각선 정리가 있었다.

# 2장 대각선 정리의 6대 요소와 역

## 2.1. 괘의 성립과 자기언급 문제

### 명패와 물건의 경위와 대각선

복은 신탁을 내용으로 한 물건이다. 그런데 그 물건이 증가함에 따라 그것을 분류하고 정리하는 작업이 필요해졌다. 복사란 원초적인 일차 질서에 속한다. 이 일차 명패를 매겨 나가는 것이 서이다. 원래 복은 좌우대정을 통해―이진법을 통해―길과 흉을 분류해 나가는 것이지만, 이러한 분류를 하는, 다시 말해서 체계를 만들어 나가는 것 자체가 양이 늘어나는 일이다. 그러면 명패 자체가 물건이 되고 명패의 명패가 필요하게 된다. 그러면 이차 질서가 나타난다. 이차 질서는 괘가 괘에 대하여 명패가 되고 물건이 되는 현상을 말한다. 여기서 괘에 대한 괘인 '대성괘' 또는 '중괘'가 나타나고, 이에 근거하여 두 개의 64괘도가 그려진다. 주 문왕의 것이 먼저이고, 복희의 것은 후대 송대에 작도되었다. 그러면 주 문왕의 64괘도가 배열되는 원리는 무엇이고, 왜 송대에 와서 그 배열법이 달라졌을까? 이것은 역의 대각선 논증과 관계되는 중요한 문제이다.

좌우대정은 언어로서 이진수적인 효를 결정한다. 이것이 일차 질서에 해당한다. 이러한 효에 의하여 만들어진 괘의 수는 모두 십진수적이다. 명패는 물건을 메타화하여 이차원적이 되게 한다. 십진수는 모두 자연수이다. '자연수'는 말 그대로 지구상의 모든 인류가 가장 자연스럽게 사용하는 수이다. 이 자연수는 앞으로 일대일 대응을 하는 규칙에서 항상 기준수로서 역할을 한다. 그런데 자연수가 되려면 다음 여덟 가지 조건이 성립하여야 한다.

1. 자연수는 반드시 그것에 일대일 대응하는 것이 있다.
2. 자연수에는 '하나' '둘' 같은 이름이 있다.
3. 자연수는 올림법을 사용해 얼마든지 큰 수를 만들 수 있다.
4. 자연수는 기수와 서수가 있다.
5. 셈하기 방법이 있다.
6. 아라비아숫자같이 표기법이 있다.
7. 영(0)이 들어 있다.
8. 쓰기에 편리하다.

역에서 괘수는 모두 자연수를 사용하는데, 이때 위에 열거한 자연수의 특징 가운데 네 번째가 특히 중요하다. 이 두 특징에서 역설이 발생하기 때문이다. 물건이 '몇 개'인지를 나타내는 수를 기수cardinal number라 하고, 몇 번째인지 나타내는 수를 서수ordinal number라 한다. 위에서 본 바와 같이, 십진수 가운데 양수는 길, 음수는 흉으로 분류할 때, 이를 두고 이진수라고 할 수는 없다. 이진수는 반드시 음양이 다시 각각 음양으로 이분화되는 것을 두고 하는 말이기 때문이다. 음 속의 음양, 양 속의 음양과 같은 방법 말이다. 그래서 이는 $2^n$의 방법을 취하여야 한다. 여기에는 차원의 변화와 함께 역설이 끼어들게 된다. 그래서 이진수가 훨씬 복잡하다. 이렇듯 이진수가 아니면 십진수가 만들어질 수조차 없다. 십진수가 물건이 되어 이진수로 분류가 되면, 다시 그것의 기수와 서수는 십진수가 된다. 이진수 자체가 기수이고 서수일 수는 없기 때문이다.

### 숫자괘가 먼저인 이유

이진수는 조별로 수를 분류하는 데에 필수 불가결하다. 이진수의 방법, 즉 좌우대정의 방법으로 둘로 나누면 십진수 아홉 개도 둘로 나뉜다. 홀수는 음, 짝수는 양으로. 이렇게 만들어진 십진수의 음수와 양수가 일정한 위치[位]를 갖게 되면서 고유성을 유지하게 된다. 그래서 복사의 좌우대정에서 생긴 이진수와 십진수의 음수와 양수를 구별해야 할 이유가 분명해졌다. 전자는 수number가 아닌 숫자numeral이다. '숫자'는 말그대로 '비가 옴'과 '비가 오지 않음'이나 담김이나 안담김과 같은 글자이다. 숫자(이진수)가 둘로 나뉘니 수(십진수)도 둘로 나뉜다.

이진수의 2와 십진수의 음·양수는 모두 둘이다. 이 둘을 어떻게 구별할 것인가? 처음에 복은 십진수의 음·양수로 표시하기에 충분하였다. 길하면 양수(1, 3, 5, …), 흉하면 음수(2, 4, 6, …)로 표시하면 되었다. 그래서 어떤 문제가 생겼는가? 십진수의 음수와 양수를 복이 나오는 순서대로 적다보니, 순서와 순서가 차지하는 자리 위치position가 문제시되었다. 그 결과 자연히 양수의 순서와 음수의 순서 개념이 생기게 되었고, 음·양수가 다시 음·양의 순서수 또는 서차수와 겹치면서 양양, 음음, 음양, 양음과 같은 사상 관계가 만들어졌다. 그래서 이 둘을 구별할 필요성이 절실해졌다. 여기서 이진수의 음양은 치値(또는 '수')라 하고, 자리수의 음양은 위位라 하여 두 가지 대칭, 즉 '치대칭'과 '위대칭'이 성립했다. 즉, 이진수의 음양은 --와 —로 기호화하여 서차(위치)의 음양과 구별하게 된다. 이는 앞으로 말할 변괘의 단서가 된다. 즉, 이는 응應·비比·승 承·승乘의 문제를 제기한다. 괘들끼리의 음양 대대관계가 문제시 된다는 것이다.

시간이 지나면서 이렇게 위치의 음양수와 기수화된 음양을 분리해 놓고 보니 불편하다는 사실을 알았다. 다시 이진수와 십진수의 통일작업이 필요해졌다. 그래서 《주역》에서는 음양의 기호를 그대로 남겨 두고, 음은 '6'으로 양은 '9'로 표시한다. 즉, 세번째 자리가 음이면 63, 양이면 93으로 표시한다. 단 첫 번째와 여섯 번째는 '초6'과 '상9' 등으로 표시한다.1) 이렇게 하여 십진수로 이진수가 통일이 된다. 점을 쳐 효가 얻어지면 선하후상先下後上의 원칙에 따라 여섯 개의 효가 만들어진다.2) 이를 '6선형hexagram'이라 하자. 물론 효가 세 개면 '3선형trigram'이 될 것이다. 6선형의 경우 각 효마다 '의례儀禮의 숫자' 6, 7, 8, 9 가운데 어느 하나를 골라 배당을 한다. 음효에는 6과 8을, 양효에는 7과 9를 대응시킨다. 이때 6과 9는 변하는 속성을, 7과 8은 불변하는 속성을 갖는다고 본다. 물론 복사에서는 변하는 속성을 갖는 6과 9가 대표성을 갖는 것은 두말할 것 없다.(얀, 2002, 78)

---

1) '6'은 10 이하 양수의 합으로 2+4=6이고, '9'는 10 이하 양수의 합 1+3+5=9이다.
2) 이러한 '선하후상'의 원칙이 정역에 와서는 반대로 '선상후하'가 된다.

2장 대각선 정리의 6대 요소와 역 _ 61

이렇게 효와 괘의 음수와 양수가 모두 정리된 다음에, 이를 다시 조합하는 방법이 문제되었을 것이다. 조합하는 방법으로 가·감·승·제는 필수이다. 2+3=5와 5−2=3과 같은 가감加減의 방법은 같은 물건의 양을 더하고 덜하는 것이다. 그러나 승제乘除는 사정이 다르다. 예를 들어 2×3=6의 경우는 두 개라는 물건의 수를 각각 세 개로 된 집합을 만든다는 것이다. 반대로 세 개라는 물건의 수를 각각 두 개로 된 집합을 만든다는 것이다. 하나하나의 집합에 명패가 붙을 수 있다. 예를 들어 1번, 2번, 3번과 같이. 그러면 물건과 명패가 만들어진다. 곱하기乘와 함께 나누기除도 사정은 마찬가지이다. 같은 물건을 몇 개의 같은 무더기로 조별화하는 것은 가감법과는 완전히 다른 셈하기 방법이다. 이는 어디까지나 조별화의 편의화로 승제법이 발달하였음을 의미한다. 즉, 승제법에서 주제별로 모으기, 그리고 명패 달기와 같은 것이 생긴다. 승제법이 발달하면서 드디어 역이 복서에서 역경으로 넘어가게 되었을 것이다. 《주역》이 정역으로 바뀌는 큰 배경도 가법에서 승법으로 바뀐 것이라 할 수 있다.

이제 어느 숫자괘 x, y, z가 있다고 할 때, 승제법을 사용하여 주제별로 모아 본다. 주제 x' 밑에 xyz, y' 밑에 xyz, z' 밑에 xyz와 같이 모은다. 그리고 이렇게 모은 것을 xyzx'y'z'로 한다.(문용직, 2007, 120f) 그리고 이를 명패로 사용한다는 것이다. 이는 일종의 자기 복사의 한 현상이다. 자기가 물건도 되고 명패도 되어 되먹힘을 한다는 것이다. 물건 말고 다른 것이 명패가 되는 것이 아니고, 물건이 다시 명패가 된다는 것이다. 만약에 물건 아닌 것으로 명패를 만들면, 그 명패에 대한 명패를 또 만들어야 한다는 무한퇴행의 오류에 빠진다. 이것이 다름 아닌 이데아론의 배경이 된 그리스 철학의 난제인 '제3의 인간 논증'을 야기한다. 이런 자기복사 또는 자기언급은 불가피하지만, 바로 이런 자기언급에서 나중에 말하려고 하는 역설이 발생한다. 만약에 사각형 안에서 xyz를 세로줄에, x'y'z'를 가로줄에 나열하면 대각선이 만들어지고, 대각선상에서 역설이 발생한다는 것이다. xyzx'y'z'이 다름 아닌 대각선이다. 이는 물건이 아니고 사건event이다. 고대 그리스 철학자들은 이러한 자기언급을 두려워하였다. 그래서 그들은 물건과 명패를 다르게 하려고 하였다. 여기서 플라톤의 이데아론이 나온다. 이데아를 사물과 구별하려고 하였던 이유가 다름 아닌 이데아라는 명패는 그것이 지시하는 물건과 달라야 한다는 데 있었다. 그러나 플라톤 자신이 이런 구별을 명확히 하였는가는 또 다른 논쟁거리이지만, 이들 학파들이 그렇게 한 것은 사실이다.

xyzx'y'z'는 숫자괘이다. 그리고 숫자괘는 명패로 쓰인다. 그래서 숫자는 숫자괘를 통해 사상을 한다. 자기복사를 한다. 그렇게 될 때 점사의 목록이 나타난다. 여기서 숫자와 숫자괘가 자기복사하는 자기언급은 절체절명으로 중요한 위치를 차지하게 된다. 대각선 정리는 다름 아닌 이 자기언급, 그 이상도 이하도 아니라고 해도 과언이 아니다. 융은 "역이란 무엇이냐"라는 질문에서, "나 자신이 무엇이냐"고 질문하는 것이라고 하였다. 융의 이러한 자기 재귀적인 답은 역의 본질 그 자체이다. 이러한 본질은 숫자괘가 만들어지는 순간부터 있었다. 그래서 자기언급 self-reference은 역의 자초지종이라 해도 과언이 아니다. 그리고 바로 대각선 정리는 자기언급의 연장에 지나지 않는다. 지금까지 역을 연구하는 학자들이 역의 이러한 자기언급을 자초지종으로 삼지 않은 데서 부족함이 있었던 것이다.

## 2.2. 자기언급과 수의 발생

### 자기언급과 이진수의 문제

　자기언급과 진수의 문제를 연관시켜 다시 한 번 생각해 보면, 십진수와 이진수의 선후 문제 역시, '자기언급'으로만 정답을 얻을 수 있다. 복의 좌우대정이 이진수의 효시라고 하였다. 물론 복의 좌우대정 없이는 십진수의 숫자쾌도 얻을 수 없다. 유클리드 수학이 현대수학에 와서 달라진 점은, 다름 아닌 자기언급을 수학에 도입한 것이라 할 수 있다. 특히 $2^0=1$, $2^1=2$, $2^2=4$, $2^3=8$, …, $2^n$과 같이 되는 이유는 가감법과는 달리 곱하기 승법에서는 공집합과 자기 자신이 반드시 포함되어야 하기 때문이다. 즉, $2^0=1$이 되는 이유는 원소가 '0'인 1개라는 뜻이다. 원소가 0인 집합 {0}의 멱집합은 공집합과 자기 자신은 반드시 들어가야 하기 때문에, {0}의 공집합은 {0}이고 자기 자신도 0이다. 그래서 {0, 0}={0}이다. 그런데 {0}이란 공집합의 집합은 {∅}인데 {∅}이란 집합의 개수는 '1'이다. 이것이 바로 현대수학이 수를 발상하는 순서이고 이는 역의 그것과 다르지 않다.

　이와 같이 $2^0=1$인 이유가 순수사고의 전개과정에서 분명해졌다. 같은 추리과정을 거치면 $2^1=2$인 이유는 공집합 {0}과 자기 자신 {1}으로 된 집합은 {0, 1}=2이기 때문이다. 이렇게 멱집합은 자기 자신을 자기가 포함하는 자기가 묻고 자기가 답을 하는 식이다. 자기 곱하기인 '제곱'이다. 그래서 자기언급이란 다름 아닌 '제말하기'이다. 비가 "오겠습니까"와 "오지 않겠습니까"를 좌우대정하는 이유는 '오지 않는다'는 것도 하나의 집합, 즉 집합 {0}이기 때문에, 온다 {1}과 좌우에 쌍벽을 이루어야 한다. 이를 두고 '일시무시一始無始'라고 한 것이다. 0도 그 자체의 개수는 1개라는 정보이다. 여기서 그 자체란 자기언급이다. 이렇게 현대수학의 집합론에서는 자기언급이란 말이 들어가지 않으면 수가 성립조차 할 수 없다.

복의 좌우대정은 이진수의 효시이다. 그러나 초기부터 이렇게 0과 1로 정보를 처리하지는 않았다. 최근 발견된 자료에 따르면, 1부터 9 사이의 십진수들로 '비가 올 것이다'에 해당하는 1은 홀수로, 그리고 '비가 오지 않을 것이다'에 해당하는 0은 짝수로 표시하였다. 그래서 이를 두고 십진수가 먼저라는 이론도 가능하게 되었다. 그러나 여기서 말하는 십진수는 서수적인 계열로서의 십진수가 아니고, 이진수를 짝·홀수로 표시하는 십진수일 뿐이다. 그래서 이를 두고 십진수라고 할 수는 없다. 한갓 '이다' '아니다'를 표시하는 기호작용일 뿐이다. 나중에 다시 모든 십진수를 다 동원하지 않고 9와 6으로 홀·짝을 대신한 것을 보아서도 이러한 주장의 타당성은 없다고 본다. 서수로서의 짝·홀수가 아니라는 뜻이다.

한자의 십진수 一, 二, 三, …, 十은 아라비아숫자에 비해 셈하기가 불편하다. 세계 모든 숫자가 초기에 이런 불편한 형태를 갖는 이유는 궁극적으로 지금과 같이 그 사용 목적이 셈을 하는 데 있었던 것이 아니고, 음수와 양수라는 이진수를 표시하기 위해서였기 때문이다. 현대 컴퓨터에서 이진수 셈법이 십진수의 그것보다 탁월하다는 것이 이를 증명한다. 십진수는 결국 이진수의 셈의 누적을 표시하기 위한 것이지 셈을 하기 위해 사용된 것은 아니다.

위에서 자연수의 특징 가운데 십진법은 올림수를 사용해서 큰 수를 셈하기에 편리하였다. 그 가운데 아라비아숫자가 세계 공동의 숫자가 된 이유는 십진수를 셈하기 편하였기 때문이다. 4세기 무렵 서양을 로마제국이 지배하였지만, 수의 권위는 아라비아숫자에 넘겨줄 수밖에 없었던 까닭은, 로마숫자는 이진수도 아니면서 복잡한 구조를 가지고 있어서 큰 수를 셈하기에 어려움이 많았기 때문이다. 로마숫자는 지금 시계 숫자판이나 책의 장절을 표시하는 정도의 이용가치밖에는 없다. 그러나 역에서 괘수가 괘상이나 괘명보다 먼저 생긴 것은 서양 같이 셈하기 편해서가 아니라, 수를 음과 양으로 나눔으로써 수의 원리the principle of number 자체를 알았기 때문이다.

서양이 전산기를 발명할 때 십진수 아닌 이진수에 의존할 수밖에 없었던 이유는, 이진수의 자기언급적 특징 때문이다. 공집합과 자기 자신이 포함되는 셈하기, 이 덕분에 정보 처리에서 엄청난 위력을 발휘할 수 있게 되었다. 자기가 자기 속에 포함된다고 할 때, 여기서 '자기가 자기'라고 할 때, 한 자기는 내용 물건이고 다른 한 자기는 명패이다. 사이먼스는 자기가 자기 자신을 자기 속에 귀속시키는 것을 '보편적 universal'이라고 하였다. 그런 의미에서 이진수는 보편적이지만 십진수는 그렇지 않다. 전산기가 이진수를 사용한 이유가 바로 여기에 있다. '모든' 것을 다 계산한 다음, 그 모든 것 자체도 '모든' 속에 넣어야 하는데, 이진수는 가능하지만 십진수는 불가능하다는 뜻이다.

다시 말해서, 십진수와 달리 이진수는 이렇게 구조적 차이를 가지고 있는 것이다. 같은 명패 밑에 '모든' 정보(물건)를 다 처리한다는 것은 그 효율에서 큰 차이를 만든다. 만약에 명패로 사물을 분류하지 않는다면 큰 혼란을 야기할 것이다. 예를 들어, 광대한 우주마저 '태양계'라는 명패 밑에 거기에 속한 별들을 포함시킬 수 있다. '태양계'라는 명패를 갖는 계 속에는 태양 자체도 포함되어 있다. 이것이 '멱집합의 원리'이다. 이때 명패의 서차 번호가 바로 십진수라는 것이다. 그래서 십진수는 이진수가 처리하는 물건인 동시에 명패가 된다. 십진수는 이진수의 자기언급에 보조적 역할을 하면서 처리 결과를 정리정돈해 준다. 이는 마치 윈도우즈를 도스가 그렇게 해 주는 것과 같다. 윈도우즈는 보편적이지만 도스는 그렇지 않다. 자기언급이 둘의 차이를 만든다.

숫자괘에서 짝·홀수가 차례대로 자릿수 위치를 차지하면서, 자릿수의 서차를 표시하는 십진수와, 그 자리에 들어 있는 개수를 동시에 표시할 필요성이 절실해졌다. 다음 역에서 매우 중요시되는 석합보공론析合補空論에서 괘의 위와 수를 구별하게 된 동기를 비로소 알게 될 것이다. 그러나 여기서 자릿수의 십진수와 짝·홀수의 십진수 구별이 어렵게 되는 것은 당연하다. 그 결과 짝·홀수는 수가 아닌 기호로 표시할 필요가 생긴다. 이런 결과로 홀수는 —로, 짝수는 --로 표시하게 되었다. 처음 나온 복의 짝·홀은 1로, 두 번째는 2, … 이런 순서로 자릿수가 생긴다. 십진수는 쉽게 말해서 순서를 정하기 편리하여 고안된 것이라 할 수 있다.

스위츠는 "역사적으로 보아서 수의 자리를 고려한 십진수 체계를 처음 개발한 이들은 중국 사람들이다. 갑골문이 은대(기원전 14~11세기)에 와서 처음 만들어진 사실이 이를 증명한다"(Swetz, 2008, 21~23)고 하였다. 이는 스위츠가 동북아 역사를 잘 몰라서 내린 판단이다. 왜냐하면 은족은 분명히 화하계가 아닌 동이계이기 때문이다. 전국시대(기원전

475~221)에 와서야 수를 막대기 형태로 사용하기 시작하였으며, 지금의 십진수 체계와 같은 1에서 9까지의 수를 사용하였다. 수로서 0이 처음 사용된 시기는 당나라 시대이다. 그 이전에는 0 대신에 공간을 비워두는 형식을 취하였다. 다시 말해서, 십진수의 수들이 들어갈 장소를 공백으로 남겨 두었다는 것이다. 그러나 수로서 0을 기호화하고 표시하는 것이 중요한 것이 아니라, 영零을 '비울 영'이라고 한 그 의미가 더 중요하다. 영을 그 말의 의미에 나타난 데로 이해하면, 영은 어느 공간을 채우느냐 비우느냐 하는 기능의 문제였던 것이다.

우리 민족의 고유 경전이라고 하는 《천부경》의 첫 구절 '일시무시'가 다시금 새롭게 다가오는 면이 있다. 즉, '일'은 수이고 '무'는 위라고 이해하면, 수와 위는 동시에 같이 시작한다는 것이다. 이는 《주역》에서 수와 위를 동시에 이해하는 것과 같다. 공자의 〈계사전〉에도 노자의 《도덕경》에도 이런 표현은 아예 없다. 그렇다면 역의 기원이 동이계냐 화하계냐 할 때, 여기서 그 기원과 유래가 자명해진다고 할 수 있다.

서양에서도 수에서 자리가 중요하다는 사실을 알기 시작한다. 그것을 처음 안 수학자는 아일랜드인 조지 부울G. Boole이다. 부울이 이 사실을 알게 된 것은 그가 논리학자였기 때문이다. 이 말은 수학에도 그 배경이 있는데, 그것은 논리학이며 수가 성립하는 논리적 배경을 알면 자연히 수는 자체로서는 성립 불가능하고, 수가 자리 잡은 위치가 있어야 함을 자연히 알게 된다는 뜻이다. 부울의 대표작은 《사고의 법칙Law of Thought》(1854)이다. 수학사에서 볼 때 20세기에 기념비적인 것은 러셀과 화이트헤드의 《수학원론》이고, 19세기는 《사고의 법칙》이라고 할 수 있다.

부울은 A, B, C라는 세 개의 변화항이 어느 자리에 '담기느냐'와 '안 담기느냐'에 따라서 여덟 개의 변화량이 생긴다고 보았다. 세 개의 변화량이 두 가지 작용에 따라서 여덟 개가 가능하다고 보았고, 이를 '최소항'이라고 하였다. 만약에 담김과 안담김 외에 다른 작용, 즉 '담김도 안담김도' 제3의 작용이 가미되면 모두 81개의 최소항이 생길 것이다. 이런 세 작용은 불교 논리에서나 가능하다. 여기서 중요한 것은, 부울에 와서 비로소 수학자들이 수의 자리를 의식하기 시작하였다는 점일 것이다.

이제 부울의 최소항을 역의 팔괘가 갖는 이진수와 연관하여 표를 만들면 다음과 같다. 여기서 숫자 위의 ∨ 표시는 안담김을 의미하고, 이진수에서는 0으로 처리한다. 물론 담김은 이 표시가 없고 1로 처리한다.

표 2-1. A, B, C 최소항의 참값

| ABC | A̮B̮C̮ | A̮B̮C | A̮BC̮ | A̮BC | AB̮C̮ | AB̮C | ABC̮ | ABC |
|---|---|---|---|---|---|---|---|---|
| 坤 000 | 1 | 0 | 0 | 0 | 0 | 0 | 0 | 0 |
| 艮 001 | 0 | 1 | 0 | 0 | 0 | 0 | 0 | 0 |
| 坎 010 | 0 | 0 | 1 | 0 | 0 | 0 | 0 | 0 |
| 巽 011 | 0 | 0 | 0 | 1 | 0 | 0 | 0 | 0 |
| 震 100 | 0 | 0 | 0 | 0 | 1 | 0 | 0 | 0 |
| 離 101 | 0 | 0 | 0 | 0 | 0 | 1 | 0 | 0 |
| 兌 110 | 0 | 0 | 0 | 0 | 0 | 0 | 1 | 0 |
| 乾 111 | 0 | 0 | 0 | 0 | 0 | 0 | 0 | 1 |

위의 표에서 유의해야 할 곳은 대각선이다. 대각선상은 모두 1이다. A, B, C 가운데 담김이 생길 때에는 1이라고 하였다. 세로줄의 이진수와 A, B, C가 자기언급을 하는 곳에는 모두 1이 된다. 그것이 바로 대각선

상이다. 여기서 반대각선화란 이 대각선을 가로줄로 바꾸는 것이다. 반
대각선화를 하기 전에 반가치화를 한다. 즉, 대각선상의 1을 0으로 바꿀
때 모두 00000000이 된다. 그리고 이것은 절대로 어느 가로줄에도 없다.
왜냐하면 첫 가로줄은 첫 자리에서 틀리고, 둘째 가로줄은 둘째 칸에서
틀리기 때문이다. 대각선 정리란 바로 이러한 반대각선화와 반가치화를
할 때 대각선상의 수는 가로줄 안에 들어갈 수가 없고, 그래서 사각형
안에는 없는 수라는 것이다. 그런데 만약에 이 사각형이 무한이라면 이
무한에 들어가지 않는 수가 하나는 있다는 결론이 나온다. 여기서 큰
무한과 작은 무한이라는 기상천외한 문제가 생긴다.

이 초과분의 문제가 존재론에서 난제거리이다. 역의 근본적인 문제는
바로 이 초과분에 대한 해석이라고 할 수 있다. 이 초과분은 자기가 자
기를 언급하는 데서 자기 자신이 두 가지 역할을 동시에 하기 때문에
생긴 것이다. 원래의 자기와 자기가 자기를 객관화하여 언급한 결과 생
긴 자기가 바로 초과분이 된다. 참고로, 역의 간지법이라는 것이 초과분
의 처리 문제로 발상된 것임을 미리 말해 둔다.

### 괘상과 괘수와 괘명의 성립

역역이 성립되는 중간 과정에서 일종의 전도顚倒현상이 생기는 것은
필수적인 일이다. 물건이 명패가 되고, 명패가 물건이 되는 순환적 구조
를 두고 하는 말이다. 이를 두고 융은 우로보로스적 구조라고 하였다.
이를 자기언급이라고 한다. 이러한 자기언급 때문에 대각선화가 가능해
진다. 이러한 자기언급은 괘의 구조 안에서 생기는 것이다. 그러나 외연
적으로 괘수가 자기언급을 하면 괘상이 되고, 괘상이 자기언급을 하면

괘사가 된다. 이렇게 하여 역의 트로이카가 모두 자기언급적이다. 먼저 말한 '숫자'는 이진수이고, '숫자괘'는 십진수이다. 십진수와 이진수는 서로 순환적 자기언급적 구조이기 때문에 전도 현상이 일어난다. 복사 (효)가 모아져 숫자괘가 되고, 숫자괘에 명패가 붙여진다. 숫자괘란 여러 다른 복사의 내용을 십진수 숫자로서 물건과 명패가 만들어진 것이다. 다시 말해, 복사의 도서관이 만들어졌고, 도서관 안에는 도서목록 catalog이 생겼다는 것이다. 이제 사람들은 자기 점의 내용을 확인하기 위해 신탁을 다시 받을 필요가 없이, 같은 사례를 유형별로 분류해 놓은 목록을 도서관에 가서 확인하면 된다. 다시 말해서, 목록인 숫자괘를 통해 거꾸로 자기에게 해당된 숫자괘가 무엇인지 확인할 수 있다는 것이다. 이를 전도順倒라고 한다. 요즘 언어로 피드백이 된 것이다. 오늘날 역술인들은 모두 자기가 신탁을 받지 않아도 이런 전도로 점을 친다. 이런 전도 현상 때문에 철학에서 난제로 취급되는 역설이 발생한다.

이런 '전도'라는 과정 없이는 역경이 편찬될 수 없다. 명패와 물건이란 서로 다른 유형이 전도된다는 것은 대각선화가 된다는 것의 다른 말이다. 무당(정인)은 신탁을 받아서 사람들에게 전하지만, 사람들은 이들 신탁의 내용들 또는 물건들(복사)을 받아 다음부터는 무당들에게 가지 않고서도 도서관에서 신탁의 목록을 통해 자기 점괘의 내용을 알게 된다. 숫자괘의 목록을 보고 자기에게 해당하는 점의 수를 찾아낸다는 것이다. 자기가 집에서 서를 통해 점괘를 찾는다. 전에 있었던 점사를 그냥 읽기만 해서 신탁을 대신할 수 있다. 역술인들은 이를 대신해 줄 뿐이지 직접 신탁을 받아주는 것은 아니라는 뜻이다. 이러한 이유로 은나라 말기에 이르러 복을 관리하던 정인들의 수가 줄어들고, 왕이 직접

정인 역할을 한다.(문용직, 2007, 365)

　의복 발달사로 볼 때, 인간이 풀잎이나 가죽을 펴 옷을 재단하던 과정을 넘어서, 직조 기술이 발달하여 가로줄과 세로줄을 엮어 옷을 만드는 단계에 접어들었음을 뜻한다. 경위가 만들어지기 시작한 것이다. 경과 위는 같은 수여야 하는 것이 역의 대원칙이다.《주례》에 따르면 서를 경 또는 체體라 하고, 복을 송訟이라 한 곳이 있다. "태복은 세 가지 징조를 관장하는데, 경과 체가 120이요, 송이 1,200이다"(太卜掌三兆之法 其經兆之體百有二十 其頌皆天有二百) 여기서 '송頌'이란 점사를 이르는 말이다. 명패가 120개, 그 명패에 달릴 물건들이 1,200개란 뜻이다. 경과 위를 만들어야 하는데 경과 송으로 하였다. 경이 체라면 송은 용이다. 아직 대각선 정리의 나열법의 형태가 아닌, 하나의 명패인 경과 체가 열 개의 내용 물건인 송을 그 속에 담고 있다. 이제부터 명패에 해당하는 체가 부각되면서 많은 다른 이름으로 불린다.

　방도와 같은 정사각형에서는 $\sqrt{64}=8$이 가능하지만 아직 경과 송의 수가 같지 않아서 다 배열을 하면 자연히 직사각형이 될 것이다. 다시 말해서, 송 $\sqrt{1200}$은 아직 나타나지 않았다. 자연히 하나의 명패에 열 개의 물건이 달리게 되었다. 그러나 120개의 명패로 1,200개의 물건을 다 담아 나열한다는 것만으로도 역의 발전에 획기적인 공헌을 하는 것이다. 일단 명패와 물건을 경과 송의 이름으로 나누었다는 것 자체가 중요하다. 베틀의 날줄이 120, 씨줄이 1,200이란 뜻이다. 그런데 문제는 편리를 도모하기 위해 씨줄과 날줄을 만들어 인간들이 직조 기술도 발전시키고 도서관 목록도 만들지만, 비극은 바로 여기서 시작된다는 사실이다. 그 속에서 역설이 튀어 나오기 때문이다.

현대 논리학에서 다루는 도서관의 역설에 따르면, 어느 도서관에 있는 모든 장서의 목록을 만든 책이 있다고 하자. 그러면 이 책도 이 도서관 장서 목록 가운데 하나인가? 그렇다면 장서 목록 속에는 '목록' 자신도 포함하여야 한다. 이렇게 명패와 물건을 일단 나누기만 하면 바로 역설에 직면하게 된다. 도서관의 책들만 있을 때에는 역설이 발생하지 않지만, 책들에 명패(카탈로그)라는 목록을 만드는 순간 역설을 만나게 된다. 이를 '도서관 목록의 역설'이라고 한다. 인간들은 판도라의 상자와 같은 위력을 가진 역설이 기다리고 있는 줄도 모르고, 다만 편리함을 위해 명패와 물건을 나눈다. 그러나 그 결과는 참혹하다. 판도라의 상자를 열자 말자 이 세상 온갖 불행이 그 상자 속에서 나왔다. 행복만 빼고. 알아야 할 것은 판도라의 상자 안에는 행과 불행 모두 들어 있었다. 그러나 그 속에서 나온 것은 불행뿐이었다. 이것이 서양의 역설관이다. 그러나 동양의 역의 판도라 상자 속에서는 길吉과 흉凶 모두가 나온다. '역설'이란 타락의 결과란 다른 표현이다.

명패를 만드는 원소들elements을 같은 명패 아래 모아 목록, 또는 부분part을 만든다. 이때 부분이 원소보다 많아지는 이른바 초과excess 현상이 발생한다. 이런 부분의 초과를 '돌출excrescence'이라고도 한다. 이를 두고 명패의 역설이라고 한다. 문헌에 따르면 복조卜兆가 수만 가지를 넘었다고 하고, 어떤 문헌은 서가 천 가지를 넘었다고도 한다. 명패 자체가 자기증식을 하기 때문이다. 그러면 명패 자체를 데이터베이스화할 필요가 생긴다. 물건들을 명패로 분류하는 것이 아니라 명패를 분류하는 '명패의 명패', '제3의 명패'가 생긴다. 도서관 사서란 바로 이런 작업을 위해 있고, 오늘날은 도서관학과를 문헌정보학과라 한다. 문헌들을 데이터베이스화하면 이런 역설이 나타나는데, 도서관학의 진수는 여기에 있다고 하겠다.

명패 자체의 데이터베이스화, 이것이 팔괘의 팔상과 64괘가 생기는 근본 원인이다. 이렇게 데이터베이스화시켜 놓은 것이 역의 방도이다. 이는 서양의 리먼 측정 텐서나 피타고라스의 테이블과도 같은 구조를 가지는 것으로서, 경이로움을 더하고 있다. 리먼 기하학을 비유클리드 기하학이라 하기도 한다. 비유클리드 기하학이 유클리드 기하학과 다른 점은 곡선을 취급하는 것이라 할 수 있다. 리먼은 곡선의 곡률을 측정하기 위해 그의 텐서를 사용하였지만, 물론 역은 우리의 삶을 하나의 곡률 속에 있는 굴곡으로 보고, 천태만상의 인생사를 점치기 위해 정사각형 안에 텐서를 만들었던 것이다. 둘이 같아진 이유는 굴곡과 곡률을 측정하려 하였다는 점에서라 할 수 있다. 역은 측정이 아닌 복점을 통해서 이를 확인하려 하였던 것이다.

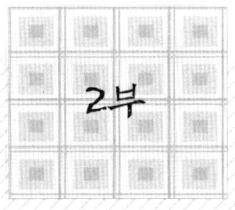

# 2부

## 칸토어의 집합론과 역의 대각선

# 3장 칸토어의 대각선 제1논증

## 3.1. 칸토어의 대각선 제1논증과 방도

칸토의 대각선 정리[1]는 제1정리와 제2정리로 나눈다. 전자는 집합에 관한 것이고 후자는 멱집합에 관한 것이라고 보면 된다. 제1정리에서는 연속체 가설의 문제가 제기된다. 제2정리에서는 어느 집합과 그 집합의 부분 사이에 일대일 대응이 불가능해지는 문제가, 결국 연속체 가설의 문제와 무관한 것이 아님이 제기된다. 이러한 연속성과 비연속성의 문제는 세로와 가로의 사상에서 발생하는 역설의 문제에서 유래하는 것으로서, 칸토어는 이의 원인과 그의 연속체 가설을 연관시키는 데 무지하였던 것 같다. 역의 방도에서 괘를 사각형 안에 격자로 배열하는 것과, 제1논증에서 수를 칸토어가 배열하는 방법이 같다. 필자는 여기서 둘

---

1) 여기서는 대각선 '논증'과 '정리', 그리고 '논법'을 특별한 구별 없이 사용한다. 특히 칸토어와 관련하여 '정리'란 말을 적용한다. '논증'과 '정리'를 총괄하여 '논법'이라 하기고 한다.

사이의 일치점을 발견하고, 두 가지 다른 방향의 역설 해의를 추구할
것이다.

### 소용의 방도와 대각선 정리

칸토어의 대각선 정리와 역의 그것을 비교하는 데는 한 가지 기준이
있다. 그것은 사이먼스가 말한 대각선 구성의 6대 요소이다. 이 6대 요
소를 기준 삼아 칸토어의 대각선 정리와 역을 견주면서, 둘 사이의 수평
적 관계를 통해 지평 융합을 해 나가려고 한다. 제일 먼저 해야 할 과제
는, 칸토어의 대각선 논증의 원형을 소개하는 것이다. 그것은 다름 아닌
실수들은 가부번可附番이 아님을 증명하는 것이다. '가부번'이란 어떤 수
가 자연수와 일대일 대응이 되는 것을 말한다. 그 증명에 응용된 방법이
다름 아닌 '대각선'이란 화두이다. 칸토어가 증명을 시도할 때 특징적으
로 사용한 귀류법歸謬法이 여기서도 동원된다. '귀류법'이란 부정인 결론
의 부정을 통해 긍정을 발견하는 증명 방법이다. 수학과 자연과학의 발
견에 이만큼 큰 공헌을 할 증명 방법도 없을 정도이다. 필자는 6대 요소
를 순서대로 적용한 다음, 칸토어의 증명을 먼저 파악하고, 같은 방법론
을 사용해 다른 대각선 가족에도 응용해 보려 한다.

칸토어의 경우나 역의 경우 모두, 대각선 논증을 하는 데서 중요한
것은 '위치position' 또는 '장소place'와 '가치value'이다. 이 두 가지에 의하여
두 가지 대칭도 생긴다. 하나는 '위대칭'이고, 다른 하나는 '치대칭'이다.
쉽게 보아 복희64괘도는 치대칭이 기준이고, 문왕64괘도는 위대칭이 기
준인 것을 발견하게 된다. 위대칭에서는 반대각선화가, 치대칭에서는
반가치화가 가능해진다. 이렇게 역에서 위치와 장소는 무엇보다 중요하

다. 특히 주자의 이른바 석합보공론析合補空論에서는 위대칭을 위라 하고, 치대칭을 수라고 한다. 그래서 역의 음양은 치대칭을 두고 하는 말이다. 음양은 수로 바꿀 수 있기 때문이다. 어떤 장소에 담기느냐 안 담기느냐 는 치이고, 그 장소 자체는 위이다. 음과 양은 엄연한 실체로서 가치를 가지고 있는 동시에, 그 가치가 어떤 장소에 들어가면 양, 안 들어가면 음이란 작용을 한다. 여기서 체와 용의 개념도 생긴다. 정역의 수지상수 론에서 우리는, 수는 없으면서도 위는 가지고 있는 허상의 자리 같은 것을 보게 될 것이다.

라이프니츠가 이해한 이진수라는 것은 치이지 어느 장소 속에 '담김' 과 '안담김'이란 위는 아니었다. 수를 담김과 안담김의 작용으로는 파악 하지 않았다는 것이다. 양도 담김(양)과 안담김(음)으로 분화되지만, 음 도 담김(양)과 안담김(음)으로 분화 가능한 재귀적 방법으로 이해할 수 는 더욱 없었다. 이는 20세기 중엽 프랙털 이론에서나 와 가능해진 것이 다. 그러나 역에서는 양양, 양음, 음양, 음음이 가능하며, 이를 '사상四象' 이라고 한다. 사상에서 다시 한 번 담김과 안담김이 작용하면 '팔괘'가 생겨난다. 그래서 반대각선화에는 항상 위치와 그것의 반위치, 그리고 가치와 그것의 반가치가 문제시된다. 여기서 반대각선화와 반가치화의 문제가 제기된다. 효의 위치는 효가 아래에서부터 위로 발생하는 선하 후상의 순서에 따라 정해지는 자연수의 순서 순이고, 괘의 경우는 내괘 (하괘)와 외괘(상괘)의 위치가 위대칭 관계를 만든다. 방도에서 외괘는 가로줄에 내괘는 세로줄에 배열된다. 백서본에서는 반대로 상괘가 세로 줄이고 하괘가 가로줄이다. 이렇게 명패와 물건의 위치는 절대적이지 않다.

역에서 가치란 1부터 10 사이의 음수와 양수, 생수와 성수를 의미하지만, 칸토어의 경우는 자연수 전체가 그 대상이 되고 있다. 그리고 위치는 가치가 가로줄 위냐 세로줄 위냐를 두고 하는 말이다. 이러한 치대칭과 위대칭은 역의 경우 〈복희도〉와 〈문왕도〉를 구별하는 데 결정적 단서가 된다. 위대칭과 치대칭이란 관점에서 보았을 때, 복희64괘도(또는 '복희도')는 치대칭에 문왕도64괘도(또는 '문왕도')는 위대칭에 근거하여 작도되었음을 발견할 수 있다는 것이다. 이는 두 도상이 철저하게 대각선 논증에 근거한 두 개의 대칭관계를 극명하게 드러내기 위해 작도되었다고 해도 과언이 아니라는 말과 같다는 뜻이다.

다음으로 우리가 관찰해야 할 내용은 칸토어의 대각선 정리 자체이다. 6대 요소에 의하여 그의 대각선 정리를 순서대로 하나하나 관찰하면, 역에도 이런 6대 요소가 필수적으로 나타난다. 그리고 6대 요소들의 있고 없음에 따라 대각선도 두 종류로 나누어진다.

칸토어는, 먼저 가부번인 실수들의 한 집합을 {$r_1$, $r_2$, $r_3$, …}라 하였다. 이들 실수들 하나하나가 유일하다는 것을 나타내기 위해서 0과 1이라는 이진수를 사용해 그것들로 된 무한수열infinite sequence을 만든다. 이렇게 이진수를 사용하면 유일회적으로 십진수 전체를 표현할 수 있는 장점이 있다. 이를 사각형 안에 표현하면 다음 〈그림 3-1〉과 같다.(Simmons, 1995, 16)

사각형의 상자 안에는 실수들의 무한수열이 다 들어가는데, 이를 가부번화시키기 위하여 가로줄row 위에 자연수 1, 2, 3, 4, …를 달아 놓았다. 가부번화란 실수들 하나하나에 자연수를 일대일로 대응시키는 것이라고 하였다. 역에서도 괘 하나하나에 자연수를 일대일로 대응을 시키

|     | 1 | 2 | 3 | 4 | ⋯ |
| --- | --- | --- | --- | --- | --- |
| $r_1$ | 0 | 1 | 1 | 0 | ⋯ |
| $r_2$ | 1 | 1 | 0 | 0 | ⋯ |
| $r_3$ | 0 | 0 | 0 | 1 | ⋯ |
| $r_4$ | 0 | 1 | 0 | 1 | ⋯ |
| ⋮ |   ⋮ | ⋮ | ⋮ | ⋮ | ⋱ |

그림 3-1. 칸토어의 실수 상자

기 때문에, 일종의 가부번화를 한다고 할 수 있다. 세로줄에 있는 $r_1$, $r_2$, $r_3$, ⋯는 위에서 말한 대로 실수들이다. 첫 번째 가로줄은 실수 $r_1$을, 두 번째 가로줄은 실수 $r_2$을, 세 번째 가로줄은 순서대로 실수 $r_3$ ⋯을 각각 나타낸다. 이렇게 수열을 무한대로 진행시킨다.

이러한 칸토의 나열법을 역과 연관시키면 더욱 쉽게 이해되는데, 쉽게 연관시킬 수 있는 부분은 0과 1이란 이진수이다. 역에도 음과 양이란 이진수에 해당하는 것이 있기 때문이다. 나열하는 방법에서 칸토어와 역은 나열 순서의 위치를 중요시한다. 위치상의 순서는 1, 2, 3, 4, ⋯와 같은 자연수를 그대로 사용한다. 칸토어의 사각형에서 실수를 실수들 하나하나가 유일하게 갖는 위치상에 있는 자연수 번호와 일대일 대응을 시킨다. 이런 방법을 세로side or column와 가로top or row에 나열함으로써 이제 반가치화를 관찰하기 위한 순서가 모두 끝났다. 반가치화란 대각선의 가치를(수를) 반대로 바꾸는 것이다. 이제 역으로 돌아와 나열법을 하나의 도상으로 나타내면 다음과 같다.(그림 3-2)

위 둘 사이에는 같은 점도 있지만 다른 점도 있다. 칸토어의 경우는 무한수열을 다루고 있지만, 역의 효는 6개로, 괘는 8개로 제한하고 있다.

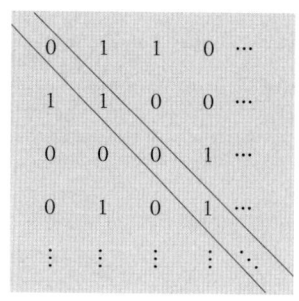

그림 3-2. 대각선상의 무리수

역뿐만 아니라 동양 사상에는 서양과 같은 무한수열 개념이 없지만, 닫힌 계 안에서의 무한closed infinite을 다루고 있다. 이런 닫힌 무한이 다름 아닌 칸토어의 실무한actual infinite 개념이다. 역의 한 괘가 여섯 개의 위를 갖는 것도 사실상 이러한 실무한의 개념과 같다고 본다. 실무한에 대한 아리스토텔레스의 '가무한potential infinite'이란, 무한을 무한히 나열할 수 있는 순열 개념으로 이해한 것이다. 결국 이러한 가무한은 역설을 만나게 된다. 그런데 동양에서는 서양과 같이 이렇게 가무한 자체를 다루는 일은 없다. 불교의 경우에도 아바고차라는 제자가 부처에게 무한에 관한 질문을 던졌을 때 침묵해 버린 일화가 있다. 제자가 던진 '무한'이란 다름 아닌 가무한이기 때문이다. 그러나 불교가 무한을 다루지 않는 것이 아니고, 불교의 무한은 '실무한' 개념이기 때문에 가무한에 관한 질문에는 침묵한 것이다. 부처의 이러한 침묵을 특히 '무기無記'라고 한다. 그러나 역은 무기를 셈하는 것이 불교와는 다르다. 이는 동북아시아 문명이 동남아시아의 그것과 다른 큰 원인 가운데 하나이다. 한국의 정역에서는 무한의 문제를 셈하다가 '화무상제化無上帝'라는 인격신과 만나게 된다.

칸토어는 무한을 자연수 무한, 유리수 무한, 홀수 무한 등과 같은 실무한을 다루었다. 이를 아리스토텔레스의 가무한에 대하여 실무한이라고 한다는 것이다. 결국 역의 6효나 8괘나 64괘가 모두 유한한 수로 표시하고 있지만, 이 수는 모두 실무한 개념에 해당한다. 그래서 역의 방도 같은 사각형은 실무한적 공간이다. 닫힌 공간 속에 무한이 그 속에 담겨 있다는 뜻이다. 역에서 위는 십진수로, 치는 이진수로 표시한다고 할 때, 칸토어의 실수에 해당하는 것은 괘이다. 그리고 효의 수는 팔괘의 경우에는 세 개(3선형), 64괘의 경우에는 여섯 개(6선형)이다. 이렇게 하여 칸토어와 역의 대각선 논증에서 가장 중요한 정렬법 또는 나열법이 끝난다.

이를 다시 정리하면 다음과 같다. 역과 칸토어는 1) 이진수를 사용해 나열한다. 2) 이진수 하나하나는 십진수로 된 위에 해당하는 순서수가 있다. 3) 역은 무한수열을 말하지 않지만 칸토어는 그것을 사용해 말하고 있다. 결국 무한에 대한 개념이 근본적으로 다르다. 4) 그리고 칸토어는 이진수와 십진수를 같이 사용하고 있지 않지만 역은 그렇게 하고 있다.

### 반가치화와 반대각선화

지금까지는 한 개의 효가 단위가 된 대각선 정리를 말하였다. 다음은 두 개의 효가 단위가 된 사상四象을 통해 대각선 정리를 살펴볼 것이다. 그 다음은 세 개의 효, 즉 팔괘가 단위가 된 대각선 정리를 볼 것이다. 대각선 정리란 위에서 본 바와 같이 $r_1, r_2, r_3, \cdots$과 같은 수열 속에 들어가지 않는 실수가 반드시 있음을 증명하는 것이다. 그러면 이 정리 자체를 증명해야 한다. 위의 사각형(그림 3-2) 왼쪽 위에서 오른쪽 아래로 긋는 대각선상의 수를 한 번 뽑아 보자. 이 사각형 속에서 0101…과 같은 수를 뽑아 낼 수 있다. 지금부터 조심해 보아야 할 것은, 이런 대각선상의 수는 네 번째 가로줄에서도 발견된다는 점이다. 0101…에서 이진수 하나하나를 반대로 바꾸어 보자. 이를 반가치화counter-value라고 한다. 다시 말해서, 대각선상의 수열 그 안에서 0은 1로 1은 0으로 바꾸는 것을 반가치화라고 한다. 그러면 이렇게 새로 만들어진 줄은 가로줄 속에는 없다는 사실을 발견하게 된다. 그 이유는, 새로 만들어진 가로줄은 사각형 안의 첫 번째 줄 첫 번째 자리에서 같지 않고, 두 번째 줄 두 번째 자리에서 같지 않기 때문이다. 이를 보편화시켜 말하면 n번째 줄에서는 n번째 수와 같지 않다는 결론을 얻을 수 있다.

대각선 정리에서 반대각선화와 반가치화는 정리의 지렛대와 같이 중요하다. 반대각선화란 대각선을 가로줄(또는 세로줄)로 바꾸는 것이고, 반가치화는 대각선상의 이진수의 값(음과 양 또는 0과 1)을 정반대로 바꾸는 것을 가리킨다. 이진수를 사용한 이유는 값을 반대로 바꿀 때 정과 반이라는 선택밖에는 할 수 없는 간편성 때문이다. 그러나 그것은 어디까지나 편의를 위한 방편일 뿐, 얼마든지 다른 것으로 대체할 수 있다. 예를 들어, 9는 1로 1은 9로 대체할 수도 있다. 물론 역에서는 음을 양으로 양을 음으로 바꾸면 될 것이다. 역에서 음과 양을 바꾸는 데에는 응, 비, 승, 승이란 방법 말고도, 효변과 괘변, 호체 등 다양한 방법들이 있다. 이 모든 것들이 결국은 대각선 논증에서 반대각선화와 반가치화와 맥락을 같이 한다. 이러한 반대각선화는 우주만상의 변화와 인간의 운명과 직결된다는 것이 역의 중심 사상이다. 이렇게 역은 대각선 정리의 한복판으로 향해 다가가고 있다.

## 3.2. 대각선 논증과 사상의 비결정성

칸토어의 대각선 증명과 가드너의 카드

역의 음양은 사상, 팔괘, 64괘로 발전한다. 각각의 발전단계마다 대각선 논증에 해당하지 않는 것은 없다. 물론 여기서도 대각선화의 6대 요소들을 적용해 논증 자체를 검증해야 한다.

먼저 x와 y라는 두 개의 원소를 갖는 유한집합을 생각한다. 가드너는 x와 y를 카드의 안과 밖으로 생각하여, 카드를 바닥에 펴면 x, 엎으면 y로 하였다. 마치 윷가락과 같이. 역과 연관하여 x는 양 —이고 y는 음 --이라 생각하라는 것이다. 그러면 역의 효와 괘들이 집합론의 부분집합과 연관된다는 것을 쉽게 파악할 수 있다. x와 y를 집합 {x, y}로 표시할 수 있다. 부분집합을 정의하면 "어느 집합 A의 모든 원소들이 집합 B의 원소들이면 A는 B의 부분집합"이라고 한다. 집합 {x, y}의 부분집합은 {x, y}, {∅}, {x}, {y}로 네 개이다. 그 가운데 자기 자신을 제외한 {∅}와 {x}, {y}는 진부분집합이다. A의 모든 원소들이 B의 원소들이면 집합 A는 집합 B의 진부분집합이다. 그렇다고 B의 모든 원소들이 A의 모든 원소들은 아니다. 이 말은 B의 원소들 가운데는 A의 원소들이 아닌 것이 적어도 하나는 있다는 것을 의미한다.

우리는 $2^n$에 의하여 어느 집합이 얼마나 많은 부분집합을 가지고 있는지를 결정할 수 있다. 여기서 2는 '담김'과 '안담김', 즉 양과 음이고, n은 집합 속의 원소 수이다. 그래서 원소가 3이면 여덟 개의 부분집합이

생기는데, 이렇게 해서 생긴 것이 팔괘이다. 64괘는 물론 n이 6이다. 원
소가 0인 경우인 $2^0$은 자신을 원소로 하는 원칙에 의해 0이란 한 개의
원소를 갖게 된다. 여기서 비로소 '1'이란 개념이 생긴다.

서양 학자로서 역의 이진법을 제대로 알고 파악한 사람은 마틴 가드
너였다. 그는 1966년 3월 《미국과학*Scientific American*》에 기고한 글에서 x
와 y의 부분집합을 음과 양으로 아래 그림과 같이 나타냈다.

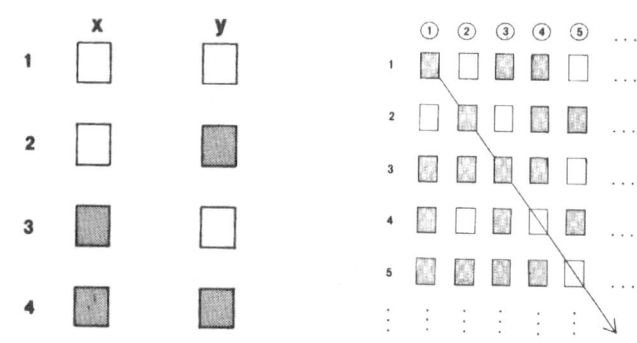

그림 3-3. x, y를 두 원소로 하는 집합의 부분집합    그림 3-4. 가드너 식 칸토어 대각선 증명

가드너는 트럼프 카드를 사용해서 '담김'과 '안담김'이란 이진법으로
나누고, 이를 부분집합의 원소로 만든다. 다시 말해서 흰 카드는 부분집
합의 원소가 되는 경우(–), 즉 담기는 경우이고, 회색 카드는 그렇지
않은 경우(--)이다. 그러면 두 개의 원소 x와 y로 만들 수 있는 부분집합
은 위 〈그림 3-3〉과 같은 네 개이고, 이는 사상에 해당한다. 역의 음양
역시 가드너가 이해하였듯이 부분집합의 담김과 안담김으로 파악한다
는 것이다.

라이프니츠와 부베가 모두 이 점을 이해하지 못하였다. 음양을 요소

들로 이해하였지 담김과 안담김의 동사로 이해한 부분집합을 이해하지 못하였다. 조지 부울도 이해하지 못하였다. 0과 1을 한갓 부호로만 생각하였다. 나중에 칸토어에게 와서 멱집합을 만드는 과정에서 역의 담김과 안담김으로 부분집합을 만드는 기법을 알게 된다. 칸토어가 이진수를 부분집합과의 관계에서 이해한 것은 큰 소득이며, 바로 이 경우에 한하여 역과의 일치점을 찾을 수 있다. 그래서 부분집합과 집합을 구별하여 멱집합을 만든 것은 19세기 칸토어의 공로로 돌리지 않을 수 없다. 칸토어는 라이프니츠가 간과한 것을 본 것이다. 그는 나아가 라이프니츠가 보지 못한 역의 대각선 논증까지 보았다. 그러나 집합론과 대각선 논증은 사촌간이라 할 정도이다. 집합론에서 집합과 원소를 나누는 것은 필수이고, 이것이 명패와 물건, 즉 세로와 가로이기 때문이다.

칸토어는 무한집합 안에 있는 모든 원소들을 나타내기 위해서 실무한 수들의 위계hierarchy를 만들었다. 이 위계가 나중에 칸토어를 위기로 몰아가고 말았다. 그는 양의 정수라는 집합 안에 있는 정수들의 기수(또는 농도)를 알레프 제로($\aleph_0$)라고 하였다. 이들 양의 정수 집합과 음의 정수 집합를 일대일 대응을 시킨다고 해보자. 그러면 음의 정수 집합도 $\aleph_0$이다. 유리수의 집합도 그렇다. 그러나 실수 전체는 아니다. 그러면 서로 다른 무한이 있게 된다. 칸토어는 이른바 대각선 증명을 통해 좀 더 큰 원소를 갖는 무한수가 있다는 것을 증명하였다. 이들 $\aleph_0$보다 더 큰 무한을 차례로 $\aleph_1$, $\aleph_2$, $\aleph_3$ …라고 해보자. 그리고 $\aleph_0$의 멱집합을 한 번 생각해 보자. 멱집합은 항상 해당 집합보다 크다. $\aleph_0$와 $\aleph_1$ 사이에 끼여 있는 무한이 있는가 없는가? 즉, 연속이 되는가 안 되는가? 이것이 칸토어를 죽음으로 이끈 연속체 가설hypothesis of continuum이다. 물론 그는 없다고 믿고 죽었지만. 이런 세기적 문제를 가드너는 카드로 간단히 설명하였다. 카드 대신 윷가락이라고 생각해도 될 것이다.

가드너는 칸토어의 대각선 증명을 무한 카드 집합을 사용해 알기 쉽게 설명한다. 이제 위 〈그림 3-3〉에서 x와 y를 가로줄 우측으로 무한히 나열해 나간다고 하자. 그러면 세로줄은 1, 2, 3, …과 같이 위에서 아래로 무한히 나열된다. 이렇게 무한히 나열하면 무한 부분집합을 얻을 수 있을까? 그렇지 않다는 것이 대각선 증명의 결론이다. 다시 말해서, 위 〈그림 3-4〉의 목록에 들어가지 않는 카드 목록이 반드시 하나는 있기 때문이라는 것이다.

이제 들어가지 않는 목록이 있다는 것은 반가치화와 반대각선화를 통해 쉽게 판명난다. 위 〈그림 3-4〉의 화살표를 따라 나열된 대각선상에 있는 카드를 차례로 뒤엎어보라는 것이다.(반가치화) 그러면 하얀 것은 회색이 되고 회색은 하얀 색이 될 것이다. 양은 음이 되고 음은 양이 되는 반가치화가 일어난다. 그러면 새로운 대각선이 생긴다. 이 새로 생긴 대각선은 절대로 부분집합일 수 없다. 왜냐하면 그 첫 번째 것은 부분집합의 첫 번째 카드가 아니기 때문이다. 그 이유는 모두 반대로 뒤엎었기 때문이다. 두 번째 것은 부분집합의 두 번째 카드가 아니다. 이를 일반화시켜 말하면, n번째 카드는 n이란 부분집합의 n번째 카드와 항상 다르다와 같다. 이는 위에서 칸토어의 실수 무한집합의 경우도 사정은 마찬가지였다. 그래서 정수 자연수의 무한집합 $\aleph_0$는 자기와 절대로 일대일 대응이 안 되는 자기보다 더 큰 부분집합을 갖게 된다. 이러한 더 큰 부분집합을 $\aleph_1$이라고 한다. 그러면 그것은 '셈할 수 없는uncountable' 무한집합이다. 그렇다면 알레프 $\aleph$의 무한집합 $\aleph_1, \aleph_2, \aleph_3, \cdots$와 같이

이어진다.(Falletta, 1993, 67)

네 개의 윷가락을 던져 도, 개, 걸, 윷, 모의 다섯 가지 가능성을 만들어 윷판 위로 말들이 달리는 걸 보며 흥미를 갖는 것은, 그 예측 불가능성 때문이다. 말이 달릴 수 있는 길은 네 가지이다. 그러나 말이 나아가는 길에 따라 적중하는 윷가락이 나와야 한다. 너무 잘 나와도 너무 못 나와도 안 되는, 그야말로 '적중성'이 윷놀이 승리의 관건이다. 마지막 출구까지 다 와서도 상대방에게 잡힐 수가 있기 때문이다. 그래서 윷놀이 규칙은 예측 불가능성과 적중성에 있다고 정리할 수 있다. 윷놀이 경기규칙이 현대수학의 진수를 그대로 담아내고 있다. 먼저 도를 보자. 도는 네 개의 윷가락 가운데 한 개가 '펼침'이고 세 개가 '덮임'이다. 개는 두 개가 펼침이고 두 개가 덮임이다. 걸은 세 개가 펼침이고 한 개가 덮임이다. 윷은 네 개 모두 펼침이다. 그리고 모는 네 개 모두 덮임이다.

이러한 가드너의 카드를 윷놀이 규칙에 응용하면, 우리 한국인들은 대각선 증명을 한층 쉽게 이해할 수 있다. 먼저 윷놀이 규칙을 만드는 원리를 보면, 현대수학의 집합론 그 자체임을 알 수 있다. 여기 두 개의 그릇 A와 B가 있다고 하자. 그릇 A에 윷가락 네 개를 모두 넣어두고 다른 그릇 B는 비워 둔다. 이제 A에서 B로 윷가락을 옮겨 담는다고 하자. 옮겨 가는 것을 위에서 말한 '담김'이라 하고, 남아 있는 것을 '안담김'이라 하자. 물론 윷에서 전자는 윷가락의 펼침이고, 후자는 덮임이다. 먼저 두 개를 A에서 B로 옮기면 그것이 개이다. 그러면 나머지 두 개는 A에 남는다. 두 개를 옮기면 개, 세 개를 옮기면 걸이다. 네 개 다 옮기면 윷이다. 그런데 윷의 경우, A에는 남는 것이 하나도 없다. 하나도 없는 것을 집합론에서는 '공집합'이라고 하며 {∅}로 표시한다. 펼침에는 반드시 덮임이 있어야 하기 때문에, 윷의 경우도 그것을 어떤 모양으로든 표시를 해야 한다. 역설적이게도 그것이 공집합 모이다. 덮임에는 점수를 주지 않는다는 규칙에 일관성을 가지려면, 모는 0이어야 한다. 그러나 5이다. 다시 말해서, 아무 것도 없는 공집합은 네 개 윷가락 모두인 '안담김의 담김'이다. 이는 바로 역설적 표현이다. 앞으로 말할 위상학에서 '안비틈의 비틈', 그리고 거짓말쟁이 역설에서 '참말의 거짓말'과 같은 논리적 구조를 갖는다.

집합론에서는 {0}도 한 개의 집합이기 때문에, 이를 '공집합의 집합'이라고 하여 {∅}로 표시한다. 이 '공집합의 집합'이라는 것이 다름 아닌 숫자 1이다. 수 '1'이 이렇게 탄생한다. 손가락으로 셈을 할 때 엄지 하나를 꺾어 '1' 할 때, 그 배경에는 손가락 다섯 개가 먼저 펴 있어야 하는 것과 같다. 그러면 {∅}와 {1}이 두 개, {∅, 1}이 두 개가 되어 숫자 '2'가 탄생한다. 유클리드가 이 사실을 몰랐다. 아니 외면하였을 것이다. 그 이유는 공집합에 대한 두려움 때문이었다. 수가 이렇게 탄생한다는 사실을 서양이 알게 된 것은 19세기 말 무렵 페아노와 칸토어 같은 수학자들로부터이다.

동양의 역학은 윷놀이에서 윷가락의 펼침을 양이라 하고 덮임은 음이라고 한다. 그렇다면 도는 1양3음, 개는 2양2음, 걸은 3양1음, 윷은 4양이다. 그리고 모는 4음이다. 그렇다면 음양상보 원리에 의하여 윷과 모는 하나일 수밖에 없다. 다시 말해서, 윷과 모는 다 같이 4양4음이어야 한다. 이는 '공집합'과 '공집합의 집합'의 관계와도 같다. 이렇게 음과 양이 서로 보합하는 것을 두고 '석합보공析合補空'이라고 한다. 도, 개, 걸을 보면 양이 증가하면 음이 감소하고, 음이 증가하면 양이 감소하는 석합보공은 역학이 성립하는 기본원리이다. 석합보공에서는 상수값 k 가 중요하다. 그것이 10일 수도 5일 수도 3일 수도 있다. 상수값에 따라서 음양의 양이 달라지기 때문이다.

그러면 여기에 하나의 화두를 던져 보자. 윷을 알레프 제로($\aleph_0$)라고 한다면 모는 과연 $\aleph_1$이라고 할 수 있을까? 그렇다고도 그렇지 않다고 도 할 수 있다. 모 이외의 다른 것들은 A와 B 사이에 담김과 안담김의 관계가 확연하지만, 모의 경우는 그렇지 않기 때문이다. 윷의 경우, 가지를 모두 옮기면 남는 것이 없다. 없는데 있다고 가정하여 5점을 주어 그것을 모라고 한다는 것이다. 여기서 5는 사실상 0이다. 그러면 윷 4 다음은 '0'과 '5' 두 개이다. 그러면 어느 것이 4의 다음 숫자인가? 아무 것도 없지만 있다고 하고 4 다음에 5의 가치를 준 것인데, 이를 4 다음의 수라 할 수 있는가? 4 다음은 0인가 5인가? 이 질문이 다름 아닌 연속체 가설의 문제이다. 이 사실을 발견한 것은 1930년대 괴델과 1970년대 코헨 등이다.[2]

### '담김'의 양은 농도이다

한 집합 속의 담김의 수를 집합론에서는 '농도濃度'라고 한다. 어느 집합 속에 들어 있는 원소의 양을 기수cardinality라고 하나, 칸토어의 집합론에서는 이를 농도라고 한다. 어느 한 집합 A의 농도를 $\aleph = (x, y, z)$라

---

2) 이런 것을 두고 '공망'(空亡)이라고 한다. 이런 공망 때문에 윷가락은 네 개이지만 값은 5가 나온다. 이것이 초과이고 돌출이다. 그래서 4와 5는 연속적이라고도 비연속적이라고도 말할 수밖에 없다. 돌출 또는 살의 혹을 살이라고 할 것인가 말 것인가, 이것이 문제이다. 이렇게 우리 윷놀이 규칙은 세기적 의미를 갖게 된다.

적고, 이 집합 속에 들어 있는 원소의 수 3을 이 집합의 농도라 한다. 이를 $n(A)=3$으로 표시한다. '$n(B)=4$'라고 한다면 집합 B의 농도는 집합 A의 농도보다 크다고 한다. 이를 역에 적용하면, 사상 A, 팔괘 B, 64괘 C의 농도는 각각 사상은 $n(A)=2$, 팔괘는 $n(B)=3$, 64괘는 $n(C)=6$이라 표시할 수 있다. 이런 표현법을 통해 수천 년 역의 역사는 실로 칸토어의 집합론과 함께 진정한 진가가 발휘되는 순간에 서 있다고 볼 수 있다. 라이프니츠는 이진수의 부호에만 사로잡혀 역의 진면목을 보지 못해, 대각선과 멱집합을 간과하고 말았다. 무한집합 $\aleph_0$는 자신보다 더 큰 진부분집합을 가지고 있다는 것이 칸토어 대각선 증명의 결론이다. 그렇다면 모든 $\aleph_1$도 자신보다 더 큰 진부분집합을 가지고 있다는 것이 증명되고, 그 더 큰 진부분집합은 멱집합 $2^{\aleph}$가 될 것이다.

칸토어는 더 나아가 0과 1 사이에 있는 소수decimal fraction에도 $\aleph^0$보다 더 큰 무한소수가 있다는 사실을 증명하였다. 그것이 어떤 알레프 $\aleph$ 수인지는 칸토어 자신도 모르고 죽었다. 막연히 그는 그 수를 실수 전체 집합 C라고만 하였다. 자기 이름 'Cantor'의 첫 글자일 것이라 짐작한다. 이 C는 초한수이며, 어느 유한구간 안에 있는 점들의 수와도 같다. 칸토어는 여러 해 동안 C와 $\aleph_1$은 같다는 것을 증명하려고 하였지만 무위로 끝나고 말았다. 그러나 그는 그럴 것이란 확신을 가지고 죽었다. 이것이 이른바 '연속체 가설'이란 이름으로 세기와 더불어 논쟁거리가 되었다.

1938년 괴델은, 칸토어의 가설이 '참'이라고 증명이 되면, 집합론은 어떤 모순으로부터도 자유로울 수 있다는 사실을 증명하였다. 그러나 다시 25년 뒤에 폴 코헨은 칸토어의 가설이 '거짓'이라고 증명이 되면, 집합론은 어떤 모순으로부터도 자유로울 수 있다는 사실을 증명하였다.

사실 두 사람의 주장은 서로 상반됨에도, 둘 다 증명이 된다는 역설을 야기하고 말았다. 서양 전통에서 진리란 반드시 증명되어야 한다는 명제가 있는 만큼, 이런 결론은 충격이라 아니할 수 없다. 결국 연속체 가설은 결정 불가undecidable라 하는 것 말고는 다른 답이 없게 되었다.

결정 불가, 즉 '부정不定'은 참과 거짓이 동시에 증명됨을 의미한다. 칸토어의 연속체 가설에 따르면, 무한히 짧은 선분이나 무한히 긴 선분이 결국 같다는 결론이다. 모든 음의 정수나 양의 정수가 모두 $\aleph_0$이고, 그 합도 $\aleph_0$이다. 다시 말해서, $\aleph_0 = \aleph_0 + \aleph$이 가능하다는 것이다. 마치 포대 화상의 포대 자루와 같이, 아무리 꺼내 보시를 해도 자루 안에는 항상 같은 양의 물건이 남아 있는 것과 같다. 더해도 빼도 항상 같은 양이란 뜻이다.

역이 추구하는 궁극적인 목적도 연속체 가설에서 발생하는 역설을 해의하는 데 있다. 그 해의의 발단을 대각선에서 찾아야 한다는 것이다. 복희64괘도(또는 방도)에서 처음 발견되는 대각선은, 결국 하도 낙서와 정역도로 이어지면서, 수천 년 동안의 역의 강물은 '비결정성'의 문제를 어떻게 다루고 넘어가느냐에 있다고 해도 과언이 아니다. 접근방법에서 농도와 농도 사이의 일대일 대응은 가장 기초적이다. 유치원생들도 할 수 있는 대응방법을 통해 우주 삼라만상의 모든 코드를 밝혀내는 것에 역의 묘미가 있다고 하겠다. 그런 의미에서 인생사의 비결정성에서 인간이 점으로 대처해 온 한 면을 보고, 역을 점술서로만 치부하고 마는 것은 단견이라 아니할 수 없다. 점술로 출발한 것은 사실이지만, 점사를 데이터베이스화 하는 과정에서 방도를 통해 집합론과 역설을 불가피하게 수반하게 되었다.

### 사상의 비결정성과 대각선 정리

역의 사상, 팔괘, 64괘, 이 세 가지 집합에 대한 대각선 논증을 지금부터 검토해 보기로 한다. 그리고 이 세 가지 모두에서 대각선이 개입되는 한, 어디서나 비결정성을 피할 수 없다는 것이 결론이다. 사상, 팔괘, 64괘 어디서나 대각선 논증은 불가피하고, 비결정성의 문제는 피할 수 없음을 뜻한다. 그리고 대각선은 명패와 물건이 서로 되먹힘 함으로써 만들어진 것이다. 기하학적으로 볼 때, 세로와 가로라는 이차원 공간에서 생겨난 것이 대각선이다. 이런 대각선이 있는 곳에 비결정성은 바늘과 실의 관계와 같다고 할 수 있다.

사상은 '사상의학'으로도 유명해진 태양=, 소양==, 소음==, 태음== 을 말한다. 사상은 음양을 두 번 조합하여 만들어진 첫 부분집합이다. 이 네 개의 부분들을 꾸러미로 하는 집합의 대각선 논증을 검토해 보면 다음과 같다. 마틴 데이비스는 트럼프 카드의 네 종류 클로버, 다이아몬드, 하트, 스페이드를 꾸러미 또는 명패로 하여, 대각선 논증을 아래와 같이 전개한다. 필자는 여기서 카드 대신 역의 사상 꾸러미를 사용하려 한다. 데이비스는 사상을 꾸러미로 묶어 이를 '상자package'라 하고, 같은 사상을 동시에 '명패label'라고도 하였다.(Davis, 2000, 74) 여기서도 명패와 물건의 구별은 매우 중요하다. 이 구별은 앞으로 역에서도 그대로 사용될 것이다. 명패와 물건은 메타와 대상의 관계와 같고, 이 밖에도 둘의 관계는 다양하다. 심지어는 플라톤의 이데아와 사물과의 관계도 이에 해당한다.

상자 꾸러미 속에 담김을 +, 안담김을 −라고 하자. 이제 사상을 꾸러

표 3-1. 네 개 사상 꾸러미의 명패와 물건

| | 꾸러미 I | 꾸러미 II | 꾸러미 III | 꾸러미 IV |
|---|---|---|---|---|
| 괘 | == | == | == | = |
| 명패 | 태음 | 소음 | 소양 | 태양 |
| 물건 | {소음, 소양} | {소음, 태양} | {소음, 소양, 태양} | {태음, 소음} |

미 속에 담는데, 방도에서와 같이 같은 사상으로 그것이 명패도 되고 물건도 된다는 원칙을 적용한다. 꾸러미 I의 명패는 '태음'이고, 그 안에 담긴 물건은 {소음, 소양}이란 뜻이다. 이제 네 개 각각의 꾸러미 속의 물건을 기준으로 하여, 다른 사상들이 담기느냐 안 담기느냐를 점검하여 표를 만든다. 〈표 3-2〉에서 +는 상자 속에 담김이고, -는 그 반대인 안담김이라 할 때, 이는 음양의 동사적 기능이다. 이 기능은 유클리드 수학에서는 없는 기능으로서 칸토어의 집합론과 함께 수학에 등장한 기능이다. 그러나 동양의 역의 음양에는 이런 동사적 기능이 숫자 안에 고대로부터 있어 왔던 것이다. 역이 수를 위와 수로 나누는 이유가 바로 이 때문이다. 위란 바로 어느 자리 위치에 사물이 담겨 있는가와 담겨 있지 않는가를 표시하기 위함이기 때문이다.(데이비스, 2005, 75)

세로줄 꾸러미를 명패로 하여 그 명패 속에 다른 사상들이 '담기느냐 '안 담기느냐'를 점검한다. 꾸러미 I의 경우 명패 속에 담긴 물건은 〈표 3-1〉에서 보는 바와 같이 소양과 소음이기 때문에 그것은 +이고, 태양과 태음은 안담김인 -이다. 이렇게 표를 쉽게 만든다. 가로줄과 세로줄이 서로 간섭하거나 되먹힘을 하여 대각선을 만든다. 이러한 간섭의 다

표 3-2. 사상 꾸러미의 담김과 안담김

| | | 태음 | 소음 | 소양 | 태양 |
|---|---|---|---|---|---|
| I | 태음 == | ⊖ | + | + | - |
| II | 소음 == | - | ⊕ | - | + |
| III | 소양 == | - | + | ⊕ | + |
| IV | 태양 = | + | + | - | ⊖ |
| V | 반가치화 꾸러미 | + | - | - | + |

른 표현이 자기언급이다. 다시 말해서, 자기언급이 대각선 위에서 일어
나고 있다. 〈표 3-2〉에는 대각선 정리의 6대 요소 가운데 나열과 대각
선화와 가치화를 확인한다. +와 −가 바로 가치들이다.

여기서 칸토어의 멱집합을 표시하는 방법과 역의 그것이 다른 점도
뚜렷하다. 칸토어는 '안담김'을 부분집합에서는 표시하지 않지만, 역에
서는 표시한다. 위 가드너가 사용한 카드의 경우, 칸토어는 회색 카드를
표시하지 않았으나, 역은 반드시 그것을 음 --으로 표시해야 한다. 예를
들어 {x, y, z} 집합에서, 부분집합 {x}의 경우 안 담겨 있는 y와 z도 역은
--라는 기호로 표시해 주어야 한다는 것이다. 역의 팔괘가 모두 세 개의
효로 되어 있는 까닭이 여기에 있다. 이상은 대각선 정리 6대 요소 가운
데 나열과 대각선화와 가치화에 관한 것이다.

다음으로, 대각선 정리의 6대 요소 가운데 '반가치화'를 점검할 차례
이다. 대각선상에 있는 가치들은 특별히 ⊖와 같이, 동그라미 안에 넣어
처리하였다. 이제 대각선상에 있는 +와 −라는 가치를 모두 반대로 바

꾸는 것을 가리켜 '반대각선화'라고 할 때, 이를 표로 나타내면 다음과
같다.

표 3-3. 대각선 가치와 반가치

|  | == | == | == | == |
|---|---|---|---|---|
|  | 태음 | 소음 | 소양 | 태양 |
| 반대각선 반가치 | + | − | − | + |
| 대각선 가치 | − | + | + | − |

대각선상에 있는 가치들을 순서대로 −++−와 같이 적고, 이를 반가
치화 하여 +−−+와 같이 적어, 대각선을 가로줄로 바꾸어 놓는다. 대각
선을 가로줄로 바꾸는 것, 다시 말해서 물건으로 바꾸는 것을 반대각선
화라고 한다. 대각선화 다음에 이를 반가치화하고, 다시 반대각선화하
는 순서이다. 이 세 단계의 순서를 거친 다음에 우리는 다음과 같은 결
정적인 순간에 도달하게 된다. '대각선 가치' 다음의 '반대각선 반가치'
를 얻은 것이 〈표 3-3〉이다. 이것은 완전히 다른 '제3의 가치'이다.

이렇게 반대각선화와 반가치화를 하여 새로 만들어진 것을 꾸러미 V
라고 하자. 이를 〈표 3-2〉에서 확인한다. 다음은 다시 이 새 꾸러미 V
를 명패로 하여 〈표 3-2〉로 되돌아가 +와 −를 찾아본다. 대각선상의
가치를 다시 세로줄로 하여 새로운 상자를 만들면 〈표 3-3〉과 같다.

그런데 이 새 꾸러미 V의 물건은 이미 있는 네 개의 꾸러미와는 전혀
다른, 다시 말해서 그 속에 들어 있지 않은 새로운 것이다. 이는 위에서
이미 보여준 바와 같이, 세로줄 n번째에서 가로줄 n번째가 다르다. 이는

대각선 정리의 하나의 전형이 되고 있다. 모든 꾸러미는 명패가 있는데, 꾸러미 V는 그 어디에도 들어가지 않는다. 그렇다면 다른 꾸러미들 I 에서 IV와 제3의 V는 연속인가 비연속인가? 〈계사전〉에서 '양의생 사 상'이라고 할 때, 이런 연속체 가설의 문제가 그 안에 들어 있었다. 물론 사상의학에서도 같은 문제가 제기되는 것은 두말할 필요가 없다.

이 새 꾸러미 V의 명패를 결정하는 문제가 지금 남겨진 과제이다. 이 새 상자의 명패를 결정하는 문제와 연관하여 가능한 모든 경우를 적 용해 차례대로 하나하나 검토해 보기로 한다. 이 검토를 통해 우리는 대각선 정리에서 양성 대각선 두 개 가운데 '간접'이 무엇인지 알게 될 것이다. 집합에 관련된 대각선 논증은 양성이고, 멱집합에 관련된 대각 선 논증은 악성이다. 악성이란 역설을 조장한다는 말과 같다. 그러면 사 상 꾸러미는 양성인가 악성인가. 이제 사상 하나하나를 V의 명패로 삼 았을 때 어떤 현상이 생기는지를 점검하자. V가 다른 명패와 같으려면 그 명패가 반드시 사상 가운데 하나여야 한다. 그럴 수 있는가를 점검해 보자.

1. '태음'이 명패일 수는 없다. 왜냐하면 꾸러미 I 의 명패인 태음과는 첫 번째 칸에서 일치하지 않기 때문이다.I

2. '소음'이 명패일 수는 없다. 왜냐하면 꾸러미 II의 명패인 소음과는 두 번째 칸에서 일치하지 않기 때문이다.

3. '소양'이 명패일 수는 없다. 왜냐하면 꾸러미 III의 명패인 소양과는 세 번째 칸에서 일치하지 않기 때문이다.

4. '태양'이 명패일 수는 없다. 왜냐하면 꾸러미 IV의 명패인 태양과는 네 번째 칸에서 일치하지 않기 때문이다.

그래서 사상꾸러미와 새 꾸러미에서, 어느 하나가 −이면 다른 것은 +이고, +이면 −이다. '이면 아니고, 아니면 이다'와 같다. 완전히 거짓 말쟁이 역설의 구조와 같아지고 말았다. 여기서 '꾸러미'란 말이 명패이고 집합의 다른 표현이다.3) 꾸러미 만들기, 또는 명패 붙이기를 일명 '비둘기 구멍pigeon hole' 기법이라도 한다. 비둘기집 구멍 하나하나가 집합의 괄호 { }와 같고, 비둘기가 자기 집 구멍 하나하나에 일대일 대응하듯이, 집합과 원소를 일대일로 대응시키는 것을 비유해 하는 말이다. 그러나 V는 들어갈 수 있는 구멍이 없다. 이 기법은 유한집합이든 무한집합이든 상관없이 적용될 수 있다. 즉, 어떤 집합 속에 있는 각각의 원소들을 그와 똑같은 원소들의 일부로 이루어진 어떤 하나의 특정한 집합에 명패를 붙이는 데 사용한다면, 대각선 논증 방법은 명패를 붙였던 모든 집합들과 다른 어떤 새로운 집합을 얻는 데 사용될 수 있다.(데이비스, 2005, 110) 역의 본령은 바로 여기서부터 시작한다고 할 수 있다. '사상'이라는 말 자체를 사용하기가 두려워지는 순간이다.

여기서 중요한 것은 얻어진 결론 그 자체, 즉, +이면 −이고, −이면 +라는 결과이다. 얻어진 결론이란 러셀 역설과 거짓말쟁이 역설, 바로 그것이다. 참과 거짓을 +나 −로 바꾸어 놓으면 그 구조가 같아지기 때문이다. 그래서 거짓말쟁이 역설의 해법을 찾는 논리학자들이 대각선에 관심을 갖게 된다. 그렇다면 역은 이 거짓말쟁이 역설에 직면하여 어떤 해의를 제시하는가? 이것이 지금까지 대각선 문제를 이끌어 온 근본적인 목적이고 이유이다. 이와 같이 대각선 논증은 그 자체로서 의미가

---

3) 장현광은 집합을 '괄집'(括集)이라고 하였다.

있는 것이 아니고, 이 논증이 필연적으로 '거짓말쟁이 역설' 또는 '러셀 역설'의 문제에 어떻게 대처하는가를 알기 위함이다. 상자 안에서 명패 수와 물건수 사이에서 발생하는 역설은 러셀 역설과 같은 것이기 때문에, 아래에서 팔패와 대각선 논증을 다룰 때 이 역설이 발생하는 구조를 더 자세하게 알아보기로 한다.

　연속체 가설에서 본 바와 같이, 괴델과 코헨이 얻은 결론은 참인 것도 증명이 되고 참이 아닌 것도 증명이 된다. 바로 이런 결론이 위 사상 꾸러미 속에서도 튀어 나왔다. 역은 사상, 팔괘, 64괘 등 전 영역에서 이런 비결정성이 벌리는 소동을 다루어 나가는 과정이라고 할 수 있다. 판도라의 상자처럼 여는 상자마다 역설이 나온다. 가로와 세로로 물건 과 명패를 만들고, 여기서 대각선이 생기면 대각선의 가치를 반대로 한 다음, 이를 반대각선화하여 가로줄의 하나로 하면, 그것은 처음의 가로 와 세로가 만드는 사각형 안에 들어가지지 않는다. 이것이 무한계열의 수일 경우, 무한 속에 들어가지지 않는 수가 있다는 것이 되기 때문에, 문제의 심각성을 야기한다.

## 3.3. 소옹의 방도와 칸토어의 대각선 정리

### 칸토어의 제1대각선 정리와 복희도 _양성 대각선 정리

　어떤 규칙에 따라서 수를 나열한다는 것은 대각선 증명의 시발점과 같다. 칸토어는 실수들을 나열하여 그것들이 자연수와 일대일로 대응하 는 관계를 시도하였다. 실수 속에 유리수의 나열, 다음은 무리수의 나열, 그리고 그것들을 자연수와 일대일 대응시켜 나가는[可附番化] 이런 과정이 모든 것의 모든 것이라 할 수 있다. 역의 복희64괘도 사정은 마찬가 지이다. 둘을 비교하여 대각선 증명을 찾아낸다는 것은 동서 철학의 지 평 융합을 위한 하나의 큰 사역이라 아니할 수 없다. 실수의 집합 가운 데에는 비가부번인 것이 들어 있음을 증명하기 위해서, 칸토어는 다음 과 같이 좀 더 보편적인 방법을 동원한다. 이 방법이 그의 첫 번째 대각 선 증명 또는 양성 대각선 증명인 직접 증명에 해당한다.

M이란 집합이 있다. M은 E라는 원소들로 된 집합이다. 그리고 원래 원소들로 된 E의 계열을 $\{x_1, x_2, \cdots, x_5, \cdots\}$라고 한다. 여기서 $\{x_1, x_2, \cdots, x_5, \cdots\}$는 효가 아니고 하나하나의 괘에 해당한다. 역에서는 세 개의 효 로 된 괘를 소성괘trigram−3선형이라 하고, 여섯 개의 효로 된 괘 또는 소성괘를 중복해 만든 것을 중괘重卦 또는 대성괘hexagram−6선형이라고 한다. 소성괘는 $2^3$=8에 의하여 팔괘가 만들어지고, 대성괘는 $2^6$=64 또 는 8×8=64에 의하여 64괘가 만들어진다. 대성괘 속의 여섯 개의 효를 연속적으로 보면 $2^6$=64이고, 세 개의 효가 한 개의 괘(소성괘)가 되어 두 소성괘가 중첩된다고 보면 8×8=64이다.

대성괘가 원소들의 집합인지 아니면 부분들의 집합인지를 분간하기 위해서이다. 두 소성괘가 아래−위로 나누어져서 중첩될 때, 아래에 있 는 것을 하괘 또는 내괘lower or inner trigram라 하고, 위에 있는 것을 상괘 또는 외괘upper or outer trigram라고 한다. 전자가 명패이고 후자가 물건이 다. 이 두 소성괘 사이의 관계가 대각선 증명의 모든 것을 좌우한다고 해도 과언이 아니다. 역설이 명패와 물건 사이에서 생기는 현상이고 보 면, 이에 관점을 맞추어 칸토어의 제1증명을 관찰하는 안목을 갖는 것 은 중요하다.

괘는 앞으로 학자들에 따라서 내괘는 명패-기본항-옥타브 등과 같은 말로, 외괘는 물건-보기항 등과 같은 말로 불리기도 한다. 복희도나 방도 안에서 내괘는 세로줄에, 외괘는 가로줄에 나열된다. 64개의 대성괘는 자기의 고유한 십진수 번호가 있다. 인류 문명사에서 직조기술이 발명되면서부터 가로와 세로의 개념이 확실하게 생겼다. 의복 발달사에서 볼 때, 인간이 가로와 세로의 개념을 직조기술에 적용한 것은 훨씬 후대의 일이다. 그 이전에는 동물의 가죽을 짓이겨 만든 것으로 피복을 대신하였다. 무명과 명주를 개발하면서 세로줄과 가로줄을 베틀에 걸어 옷을 직조하게 된 것이다. 인간 사고 속에 평면 이차원의 개념이 생긴 것이다. 역의 발달사에서, 인간들이 점사들을 모아 명패를 세로줄에 물건들을 가로줄에 배열한 것은, 의복 발달사에서 볼 때 가로줄과 세로줄이 발달한 것과 궤를 같이한다. 복희64괘도와 문왕64괘도를 숫자와 괘를 함께 방도 안에 있는 방cell 속에 나열한 것이 뒤에 나오는 〈그림 3-6〉이다.(Walker, 1986, 10~11)

앞으로 복희64괘도는 칸토어의 대각선 제1논증 또는 양성 대각선 논증-직접에 해당하고, 문왕64괘도는 악성 대각선 논증에 해당하고, 정역도는 양성 대각선 논증-간접에 해당한다는 것을 증명할 것이다.4) 문왕도와 복희도 두 개를 간단히 비교하면, 둘 다 대성괘로 되어 있다는 점에서 같으나 수에 해당하는 괘가 다르다. 그래서 먼저 하나의 대성괘에서 내괘를 $x_n$이라 하고 외괘를 $x_v$라고 하자. 그러면 자연히 하나의 대성괘는 $x_{nv}$라 적기로 한다. 대성괘는 결국 명패와 물건이 사상된 것으로

---

4) 정역도의 경우는 책을 달리하여 쓰기로 한다.

그 자체가 곧 대각선이다.

틀에서 ≡(리)는 내괘이고, ≡(태)는 외괘이다. 위의 x계열은 외괘 계열에 해당한다. 칸토어는 $x_1$, $x_2$, ⋯, $x_v$, ⋯이 m 아니면 w라 해보자고 하였다. 이제 칸토어는 M이 비가부번이라는 사실을 다음과 같은 정리가 성립됨을 통해서 증명한다. 비가부번이라는 것은 일대일 대응이 되지 않는다는 말과 같고, 이는 분명히 초과분이 생긴다는 것을 의미한다. 내괘와 외괘 사이에서 생기는 초과분 말이다. 기계적으로 격자 형식으로 만들어진 텐서(격자) 속에 이런 비가부번이 생기는 것에 우선 놀랄 것이다. 먼저 $x_v$ 계열을 가로줄 상의 '물건수'라고 한다. 그리고 E 계열은 세로줄 상의 '명패수'라고 하면, M은 이런 괘들의 집합인 64 대성괘들의 집합이다.

$x_1$, $x_2$, ⋯, $x_v$, ⋯의 각각을 m이 아니면 w라고 할 때, 나열하는 방법에서 칸토어는 다음 세 가지 경우가 가능하다고 하였다. m이 아니면 w라고 하는 이유는, 앞으로 말할 귀류법에서 이러한 전제가 필요하기 때문이다. 하나가 '아님'을 통해 다른 것이 '이다'를 증명하기 위해 사용하는 기법이다.

$$E1 \quad = \langle m, m, m, \cdots \rangle$$
$$E11 \quad = \langle w, w, w, w, \cdots \rangle$$
$$E111 = \langle m, w, m, w, \cdots \rangle$$

이상과 같은 나열법을 끝낸 다음, 귀류법을 사용해서 증명을 시도한다. 즉, M이 가부번이라고 가정할 때 다음과 같은 정리가 성립한다.

## 정리: 칸토어 제1증명

만약에 $E_1$, $E_2$, …, $E_v$, …이 집합 M의 원소들의 단순 무한계열이라고 한다면, 거기에는 $E_v$에 일대일 대응을 하지 않는 M의 원소가 하나는 있기 마련인데, 그것을 원소 $E_0$라고 한다.

이 정리를 증명하기 위하여 칸토어는 다음과 같은 나열법을 구사한다. 이것은 역의 복희64괘도인 방도 안에서 괘가 나열되는 기법과 완전히 같다. 방도 안에서 내괘($a_n$)와 외괘($a_v$)가 나열되는 순서가 아래와 같다는 것이다. 이런 형식의 나열법을 격자식 또는 텐서tensor라고 한다.

$$1 \leftrightarrow E_1 = \langle a_{1,1}, \ a_{1,2}, \ \cdots, \ a_{1,v}, \ \cdots \rangle$$
$$2 \leftrightarrow E_2 = \langle a_{2,1}, \ a_{2,2}, \ \cdots, \ a_{2,v}, \ \cdots \rangle$$
$$\vdots$$
$$n \leftrightarrow E_n = \langle a_{n,1}, \ a_{n,2}, \ a_{n,v}, \ \cdots \rangle$$
$$\vdots$$

위의 정리를 증명하기 전에 칸토어의 격자식 나열법이 복희도 또는 소옹邵雍의 방도의 그것과 일치함을 보여주어야 한다. 먼저 좌우와 상하로 향하는 순서가 그대로 방도 안의 방향을 결정하는 서차 번호와 같음을 확인한다. 그러나 방향에서는 다르다. 방도는 오른쪽 아래에서 셈을 시작하나 칸토어는 왼쪽 위에서 시작을 한다. 방도에서는 상하로 서차 번호를 주지만 칸토어는 하괘(내괘)에 해당하는 $a_n$을 소수점 첫자리에, 상괘(외괘)에 해당하는 $a_v$를 둘째 자리에 나열한다.5) 그러면 둘은 배열

---

5) 여기서 6대 요소 가운데 '나열'이란 말과 '배열'이란 말을 구별할 필요가 있다. 칸토어의 경우는 엄격한 의미에서 '나열'이고, 방도의 경우는 '배열'이라 할 수 있다.

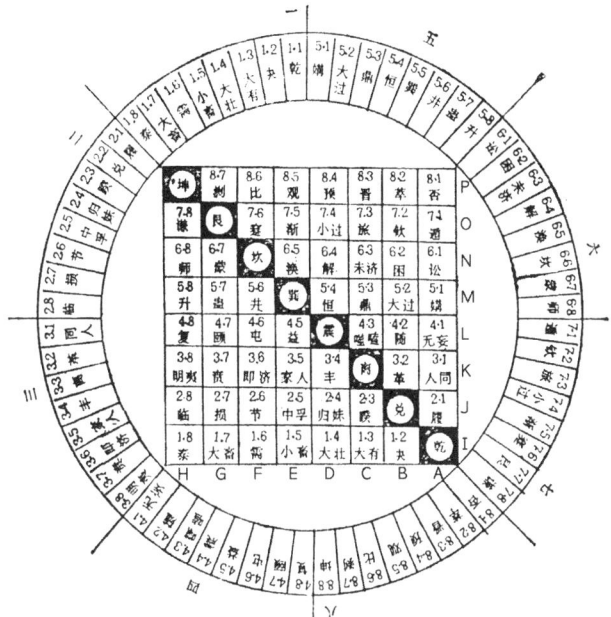

그림 3-5. 소옹의 원도와 방도

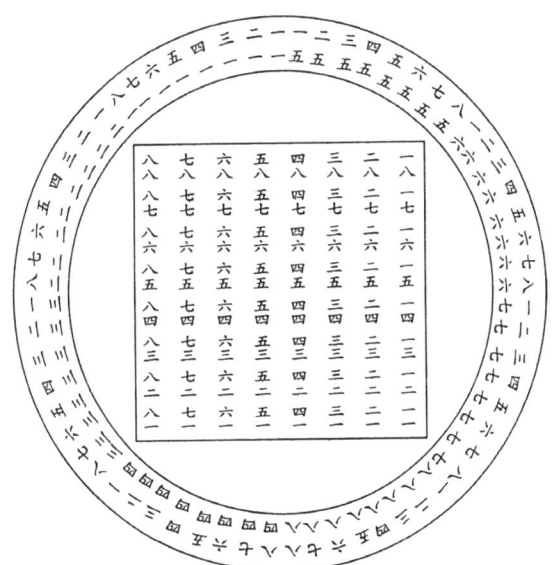

그림 3-6. 소옹의 격자식 64괘수도

과 나열의 구조에서 완전히 같다. 이러한 나열법을 '피타고라스 테이블 Phytagoras Table', 또는 '리만 측정 텐서'라고 한다. 그리고 무엇보다 튜링의 전산기 발명에 결정적인 공헌을 한 것이 바로 이 나열법이다.

위 칸토어 정리에서 $E_0$에 해당하는 것은 대각선 정리와 관계되는 주요 구성소이다. 어떤 때는 이를 '$E_0$'로 사용하기도 한다. 시종일관 이것을 찾는 것이 이 책의 주제이다. 이는 사각형 안에 들어가지 않는 초과분이다. 마치 윷놀이의 '모'와 같은 것이다. 모의 '5'라는 수는 네 개의 윷가락을 초과하는 것이기 때문이다. 돼지 수 세기에서 자신을 뺀 어미 돼지와 같은 것이다. 대각선의 반대각선화, 그리고 가치의 반가치화를 시켰을 때, 사각형 안에 절대로 들어가지 않는 요소 말이다. 이 책의 줄거리는 결국 이 요소를 찾는 데 있다고 하겠다. 이를 찾아 치료하든지, 아니면 그것을 유용하게 사용하든지 할 것이다. $E_0$를 찾는 알약이 다름 아닌 역이다. 대각선은 가로와 세로에 의하여 만들어지고, 역에서는 외괘와 내괘라는 것이다. 그리고 효에서 그것이 처음 발견되는 곳이 바로 가족 관계이다. 시생원리에 의해 효로써 괘를 만들고 나면, 부모와 3남3녀로 이루어진 한 가족 여덟 명이 구성되는데, 가족 가운데 한 명은 자기 가족 성원이 아닌 다른 시생원리에서 만들어진 것이라는 것이 가족 관계의 역설이다. 이렇게 쉽고 간편한 데서부터 출발을 하자는 것이 역의 가족 관계 은유이다.

### 귀류법과 대각선 정리

이제 대각선 정리의 6대 요소 가운데 '나열'이 끝났다. 지금부터는 귀류법을 적용하여 증명을 계속하기로 한다. 칸토어는 a를 반가치화한 것을 b라 하고, 그것의 계열을 $b_1$, $b_2$, $b_3$, …이라고 하였다. $a_{n,v}$는 그대로 하나의 대성쾌이다. 이들 대성쾌의 가치를 m 아니면 w라고 하자. 그리고 b도 m 아니면 w라는 가치를 갖는다고 하자. 그런데 정대각선 $a_{v,v}$와 b는 서로 상반된 가치를 갖는다. 전자를 반가치화한 것이 후자이기 때문이다. 다시 말해서 전자가 w이면 후자는 m이고, m이면 w라는 것이다. 이것은 귀류법을 증명하는 순서에서 대전제이다. 귀류법을 통해 이 전제와 모순된 결론을 도출해 이 전제가 옳음을 증명한다.

이런 전제를 부정하는 추리는 다음과 같다. $E_0 = \langle b_1, b_2, b_3, \cdots \rangle$이라고 할 때, $E_0$는 사각형 정렬 속에 들어가지 않는 것이다. B가 이것과 동일하다고 해 보자는 것이다. 그러면 b도 들어가지 않는 것이 된다는 말이다. 그러면 어떤 $E_v$도 $E_0$도 일대일 대응을 하지 않는다. $E_v$란 가로줄 물건들이다. 그래서 $E_0$는 가로줄과 대응하는 것이 없다는 것이다.

이제부터 귀류법을 동원하여 "만약에 어떤 v 가운데 $E_0$와 대응이 되는 것이 있다고 $E_0 = E_v$라고 가정을 해보자." 그러면 E의 v번째가 가로줄 $E_v$의 v번째와 같아지는 현상이 생기게 된다. 그런데 이것은 위에서 b에 대하여 전제해 놓은 것과는 상반된다. 다시 말해서, $E_v$와 b는 서로 m이면 w이고, w이면 m인 관계라는 전제를 상기하라. 고로 $E_0 = E_v$는 성립하지 않는다. 즉, 반대각선과 반가치화를 한 $E_0$는 절대로 가로줄 $E_v$ 안에는 없다.

이를 역의 시생원리에 응용하여 양군 건괘 집합 안의 원소인 태☰, 리☲, 진☳을 양효는 1로, 음효는 0으로 하여 아래와 같이 사각형 안에 배열을 하고 효들을 통해 반대각선화와 반가치화를 시켜보자.

| 태 | 리 | 진 | | 손 | 감 | 간 |
|---|---|---|---|---|---|---|
| 0 | 1 | 0 | | 1 | 0 | 1 |
| 1 | 0 | 0 | | 1 | 1 | 0 |
| 1 | 1 | 1 | | 0 | 0 | 0 |
| 소녀 | 중녀 | 장남 | | 장녀 | 중남 | 소남 |

양군 집합           음군 집합

대각선상에 있는 001은 진괘이고, 이를 반가치화하면 110이 되어 이 것은 손괘 110이다. 그런데 손괘는 양군에는 없고 음군에는 있다. 음군 집합에서도 사정은 마찬가지이다. 대각선상의 110은 손괘이고, 이를 반 가치화하면 001로 이것은 진괘이다. 그런데 진괘는 음군에는 없고 양군 에는 있다. 진괘는 양군의 마지막 괘이고, 손괘는 음군의 처음 괘이다.

$E_0$에 해당하는 것은 양군의 손괘이고, 음군의 진괘이다. $a_{vv}$에 해당하 는 것은 양군의 진괘 001이고, 음군의 손괘 110이다. 손괘는 양군에 없 고 음군에 있고, 진괘는 음군에 없고 양군에 있다. 양군과 음군은 서로 m과 w, w와 m의 관계와 같다. 양군의 종終이 음군의 시始이다. 이는 다 름 아닌 부랄리-포르테의 순서수 역설이다. 연속체 가설이 이 역설과 연관이 있다는 암시를 받게 된다. 칸토어는 사각형 안에 단 하나의 집 합, 즉 그것이 유리수이든 무리수이든 단일 집합으로 대각선 정리를 만 들었다. 같은 실수 안에서도 유리수와 무리수로 따로 무한집합을 만들 었다. 이것이 화근이 된 것이다. 지멜로-프랭클이 아홉 개의 공리를 만 들어 무한과 같은 큰 집합을 다루는 것이 화근이 되었으니, 그 크기를 줄이라고 한다.

그러나 역의 입장에서 볼 때 둘 다 잘못이다. 역은 수를 음수와 양수로 나누고, 다시 순수와 역수로 나누고, 드디어 생수와 성수로까지 나눈다. 이럴 때 무한은 두 개의 상대적 집합 사이의 관계이다. 위에서 본 바와 같이 음군 집합과 양군 집합에서 모두 대각선 구성 요소들을 적용하였을 때 순서수의 역설에 직면한다.

$E_0$의 성격에 관하여 설명을 덧붙일 필요가 있다. 양군 집합에서 그것은 진을 반가치화하고 반대각선화한 손이다. 먼저 진 001은 태에서 상효, 리에서 중효, 제 자신에서 초효를 가지고 와 만들어진 괘이다. 그래서 진은 양군 안에서 제 자신을 포함한 전체적 성격, 즉 '전집합'이다. 이런 전집합을 반가치화하였기 때문에 양군집합에는 없는 것이 당연하다. 다시 말해서, 상효에서 태와 다르고, 중효에서 리와 다르고, 초효에서 제 자신과 다르다. 음군에서 $E_0$에 해당하는 것은 진이다. 손을 반가치화한 것이다. 같은 방법으로 진은 음군에서는 발견되지 않는다.

그런데 문제는, 아래 가족 관계를 보면 양군과 음군 모두에서 불일치 현상을 보인다. 즉, 양군은 2녀1남, 음군은 2남1녀이다. 양군의 1남은 장남 진이고, 음군의 1녀는 장녀 손이다. 그런데 장남과 장녀, 즉 진과 손이 자리를 옮기면 가족 관계의 일관성을 갖게 된다. 그리고 집합 명칭도 바꾸어 건집합 = {손, 감, 간}으로 하고, 곤집합 = {진, 리, 태}로 하면 건부 집합 속에는 3남이, 곤모 집합 속에는 3녀가 포함되어 일관성을 유지하게 된다. 이렇게 시생원리의 일관성은 가족 관계의 비일관성이고, 그 역도 마찬가지이다. 칸토어가 이 점을 몰랐다. 연속체 가설은 바로 이 문제인 것이다.

복희팔괘도 또는 복희도는 시생원리의 일관성에, 문왕팔괘도는 가족 관계의 일관성에 기준을 두고 집합을 구성하여 배열한 것이다. 그래서 결국 두 도상을 좌우하는 것은 대각선이다. 한국 정역에서는, 시생원리에서 이전의 두 도상과는 다른 수지상수론을 통해서 만든다. 손가락 다섯 개로 6효를 만든다고 해보자. 초과분 1을 어디서 가지고 오나. 윷가락은 네 개인데 모는 초과분 1을 더 가지고 있어서 '5'가 되는 데서 그 답을 찾으면 된다.

이런 모순을 만드는 이유는 바로 대각선의 반가치화와 반대각선에서 문제의 본질을 바라볼 때, 반드시 해당 집합 안에 들어가지 않는 $E_0$가 포함되었기 때문이다. 그러면 이를 제거할 것인가 말 것인가? 대수술을 단행하자는 것이 서양적 전통의 발상이고 중국적인 발상이다. 그러나 한국은 다르다. 역의 강물은 결국 $E_0$와의 씨름이었다. 이상은 소성괘 팔괘를 음군 집합과 양군 집합으로 네 개씩 나누어 응용해 본 것이고, 대성괘 64괘의 경우도 크게 두 집합군으로 나누면 같은 현상이 나타난다. 그래서 방도에 대하여 원도는 방도의 64괘를 둘로 나누어 원둘레 위에 순과 역 방향으로 배열한 것이다. 진은 양군으로 가려 하고, 손은 음군으로 가려 한다. 이것이 지속적으로 문제가 되면서 중심 쟁점으로 부상하게 될 것이다.

대각선 논증의 틀이 이제 겨우 잡혔다. 대각선 논증 제1정리는 제2정리에 비하여 소박하다. $E_0$의 발견, 이것이 제1정리에서 얻은 소득이라 할 수 있다. 제2정리는 멱집합에 관한 것으로서, 거기에서도 $E_0$는 다시 문제가 된다. 우선 64괘를 나열하는 다양한 방법에 대하여 알아보기로 한다.

옥타브와 궁으로서의 팔괘

월커는 그의 책 《여신의 역경The I Ching of the Goddess》에서 음악 용어를 사용해 팔괘의 명칭에 붙였다. 그는 명패를 음계 옥타브라고 하였다. 한 옥타브마다 여덟 개의 음이 들어 있다고 보았다. 그러면 옥타브 건에는 1에서 8번, 옥타브 태에는 9에서 16번, 옥타브 리에는 17에서 24번, 옥타브 진에는 24에서 32번, 옥타브 손에는 33에서 40번, 옥타브 감에는 41에서 48번, 옥타브 간에는 49에서 56번, 옥타브 곤에는 57에서 64번까지의 괘들이 속하게 된다. 옥타브를 경방은 궁宮이라 하기도 한다.(Walker, 1986, 28) 군대 조직에서 조별, 분대별, 소대별, 중대별과 같이 얼마든지 물건들을 괄집해 명칭을 붙일 수 있을 것이다. 이렇게 경과 위를 조별로 묶어 집합상자를 만든 것이 그만 판도라 상자가 되어, 그 안에서 만 가지 난제들이 튀어 나오게 된 것이다.

옥타브를 역에서 궁宮이라고 할 때, 물론 여덟 개의 궁이 있다. 이 여덟 개의 궁 속에는 또 여덟 개의 궁이 있다. 전자가 명패궁이고, 후자가 물건궁이다. 그래서 모두 물건 64개의 궁이 생긴다.(얀, 1992, 204~205) 남회근 역시 이런 옥타브 개념과 유사하게 괘명을 사용해 같은 배열법을 만들었다. 그도 옥타브에 해당하는 개념을 '궁'이라고 하였다.

그러면 팔괘 궁 안을 들여다보자.(〈그림 3-7〉 참조) x, y, z의 세 개 화살표 방향은 무한히 차원이 증가될 수 있음을 보여준다. 효 하나하나가 차원을 나타낸다. 그래서 팔괘는 삼차원이다. 입방체에는 이차원 대각선과 삼차원 대각선 두 종류가 있다. 차원 하나가 증가할 때마다 반가치화가 생긴다. 그래서 x, y, z의 모든 차원에서 대칭이 되는 위치에 있는

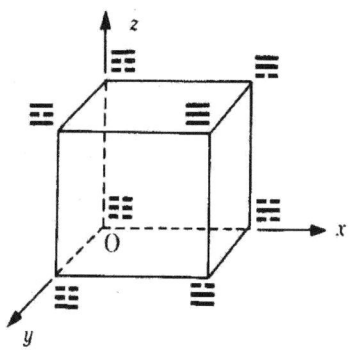

그림 3-7. 3차원 공간(팔괘)

괘들끼리는 음양의 치가 모두 반대이다. 다시 말해서 반가치화이다.(채 항식, 1992, 204)

여기서 관찰되는 대각선화와 반가치화는 모두 기하학적인 도형을 통해서 생긴 개념들이다. 이는 시각적으로 한눈에 들어오는 대각선의 이해 방법일 것이다. 그러나 논리적인 의미에서 말하는 대각선화는, 명패와 물건이 서로 사상하는 것을 가리킨다. 만약에 물건을 사각형의 가로줄, 명패를 세로줄로 하면, 기하학적인 대각선이 논리적인 것으로 변하면서 서로 일치한다. 여기서 우리가 평면이나 입방체 같은 기하학적인 용어들을 사용하면, 유클리드 기하학에서 비유클리드 기하학으로 바꿀 때 사각형의 도형도 변하고, 이에 따라서 역을 위상학적으로 관찰할 수 있는 이점을 노릴 수 있다.(채항식, 1992, 205)

다시 말해서, 사각형 방도가 삼차원을 넘어 뫼비우스띠, 클라인병, 사영평면 등으로 바뀜으로써 역의 도상 변화를 한눈에 고찰할 수 있다. 필자는 이러한 한 시도를 '위상역topological I'이라고 부른다. 이에 대한 고

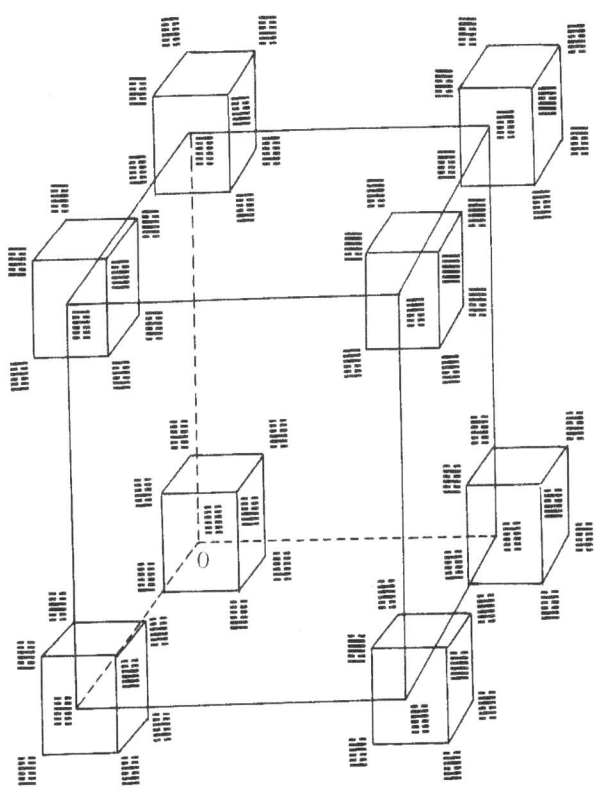

그림 3-8. 6차원 공간(64괘)

찰은 장을 달리하여 상세히 다루려 한다. 거기서 하도는 뫼비우스띠, 낙
서는 클라인병, 정역도는 사영평면이라 보았다.(김상일, 2006 참고)

위 팔괘와 64괘를 입방체를 통해 관찰할 때, 관심의 표적이 되는 곳은
육각형의 모서리 부분이다. 팔괘의 모서리에 있는 괘가 명괘–궁이 되어
그것이 상괘에 배열되었다(원래는 하괘여야 한다). 다시 말해서, 64괘도
에서 같은 모서리에 있는 모든 여덟 개의 괘들은 상괘와 같다. 팔괘도의

모서리 괘를 상괘로 하여 팔괘도의 다른 괘들을 중첩시켜 놓은 것이 64 괘도이다. 삼차원을 x', y', z'라고 하자. 그러면 x, y, z와 x', y', z' 사이에는 모서리가 한 곳에서는 겹쳐진다. 그것은 삼차원이면서 동시에 육차원이다. 여기서 초과분이 발생한다. 그 이유는 자기가 자기와 겹치는, 자기 언급하는 $E_0$ 괘가 하나는 있기 때문이다. 위의 입방체는 소용의 방도라는 평면도를 입체로 바꾸어 놓은 것으로서, 명패와 물건을 구별하기 훨씬 편리해졌고, 그 속에서 생기는 자기언급의 문제와 초과분의 문제도 시각적으로 발견하기 쉬워졌다. 이 초과분 때문에 연속체 가설의 문제가 발생한다. 그러나 칸토어는 그것을 미처 알지 못하고 죽었다. 공자도 진-뢰와 손-풍이 서로 부딪히는 문제의 원인을 규명하는 데 골몰하였다. 〈계사전〉에 미제의 문제로 공자가 남겨놓은 것 가운데 하나가 바로 진과 손의 문제인 $E_0$의 문제였다. 칸트 역시 $E_0$의 문제에서 발생하는 이율배반 때문에 고심하였다. 칸트와 공자는 고민 끝에 실천이성으로 간 것인가? 그러나 이것은 윤리적倫理的인 문제인 동시에 논리적論理的인 문제이다.

### 역의 양성과 악성 대각선 문제

위와 같은 대각선 논증을 대각선의 종류로 분류할 때, 이는 가로와 세로가 분명하고, 가로가 그대로 세로가 되는 등 대각선화와 반대각선화의 요소들이 뚜렷해서, 특히 이런 대각선을 '양성 대각선good diagonal'이라 한다. 그러나 역의 경우는 칸토어의 그것과는 달리, 양성 속에서 직접과 간접을 나눌 때 그 구별이 어렵다. 왜냐하면 괘와 효의 나열법 자체가 이미 부분집합인 멱집합을 전제하고 있기 때문이다. 즉, 역의 방도

에서 보는 바와 같이, 64괘는 명패 자체가 물건이 되고 물건 자체가 명
패가 되는 과정에서 만들어진 것이다. 이것이 멱집합으로 가는 원리이
다. 멱집합의 원리는 자기 자신을 부분으로 포함하는 원리이다.

칸토어의 경우, 그의 제1증명(양성 대각선 논증―직접)에서 아직 그의
제2증명에 해당하는 멱집합(양성 대각선 논증―간접)을 말하기 어렵다. 64
괘 속에는 여덟 개의 명패가 있으며, 각 명패 속에는 여덟 개의 물건이
들어간다. 명패와 물건이 같기 때문에 그 가운데 정대각선은 반드시 자
기언급적이다. 이제 명패와 팔괘를 물건과 일치시켜, 즉 같은 명패 속에
물건이 들어가는 괘들을 도표로 나타내면 다음과 같다. 아래 도표는 남
회근이 대각선 정리와 상관없이 만든 것이다.

| 명패 | 괘번호 | | 괘명(물건) | | | | | | | |
|------|--------|---|-----------|---|---|---|---|---|---|---|
| 1 건 | (1~8) | ↔ | **건건** | 건태 | 건리 | 건진 | 건손 | 건감 | 건간 | 건곤 |
| 2 태 | (9~16) | ↔ | 태건 | **태태** | 태리 | 태진 | 태손 | 태감 | 태간 | 태곤 |
| 3 리 | (17~24) | ↔ | 리건 | 리태 | **리리** | 리진 | 리손 | 리감 | 리간 | 리곤 |
| 4 진 | (25~32) | ↔ | 진건 | 진태 | 진리 | **진진** | 진손 | 진감 | 진간 | 진곤 |
| 5 손 | (33~40) | ↔ | 손건 | 손태 | 손리 | 손진 | **손손** | 손감 | 손간 | 손곤 |
| 6 감 | (41~48) | ↔ | 감건 | 감태 | 감리 | 감진 | 감손 | **감감** | 감간 | 감곤 |
| 7 간 | (49~56) | ↔ | 간건 | 간태 | 간리 | 간진 | 간손 | 간감 | **간간** | 간곤 |
| 8 곤 | (57~74) | ↔ | 곤건 | 곤태 | 곤리 | 곤진 | 곤손 | 곤감 | 곤간 | **곤곤** |

자기언급을 하는 괘들은 건건, 태태, 리리, …, 곤곤과 같이 정대각선
상에 배열되어 있다.(굵은 글자 부분)

남회근은 수와 괘명을 겸하여 아래와 같이 이를 나열하여 대각선상

| | | |
|---|---|---|
| 坤 8 | 否 | 天地 |
| 艮 7 | 遯 | 天山 |
| 坎 6 | 訟 | 天水 |
| 巽 5 | 姤 | 天風 |
| 震 4 | 無妄 | 天雷 |
| 離 3 | 同人 | 天火 |
| 兌 2 | 履 | 天澤 |
| 乾 1 | 乾 爲天 | |

그림 3-9. 남회근의 단괘 대각선

의 수를 부각시켜 〈그림 3-8〉과 〈그림 3-9〉와 같이 팔괘와 64괘의 정
대각선만을 따로 분리하여 배열하였다. 그러나 이러한 배열이 칸토어의
대각선 논증과 관계있음은 그가 언급하지 않았다. 방도 안의 정대각선
이 바로 $E_0$를 만드는 장본인이다. 즉, 이를 반대각선화와 반가치화를 하
면 $E_0$가 된다. 원도는 방도의 반가치화와 반대각선화의 후과적 결과물
이다. 다시 말해서, 원도는 서로 마주 보는 괘들끼리 모두 음양이 반대,
즉 반가치화이다. 그리고 방도 사각형의 대각선은 곧 원도의 지름이다.
사각형이 원으로 변할 때 대각선은 곧바로 지름이 된다. 남회근이 역에
서 대각선을 소박하게 인지하고 있었음은 그가 만든 다음 두 도상에서
분명히 드러난다. 그러나 그가 이에 대해 설명한 부분은 황당하다 아니
할 수 없다. 즉, 남회근은 "이 그림에서 건, 태, 리, 진, 손, 감, 곤이 왜
하나의 사선(대각선)을 이루고 있을까요? 왜 서북으로부터 동남으로 기
울어졌을까요? 지구의 자장이 동남의 방향으로 기울어져 있기 때문입
니다. 이 때문에 남극도 북극도 지남침에서는 동남으로 기울어져 있는

坤 8,8                                     否　1,8

　　艮 7,7                                   遯　1,7

　　　坎 6,6                                 訟　1,6

　　　　巽 5,5                               姤　1,5

　　　　　震 4,4                           無妄 1,4

　　　　　　離 3,3                         同人 1,3

　　　　　　　兌 2,2 履　1,2

泰　大畜　需　小畜　大壯　大有　夬　乾　1,1
8,1　7,1　6,1　5,1　4,1　3,1　2,1　1,1

그림 3-10. 남회근의 중괘 대각선

것으로 나타납니다”(남회근, 1997, 231)라고 하였다. 이런 설명을 두고 ‘괘기설卦氣說’이라고 한다. 역의 본질과 본령이 밝혀지지 않는 가장 큰 이유 가운데 하나가, 역을 이렇게 은유적으로 괘기설로 설명하기 때문이다. 그 어디에서도 대각선 논증에 대한 언급은 찾아볼 수 없다. 대각선의 의미는 궁극적으로 미제未濟, 즉 ‘비결정성’에 있다. 그것은 칸토어의 대각선의 성격과 같기 때문이다. 그러나 칸토어는 비결정성을 인정하지 않았다. 그는 철저한 일관성론자였다고 보면 된다. 그런 의미에서 플라톤주의자였다. 비일관성이 제거되면 일관성이 확보된다고 보았다. ‘플라톤주의자’, 이것이 그에게 명예일지 불명예일지는 후대가 판단할 문제이다.

위의 〈그림 3-8〉을 일명 ‘팔궁도’라고도 한다. 팔궁에 대해서는 입방체를 통해 위에서 설명해 두었다. 격자 형식으로 이루어진 매우 단순 반복적인 것처럼 보인다.6) 그러나 단순해 보이는 방도 그 속에 리샤르 속성과 비리샤르 속성이 동시에 포함되어 있어서 복잡한 양상이 발생한다. 남회근은 방도에서 괘를 가져오는 것보다, 괘명을 가져옴으로써 한 눈에 이해하기 쉽도록 하였다. 정대각선 선상의 것은 굵은 글씨로 표시 하였다. 대각선상의 건건, 태태, 리리, 진진, 손손, 감감, 간간, 곤곤의 여 덟 개가 바로 칸토어의 $a_{n,n}$에 해당한다. $a_{n,v}$의 괘가 가지고 있는 효의 가치를 반대로 하는 것을 반가치화라 한다. 음을 양으로, 양을 음으로 바꾸는 것을 말한다. $a_{nn}$를 반가치화하여 가로줄 $a_{v,v}$로 바꾸는 것을 반대 각선화라고 한다.

입방체 64괘도를 통해 볼 때, 서로 가치가 반대로 된 것은 1과 64, 2와 63, 3과 62와 같이 가로, 세로, 높이의 삼차원에서 모두 대칭이 되는 괘 들이다. 이들 삼차원상의 치의 대칭을 기하학적으로 볼 때 그대로 확인 이 된다. 그런데 칸토어의 대각선 증명을 역의 그것과 비교할 때, $a_n$과 $a_v$는 각각 소성괘 팔괘에 해당한다. 그런데 역에서는 $a_n$과 $a_v$가 그 안에서 다시 세 개의 효로 나누어진다. 괘의 수는 십진수이지만 효는 이진수로 만들어진다. 칸토어가 역설을 만난 근본적인 이유가 바로 십진수만으로 수를 나열하였기 때문이다. 그러나 역은 이런 십진수의 허점을 알았기 때문에, 이진수로 십진수 괘를 더 분화시켜 효를 만들어 그 효로 괘를 구성하게 한다. 이 기법은 지멜로-프랭클이 역설을 극복하는 방법 가운 데 하나로 아홉 개의 공리를 개발하였는데, 그 가운데 하나인 '합집합의 공리axiom of union'이다. 이 공리에 따르면, 어느 집합의 단계에서 역설이

---

6) 《주역》을 연구하는 사람들 가운데는 이 방도를 간과하는 경향이 있다. "나는 의심 한다. 배열의 간결함은 둘째로 하고, 이런 기계적인 배열로 무엇을 신뢰성 있게 얻 을 수 있는지? 실로 의심하고 의심한다"(문용직, 2007, 183)는 말을 하는 당사자 자신이 괴델의 정리와 역과의 관계를 알고 있었음에도, 괴델 정리와 이 방도가 모두 대각선 정리에서 유래하였음은 간과하고 있다.

생기면 그 단계에서 그 단계 자체를 분화시키는 것이다. 이 기법은, 괘들을 십진수로 나열하였을 때, 위에서 보는 바와 같이 대각선상에 비가부번이란 현상이 생길 때, 괘들을 여러 개의 효들로 분화시키는 것이다. 이는 마치 십진수에 역설이란 충격이 생겼을 때, 십진수 안에 이진수를 두어 용수철과 같은 역할을 하게 하여 충격을 줄이려는 것이다. 이것이 합집합의 공리이다.

문왕도를 보자. 문왕도는 배열의 규칙에서 두 개의 소성괘에 의한 8×8=64가 아닌, 가일배의 방법을 취한다. 그래서 홀수 번호의 괘 6효를 모두 180도 뒤집어 짝수괘를 만든다. 이는 소성괘 팔괘가 단위가 아니고 괘 안에 있는 효가 기준임을 의미한다. 그리고 착종설을 적용해 팔괘가 서로 자승해 64괘를 만드는 방법을 채택한다. 이런 까닭에 문왕도가 내외의 두 괘를 분리하는 것도 사실이다.

그래서 〈계사전〉의 가일배법을 사용할 경우, 문왕도에는 명패와 물건의 구분 자체가 없다. 복희팔괘도에서 보는 바와 같은 세로와 가로에 명패와 물건을 나누는 것이 없다. 그러나 대성괘 하나에 그러한 구별이 없는 것은 아니다. 문왕도가 왜 이렇게 달라졌는가에 대해서는, 지멜로-프랭클의 합집합의 공리를 그대로 적용하였다는 것밖에 다른 이유가 없다. 그러나 지멜로-프랭클의 합집합의 공리에서는 원소들의 위치를 180도 뒤집는 기법은 없다. 문왕도 안에도 예외는 있다. 뒤집어도 모양이 변하지 않는 여섯 개의 괘들만 치대칭을 하고 있다. 중감괘(☵)가 좋은 예이다.

이를 논리학의 환질환위와 연관하여 부연 설명하면 다음과 같다. 아리스토텔레스의 논리학에 '환질환위換質換位'라는 것이 있다. 여기서 '질'

이란 가치이고, '위'란 위치이다. 그래서 '환질환위'란 위치와 가치를 바꾸는 것을 말한다. 바로 환질환위에 근거하여 괘를 나열한 것이 문왕도이다. 문왕도에서 3번 둔괘(䷂)와 4번 몽괘(䷃)를 보자. 3번의 상하 위치를 완전히 반대로 뒤집으면 4번이 된다. 각각의 1효가 6효가 되고 2효가 5효가 되고 3효가 4효가 되었다. 서로 응하는 관계에 있는 것끼리 위치가 바뀌었다. 다시 말해, 서로 아래 위로 뒤집으면 상대방이 된다. 그러나 64괘 속에는 그렇지 않은 것이 네 군데 있다. 1과 2, 27과 28, 29와 30, 61과 62이다. 그런데 여기에도 규칙이 있다. 다시 말해서, 환위와 환질을 동시에 하는 규칙이 있다. 1(건건)을 한 번 환위시키고 환질시키면 2(곤곤)이 된다. 27(진간)도 마찬가지로 환위시키고 환질시키면 28(손태)가 된다. 29(감감)을 환위시키고 환질시키면 30(리리)가 된다. 61(태손)을 환위시키고 환질시키면 63(간진)이 된다. 이들 관계는 위와 치를 모두 반대로 한다는 뜻이다. 반대각선화는 위대칭이고 반가치화는 치대칭을 하는 것이다. 고전 논리학의 용어를 빌리면 환위와 환질을 한다는 뜻이다.

복희도가 사각형의 가로와 세로의 맞은편 괘끼리 서로 치를 반대로 하는 반가치화를 한 반면에, 문왕도에는 이런 규칙이 없다. 문왕64괘도 안에서는 명패와 물건의 구별이 없기 때문이다. 이런 의미에서 복희도는 대각선의 6대 요소들이 잘 갖추어진 양성이지만, 문왕도는 그렇지 않은 악성이다. 문왕도는 복희도에서 발견된 대각선상의 문제점이 명패와 물건의 분리에서 온다는 사실을 확인하고는, 그러한 분리 자체를 제거해 나간다. 대신에 합집합의 공리를 이용해 하나의 괘 안에 있는 효들을 분화시킨 다음, 그것의 위치를 바꾸어[환위] 버린다. 그러면 문왕도에

는 남아 있는 역설이 없는가? 방도를 환질 환위한 것이 원도이다. 문왕
도 역시 환질과 환위를 모두 시도하였지만 그것이 원도와는 다르다. 아
무튼 방도를 중심으로 주변의 이런 일련의 변화들은 방도 속에 있는 리
샤르 속성과 연관이 있는 것은 분명하다. 그래서 요점은 리샤르 속성이
다.(이 책 4장에서 다룸)

　역의 주변에서 일어나는 이러한 일련의 문제들의 정체는 위상역으로
가야만 제대로 드러날 수 있다. 다시 말해서, 사각형 안의 괘들을 뫼비
우스띠와 같은 것들로 위상을 바꾸면 역의 도상이 갖는 의미와 환질 환
위가 갖는 의미를 제대로 파악할 수 있다는 것이다. 이 문제는 이 책
6장에서 다루어질 것이다.


## 3.4. 칸토어의 대각선 제2증명


　칸토어의 대각선 논증에는 두 종류의 대각선 증명이 있다. 제1증명은
위에서 보여준 바와 같다. 제2증명은 멱집합 원리에 관한 것이다. 멱집
합 원리란 어느 집합의 멱집합 또는 부분집합 속에는 자기 자신과 공집
합이 포함된다는 원리이다. 즉, 어느 집합 A의 원소들을 {a, b, c}라고
할 때 그것의 멱집합은 P(A)={a, b, c, ab, bc. ca, abc, ∅ }와 같다는 것이
다. 궁극적으로 $E_0$의 문제 역시 멱집합 원리에서 자유롭지 못하다. 여기
서 자기 자신을 포함한 전부라는 집합을 '전집합'이라고 한다. 따라서
'abs'는 전집합이고, '∅'는 공집합이다.

　역은 정인들의 점괘를 데이터베이스화하면서부터 멱집합의 원리를
알고 있었으며, 팔괘 모두는 담김을 양, 안담김을 음이라고 하는 둘의

작용으로 생성된 것이다. 그래서 멱집합 없이는 역의 시생원리 자체가 불가능하다. 그러나 서양에서도 이 원리를 알았지만, 공집합 때문에 공포에 질리고 말았다. 아무튼 제2증명은 이와 같이 역과 직접 연관이 될 만큼 중요하다. 그래서 예의 $E_0$ 찾기는 여기서도 여전히 유효하다.

### 원소와 부분의 차이와 역설의 문제

사상에서는 원소가 두 개였지만, 팔괘의 경우에는 세 개, 64괘의 경우에는 여섯 개이다. 여기서 말하는 원소란 효炎이다. 사상 이상에서는 세 개의 원소를 하나의 부분집합으로 한다. 이를 팔괘-3선형이라고 한다. 물론 대성괘는 64괘-6선형이다. 역의 요체는 64괘-6선형을 만들 때 $2^n$의 방법을 취하느냐 8×8=64의 방법을 취하느냐이다. 이 차이가 중요한 이유는, 전자는 64괘가 원소로 만들어진다는 것을 의미하고, 후자는 부분으로 만들어진다는 것을 의미하기 때문이다.

현대 프랑스 철학자 바디우가 그렇게도 중요시하였던 원소와 부분의 차이를 역이 알고 있었다는 의미이다. 세 개의 효로 된 3선형 부분집합을 소성괘라고 한다. 지금부터는 낱개의 효를 원소로 보는 집합과, 소성괘를 부분으로 보는 집합, 두 가지로 나누어 생각해야 한다. 결과는 모두 대성괘를 만드는 데에 있지만, 의미는 다르다. 그 다름 때문에 효의 기수와 괘의 기수는 일대일로 대응이 되지 않는다. 원소와 부분의 대응되지 않음은 칸토어와 역이 함께 고민하였던 문제이다. 위의 사상 꾸러미에서 본 바와 같이, 서로 일대일로 대응이 되지 않는 $E_0$가 있다는 것이다.

세 개의 효를 원소로 하는 부분집합 또는 멱집합은 모두 $2^3$=8개이다.

그 이유는 다음과 같다. 칸토어의 제1증명은 실수 구간의 모든 수를 0과 1 사이의 수에 일대일 대응시킬 때, 대응이 되지 않는 것이 있음을 증명하는 것이었다. 방편상 위에서는 0과 1을 음과 양으로 동일시하였다. 그러나 역에서 음과 양은 이러한 실체로서의 수가 갖는 의미 이외에, 일상 언어로서 갖는 의미가 또 하나 있다. 즉, '담김—포함'과 '안담김—비포함'이다. 다시 말해서, 음은 비포함이고 양은 포함이다. 이러한 동사적 역할을 하는 것이 음양의 또 다른 의미이다. 포함including은 귀속belonging과는 다르다. 원소는 집합에 '귀속'한다고 하고, 부분은 집합에 '포함'된다고 한다. 이 구별이 중요한 것은 64괘를 만드는 방법에 두 가지가 연관되기 때문이다. 64괘라는 집합을 원소로 만드느냐 아니면 부분으로 만드느냐는 차이는, 64괘 속에 효가 '귀속'하느냐 괘가 '포함'되느냐 하는 문제와 관련이 된다. 그래서 지금까지 사용해 온 말 '담김'에는 귀속과 포함이란 두 가지가 있다.

　여기서는 편의상 64괘 대신에 팔괘를 만드는 방법을 통해 칸토어의 멱집합과 그것이 어떻게 같고 다른가를 고찰하려 한다. 전체 집합 속에 원소가 몇 개의 부분집합을 만들 수 있느냐고 할 때, 우리는 수를 생각함에 전혀 새로운 발상을 해야 한다. 칸토어 이전에는 '포함된다'고 할 때 담기는 물건을 먼저 생각하였지만, 칸토어 이후부터는 담기는 빈 그릇을 물건과 함께 생각해야 한다. 전자가 뉴턴적이라면 후자는 아인슈타인적이다. 뉴턴은 물건이 담기기 이전에도 있는 공간을 '절대공간'이라 하였고, 아인슈타인은 이런 공간을 부정하였다. 물건이 담김과 공간의 생성은 동시적이기 때문이다.

　여기서도 대각선 정리에서 적용된 일대일 대응이 문제가 된다. 빈 그

롯과 담기는 물건 사이에 일대일 대응관계를 먼저 생각한다는 것이다. 제일 처음 생각할 수 있는 것이, 물건이 그릇에 하나도 안 담기는 경우와 다 담기는 경우이다. 여기서 세 개의 효를 A, B, C라고 할 때,[7] A, B, C가 그릇에 안담김－비포함을 공집합 ∅이라고 한다. 그리고 다 담기는 '전집합'의 경우는 자기 자신인 {A, B, C}이다. 이 둘은 A, B, C라는 전체 집합의 부분집합이다. 그 다음 {A}, {B}, {C}, {A, B}, {B, C}, {C, A}라는 여섯 개의 부분집합이 생긴다. 이 여섯 개가 유클리드 수학에서 말하는 '부분'이다. 그러나 칸토어는 공집합과 자기 자신을 포함하여 여덟 개라고 한다. 세 개의 요소로 여덟 개의 부분집합이 만들어지는 이것을 바디우는 '초과excess' 또는 '돌출'이라고 한다. 이 돌출 현상이 존재론의 핵이라고 그는 보았다. 이 초과 부분이 생기는 이유는 공집합과 자기 자신 때문이다. 이 공집합과 자기 자신은 담김과 안담김을 결정할 수 없는 것들이기 때문에 초과가 발생한다.

그러면 칸토어의 멱집합이 역과 어떤 관계가 있는가를 알아보자. A, B, C를 세 개의 효라고 보았을 때, 그릇에 '안담김'을 공집합(☰)으로 표시한다. {∅}에 해당한다. 그리고 모두 다 포함됨인 '담김'은 전집합(☰)으로 표시한다. {A, B, C}에 해당한다. 그래서 '비포함'도 '포함'도 모두 음양 기호로 표시해야 한다는 것이다. 이 점이 칸토어와 역은 다르다. 칸토어와 역은 부분을 여덟 개라고 보는 점에서는 같으나, 그것을 표시하는 방법이 서로 다르다. 칸토어는 공집합 이외에 안담김은 표현하지 않는다. 만약에 {B, C}를 표현하면 {∅, B, C}라고 해야 하는데 말이다.

---

7) 음과 양은 실체로서의 물건이 아니라 작용으로서의 비포함과 포함이다.

표 3-4. 팔괘의 포함 관계

| 괘 | 괘상 | 괘명의 멱집합 | |
|----|------|------|------|
| ABC | ☰ | 건1天 | ABC |
| ABc | ☱ | 태2澤 | AB |
| AbC | ☲ | 리3火 | AC |
| Abc | ☳ | 진4雷 | A |
| aBC | ☴ | 손5風 | BC |
| aBc | ☵ | 감6水 | B |
| abC | ☶ | 간7山 | C |
| abc | ☷ | 곤8地 | ∅ |

그러면 이것은 팔괘의 태괘(☱)에 해당할 것이다.

역의 이러한 표기법을 이해하기 위해서 20세기 에반의 논리학Jevon's Logic을 원용하는 것이 도움이 된다. 에반은 '담긴다' 또는 양은 대문자 A, B, C로, 그리고 '안 담긴다' 또는 음은 소문자 a, b, c로 구별하여(이는 드 모르간이 이미 사용하였다고 함), 다음 〈표 3-4〉와 같이 여덟 개의 부분 집합을 나열하였다: 〈표 3-4〉는 에반의 논리기호가 칸토어와 다른 점, 그리고 그것이 역과 얼마나 유사한가를 한눈에 보여준다. 에반의 논리와 역에서는, 음 집합도 하나의 자리와 양을 분명히 가지고 있기 때문에, 모든 괘가 자기 독특성을 갖는다.

칸토어의 제2증명은 바로 부분이 원소보다 커지는 데서 생긴 역설을 다룬다. 세 개의 원소가 여덟 개의 부분집합을 만듦으로써 원소와 부분 사이에 일대일 대응이 불가능해진다. 제1증명(양성–직접)이 실수 구간의 수가 자연수와 일대일 대응되지 않는다는 것이라면, 제2증명(양성–간접)은 집합의 원소와 부분 사이에 일대일 대응이 안 된다는 증명이다. 그러나 두 증명이 모두 초과분 $E_0$의 문제를 다루는 점에서는 같다. 같아 보이나 다른 점은 제2증명의 경우는 원소와 부분의 문제이기 때문에 차원의 문제가 거론될 수 있다. 서로 다른 차원 사이의 비대응이기 때문이다. 그리고 원소와 부분의 비대응 문제는, 효와 괘 사이의 그것으로 바꾸어 생각할 수 있다.

여기서 우리는 복희도에서 문왕도로 눈을 돌려야 할 이유가 생겼다. 위에서 본 바와 같이, 문왕도에서는 하나의 대괘가 상하의 위치가 바뀌는 환위를 한다. 왜 이런 방법을 취하였을까? 문왕도도 대성괘를 두 개의 소성괘로 나눈다. '부분'으로도 대성괘를 본다는 것을 의미한다. 그러나 대성괘를 두 개의 소성괘로 나누어, 하괘를 명패, 상괘를 물건으로 하면 역설이 발생한다. 문왕도는 이 사실을 알았기 때문에, 다시 하나의 대성괘를 여섯 개 효의 집합으로 보았다. 여섯 개의 효가 한 개의 대성괘에 귀속하는 것으로 보았다. 두 개의 소성괘가 하나의 대성괘에 포함된다고 보았을 때 생기는 역설을 해의하기 위해, 6효가 귀속하는 것으로 보았다는 것이다. 그리고 역설 해의의 방법으로 6효의 위를 뒤집는다. 그러면 명패가 물건이 되고 물건이 명패가 된다. 명패와 물건이 서로 순환한다. 순환할 때 소성괘의 위도 변하여 순환한다. 방도에서 생긴 역설을 해의하는 과정에서 문왕도의 새 괘 배열법이 고안되었다는 것이다. 방도는 명패와 물건이 규칙적으로 그리고 위계적으로 각 괘의 유형이 격자 방에 따라 잘 배열되었다. 그러나 그 속에 역설이 있었다. 마치 칸토어의 사각형 같이 잘 정렬된 그 안에 연속체 가설이란 난해한 문제가 담겨 있듯이.

문왕도의 64괘 가운데에는 여섯 개의 괘가 환위와 환질을 동시에 하는 것을 보았다. 문왕도가 다음 칸토어의 제2증명에서 발생하는 역설의 문제를 알고 있었음을 웅변적으로 말해 준다. 사안의 중요성에 따라 둘의 관계를 투명하게 볼 차례이다.

### 바디우의 상황과 상황의 상태

원소와 부분의 차이의 중요성에 기초하여 존재론을 발전시킨 철학자는 알랭 바디우이다. 그의 '수학적 존재론mathematical ontology'의 핵심이 바로 원소와 부분을 구분하는 것이다. 그의 철학을 원용해 볼 때, 역이 이렇게 원소와 부분으로 나누어 집합을 만들어 나가는 것은 새롭고도 놀라운 발상이라 아니할 수 없다. 원소와 부분이 다르다는 것을 역에서는 이미 오래 전에 파악하고 있었다는 의미이다. 바디우에 따르면, 원소는 상황situation을 만들지만, 부분은 상황의 상태state of situation를 만든다. 그렇다면 효의 집합은 '상황'이라면 괘의 집합은 '상황의 상태'라 할 수 있다. 둘의 차이가 얼마나 중요한가는 그것이 바로 철학의 근본을 흔드는 것으로 증명이 된다는 것이 바디우의 주장이다.

먼저 제2증명을 설명하는 다양한 방법론을 소개하려 한다. 빈 그릇과 물건의 관계는 명패와 물건의 관계로, 아니면 '함수'와 '변수'의 관계로 달리 말을 바꾸어 표현할 수 있다. 이렇게 표현을 바꾼 다양한 방법으로 제2증명을 이해해 나가기로 한다. 그러나 결국에는 모두 칸토어의 멱집합의 역설과 맞닿아 있음을 발견하게 될 것이다.

여기서 상자를 집합이라고 할 때, 유한집합 또는 무한집합에 상관없이 집합의 각 원소들은 그와 똑같은 원소들의 일부를 어떤 하나의 특정한 집합에 명패를 붙이는 데 사용한다. 대각선 증명에서 분명하게 그 정체가 드러날 때란, 바로 이 팔괘를 서로 결합하여 8×8=64로 64괘들을 정사각형 안에 격자tensor 형식으로 배열하였을 때이다. 복희64괘도에서는 대각선이 분명히 드러나지만, 문왕64괘도에서는 그렇지 않았다. 칸토어의 제2정리도 대각선 정리의 연장이지만, 제1정리와는 달리 집합과 그것의 부분집합인 멱집합과의 관계를 다루고 있다. 다시 말해서, 원소와 그것의 부분집합인 멱집합이 문제가 된다는 것이다. 그러면 이 사각형, 즉 역에서 말하는 방도 안에서 명패를 붙였던 모든 집합들과는 다른 새로운 집합을 얻을 수 있다.

사상 상자는 음과 양, 즉 0과 1이라는 이진수로 꾸려진 꾸러미이다.(3.2. 참조) 그러나 부분을 원소로 하여 만들어진 부분집합인 소성괘는 1, 2, 3, …과 같은 자연수로 가부번 할 수 있다. 이들 자연수들은 집합의 단위 수로서, 집합의 명패로서도 물건으로서도 사용된다. 그러면 이 자연수들의 일부를 상자 안에 넣는다고 상상을 해본다. 그러면 그 상자의 이름을 무엇으로 정할 것이냐고 할 때, 이 명패수마저 자연수 자체로 할 수밖에 없다. 상자에 담기는 것도, 그것의 명패도, 모두 자연수이다. 문왕도에서 대성괘의 위치가 아래위로 완전히 뒤바뀐다는 것은 다름 아닌 내괘와 외괘가 위치를 바꾼다는 것과 같고, 이는 명패가 물건이 되고, 물건이 명패가 된다는 것과 같은 말이다. 여기서는 이를 명패와 자연수의 관계로 바꾸어 말한 것일 뿐이다. 이제 아래와 같은 무한 배열에서 자연수 자신을 명패로 사용한다고 하자.

여기서 $M_1$, $M_2$, $M_3$, $M_4$, …는 각각 자연수의 꾸러미 또는 괘의 명패이

| 1 | 2 | 3 | 4 | ⋯⋯ |
|---|---|---|---|---|
| $\updownarrow$ | $\updownarrow$ | $\updownarrow$ | $\updownarrow$ | ⋯⋯ |
| $M_1$ | $M_2$ | $M_3$ | $M_4$ | ⋯⋯ |

다. 이들 명패를 대각선 논증에 사용하면 이 집합과는 전혀 다른 새로운 집합 M이 생겨난다. 그 M이 다름 아닌 대각선상의 수이다. 그 M은 $M_1$에서 $M_1$과 다르고, $M_2$는 $M_2$에서 $M_2$와 다르다. 이와 같이 무한이 이어질 수 있다. 수열상의 모든 수와 그 자연수에 해당하는 자리에서 다르다. 그래서 끝에 가서는 전혀 다른 자연수의 집합이 된다. 여기서 $M_1$, $M_2$, $M_3$, $M_4$, ⋯, $M_8$은 수 1, 2, 3, ⋯, 8과 같은 '자연수로 이루어진 집합들sets of natural numbers(SNN)' 사이에서 가능한 모든 경우에서 일대일 대응이 된다. 그런데 문제는 '자연수들의 모든 집합들all sets of natural numbers(ASNN)' 자체로는 어떤 자연수와도 일대일 대응을 할 수 없어서 그 속에 포함될 수 없다. 여기서 두 말을 비교하여야 한다. 'ASNN' 속에는 'SNN'과는 달리 '모든all'이란 말이 들어 있다. 이 '모든'에는 이 말 자체(명패)도 포함된다는 사실을 명심해야 한다. 여기서 전자(SNN)는 "자연수를 가지고 만들 수 있는 '모든 집합, 즉 전체 자연수의 집합의 모든 부분집합"을 말한다.(데이비스, 2000, 111)

다른 말로 하면, 모든 자연수 집합들의 집합의 기수는 자연수 전체의 집합($\aleph_0$)보다 크다. 이 기수가 바로 C이다.[8] C는 실수 전체 집합의 기수이다. 대각선 증명 방법은 자연수보다 C가 크다는 사실을 증명하는

---

8) C는 'Cantor'의 첫 글자에서 유래하였다고 한다.

방법론이다. 이것이 다음에 말할 칸토어의 대각선 제2증명의 핵이다. 우리는 실수로 이름 붙인 실수 꾸러미를 생각할 수 있으며, 그래서 대각선 증명 방법은 그와 같은 어떤 명패 붙이기도 실수로 이루어진 모든 집합들을 포함할 수 없음을 보여준다. 따라서 그런 '모든 집합'들의 기수는 실수 전체 집합의 기수 C보다 크다. 그리고 거기서 멈출 아무런 이유도 없다. '모든 집합' 속에 '모든' 그 자체를 담을 때, 그것은 이미 전체 원소가 부분보다 작아지는 역설이 벌어진다. 이것이 바로 칸토어 역설이다. 또한 이는 플라톤의 제3의 인간 역설이기도 하다.

고대 철학자들은 지금 우리가 여기서 한 것과 같은 대각선 증명과 비둘기 구멍 기법을 알았음은 분명하나, 애써 이를 외면하였다. 만약 이들이 여기서 우리가 한 것과 같은 과정을 알았고, 그 과정을 거쳐 그들의 존재론을 구성하였더라면, 괴델 증명은 이미 오래전에 나왔을 것이다. 대각선에 나온 +와 -의 부호를 반대로 바꾸고, 그것으로 새로운 꾸러미를 만든 다음에, 다시 본래의 꾸러미와 새 꾸러미 사이의 +와 -의 표를 만들면, 역설이 튀어 나온다. 본 꾸러미에 있으면(없으면) 새 꾸러미에는 없는(있는) 현상이 발생한다. 그래서 제3의 수 $E_0$가 나타난다. 이데아(형상)와 개별자 사이에도 이런 대각선 정리가 있었다. 그러나 플라톤은 이 점을 알고는 있었지만, 수용은 못한 것 같다. 그래서 결국 꾸러미의 명패(이데아)와 대상을 분리하고 만다. 명패를 '본'이라 하고, 대상물을 '보기'라 할 때, 우리말 '본보기'는 바로 둘 사이에는 대각선 정리가 이루어지고 있음을 뜻한다. '본'이 명패라면, '보기'는 물건이다. 대각선은 그래서 '본보기'이다. 역의 방도에서 본보기를 다시 발견하게 되었으며, 이는 다음의 칸토어 멱집합의 역설로 이어진다.

멱집합 역설과 대각선 정리

칸토어 제2증명에 해당하는 칸토어의 멱집합론을 부연 설명하면 다음과 같다. '모든 집합의 집합을 M이라고 하고, M에 대한 멱집합을 P(M)이라고 할 때, M의 기수는 멱집합 P(M)의 기수보다 작다.

$$M < P(M) \quad \cdots\cdots \text{식 1}$$

그러나 M의 정의, 즉 '모든 집합'이라는 정의로부터 'P(M)'도 그 '모든 집합 M'이라는 말 속의 한 원소이므로, 'P(M)'의 기수는 M의 기수보다 같거나 작아야 한다. 즉, 다음과 같이 되어야 한다.

$$M \geq P(M) \quad \cdots\cdots \text{식 2}$$

〈식 1〉과 〈식 2〉는 서로 포함관계가 뒤바뀌어 있다. 다시 말해서, 역설적이다. 그렇다면 초한수 $\aleph_0$의 멱집합, 즉 $2^{\aleph_0}$인 경우를 대입해 생각할 수 있다. 그러면 초한수 $\aleph_0$보다 더 큰 초한수가 생겨난다. 그렇다면 이 새로 생긴 초한수는 C보다 큰가 작은가, 아니면 같은가?

이 사실을 바탕으로 부랄리-포르테는 가능한 '모든 집합'을 원소로 갖는 집합을 택할 경우, 분명히 이 집합보다 더 큰 원소를 갖는 집합은 존재하지 않는다고 하였다. 그러나 만약 이것이 사실이라면, 이 집합의 초한수보다 더 큰 초한수를 갖는 집합이 존재할 수 있겠는가? 이 두 역설이 얼마나 고약한 독화살 같은 성격을 가지고 있는지 충분히 알아보자. 러셀은 역설에 대한 기초 논리학을 만드는 과정에서 칸토어 역설을 발견한다. 1902년에 그는 두 개의 집합군을 만들었는데, 하나의 집합은 자기 자신을 원소로 포함하지 않는 집합의 군이고, 다른 하나는 자기 자신을 원소로 포함하는 집합의 군이다. 방도 안에는 (정대각선상에) 자기귀속적인 괘와 (비정대각선상에) 비자기귀속적인 괘들로 구성되어 있다. 이런 전제 아래 러셀은 다음과 같은 글을 그의 친구 프레게에게 써 보냈다. 우리는 이미 사상 꾸러미에서 연습을 해두었기 때문에 아래 글에 당황하지 않는다.

> 자기귀속 하는 자신의 원소가 되는 집합들의 전체 집합을 M, 그렇지 않은 집합들의 전체 집합을 N이라고 하자. 이제 집합 N이 자기 자신의 원소가 아닌지를 따져보자. 만약 N이 자기 자신의 원소라면 N은 M의 원소이고, N의 원소가 되지 않는다. 반면에 N이 자기 자신의 원소가 아니면 N은 N의 원소이고 M의 원소가 아니다.(Rucker, 1995, 193~194)

이는 리샤르 역설의 반복이다. 역설은 수학에 치명적인 상처를 줄 수 있는 것으로, 만약에 이 역설을 해결하지 못하면 수학의 기초는 다 무너지는 것으로 판단하여, 러셀은 이 역설을 극복하는 방법의 일환으로 화이트헤드와 《수학원론*Principia Mathematica*》을 썼다. 그리고 이 역설을 극복하기 위하여 논리주의라는 학파를 만들었다. 수의 역설은 수를 논리적인 언어로 바꾸어 통제함으로써 이런 따위의 역설은 쉽게 제거될 것으로 보았기 때문이다. 노이먼이 발명한 컴퓨터는 바로 이 논리주의의 결과이다. 그러나 역설은 여전히 해결되지 못한 채 남았다. 그러나 오늘날 컴퓨터 발명에 논리주의의 공헌은 지대하다 할 수 있다. 우리가 사용하는 컴퓨터가 완전하지 못한 것은, 결국 이 역설의 미해결 때문이라고 해도 지나치지 않다.

이 러셀 역설은 앞(1부)에서 다룬 괘의 '데이터베이스화와 역설'이라는 것과 연관된다. '비자기귀속'이라는 리샤르 속성을 갖는 어느 집합의 경우, '비자기귀속'이면 '자기귀속'이고, '자기귀속'이면 '비자기귀속'이 되는 역설 바로 그것이다. 역의 대성괘의 경우, 내괘가 '비자기귀속'이라는 속성을 갖는데, 비자기귀속이면 자기귀속이고 자기귀속이면 비자기귀속이 되는 역설이 역의 괘 안에 그대로 나타나고 있어서, 역의 진정한 고민과 우환은 여기서 시작된다.(1.2. 참고) 이 점을 방도에서 발견해 내지 못하는 역학 연구라면 모두 공염불일 뿐이다.

## 3.5. 칸토어의 두 종류 대각선 증명에 대한 보편적 분석

### 변수와 함수의 관계와 대각선 증명

지금까지는 칸토어의 제2증명으로 가기 위한 준비운동 과정이었다. 이런 예비지식 없이 제2증명을 이해하기는 어렵다. 제2증명은 문왕도와 직결되는 증명으로, 관심의 대상이 되지 않을 수 없다. 여기서는 역의 명패와 물건을 '함수'와 '변수' 관계로 말을 바꾸어 놓고, 둘의 관계를 고찰해 보려 한다. 만약에 성공적으로 고찰할 수 있다면, 우리는 역의 대각선 정리를 하나의 논리식으로 바꿀 수 있고, 논리식으로 바꾸면 식과 식 사이의 계산을 할 수 있게 된다. 이는 엄청난 수확이라 하겠다. 변수를 물건, 함수를 명패로 바꾸어 놓아도 대각선의 구조는 마찬가지이다. 대각선 정리를 가로나 세로와 같은 기하학적인 개념을 통해서가 아니고, 변수와 함수라는 개념을 사용해 고찰함으로써 대각선의 6대 요소들을 확인하고 칸토어의 제2증명과 역을 연관시켜 보려 한다. 이 방법은 시각적이 아니어서 다소 난해한 점이 있으나, 오히려 문제가 간결해진 장점이 있다.

먼저 칸토어는, L을 실수 구간이라고 할 때, L만큼이나 많은 수가 0과 1 사이의 무리수 구간인 M에도 있다고 한다. 즉, L의 요소들과 일대일 대응을 할 수 있는 M의 부분집합이 있다는 것이다. 여기서 L은 명패이고 M은 물건이다. 둘 사이의 일대일 대응관계를 말하고 있는 것이다. 즉, M은 0과 1 사이 구간의 수(무리수)이고, L은 그것에 대응하는 실수 구간의 모든 수이다. 지금부터 M이란 부분집합이 L과 일대일로 대응한다는 것을 증명해 보자.

칸토어는 적어도 M은 L만큼 클 수 있다고 설정을 한다. 그렇게 설정하는 근거는, L과 일대일 대응할 수 있는 만큼의 M의 부분집합이 있다고 하는 데 있다. M 속에 다음과 같은 부분집합이 있다고 가정해 보자. 부분집합은 원소들의 집합이기 때문에, 원소들에 대하여 명패 역할을 한다. 그러면 M은 가치 0을 갖는 [0, 1]선상에 있는 '이들 함수들의 집합 the set of those functions'이라고 상정해 보자. 이들 함수가 다름 아닌 괘들이다. 이 함수가 0이란 가치를 갖는다는 말의 의미는, "이 함수는 하나의 논증 $x_0$라는 것을 제외한 그러한 '가치 0'을 갖는다는 그러한 함수이다"와 같다. 그런데 문제는 [0, 1]선상에 있는 실수에는 그 실수만큼이나 많은 함수의 수가 있다는 사실이 우리를 당혹하게 만든다. 이 말은 효의 수만큼이나 많은 괘의 수가 있다는 것이다.

이를 역의 언어로 바꾸어 놓으면 다음과 같다. L을 하나의 효들의 집합으로 보았을 때, L 속에 있는 [0, 1]은 다름 아닌 음과 양으로 바꾸어 놓은 것이나 마찬가지이다. 이때 M의 부분집합 또는 함수들이란 이들 음과 양이 배합하여 만들어 내는 괘들이다. 그리고 부분집합의 수는 $2^6=64$이다. 0과 1이 사이의 여섯 개의 구간 수(구간 수란 시생원리에 의해 효가 발생하는 6단계인 초효, 2효, 3효, 4효, 5효, 상효를 말한다)가 64개의 부분집합을 만들어 낸다는 말과 같다. 여기서 가치 0을 갖는다고 할 때 논증 $x_0$을 제외한다는 말은, 이 논증이 처음에 들어가면 셈을 할 수 없고 계열을 만들 수가 없기 때문이다. 그래서 역에서도 효나 괘에 0이란 수는 없다. 그래서 6효의 경우, 시작은 '초初'이고 끝은 '상上'이다. 칸토어가 $x_0$를 제외한 이유가 역과 일치한다.

   제2증명의 두 번째 과정은 다음과 같다. M과 L 사이에는 일대일 대응하는 p가 없다는 데 대한 증명이다. 이 증명은 역설 또는 모순으로 빠지고 만다는 것에 대한 증명이다. 이를 증명하기 위해서 귀류법을 사용해서 일대일 대응이 된다고 한 번 해보자는 것이다. 즉, M과 L의 일대일 대응 관계를 p라고 할 때, 궁극적으로 p를 모순으로 이끌면 된다. L 안에 있는 낱개의 효로서 z가 있고, M 안에는 f(x)라는 함수가 있다고 하자. 그러면 논리식 p(x, z)=f(x)가 성립한다. 그리고 p(x, z)=f(x)를 칸토어는 다음과 같이 정의한다. M 안에 있는 하나하나의 f(x)에 대하여, 이에 대응하는 것으로서 L 안에는 정확하게 하나의 z가 있다. 이것이 p(x, z)=f(x)에 대한 칸토어의 정의이다. p(x, z)=f(x)를 역의 언어로 바꾸면 다음과 같다. 방도에서 x는 세로의 명패이고, z는 가로의 물건이다. p는 대각선이다. p(x, z)는 대각선 p에서 x와 z가 서로 사상하는 것을 말한다.

   여기까지가 '대각선화'에 해당한다. 왜냐하면 명패와 물건이 서로 사상을 하였기 때문이다. 다음은 반가치화이다. 즉, $f(x)$를 $g(x)$로 바꾼다는 것이다. 그리고 어느 $g(x)$가 M 안에 있다는 것을 다음과 같이 정의한다. 즉, 어떤 x에 대하여 '함수 $g(x)$가 0 아니면 1이라'고 하자. 이때 만약에 '$p(x, x)=0$ 또는 1'이면, '$g(x)=1$ 또는 0'이 된다. $p(x)$가 0이면 $g(x)$는 1이 되고, 1이면 0이 된다. 이것이 반가치화이다.

이어서 $p(x, x)$란 무엇인가? 이것이 바로 정대각선이다. 명패와 물건 이 같기 때문이다. 그런데 정대각선 역시 0 아니면 1이라는 가치만 갖기 때문에,[9) $g(x)$ 역시 그 반대인 1 아니면 0이 된다. 그래서 $g(x)$는 M의 원소가 된다. 이것이 바로 반대각선화와 반가치화이다. 즉, $f(x)$가 $g(x)$가 되는 것이 반가치화라면, $g(x)$가 M의 한 원소가 된다는 것은 반대각선 화이다. 다시 말해서, 역의 대성괘 안에 있는 상·하괘가 뒤집혀서 위대 칭을 하는 것과 같다. 그래서 명패가 물건이 되고, 물건이 명패의 자리 로 바뀌는 것이다. 다음은 L과 M이 대응이 안 된다는 것을 증명할 차례 이다.

대각선 p의 일대일 대응관계로 되돌아가 생각을 다시 정리해 보자. $g(x)$는 [0, 1] 안에 있는 x라는 가치가 그 무엇이든 0과 1만 취한다. 이것 을 두고 '단일-가치함수'라고 한다. 그렇기 때문에 $g(x)$는 M 안에 있는 한 원소element이다. 그리고 일대일 대응으로서 대각선 p가 있다고 하자. 그러면 L 안에 $z_0$가 들어 있다. 이를 논리식으로 표현하면, $p(x, z_0)=g(x)$

---

9) '단 하나의 가치'만 갖는다는 것을 두고 '단일-가치함수'라고 한다.(Simmons, 1993, 22) 여기서 단일-가치함수란 말의 뜻은 [0, 1] 선상에 있는 x의 어느 가치에 대하여 0 아니면 1의 가치를 갖도록 함수에 종속시키는 것을 말한다. 그런 의미에서 역의 괘도 일종의 단일-가치함수라고 할 수 있다.

이다. 다시 말해서, 논리식은 L 안에 $z_0$가 포함되어 있다는 것을 의미한다. 그래서 만약에 $z_0 = x$라고 한다면, 우리는 $p(z_0, z_0) = g(z_0)$를 얻게 된다. 여기서 가장 요체는 바로 '$z_0 = x$'이다. 가로와 세로가 사상하는 것을 의미한다. 즉 대각선화이다. 그래서 $p(z_0, z_0)$는 정대각선이다. 그렇다면 $p(z_0, z_0) = g(z_0)$는 정대각선이 반가치화와 반대각선화 한다는 것을 의미한다. 정대각선이 가로가 된다는 것을 의미하기 때문에 반대각선화이고, x가 z가 되었으니 반가치화이다.

'$x = z_0$'는 명패(x)와 물건을 일대일로 대응시키는 것이다. 명패를 물건 가운데 하나로 만들어 버리는 것이다. 여기서 환질과 환위가 동시에 일어난다. 그런데 문제는, 이것은 위에서 내려놓은 함수 g(x)의 정의와는 모순된다는 것이다. 고로 M과 L이 일대일 대응한다는 것은 성립하지 않는다. g(x)와 $z_0$를 동일시하는 것은 환위이고, x를 z와 동일시하는 것은 환질이다. 환위인 이유는 함수와 변수가 서로 자리를 바꾸었기 때문이다. 환위는 함수를 변수와 동일시하는 것이고, 환질은 가치를 반대로 하는 것이다. 이런 현상이 문왕도 속에서 일어나고 있었다. 복희도에서는 없던 현상이다. 그래서 문왕도는 정확하게 칸토어의 제2증명을, 복희도는 제1증명을 예시하고 있다. 전자는 '양성–간접good–indirect'이고 후자는 '양성–직접good–direct'이다.

문왕도에서 우수 번호의 괘는 기수 번호의 괘를 환위시킨 것이다. 즉, 1번 건괘를 환위한 것이 2번 곤괘이다. 이것이 문왕도의 배열규칙이다. 환위에 해당하는 개념은, 다름 아닌 함수를 변수와 서로 교환한다는 것이고, 우리는 이를 제2증명에서 확인하였다. 문왕도와 복희도는 단일–가치함수 원칙을 지킨다. 이 말을 역에서는 음 아니면 양, 즉 0과 1이란 가치만 고수한다고 한다. 이 점에서 칸토어와 역은 같다. 그리고 복희도에서는 명패와 물건은 같은 괘이다. 이 말은 $x=z_0$임을 의미한다. 이것이 제2증명의 관건이고 보면, 역이 얼마나 칸토어에 접근하고 있는지를 바로 확인할 수 있다. 이에 근거하여 $p(z_0, z_0)=g(z_0)$라는 결론은 대각선이 가로가 되고, 가로가 세로가 되는 반대각선화로서, 이는 문왕도에서 보는 바와 같은 환질과 환위의 절정을 한눈에 보여주는 것이라고 할 수 있다.

이렇게 생각할 때, 문왕도와 복희도 가운데 어느 것이 먼저이고 어느 것이 나중이냐의 질문이 자연히 제기되지 않을 수 없다. 복희64괘도 또는 방도는 소옹이 작도한 것이라 할 때, 문왕도가 먼저일 수 있다. 그러나 복희라는 인물은 문왕보다 시기적으로 2천여 년 앞선다는 것은 여기서 무의미하다. 그 이유는, 도상이 작도된 때는 후대이기 때문이다. 그래서 역설 해의라는 관점에서 볼 때 사정은 복잡하다. 즉, 복희도인 방도에서 발생한 대각선상의 역설을 해의하려고 문왕도가 작도되었다고 할 수 있고, 그 반대일 수도 있다.

역설은 문제 제기이고, 해의는 그 답이다. 복희 선천팔괘도에는 대각선에 해당하는 수 10과 명패에 해당하는 수 5가 모두 중앙에 자리 잡고 있지만, 문왕 후천팔괘도에서는 10은 제거되고 없다. 그런 점에서 하도가 먼저이고, 낙서가 나중이다. 그러나 다른 한편, 낙서에 생긴 역설을 해의하기 위해서 10을 넣어 복희도를 작도하였다고 할 수도 있다. 기수 괘를 뒤집어 우수 괘를 만든다는 것은, 명패와 물건을 환위시키는 것으로서, 이는 역설 해의를 향한 치열한 몸부림이라고 할 수 있다. 그래서 다시 명패와 물건을 사각형 방도 안에 나열하는 것이다. 이런 산물이 복희도라는 것이다. 이는 '하9서10'이냐 '하10서9'냐의 문제를 제기하여, 역학 연구의 핵심 쟁점이 되고 있다. 이에 대해서는 다음 8장에서 상론할 것이다.

그러나 복희팔괘도의 중앙에 10이 있다고 해서, 역설 해의라고 보면 안 된다. 대각선수 10이 반대각선화 되고 반가치화 되는 것이 역의 진정한 전개 순서이다. 다시 말해서, 복희도에서 10은 중앙에 위치하고 있을 뿐이지 주변 다른 괘들과 어깨를 나란히 하고 있지는 않다. 차라리 그렇게 한 것은 문왕도이다. 그러나 문왕도의 경우, 아직 5가 중앙에 자리 잡고 있고 10은 사라지고 없다. 그러나 5와 10을 다시 살려내고, 다시 이를 다른 괘들과 나란히 어깨를 겨루도록 한 것이 정역도이다.

정역도의 이러한 결론은 칸토어의 제2증명 과정에서 보는 바와 같이, $x=z_0$와 $f(x)$와 $g(x)$의 교류 관계가 논리적으로는 순환적이기 때문에 자연히 생길 수 있는 결론에 지나지 않는다. 그러나 복희도와 문왕도는 결국 L과 M은 서로 일대일로 대응할 수 없는, 그래서 비결정으로 남겨질 수밖에 없는 역의 운명을 여실히 보여준다고 할 수 있다. 이에 대한 좀 더 보편적 분석을 아래에서 시도하려 한다.

### 논리식을 통한 '양성-직접'의 보편적 분석

이 절에서는 복희도와 문왕도의 대각선 논증을 현대 논리기호를 사용해서 보편적으로 표현하는 방법을 다루려고 한다. 칸토어의 두 가지 대각선 증명 방법론은 역과 유사한 점도 있지만, 그렇지 못한 점도 있다. 이진수 사용법과 멱집합 사용법은 유사한 점이다. 칸토어가 제1증명에서는 이진수에 의한 집합과 원소의 관계로, 제2증명는 집합과 부분집합의 관계로 대각선 정리를 말하고 있다.

역에서는 세 개의 효-원소로서 팔괘를 만들고, 팔괘-부분을 서로 착종 조합시켜서 64괘를 만든다. 이때 팔괘를 조합시키는 방법에서 복희도와 문왕도가 다르다. 팔괘의 명패(경-세로)와 물건(위-가로)을 서로 일대일로 대응을 시키는 방법으로 복희64괘도를 만든다. 이때 정사각형 안에 배열시키는 방법의 순서가 바로 칸토어의 제1증명과 같다는 것이다. 그래서 $a_v$와 $a_n$은 각각 소성괘 팔괘에 해당한다고 보면 된다.

제2증명은 내괘 x와 외괘 z가 서로 순환함으로써 역설을 만드는 것과 같다고 할 수 있다. 다시 말해서, 칸토어는 역에서와 같이 세 개의 요소를 묶어 부분으로 만들고는, 서로 명패와 물건으로 조합시키는 방법을 취하지 않았다. 그는 제1증명에서 이진수를 무한 나열하는 방법을 취하였다. 여기서 그는 무리수와 유리수를 만나게 되었고, 그것을 자연수와 일대일 대응을 시키는, 즉 가부번화 시키는 과정에서 서로 가부번이 되지 않는 $E_0$를 만났다. 다시 말해서, 칸토어는 집합론에서 원소와 부분을 나누는 방법을 몰랐던 것이다. 사실은 이것이 문제의 요체인데 말이다.

위에서 말한 대각선 증명을 좀 더 일반적인 방법, 즉 간단한 기호를 사용하여 역과 연관시켜 설명하려 한다. 먼저 괘의 가치에 해당하는 m과 w를 나열하면 다음과 같다. m과 w는 역의 대성괘가 가지고 있는 가치에 해당한다. 상괘와 하괘의 관계라는 것이다.(표 3-5)

다음 그림은 가로줄 1, 2, 3, …과 세로줄 $E_1$, $E_2$, $E_3$, …과 m과 w라는 가치들로 구성되어 있다. 여기서 가치들이란 가로줄과 세로줄에서 가져온 요소들의 사상으로 만들어진 대각선이다. 네모난 칸이 만들어지고, 그 속에 오직 '유일 특이한 가치a singular value'가 들어 있다. 이런 것들이

|  | 1 | 2 | 3 | ... |
|---|---|---|---|---|
| $E_1$ | m | w | m | ... |
| $E_1$ | w | m | m | ... |
| $E_1$ | m | w | w | ... |
| ⋮ | ⋮ | ⋮ | ⋮ | ⋱ |

표 3-5. 가치 m과 w표

다름 아닌 괘이다. 가로줄과 세로줄에서 온 수들은 칸 안에서 가치로 자리매김을 한다. 이것은 마치 음과 양이 어느 자리에서 자리매김을 할 때, 새로운 음과 양의 계열인 사상, 팔괘, …가 만들어지는 것과 같다고 할 수 있다. 각각의 칸은 체이지만, 그 칸에 담김과 안담김은 용이다. 사실 0은 빈 칸 자체이다. 이와 구별하기 위하여 1은 색으로 칠하여 메우면 된다. 이것이 앞(3.2.)에서 본 가드너의 카드 나열법이다. 그러나 여기서는 0과 1이란 수를 집어넣었다. 어떠한 대각선 논증도 이렇게 체용으로 구조가 짜이지 않으면 안 된다. 이러한 논증에 근거하여 다음과 같은 정의가 내려진다.

(정의 1). R를 3위대칭 관계3-place relation라고 하자. 또 $D_1$은 세로줄이고 $D_2$는 가로줄로 된 집합들이다. 그러면 3위 대칭은 x, y, z 3자 관계를 두고 하는 말이다.

R는 $D_1$과 $D_2$ 상에 있는 하나의 나열이다. 이를 논리식으로 표시하면 다음과 같다.

$$\forall x \forall y (x \in D1 \ \& \ y \in D2 \rightarrow \exists !z \ Rxyz)$$

가로 x와 세로 y는 일반 양화(전체 집합)를, 그리고 대각선 z는 존재 양화(부분집합)로 표시하였다. x, y, z를 3위대칭 관계라 할 때, 'Rxyz'로 표시한다. z는 물론 대각선이다. 그래서 칸토어의 제1증명을 3위대칭 관계로 표시하면 다음과 같다.

만약에 요소 x가 y번째 위치에서 m을 가질 경우면, R(x, y)=m,
만약에 요소 x가 y번째 위치에서 w를 가질 경우면, R(x, y)=w.

여기서도 중요한 것은 위치位置 y와 가치價値 m/w이다. 둘은 불가분리적이다. 위치는 십진수로, 가치는 음양 이진수로 나타낸다.

그런데 만약에 세로와 가로 모두가 유한하다면, 다음 〈그림 3-11〉과 같다.

여기서 만약에 m을 1(양)이라 하고 w를 0(음)이라 한다면, y는 세로줄 상의 수(위에서 아래로)이다. 역의 爻의 경우는 아래에서 위로 향하는 순

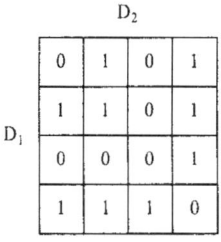

그림 3-11. 실수대각선

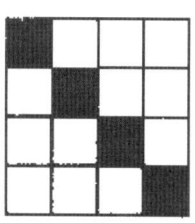

그림 3-12. 점대각선

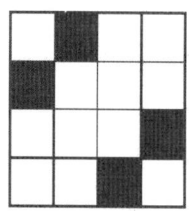

그림 3-13. 편대각선

번이 될 것이다. 그러면 유한한 가로줄과 세로줄의 경우를 0과 1이란 요소들로 만들어 보자. 가치들(여기서는 0과 1)이 칸들을 하나씩 차지하고 있다.

칸토어 제1증명을 논하는 과정에서 양군과 음군 안에 있는 효들이 만드는 대각선을 말한 바 있다.(3.1.) 물론 거기서는 세 효로 제한하였지만, 대각선의 구조는 같다. 아래 〈그림 3-15〉와 같은 구조를 갖는 역의 음군과 양군의 대각선에 해당하는 손과 진을 반가치화시킬 때, 진과 손이 자리 변경하는 것을 한눈에 볼 수 있었다. 그리고, 이를 논리식의 언어로 바꾸는 방법도 알게 되었다. 역을 이렇게 논리식 언어로 돌려놓아야 역의 진정한 발전을 기할 수 있다. 사실 여기서 사용하는 논리기호들은 역설 해의의 일환으로 러셀 같은 논리주의자들이 개발한 것이다. 그래서 역에 그것을 적용할 때 아무런 무리가 없다고 할 수 있다. 이렇게 동양의 역을 새로운 언어로 전환시킬 때 가져올 파장은 크다. 마치 뉴턴이 중력이라든지 가속도 같은 것들을 논리식으로 바꾸어 놓았을 때 진정한 과학science이 탄생한 것과 같다. 그래서 이 책을 읽는 독자들은 필자의 이러한 노력을 이해하는 것이 필요하다.

격자 칸의 내용 물건을 결정하는 것은 x와 y의 연계coordinate인 'x, y'에 의해서이다. 여기서는 $x \in D_1$과 $y \in D_2$가 이에 해당한다. 그러면 대각선은 칸과 칸을 연결하여 많은 대각선을 조성할 수 있다. 좌상에서 우하로 된 대각선은 정대각선leading diagonal이다.(그림 3-12) 그러나 사각형 안에는 이런 정대각선 이외에 다른 종류의 대각선들이 많이 있다. 대각선의 본질적인 것은 $D_1$의 각각의 요소들을 $D_2$의 어떤 유일한 요소들some unique member of $D_2$과 짝을 짓는 것이라 할 수 있다.(그림 3-13) 이것들도 모두 편중된 '편대각선'이라고 정의해야 한다. 그러나 칸토어의 '대각선'이란 엄밀한 의미에서 정대각선만 가리킨다. 복희도에서 말하는 대각선도 정대각선만 가리킨다.

### 방도의 논리식

복희도에서 정대각선상에 있는 여덟 개의 대성괘들은 모두 두 개의 소성괘와 그 이름이 같다. 명패와 물건이 같다는 뜻이다. 이를 앞으로 $(y, y)$ 또는 $(j, j)$ 등으로 표현될 것이다. 여기서 자기언급 또는 자기귀속이라는 문제와 함께 역설이 필연적으로 발생한다. 함수와 변수가 같다는 뜻이다. 자기언급에서 역설이 발생하였다고 하여 이것을 제거하려 하였듯이, 문왕도에서는 이러한 대각선을 쉽게 발견할 수 없다. 문왕도 안의 정대각선상의 괘들을 뽑아 보아도, 복희도와 같은 규칙성과 정렬성이 발견되지 않는다. 그러나 그 속에는 또 다른 대각선 정리의 6대 요소들이 들어 있다는 사실을 알아야 한다. 다시 말해서, 멱집합을 적용한 대각선 제2증명 같은 더 심각한 문제가 그 속에 담겨 있었던 것이다.

다시 정리하면, 칸토어의 제1증명은 정대각선에 관련된 증명이다. 정대각선은 $\langle y, y \rangle$에 해당하는 $\langle E_{1,\,1} \rangle$, $\langle E_{2,\,2} \rangle$, $\langle E_{3,\,3} \rangle$, …과 같은 가로와 세로의 자연수가 같은 경우이다. 정대각선 이외에 많은 다른 편대각선들이 들어 있다고 할 때, 가로와 세로가 서로 다른 $\langle E_{3,\,4} \rangle$, $\langle E_{4,\,3} \rangle$, …과 같은 대각선들도 있을 수 있다. 〈그림 3-12〉의 정대각선은 가로와 세로가 잘 정렬된 경우이다. 마치 복희도와 같이. 중요한 것은 가로와 세로가 서로 사상 또는 간섭하는 것이다. 잘 정렬되어 있느냐 아니냐는 그렇게 중요하지 않다. 그러나 여기에 한 가지 중요한 조건이 있다. 대각선

은 세로줄column은 다 통과하지 않아도 되지만 가로줄row은 반드시 통과
해야 한다는 것이다.(그림 3-14)

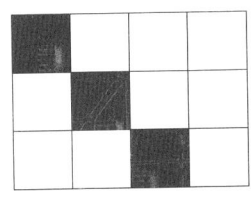

| 건 | 태 | 리 | 진 |
|---|---|---|---|
| 1 | 0 | 1 | 0 |
| 1 | 1 | 0 | 0 |
| 1 | 1 | 1 | 1 |

그림 3-14. 세로줄은 모두 통과 대각선        그림 3-15 양군(건)의 대각선화

　양군 집합을 다시 한 번 편대각선과 정대각선에 적용해 보자. 3.3.에
서는 집합의 부류격인 건괘는 표시하지 않았다. 여기(그림 3-15)에서는
표시하였다. 이때 편대각선에서 건을 제외시켜 태 · 리 · 진만으로 대각
선 001(진)을 만들고, 이것을 반가치화하여 110(손)으로 한다. 진이 손이
된다. 즉, 진을 반가치화시키면 손이 된다. 그런데 손괘는 양군 집합에
없고 음군 집합에 있다. 어느 집합에서 그 집합의 명칭에 해당하는 (여
기서는 건괘) 것을 부분으로 포함시킬 때, 그것이 초과분이 되어 여기서
는 편대각선을 만든다.

　가로선은 내용 물건이고 세로줄은 명패임을 우리는 이미 알고 있다.
가로줄은 보기이고 세로줄은 본이다. 그래서 대각선은 '본보기'와 같다
고 하였다. 대각선이 보기는 하나도 빠짐없이 통과해야 하지만, 본은 그
럴 필요가 없다. 명패는 본이기 때문에 그 속에 보기를 담고 있다. 그래
서 본은 하나만 통과해도 보기는 그 속에 담겨져 있기 때문에 대각선이
다 통과하게 된다. 본과 보기의 연관 작용이 대각선화이다. 연계가 안
되면 대각선 자체가 성립될 수 없다. 위(그림 3-15)에서 건은 본이고 태,

리, 진은 보기이다. 건은 다 통과 안 해도 되지만 태, 리, 진은 반드시 통과해야 하는 것과 같다. 그러나 본과 보기를 포함하여 네 개 괘의 초효는 모두 양이어야 한다. 이를 '초효 원리'라 한다. 시생원리에서 초효원리는 필수적이어야 한다는 원리이다. 같은 양군에 속해 있으면 초효는 모두 양이어야 하고, 음군에 속해 있으면 초효가 모두 음이어야 한다는 것이 '초효 원리'이다. 그런데 반가치화와 반대각선화를 시킨 결과 건군 집합에 손(음군)이 들어오는 현상이 생긴다. 초효 원리를 어기고 있다는 것이다. 이것이 대각선 논증의 핵인 역설이다.

다시 명심해야 할 사실은, 대성괘 하나 자체가 그것의 내괘가 명패이고 외괘가 물건인 이상, 이미 역설은 불가피하다는 것이다. 내괘(세로줄)는 자기언급적이지만 외괘(가로줄)는 그렇지 않다. 가로줄은 줄마다 다르지만 세로줄은 모든 줄에서 1, 1, 1, …, 아니면 2, 2, 2, …와 같다. 여기서 본과 보기 사이의 같음과 다름의 문제도 대각선이 안고 있는 문제라는 사실이 밝혀진다. 위의 여러 도상들에 근거하여 다음과 같이 대각선에 대한 또 다른 정의가 내려진다.

(정의 2). $F$는 $D_1$과 $D_2$ 선상에 있는 대각선이다.
↔ $F$는 $D_1$에서 $D_2$로 이동하는 일대일 대응 함수이다.

'본보기'란 말은 사상mapping으로도, 그리고 여기서는 일대일 대응 함수로도 표현된다. 마치 홀로그램에서 표준광(본)이 대상광(보기)과 서로 간섭(사상)을 하는 과정에서, 모든 빛의 모든 점들이 상호 일대일로 대응하여 제3의 새로운 대상물(대각선)을 만들어 내는 것과도 같다.

대각선 정리에서 중요한 것은 위치이다. 가로줄과 세로줄의 어느 위치에 본보기가 있느냐가 중요하다. '가치'란 대각선을 구성하는 사각형 안의 칸이다. 그러나 이들 칸과 칸들이 연동하고 있는 가치 사이에는 아직 아무런 관계도 없어 보인다. 이런 연동에서 반가치화가 생기면, 이를 논리식으로 다음과 같이 정의한다.

(정의 3) R를 $D_1$과 $D_2$ 선상에 있는 나열이라 하고, F는 $D_1$과 $D_2$ 선상에 있는 대각선이라 하자. 그러면 대각선 F의 가치 G는 다음과 같이 표현된다.

G는 R 안에 있는 대각선 F의 가치이다.
↔ (정의) $\forall x \forall y \forall z (Gxyz \leftrightarrow Fxy \ \& \ Rxyz)$

가치란 가로줄과 세로줄과 대각선의 삼중주 관계에 의하여 결정된다. 그런 의미에서 역에서는 대성괘의 경우, 두 개의 소성괘가 가로가 되고 세로가 되어 대각선이 만들어진 것을 '가치'라고 할 수 있으며, 가치에는 반드시 새로운 명칭이 만들어진다. '대유' '복' '미제' 같은 것이 괘의 명칭이다. 그런데 정대각선의 경우는 물건(가로)과 명패(세로)와 대각선의 명칭이 모두 같다. x, y, z의 명칭이 모두 같다는 의미이다. 그 명칭이란 팔괘의 명칭들을 그대로 사용하는 것을 두고 하는 말이다. 소성괘의 명칭이 대성괘의 명칭이 같아진다는 뜻이다. 이를 역설적이라고 한다.

칸토어의 제1증명에서 정대각선의 칸 안에 있는 가치를 반대로 변화시킨다. 이렇게 가치를 변화시키는 것을 반가치화라고 하는데, 반가치화를 다음과 같이 정의할 수 있다. 사각형의 가로와 세로는 모두 열려 있는 무한계열이다. 〈그림 3-16〉에서 반가치화시켜 칸 안에 있는 모든 가치들을 반대로 하여 〈그림 3-17〉을 만든다. 여기서 m과 w는 대성쾌로서 두 개의 소성쾌가 연동이 된 〈$E_1$, 1〉, 〈$E_2$, 2〉, 〈$E_3$, 3〉, …의 다른 표현이다. 여기서 w와 m은 대성쾌의 명칭으로 생각하면 된다.

아래 그림을 일반화하고, 이에 대한 정의를 내리고 다시 논리식으로 나타내면 다음과 같다.

(정의 4) R를 하나의 나열이라 하고 F는 $D_1$과 $D_2$가 만드는 대각선이라고 하자. H를 R 안에 있는 H의 반가치라고 할 때 이를 논리식으로 표현하면 아래와 같다.

R ↔ (정의) (i) $\forall x \forall y (\exists z \, Hxyz \leftrightarrow Fxy)$

(ii) $\forall x \forall y \forall z \forall z' (Hxyz \, \& \, Hxyz' \rightarrow z=z')$

(iii) $\forall x \forall y \forall z (Hxyz \rightarrow z \in \text{range } R)$

(iv) $\forall x \forall y \forall z (Hxyz \rightarrow \neg Rxyz)$

$z=z'$는 가치 z를 반대 $z'$로 바꾸는 것을 의미한다. 그래서 $Hxyz \rightarrow \neg Rxyz$는 반대각선화를 뜻하는 것으로, $Hxyz$은 R의 xyz가 모두 반대로 되었다는 의미이다. $\neg$는 부정을 의미하는 기호이기 때문이다.

|  | 1 | 2 | 3 | ⋯ |
|---|---|---|---|---|
| $E_1$ | m |  |  |  |
| $E_2$ |  | m |  |  |
| $E_3$ |  |  | w |  |
| ⋮ |  |  |  | ⋱ |

그림 3-16. 정의 4의 대각선화

|  | 1 | 2 | 3 | ⋯ |
|---|---|---|---|---|
| $E_1$ | w |  |  |  |
| $E_2$ |  | w |  |  |
| $E_3$ |  |  | m |  |
| ⋮ |  |  |  | ⋱ |

그림 3-17. 정의 4의 반가치화

위와 같은 칸토어의 제1증명을 복희도라는 관점에서 볼 때, 반대각선화는 정렬된 삼중주 집합의 형태로 다음과 같이 대비해 표현된다.

$$\{ \langle E_1, 1, w \rangle, \langle E_2, 2, w \rangle, \langle E_3, 3, m \rangle, \cdots\cdots \}$$
(w를 양, m을 음이라 함)

이를 역의 언어로 표현을 바꾸면 다음과 같다.

$$\{ \langle 건\ E_1, 1, - \rangle, \langle 태\ E_2, 2, - \rangle, \langle 리\ E_3, 3, -- \rangle, \cdots\cdots \}$$
(w를 양, m을 음이라 함)

이상에서 우리는 역의 대각선 정리를 논리 기호식으로 표현하는데 관심을 집중하였다.

### 러셀 분석과 대각선 정리

대각선 정리에 대한 이러한 기호를 통한 분석은 러셀 역설로 안내하고 만다. 특히 이러한 분석을 통한 러셀 역설 이해를 '러셀 분석Russell's Analysis(Ru)'이라고 한다. 러셀 역설은 궁극적으로 메타와 대상의 사상에서 발생한다. 그리고 대각선 정리는 가로와 세로의 사상에 의한 대각선화와 그것의 반대각선화를 말한다. 대각선을 다시 가로로 바꾸는 것이 반대각선화이며, 이 과정에서 역설이 발생한다. '러셀 분석'이란 대각선상의 어느 한 가치가 반드시 가로가 가로 자체를 자기언급함으로써, 그것은 대각선이기도 하고 가로이기도 한 경우를 분석하는 것이다. 여기서 초과분 '$E_0$'의 문제가 발생한다.

　　이를 논리식으로 표현하면 "R에서 n+1의 가치들이 있으면(n ≥ 1) 반가치의 수는 n개이다"와 같다. 그렇게 되는 이유는 가로와 세로라는 두 위치의 가치들이 하나의 대각선을 만들어 내기 때문이다. 그래서 대각선 가운데에는 가로이면서 세로인 것이 자기언급 yy을 하여 대각선을 만드는 것이 있기 마련이다. 이는 yy가 중첩되면서 n이 n−1이 되는 경우이다. 감소 또는 소멸되는 경우로서 매우 중요시된다. 사각형 안의 대각선이 가로나 세로 가운데 어느 하나가 다른 것이 되면서 n이 n−1이 된다. 이것이 하락 논쟁에서 '하9락10'이냐 '하10락9'냐의 논쟁을 불러일으키는 주범이다.

　　다시 말해서, 반가치는 반드시 그 대각선의 가치를 반대로 한 것이어야 하기에, 그 결과 R가 만드는 가치 n보다 하나 더 적은 n−1이라는 반가치가 생겨난다는 것이다. 이를 논리식으로 표시하면 다음과 같다.

$$(\mathbf{Ru}) \neg \exists x \forall y (J(x, y) \leftrightarrow \neg J(y, y))$$

　　(¬는 '아니다'라는 부정기호이다)

　　이 논리식에 대한 설명은 이렇다. 정대각선 ¬J(y, y)는 세로줄(x)과 가로줄(y)이 연동 또는 사상하는 것(x, y)에 들어가지 않는 양군의 손괘나 음군의 진괘와 같은 것이다. 이는 초효의 원리에 따라서 초효는 반드시 자기가 속한 집합과 가치가 같아야 하는데, 그렇지 않기 때문에 자기 집합 안에 자기가 들어가지 못해서 대각선과 가로줄은 서로 일대일 대응이 안 된다는 것을 의미한다. 양군의 진은 음군으로, 음군의 손은 진군으로 넘어오는 경우이다.

그래서 대각선은 가로줄보다 하나 이상을 초과한다. 즉, 가로줄과 대각선은 반드시 그 하나에서 서로 중첩을 한다. 위 러셀 분석 식에서 보는 바와 같이, y에서 중첩한다. $J(x, y) \leftrightarrow \neg J(y, y)$에서 $J(x, y)$는 편대각선이고, $J(y, y)$는 정대각선이다. 정대각선 $J(y, y)$을 가로(x)로 만들면, 즉 $(x, x)$가 되면 한 개가 초과하게 된다. y가 x가 되는 것이 반가치화이고 반대각선화이다. 한 개가 초과하는 이유는 입방체 64괘에서 잘 드러난다. 각 궁의 괘 하나는 반드시 자기언급을 하고$(y, y)$, 하나는 팔궁과 64괘궁에 중첩한다.(3.3. 참고) 자기언급을 하기 때문에 중첩하고 중첩하기 때문에 자기언급을 한다. 이것이 복희도가 가지고 있는 러셀 분석이다.

러셀 분석에 따르면, 반가치들 가운데는 제 자신에 대해 J에 해당하지 않는 그러한 요소들의 집합이 하나는 있다. 하나의 그러한 집합 $E_0$가 있다는 것이다. 그래서 두 개의 가치에 대해 반가치는 하나라는 것이다. $(x, x)$는 용납되지 않는다. 그 이유는 가로는 명패가 될 수 없기 때문이다. 그러나 세로는 명패이면서 동시에 물건일 수 있다. 그래서 $(y, y)$가 $(x)$일 수는 있어도 $(x, x)$일 수는 없다. 그러면 하나의 사라진 y는 어디로 갔는가? 그런 것을 두고 기하학적 소멸 또는 유혼遊魂, 공망空亡이라고 한다. 떠돌아다니던 혼이 다시 집으로 되돌아오면 귀혼歸婚이다.(이 문제는 이 책 8.5.에서 다루어진다) 자기가 떠났던 집인 대각선이 있기 때문에 유혼은 귀혼이 될 수 있다. 가족 관계에서도 탕아는 있기 마련이며, 탕아는 떠돌아다니다가 자기 집을 다시 찾아온다는 것을 유혼이 귀혼이 된다고 한다. 그러나 집에 돌아오면 다른 아들이 탕아의 자리를 대신하기 때문에 있을 곳이 없다. 한 가지 원칙은, 초효는 유혼이 되지 않기 때문에 차남이 탕아가 되는 것이다.

가족 관계 역설에서도 러셀 분석을 찾을 수 있다. 팔괘 가운데 건·태·리·진은 부군父群에 속하는데, 이를 가족 관계 구성 구조로 보면 건부–명패 집합 = {간소남, 감중남, 진장남}와 곤모–명패 집합 = {태소녀, 리중녀, 손장녀}와 같다. 건부–명패 집합은 2음1양이고, 곤모–명패 집합은 2양1음이다. 그래서 두 개의 집합은 모두 일관성을 유지할 수 없다. 반드시 한 개는 다른 두 개와 다르다. 부군의 3효를 음효로 마지막까지 바꾸어 나가면 그 부군에 포함하지 않는 효가 하나는 생긴다. 그것이 진괘였다. 모군母群도 사정은 마찬가지이다. 이는 이미 설명한 내용을 러셀 분석과 연관하여 다시 재천명한 것이다. 이렇게 대각선 정리란 러셀 분석과 그것의 여러 가지 변형에 대한 정리라고 해도 과언이 아니다. 역에서도 이러한 러셀의 분석이 확연이 나타난다는 것이다. 가족 관계 역설에서 나타난 한 단면이 이와 무관한 것이 아니다.

### 입방체 64괘와 러셀 분석

이제 아래 입방체 64괘 궁 속에 있는 건괘궁과 리괘궁을 예를 들어 러셀 분석을 확인하자. 이 두 패의 수, 명, 상을 통해 대각선 $J(y, y)$를 확인해 보자. 3.3.에서 소개한 팔궁 입방체와 64궁 입방체를 가지고 와, 거기서 건궁과 리궁만 선택하여 $J(y, y)$를 확인하자. 예를 들어서 건궁에서는 '건위천건乾爲天乾'(☰)이, 리궁에서는 '리위화리離爲火離'(☲)가 정대각선상에 있는 패들이다. 건은 건을, 리는 리를 자기언급하여 건건, 리리가 된다. 이렇게 팔궁 모두에 자기언급하는 $J(y, y)$가 반드시 하나씩은 들어 있다. 그 이유는 명패가 물건이면서 명패이기 때문이다. 명패가 물건을 언급하는 것이 $J(x, y)$이지만, 명패가 자기언급할 때 $J(y, y)$가 된다.

그래서 그것은 명패이면서 동시에 물건이 된다. 명패에서 보면 감소이고, 그 반대면 초과이다. 건궁의 경우는 다른 일곱 개와는 다른 방식, '건위천 건'이라고 설명한다. "'건을 하늘이라 하니' 건이다"와 같다. 여기서 '건'은 괘의 명이고 '천'은 괘의 상이다. 괘의 명이 상을 자기언급하고 있다. 자기가 자기를 언급한다는 뜻이며 다른 일곱 개와는 달리 '위(爲)' 자가 건과 천 사이에 들어 있다. '위'를 여기서 '언급한다'로 번역할 수 있으며, 자기가 자기를 두고 언급한다는 뜻이다. 또는 '제 말 한다'와 같다. 건이라는 '명'과 천이란 '상'이 이음동의equivocal이다. 건이 건을 언급하자 상이 생긴다는 말과 같다. '명과명 비상명' 이름이 이름 자체를 언급하니, 그것은 이름이 아니고 상이 된다는 말이다. 두 개의 명칭이 중첩되어(건건 yy) 하나의 상(천)이 된다는 것이다.

사안의 중요성에 비추어, 이미 설명한(3.3.) 3차원 팔괘궁과 6차원 64괘궁을 여기에 가지고 와 러셀 분석과 연관하여 다시 고찰해 보기로 하자. 3차원 팔괘궁은 명패이다. 이 명패가 상괘가 되어 자기의 궁 안에 다시 팔괘라는 궁을 만들어 8×8=64에 의하여 6차원 64괘를 만든다. 그러면 각 궁 안에는 자기언급하는 방들(yy)이 반드시 하나는 있고, 다른 방 하나는 그것이 팔괘궁인 동시에 64괘궁인 것이 있다. 그래서 각 궁은 반드시 자기 궁에 자기가 들어가기 때문에, 하나의 궁에 n개의 방이 있을 때 yy와 같은 방을 제거하면 n−1개가 된다. 이것이 러셀 분석에 나타난 역설이다. 대각선 정리의 핵이 드러나기 시작한 것이다. 긴 토론의 여정은 바로 이 역설을 지적하자는 것이 궁극적인 목적이다.

요약하면, 대각선 정리란 다름 아닌 바로 이 러셀 분석에 대한 해석 내지 러셀 분석의 여러 변종에 지나지 않는다. 대각선과 역설이 서로

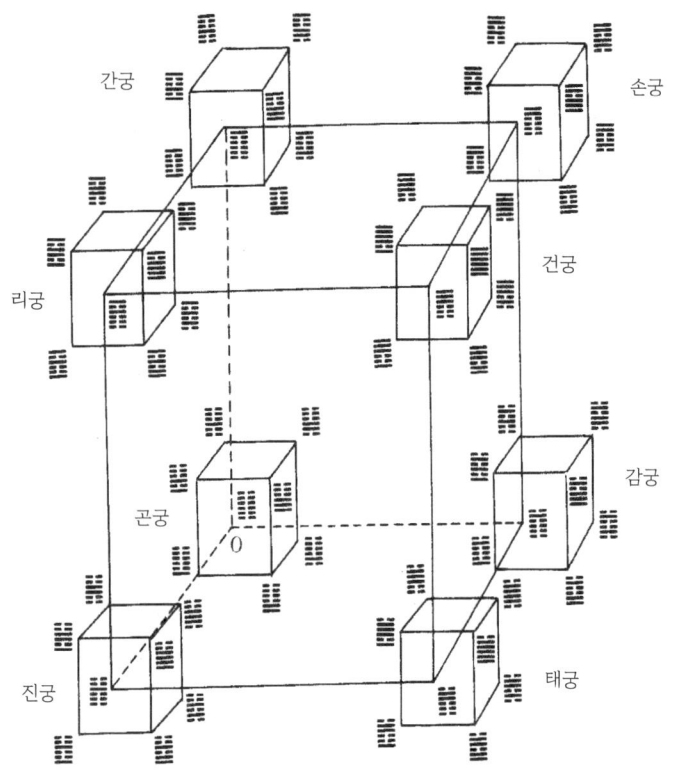

그림 3-18. 3차원 팔괘궁과 6차원 64괘궁 괘명

관계가 있다는 대각선 정리의 발견은 톰슨에게 돌릴 수 있으나(Simmons, 1993, 188), 둘의 관련 맺기를 시도한 것은 러셀이다. 그 뒤 마틴은 1977년에, 고하드Godhard와 존슨Johnston은 1983년에 이를 다시 시도하였고, 사이먼스Simmons는 1993년에 이를 학위 논문으로 다루었다.

그러나 동양의 역으로 눈길을 돌리면, 이미 수천 년 전에 대각선과 역설의 문제를 알고 있었으며, 이 역설을 해결하기 위해 여러 도상들을 만들어 왔다. 복희도는 러셀 분석의 가장 대표적인 도상이다. 역설이 발생하는 원인은 가로와 세로 가운데 어느 하나가 명패가 되고 물건이 되기 때문이다. 복사를 경과 위를 나누어 사물의 경위를 데이터베이스화하면서부터 이런 역설은 피할 수 없게 되었다. 낙원에서 인간이 물건들에 이름을 붙이면서부터 타락이 시작되었다는 것은 역설이 들어왔음을 의미하고, 원죄란 역설의 멍에를 가리키는 말이다.

러셀 분석을 요약하면, R가 두 개의 가치를 낳는데, 한 개의 반대각선만 있다는 것이다. J(y, y) 가운데 하나만 반대각선화 되어 J(y, x)가 된다는 것이다. 가치든 반가치든 모두가 하나의 가로줄에서만 발생한다는 것과, 단 하나의 반가치만 있다는 것이다. 그래서 만약에 연관된 가치들이 나열된 가로줄을 형성한다면, 가치나 반가치는 모두 가로줄에서 일어난다. 물건에서만 일어난다는 뜻이다. 다음에 보겠지만, 이 경우는 문왕도에서도 사정은 마찬가지이다. 복희도가 러셀 분석에 관련된 문제들을 제기하였다면, 문왕도는 그것에 대한 해의를 시도한 것이라 보아야 한다. 우선 문왕도는 그 배열에 일정한 규칙이 없는 것 같지만, 역설 해의라는 관점에서 보면 위대칭과 치대칭에 주안점을 둔 배열임을 한눈에 파악할 수 있다. 위를 뒤집어 버린다는 것은 명패와 물건의 위치를 바꾸어 놓는다는 것으로, 서양 전통에서는 하나의 금기사항이다.

칸토어의 대각선 정리에서 가치라는 것은, 그것이 유리수든 무리수든 십진수로 된 자연수로 나타난다는 점이다. 그러나 역의 경우는 사정이 다르다. 하나의 소성괘는 $2^3$으로, 대성괘는 $2^6$으로 만들어진 십진수이다. 그런데 역은 음수와 양수, 생수와 성수 등으로 나눈다. 생수와 성수로 나누는 이유는 바로 수에서 명패와 물건 수를 나누기 위해서이다. 즉,

5는 명패수, 1, 2, 3, 4, 5는 생수, 6, 7, 8, 9, 10은 성수이다. 하도와 낙서가 기하학적으로 대각선을 다룬다면, 선천도와 후천도는 대수적으로 대각선을 다룬다. 음과 양은 그 자체가 체로서 수인 동시에 담김(양)과 안담김(양)이란 언어 작용이다. 물론 그 효시는 정인들이 점사를 결정하는 데 있었다. 여기서 담김과 안담김이란, 멱집합을 만들 때 공집합과 자기 자신도 부분으로 담는 전집합이 생기는 원리와 같다. 역에서는 효의 차원의 이진수 속에서, 그리고 괘의 차원에서는 십진수 속에 러셀 분석은 일어나고 있다.

문왕도가 러셀 분석의 해의인 것은, 그것을 상괘와 하괘로 나누고, 홀수 번호 괘의 위와 치를 정반대로 바꾸는 방법을 취하기 때문이다. 64괘 가운데 56개 괘는 상하 위를 뒤집고, 여덟 개의 괘는 괘의 치를 바꾼다. 즉, 반대각선화와 반가치화를 하는 것이다. 복희도가 대각선의 6대 요소 가운데서 나열과 대각선화를 시도한다면, 문왕도에서는 반가치화와 반대각선화를 시도하는 것이다. 여기에는 의문의 여지없이 대각선 구성요소가 문왕도에 와서 거의 다 포함된다는 것을 의미하다. 역易은 실로 '역逆'이다. 즉, 역은 역설과 한판 씨름하는 흔적이 역력하다. 공자의 〈십익〉 속에서도 구구절절 이 역설 해의와 관계 안 되는 곳은 없다 할 정도이다. 역설 해의의 궁극적인 관심사는 n과 n−1이다. 즉, 대각선의 반대각선화와 반가치화에서 발생하는 문제에 대한 해의이다. 우리의 다음 과제는 이러한 해의 과정을 논리식으로 바꾸는 것이다. 논리식으로 바꾸어 놓으면, 그 이용가치가 마치 뉴턴이 우주의 법칙을 수식으로 바꾸어 놓은 것만큼이나 지대하다 할 수 있다.

반대각선화와 반가치화를 논리식으로 바꾸면 다음과 같다.

(정의 5) 만약에 R를 D₁과 D₂ 선상에 있는 하나의 나열이라 하고, K가
R의 대각선 F의 가치 또는 반가치라고 한다면,

"K는 R의 가로줄로서 나타난다"

↔ (정의) $\exists d \in D_1 \forall y \forall x \forall z$ (Hxyz →Rdyz)

위의 식에서 d는 명패로서 세로줄 D₁에 속한다(Rdyz). d가 반대각선화
하여 x가 되었다(Hxyz). 이 말은 d가 가로줄의 한 요소가 되었다는 것을
의미한다. d가 팔궁에 속하는 괘인데, 이것이 가로줄 물건괘가 되어버렸
다는 것을 의미한다.

이제 반대각선화 된 H가 가로줄에 일대일 대응할 수 없는 것임을 증
명할 차례이다. 이에 대한 증명은 다음과 같다.

(정리) (기본 대각선 정리) R를 D₁과 D₂ 선상에 있는 하나의 나열이라
고 할 때, F는 D₁과 D₂의 대각선이라고 한다. 그리고 H는 F의 반가치라고
한다. 그러면 H는 R의 가로줄에 나타나지 않는다.(D₁과 D₂는 세로와 가로)
증명

(1) Show $\neg \exists w \in D1 \forall x \forall y \forall z$(Hxyz → Rwyz).

(2) $\exists w \in D1 \forall x \forall y \forall z$(Hxyz → Rwyz).

가정(H가 가로로 됨)

(3) $\forall x \forall y \forall z$(Hxyz → Fdyz)2 EI

(x가 d가 되는 것은 반가치화, H가 F가 됨은 반대각선화를 의미함)

(4) $\forall x \forall y$($\exists z$Hxyz ↔ Fxy) 전제(H가 반가치화임)

(H와 F가 반가치화를 상호 교환함)

(5) $\forall y$($\exists z$Hdyz ↔ Fdy) 4, UI

(d는 x가 반가치화 되어 환치된 것임)

(6)  $\forall x \in D1 \; \exists y \in D2 \; Fxy$  전제(F가 대각선화됨)

(7)  $\exists y \in D2 \; Fdy6$, UI

(8)  Fde7, EI

(9)  Fde $\rightarrow \exists zHdez$  5, UI, SL

(10)  $\exists zHdez$  8, 9, SL

(11)  Hdef 10, EI

(12)  Hdef $\rightarrow$ Rdef3,  UI

(13)  Rdef 11, 12, SL

(14)  $\forall x \forall y \forall z (Hxyz \rightarrow \neg Rxyz)$  전제(H는 반가치화됨)

(15)  Hdef $\rightarrow \neg$Rdef 14, UI

(16)  $\neg$Rdef 11, 15, SL


이러한 논리식이 추구하는 궁극적인 목적은 $E_0$의 발견에 있다. 이제 대각선 정리의 종착역에 이르러, 두 가지 대각선 논증을 마무리할 지점에 이르렀다. 종착역에서 우리는 대각선 정리의 두 종류, 직접direct과 간접indirect에 대한 총정리를 해 둘 필요가 있다. 직접은 제1증명에 해당하는 것으로서, 귀류법을 통해 $E_0$를 찾는 것에 대한 증명이었다. 그러나 간접은 그렇지 않았다. 직접 대각선 논증은 집합론의 용어들을 가로, 세로, 나열, 그리고 대각선으로 하여 사용하였다. 이들 요소들은 엄연히 실존하는 것들이다. $E_0$의 발견, 그것이 제1증명 또는 직접의 최종 목표였다. $E_0$는 가로에 나타나지 않는다는 것이 증명의 골자이다. "$E_0$에 대응하지 않는 M의 요소 $E_0$가 항상 그리고 반드시 있다"는 것이 증명의 핵심이었다.

간접도 직접과 같이 가로, 세로, 나열, 대각선이란 요소들을 구비하나,

간접 또는 제2증명은 항상 모순 또는 역설로 결착되고 만다는 것이다. M을 세로, L을 가로라고 할 때, 가치를 0 아니면 1로 하였다. 세로 명패를 함수라 하고, 가로는 0과 1 사이에 있는 실수라고 할 때, 가치는 이런 가로와 세로가 서로 사상 작용을 하여 만들어지는 것이다. 이 가로와 세로가 일대일 대응하는 것을 p라고 할 때, 이런 p라는 용어로서 함수 $g(x)$를 정의해 보자고 칸토어는 제의한다. 이는 대각선을 가지고 함수인 세로를 설명하는 것이나 마찬가지이다. 반대각선화이다. 즉, 대각선을 함수와 동일시해 보라는 것이다. 그런데 문제는 세로 명패 M 안에는 $g(x)$를 만족시킬 수 있는 함수 같은 것이 존재하지 않는다는 것이다. 그런데 이는 있다고 전제한 것과 모순이 아닌가? 드디어 두 대각선 논증이 역에서도 그대로 발견되는 것을 확인하였다.

  이렇게 칸토의 두 대각선 논증을 마감한다. 이어지는 장에서 칸토어의 두 가지 증명 방법이 여러 가지 다른 모습으로, 그리고 용어로 나타날 것이다. 그러나 그것은 하나의 변모일 뿐, 기본 형태는 그대로 유지될 것이다. 어미 돼지의 역설 말이다.

# 4장 리샤르 역설과 대각선 정리

칸토어의 대각선 논증과 가까운 것이 있다면, 프랑스 수학자 리샤르 Jules Richard가 1905년에 발표한 '리샤르 역설'이다. 칸토어의 그것과 같이 리샤르 역설도 실수들의 비가부번으로부터 시작한다. 앞에서 자주 리샤르 속성을 소개하면서 리샤르를 말해 둔 바 있다. 방도 안에는 리샤르 속성을 갖지 않는 정대각선과 그렇지 않은 편대각선이나 역대각선 같은 것들이 있다. 이제 리샤르 역설은 리샤르 속성에서 필연적으로 유래되는바, 여기서는 리샤르 역설을 통해 칸토어의 대각선 논증을 심화시키고, 나아가 리샤르 역설과 역의 그것을 연관시키는 작업을 아울러 해두려고 한다.

간접과 직접 두 증명 방법을 두고 사이먼스는 모두 양성 대각선 논증 good diagonal argument이라고 한다. 두 가지 모두 대각선 정리를 만족하고 있기 때문이다. 그런데 직접도 간접도 아닌 대각선 정리가 있는데, 이를

'악성 대각선 논증bad diagonal argument'이라고 한다. 양성인 것은 위에서 본 바와 같이 대각선 논증을 '정리theorem'로 이끄는데, 악성인 것은 모두 역설이나 악순환으로 이끈다.

방도는 요소인 효가 아닌 요소의 부분인 소성괘를 쌍으로 하여 상괘와 하괘로 나누어 합하여 하나의 대성괘를 만든다. 두 개의 소성괘가 명패(하괘 또는 내괘)도 되고 물건(상괘 또는 외괘)도 되었을 때 역설에 휘말리게 된다. 여덟 개의 명패들로 방도를 만들었을 때, 대각선상에 있는 대성괘는 소성괘와 명칭이 같아진다. 이때 정대각선은 명패인 동시에 물건인 역설이 발생한다. 위에서 본 바와 같이 대각선상에서 볼 때 내괘(하괘)는 자기언급적이어서, 그렇지 않은 외계와의 관계에서 역설을 만든다. 즉, 팔궁 속에는 자기가 자기를 언급하는 내괘가 있어서 그것이 역설적이게 만든다. 자기 자신이 명패도 되고 물건도 되는 경우인 $(y, y)$인 것이 하나 있기 마련이다. 사이먼스는 대각선 논증이 두 가지 방향으로 진행되는데, 악성은 역설과 모순으로 이끌고, 양성은 정리로 이끈다고 하였다. 러셀과 화이트헤드가 함께 쓴 《수학 원론The Principia Mathematica》에서 칸토어의 대각선 논증을 언급하면서, "칸토어의 대각선 논증은 의심 살 만한 가정 같은 것이 전혀 없어 보인다. 그러나 내려진 결론은 명백하게 오류인 것처럼 보인다"(Simmons, 1995, 27)라고 하였다. 러셀은 이런 칸토어의 대각선 논증에 속하는 것이 자신의 역설을 포함하여 몇 개가 더 있다고 하였다.

실수들의 비가부번화, 멱집합의 정리, 괴델의 제1정리, 타르스키의 정의 불가 정리, 재귀이론 등이 모두 대각선 논증에서 시작하여 정리가 도출된 것들이다.(Simmons, 1993, 27c) 리샤르 역설Richard's paradox이 양성이 아니고 악성인 이유는, 거기서 어떤 정리도 도출할 수 없기 때문이다. 정리를 이끌어 낼 수 없는 이유는 명패와 물건의 구별이 불안정하기 때문이라는 것이다. 악성인 것에는 리샤르 역설 이외에 의미론의 거짓말쟁이 역설, 집합론의 순환론 역설, 타자언급적 또는 타급적heterological 역설 같은 것들이 속한다. 악성인 것 가운데 대표격은 리샤르 역설이기 때문에, 아래 장에서는 이것을 집중적으로 거론한다.

## 4.1. 리샤르 속성과 리샤르 역설

### 리샤르 속성과 '타자언급'의 문제

칸토어의 대각선 정리 바통을 괴델에게 넘겨주는 역할을 한 것이 다름 아닌 리샤르 역설이다. 괴델 정리에 결정적인 단서를 제공한 것은 1905년 프랑스의 쥘 리샤르Jules Richard가 제시한 이른바 리샤르 역설Richard's paradox이다. 괴델 자신이 고백한 대로 괴델 정리는 리샤르 역설을 모방한 것이거나 연장한 것이라 할 수 있다. 그런데 리샤르 역설은 이미 위에서 소개한 역의 사상 꾸러미의 역설 속에 그 구조가 잘 나타나 있다.(3.2. 참고) 리샤르 역설은 괴델 정리에서 수를 기호로, 그리고 그것을 다시 문장으로 치환하는 기법의 중요한 원인 제공을 한다. 역의 언어대로 하면, 괘수와 괘상 및 괘사를 연관시키는 최초의 동기가 서양은 리샤르에서 시작되었다는 것이다. 그런데 이에 앞서 리샤르 정리에 중요한 단서를 제공한 것은 칸토어의 대각선 정리이다. 그래서 사각형에서 대각선의 의미를 다시 한 번 생각해 볼 필요가 있다.

리샤르 역설은 전형적으로 역의 복희도에서 보는 바와 같이, 명패와 물건을 나누는 데서 시작한다. 그러나 리샤르 역설은 명패의 속성을 정확하게, 그리고 공고하게 정의할 수 없다는 데서 유래한다고 보고 있다. 복희도나 방도 역시 명패가 물건이 되는 등 명패로서의 고유하고 확고한 유형이 따로 있는 것이 아니라고 본다. 그렇다면 방도의 명패도 불안정한 것인가? 그러면 어디서 그러한 기성품 같은 확고한 명패를 가지고 올 것인가? 이것은 러셀의 유형론이 갖는 고민이기도 하다.

이러한 이유로 수학에서는 어떤 정의가 다른 것의 정의를 받을 필요 없이 그것 자체가 정의로서 성립되는 정의, 즉 무정의 용어primitive term 같은 것을 찾아보는 것이 그 무엇보다 우선적이다. 그러나 지난한 과제이다. 플라톤은 그것을 찾다가 '이데아'를 그것이라며 붙잡고 말았다. 그러나 그것은 신기루일 뿐이다. 무정의 용어를 찾아 길을 떠나자.

'소수素數'라는 가장 간단한 것에서부터 무정의 용어를 찾아보자. "1과 그 자신 이외의 다른 어떤 정수로도 나누어질 수 없는 수"라는 소수의 정의를 예로 들어서, 이 정의 자체를 정의해 그것이 무정의 용어 자격이 있는지를 알아보자. 여기서 소수를 정의한 글의 한글 글자 수는 겨우 24자에 불과하다. 그렇다면 아무리 긴 정의라 하더라도 그 글자의 길이는 유한할 수밖에 없다. 그렇다면 정의를 내린 글자 수에 따라서 순서대로 일렬로 세울 수 있다. 만약에 어느 정의의 글자 수가 같을 때에는 사전에 글자가 배열되어 있는 순서대로 순차를 정하면 된다. 이렇게 한 다음, 단 하나의 정수로서 모든 정의들을 대신할 수 있다. 그러면 그 정의가 전체 순서에서 차지하는 위치의 수를 표시할 수 있다.

이를 가장 알기 쉽게 말해 주는 것이 바로 역이다. 역은 위와 치를 동시에 고려하기 때문이다. 그리고 이 두 가지 방법으로 효와 괘가 배열된다. 팔괘는 건1, 태2, 이3, 진4, 손5, 감6, 감7, 곤8과 같은 고유한 십진수로 된 괘 명칭을 갖는다. 이렇게 하여 만들어진 괘들은 한 번도 반복됨이 없이 순차가 결정되어 고유성을 지닌다. 이러한 역의 괘 나열 방법은 리샤르 역설 증명의 정지작업을 하는 것과 같다. 효의 집합인 괘에 명칭을 붙이는 순간, 그 명칭인 괘명과 괘상 사이에 괴리가 생기기 시작한다. 리샤르 역설은 바로 이 괴리에서 발생한 역설이다. 무엇을 정의할 때에는 항상 대상에 대한 정의와 함께 그 정의와 내적 관계에 있는 정의 자체를 가리키는 정의가 있다. 예를 들어, 영어 'short'라는 정의의 속성은 의미도 '짧다'지만 영어 글자 수(5개)도 짧다. 그러나 'long'은 그 의미 속성은 '길다'이지만 글자 수(4개)는 짧다.

다음 〈표 4-1〉을 보자. 방도와 같이 명패와 물건을 같게 하여 네 말 'long', 'new', 'monosyllabic', 'polysyllabic'을 명패도 되고 물건도 되도록 배열을 한다. 그런데 'new'와 'long'은 동일한 단계의 말이지만 'monosyllabic'과 'polysyllabic'은 이 두 말을 측정하는 언어, 즉 메타언어이다. 전자는 물건이고 후자는 명패란 뜻이다. 그런데 아래 도표에서는 가로와 세로에 이들을 구별하지 않고 배열하였다. 사실 팔괘 가운데서도 시생원리로 볼 때나 가족 관계로 볼 때 건과 곤괘는 메타 괘에 해당하나, 이를 구별하지 않고 다른 괘와 동일하게 가로와 세로에 배열하였다.

세로줄과 가로줄이 일치하면 t, 다르면 f라고 표시하였다. 'long'과 'new'는 모두 '단음절monosyllabic'이다. 그러면 t가 된다. '다음절polysyllabic'이 아니기 때문에 f이다. 영어 'monosyllabic'과 polysyllabic'이란 말은 'long'과 'new'와 같은 말들을 물건으로 하는 명패인데, 이 명패 자체도 물건으로 취급하여 가로에 배열한다. 이것은 방도에서 그렇게 한 것과 같다.

표 4-1. 자기언급과 타자언급

| | monosyllabic | polysyllabic | 'long' | 'new' | ⋯ |
|---|---|---|---|---|---|
| monosyllabic | f | f | t | t | ⋯ |
| polysyllabic | t | t | f | f | ⋯ |
| 'long' | t | t | f | f | ⋯ |
| 'new' | f | f | f | f | ⋯ |
| ⋮ | ⋮ | ⋮ | ⋮ | ⋮ | ⋱ |

그런데 우리의 관심사는 역시 대각선상의 가치들 f t f t⋯이다. 대각
선상에 있는 가치들은 바로 자기 자신에 일치하는 가치이다. 다시 말해
서, 대각선상의 두 번째에 해당하는 t는 자기 자신에 해당하는 것이다.
'다음절polysyllabic'은 자기 자신이 'polysyllabic'이기 때문에 t이다. 이런 경
우가 자기언급 또는 '자급적'이라 한다. 그렇지 않을 경우가 타자언급
또는 '타급적'이다. 그러면 '타급적'인 것과 '자급적'이란 말 자체를 가로
와 세로에 배열한다고 해 보자. 이 말은 측정어의 측정어인 '메타-메타
언어'이다. 이 말 자체는 자급인가 타급인가.

### 역과 리샤르 역설

역에서도 효는 대상이고, 이 대상에 대한 메타가 팔괘이고, 팔괘에 대
한 메타의 메타는 64괘이다. 효의 효변에서도 역설을 만나게 되고, 팔괘
의 가족 관계에서도 역설을 만나게 되고, 64괘의 방도에서도 역설을 만
나게 된다. 세 가지 역설 모두 자기언급의 문제와 불가분의 관계를 가지
고 있다. 다음 5장에서는 6효 안에서 발생하는 역설에 대한 집중적인
고찰을 하게 될 것이다. 이를 위한 준비단계로 리샤르 역설에 대한 선행

지식을 갖는 것은 필수이다.

그렇다면 다시 본론으로 돌아와, 이런 메타-메타언어 자체는 자급적인가 타급적인가? 다시 말해서, '타급적'이란 말 자체가 타급적이냐 자급적이냐이다. 만약에 '타급적'이란 말이 타급적이면 그것은 '자급적'이고, 자급적이면 타급적이 된다. 그래서 '타급적-자급적', '자급적-타급적'이 된다. 이 말은 '타급적'이란 말이 타급적일 때에는, 즉, 자기 자신에 대하여 자기언급을 하면 그것은 자기언급이기 때문에 '자급적'이 된다. 그러나 반대로 자기 자신에 대하여 자급적일 때는 타급적이 된다. 이것은 일종의 역설, 즉 거짓말쟁이 역설과 같은 성격의 것이다. 이를 두고 '한-장one-place'이라고 한다. 이런 한-장을 타르스키는 '정의할 수 없음'이라고 하였다. 거짓-참, 자급-타급이 한 장소에 있다는 뜻이다.

방도 안에는 자급적인 정대각선과 타급적인 편대각선과 역대각선 등이 함께 존재한다. 자급적이란 명패와 물건, 내패와 외패가 동일한 것을 말한다. 그렇다면 타급적인 괘들은 자급적이면 타급적이 되고, 타급적이면 자급적이 된다는 말과 같다. 타르스키가 한-장을 '정의할 수 없음'이라고 정의한 데 대하여, 러셀은 메타언어를 일상 언어와 구별되는 논리기호 같은 것을 사용하면 역설이 제거될 것이라 보았고, 이런 새로운 언어인 메타언어는 일상의 대상언어와는 구별이 된다고 보았다. 그리고 메타언어를 일상의 대상언어와는 유형적으로 계층화함으로써 역설을 해의하려고 하였다. 이것이 그의 유형론이다.

'러셀의 악순환 원리'란 대상과 메타가 한-장이 되는 것이 아니고, 서로 상반된 것이 꼬리를 물고 순환적이 되는 것을 말한다. 'monosyllabic'과 'heterologic'이 서로 다른 유형에 속하는 술어들이라는 점이다. 전자가 대상-물건적 언어라면, 후자는 메타-명패적 언어이다. 대상언어에서는 러셀의 악순환적 원리가 적용되어도 메타언어에서는 적용 안 된다는 것이 유형론의 입장이다. 그러나 문제는 대상언어와 메타언어가 사실상 영어나 한글 모두에서 일상 언어에서는 속한다는 점이다. 그래서 메타-메타언어인 '타급적'이란 말을 일상 언어로 취급해 버리면 역설은 피할 수 없게 된다.[1] 따라서 그 어디에도 확고한 명패 노릇을 할 수 있는 메타-메타언어를 발견하기란 어렵다.

그래서 러셀은 가로와 세로가 만나 생기는 대각선상의 역설을 '하나의 문제성 있는 새로운 경우a problematic new case'라고 하였다. 이 새로운 문제성 있는 경우는 대각선 논증이라는 시각에서 보면 가로줄과 세로줄이 서로 사상하여 새로운 대각선이 만들어지는 것과 같다. 그러나 이렇게 새롭게 만들어진 한-장은 전체 언어라는 상자 속에서 볼 때에는 새로운 것이 아니다. 모든 영어로 된 술어가 갖는 전체적인 경우가 아니기 때문이다.[2] 다시 말해서, '대각선'이란 어느 한 사각형 안에서 가로와 세로가 결정해 주는 결과물일 뿐이다. 대각선을 반대각선화 하면 그것은 바로 가로나 세로가 된다. 대각선화와 반대각선화는 유형론을 위기로 몰고 갈 수 있다. 사이먼스는 여기서 악순환을 하는 역설과 그렇지 않는 역설을 나누어 전자를 악성, 후자를 양성이라고 하였다. 물론 양성은 또 직접과 간접으로 나누어진다. 이를 '양성-직접', '양성-간접'으로

---

1) 이에 대한 러셀의 설명은 다음과 같다. "something is said about all cases of some kind, and from what is said a new case seems to be generated, which both is and is not of the same kind the new cases of which all were concerned in what was said."(Simmons, 1993, 18)

2) "It is not in the totality of all English predicates."(Ibid.)

표현하려고 한다.

타급과 자급의 문제를 역으로 돌아와 생각해 보자. 복희도에서는 자급적인 괘들이 여덟 개 정대각선상에 배열되어 있으나, 정대각선상이 아닌 편대각선상의 괘들은 모두 타급적이다.[3] 정대각선상의 괘들을 한 번 반대각선화와 반가치화를 하면 어느 가로줄에도 들어가지 않는다. 들어가게 되면 대각선상의 괘로서 괘명과, 명패나 물건으로서 괘명이 같아져 버린다. 팔괘 명칭과 64괘 명칭이 같다는 것은 대상언어와 메타언어가 같다는 뜻이다.

그러면 문왕도는 어떤 경우인가? 문왕도에는 팔괘가 만드는 대각선 같은 것이 아예 없다. 그러나 외괘와 내괘가 서로 물건과 명패의 관계로 만난다. 그래서 여기서도 역설은 피할 수 없다. 문왕도에서는 기수번호에 해당하는 괘를 180도 뒤집는 위대칭을 하는 방법으로 배열을 한다. 뒤집는다는 것은 내·외괘 자체가 뒤집혀 바뀐다는 말이다. 바뀌면서 팔괘 안에 있는 효의 순서도 180도 뒤집힌다. 물건이 명패가 되고 명패가 물건이 된다. 문왕도가 '한-장'을 만들었다는 뜻이다. 그래서 문왕도에서 기수번호와 우수번호는 함께 한 장을 만들고 있는 것이다.

## 4.2. 리샤르 역설과 대각선 증명

### 리샤르 속성과 자어상위

다시 소수素數에 대한 정의에서 리샤르 속성 문제를 거론해 보기로 한

---

3) 여기서는 대각선의 종류를 셋으로 나눈다. 정대각선과 정대각선과는 90도 다른 대각선은 '역대각선', 그 밖의 것들은 '편대각선'이라 부르기로 한다.

다. "1과 그 자신 이외의 다른 어떤 정수로도 나누어질 수 없는 수"는 소수에 대한 정의이다. 이 정의에 해당하는 순차상의 한글 글자 수는 '24'개이다. 그렇다면 이 '24' 자체는 정의의 순차 번호이지만 소수가 아니기 때문에, 위 정의의 속성과 일치하지 않는다. 타자언급적이다. "어떤 수의 제곱 되는 수"라는 정의 자체의 글자 수가 '9'개이기 때문에, '9' 자체가 이 정의의 속성에 속한다. 자기언급적이다. 정의를 내리는 글자 수가 9이고, 9는 3의 제곱수이기 때문이다. 그래서 전자는 타급적이고, 후자는 자급적이다. 이런 순차수 '24'를 두고 '리샤르의 속성'을 갖는다고 하고, '9'는 리샤르 속성을 갖지 않는다고 한다.4)

리샤르 역설은 반드시 순서와 순서수를 동반하게 되며, 그래서 부랄리-포르테의 역설과 일란성 쌍둥이와도 같다. 여기서 사상 꾸러미에서 명패와 명패가 지시하는 대상과의 관계에서 거짓말쟁이 역설이 생기는 것을 상기하자.(3.2.) 그러나 리샤르 역설은 수와 그것의 메타언어와의 관계, 그리고 메타언어에 대한 메타의 메타언어, 그리고 대상언어와의 관계라는 대상언어–메타언어–메타의 메타언어–대상언어라는 단계에 걸쳐 전개된다. 이는 패가 수–상–사라는 트로이카와 연관되는 것과도 같다.

이를 대각선 논증과 연관시키면 다음과 같다. 숫자 '24'의 명패와 물건은 이렇게 나누어진다. 24는 여기서 두 가지이다. 하나는 정의를 내리는 문장의 글자 수이고, 다른 하나 '소수가 아닌 수'이다. 이때 전자가 명패, 후자가 물건 역할을 한다. 명패와 물건이 사상할 때, 다시 말해서,

---

4) 리샤르 속성에 대한 일반적 정의는 "x는 순차적으로 나열된 정의의 순서와 상관관계가 있는 정의가 가리키는 속성을 지니지 않는다"와 같다.

대각선을 만들 때 명패와 물건이 일치하면 자급적이고, 일치하지 않으면 타급적이다. 그래서 명패와 물건이 나누어지는 곳에서는 어디나 대각선 논증이 가능하다.

부호 (*)를 리샤르 속성이라고 할 때, 이는 '자기언급을 하지 않는 속성을 가진 속성'을 갖는 집합이다. 즉, '자기귀속을 하지 않는 속성property of not self-belonging'을 리샤르 속성이라 한다는 것이다. 이러한 리샤르 속성에서 '리샤르 역설'이 시작된다. 리샤르 속성의 정의에 해당하는 '자기귀속을 하지 않는 속성'(*)도 하나의 정의이기 때문에, 정수로 순차 번호를 줄 수 있다. 이는 일종의 '정의의 정의'인 메타정의이다. 그런데 문제는 이러한 '정의의 정의'라는 메타정의 자체가 또 하나의 '정의'가 된다는 것이다. 그렇다면 메타정의인 '정의의 정의'에도 정수로 된 순차 번호를 줄 수 있다. 효에도 괘에도 똑같이 십진수로 된 순차 번호를 주는 이유가 여기에 있다. 그런데 바로 여기서 팔괘의 괘수 괘명과 64괘 방도의 대각선상의 괘수와 괘명이 같아진다.

이제 이를 보편화시켜 정의자와 피정의자 사이에 같아진 수, 또는 괘를 n이라고 하자. 그것은 대각선상의 수 또는 괘들이다. 가로나 세로가 아닌 대각선상의 수가 n이라는 데 문제가 생긴다. 그러면 당장 이상한 질문 "n은 리샤르적인가" 또는 "n은 리샤르 속성을 갖는가"라는 질문을 던지게 되고, 이런 질문을 던짐과 동시에 역설이 발생한다. 불교에서 말하는 '개구즉차開口卽嵯'는 입을 열자 말자 자기 말에 자기가 걸린다는 뜻이다. 이를 '자어상위自語相違'라고 한다. 즉, "n이 리샤르적인 속성을 전혀 갖고 있지 않는 바로 그 경우에만 리샤르적인 속성을 갖는다"와 같다. 위 (*)에서 '리샤르적'이라는 정의에 주목해야 한다. 그러면 리샤르적인 속성(*)을 가질 때에는 리샤르적이 아니게 된다. 다시 말하면, n이 리샤르적이지 않을 때에만, 오로지 그 경우에만 n은 리샤르적이다. 타자 언급이 타자언급일 때에만 자급적이 되는 것과 같다. 따라서 'n이 리샤르적이다'라는 명제는 참인 동시에 거짓이 된다. '정의의 정의'에 관한 정수(n)를 '정의'에 해당하는 정수 계열의 하나로 집어넣어 사상mapping 시킴으로써 생기는 역설이다. 소수에 대해 정의를 내릴 때 기법을 상기하기 바란다. 정대각선상의 패들은 리샤르적인 속성을 가지고 있지 않다. 왜냐하면 리샤르적 속성은 '자기귀속을 하지 않음'이기 때문이다.

### '리샤르 속성을 갖는다'를 증명하기

리샤르 역설은 칸토어의 대각선 정리에서 대각선 위의 수를 사각형의 가로나 세로 가운데 있는 하나의 열로 다루는 데서 생기는 역설과 같다. 그렇다면 대각선 정리에서 이미 이 역설은 움트고 있었다. 우리는 하나의 대성괘 안에서 외괘와 내괘 사이에 역설이 생기는 것을 보았다. 내괘의 처음 세 개의 효가 만드는 괘와 외괘 세 개가 만드는 효 사이에서 역설이 생겼다. 그러나 괘의 역설은 효의 집합에서 생기는 논리적 역설logical paradox이라면, 리샤르 역설은 말의 의미에서 생기는 의미론적 역설semantic paradox이다. 즉, '자급적' 또는 '타급적'이란 말에서 생긴 역설이다.

수 하나하나의 특성들을 한국어로 표현한다고 하자. 한글 자모는 스물네 개다. 그렇다면 이 지구상의 모든 표현도 결국 스물네 개로 다 표현해 낼 수 있다. 다만 배열의 차이 때문에 다양성이 생길 뿐이다. 모든 문장은 유한개有限個 문자열에 지나지 않는다. 이러한 조건이라면 임의의 자연수 n에 대하여 표현 가능한 전체를 다 생각해도 그 수는 고작 셀 수 있는 한도 안에 있다. 이를 역에 연계하여 생각하면, 역은 64개라는 제한된 괘수와, 384개라는 제한된 효수와, 거기에 따르는 일상 언어로 된 괘사로 만사를 다 표현해낸다.5)

괘에 대응하는 수 하나하나의 자연수는 각 괘에 해당하는 수이다. 그러한 괘수에는 괘사가 따르고, 괘들은 괘상을 가지고 있으며, 괘상들은 위대칭과 치대칭에 따라 고유한 수를 가지고 있다. 글자 수에 따라 자연수로 순서를 정하고, 만약에 같은 글자 수가 나오면 한글사전에 나오는 순서에 따라 서열을 정하면 된다고 하였다. 그러면 다음과 같이 하나의 서열로 모든 한글 문장들을 다 나열할 수 있다. 여기서 문장이란 점쟁이들이 사용하는 일상 언어라고 해도 상관없다.

여기서 $C_n$을 하나하나의 괘에 해당하는 괘수라고 할 때, C를 통해 리샤르 정리가 어떻게 설명되는가를 먼저 알아보자.

$C_1, C_2, C_3, \cdots, C_n.$ (1)

만일, 어떤 특정한 수 n의 '속성'을 나타내는 표현을 '$C_p$'라 하고, 그것을 "$C_p(n)$은 참이다"로 나타내기로 한다. 반대로 n의 속성이 $C_p$가 아니면 '$C_p(n)$은 거짓이다' 또는 '$\sim C_p(n)$이 참이다'와 같이 나타내기로 하자.

이제 앞의 '24'를 여기에 가져온다. 반복하면, "1과 그 자신 이외의 다

5) 예를 들면 원주율 π를 '원주와 그 지름의 비'로 정의하여 표현하는 것과 같다. 그러면 그러한 모든 수에 관한 특성의 표현이 가부번 무한집합 범위 안에서 가능할 것이다.

른 어떤 정수로는 나누어질 수 없는 수"라는 소수 정의에 해당하는 순차
상의 글자 수는 한글로 '24'개이다. 그렇다면 이 '24'는 정의의 순차 번호
이지만 소수가 아니기 때문에 위 정의의 속성과 일치하지 않는다. 바로
이런 경우인 자기귀속을 하지 않는 속성을 두고 '리샤르 속성'(*)이라고
하였다. 그래서 '24'는 리샤르 속성을 갖는다. 반면에 '9'는 갖지 않는다.
이제부터 숫자 '24'를 24(n)으로 표현하고, 자기가 자기 속성을 나타낼
때, 즉 자급적이면 '$C_n(n)$'으로 나타낸다. 그래서 '$C_p(n)$은 참이다'고 할
수 있다. 그러면 위에서 말한 '9'는 그 반대인 '$C_p(n)$은 거짓이다' 또는
'$\sim C_p(n)$이 참이다'가 된다. 그런데 만약에 '$\sim C_p(n)$이 참이다'에서 만일
n=p이면, 즉, 어떤 자연수(n)이 자기 속성(p)에 귀속하면(자기언급을 하
면) 다음과 같다.

　　　$\sim C_n(n)$은 참이다. (*)
　　　[(*)는 리샤르 속성인 '자기가 자기 속성을 가지고 있지 않다'이기 때문
　　　에 부정기호가 첨가되었다.]


　　$C_p(n)$에서 n과 p가 사상되어 n=p로 할 때 $C_p(p)$를 $C_p(n)$의 정대각선화
라 한다. 정대각선화의 다른 표현은 자기언급적이 된다는 뜻이다. 역으
로 돌아와 생각하면, n을 물건-외괘로 보고 p를 명패-내괘로 볼 때,
n=p로 본다는 것은 물건이 명패와 동치 또는 사상되었음을 의미한다.
즉, 대각선화 되었음을 의미한다. "건$_n$(≡) = 건$_p$(≡)"로 되어 정대각선
건(p≡p)으로 되는 것과 같다. 이는 방도의 세로줄과 가로줄을 사상시
켜 대각선상의 괘를 만드는 것이다. 그런 의미에서 n=p가 갖는 의미는

지대하며, 이는 사상mapping의 첫 단계이다. 이 사상 단계가 여러 차례 더 진행된다. 괴델 정리는 리샤르 정리에서 이 점을 배워 온 것이다. 튜링의 전산기 발명도 여기서 유래한다. 그리고 역은 이런 과정 없이는 성립 자체가 불가능하다. n과 p의 교환, 그것은 바로 물건과 명패의 교환이며, 방도의 정대각선은 이를 웅변적으로 보여준다. 역학 연구에서 이 점을 놓치면 모든 것을 잃어버리는 것과 같다.

여기서 우리는 복희도에서 문왕도로 바뀌는 이유도 알게 된다. 문왕도는 홀수 자리의 괘를 위대칭시켜 짝수 자리의 괘를 만든다. 예를 들어, 3번 둔괘(䷂)를 위대칭시켜서 180도 뒤집으면 4번 몽괘(䷃)가 된다.6) 180도 '뒤집는다'는 것은 명패가 물건이 되고 물건이 명패가 된다는 것을 의미한다. 위상학에서는 이 말을 '비튼다'고 한다. 명패란 같은 속성을 갖는 것을 하나의 집합으로 묶는 것이기 때문에, p를 명패라 할 수 있다. 그래서 n은 물건이고 p는 명패일 때, 문왕도에서 상하를 180도 뒤집는다는 것은 n과 p를 뒤집는다는 말과 같다. 복희도에서 볼 수 없었던 일이 문왕도에서 발생하였다. n=p가 p=p되는 것은 n이 p로 반대각선화가 됨을 의미한다. 이것이 (y, y)로서 세로 명패가 가로의 물건과 같은 동치가 됨을 의미한다.

그런데 문제는 리샤르 속성(*)도 또 하나의 '속성'이라는 데 있다. 문제의 심각성은 지금부터 시작된다. 정의 자체도 또 다른 것에 의해 정의

---

6) 여기서 중요한 것은 대성괘 안의 소성괘 사이에서 상하가 바뀔 때, 소성괘 안의 효의 상하 위치도 뒤집힌다는 점이다. 몽괘의 경우 상괘가 진괘(☳)여야 하는데, 이것이 뒤집힌 간괘(☶)가 되는 사실에 유의해야 한다. 곤괘(☷)는 뒤집혀도 그 모양이 변하지 않는다. 그래서 상괘·하괘에 상관없이 같다.

될 수가 있다는 뜻이다. 리샤르 속성에 대한 정의도 정의를 해야 한다고 할 때 그것이 '정의의 정의'인 메타 정의이다. 다음의 예를 살펴보자.

"n이 R−성질을 갖는다."

'n이 R−성질을 갖는다'는 술어는 그 자체가 명확히 자연수에 관한 하나의 속성인데, 이 문장도 우리말과 수학의 기호로 정의되었다는 것이다. 그래서 이 문장도 하나의 속성을 가지고 있음에 틀림없다. 이는 '속성의 속성' 또는 '정의의 정의'라고 할 수 있다. 그런데 이러한 리샤르 속성 자체(*)도 정수에 관한 속성이기 때문에 수에 관한 모든 특성들을 나열한 '$C_1$, $C_2$, $C_3$, …, $C_i$' 가운데에 있는 어느 한 $C_n$과 그 속성이 일치할 것이다. 그러한 속성을 $C_q$라 하면, "n이 R−성질을 갖는다"는 말은 '$C_q(n)$이 참이다'로 다음과 같이 표현될 수 있다.

'$C_q(n)$이 참이다'는 '∼ $C_n(n)$이 참이다'와 논리적으로 동치다.  (2)

이와 같은 결론이 나오는 이유는 n=q, 즉 n과 q가 사상되었기 때문이다. q는 p의 정의에 대한 정의인 메타정의이다. 그러면 이제부터 p와 n의 관계를 알아보는 것이다. 이는 마치 괘가 팔괘, 그리고 팔괘에서 다시 64괘로 상승하는 것과 같다고 보면 된다. 여기서 n은 임의로 정한 하나의 자연수이기 때문에 n=q라 할 수 있어서 다음과 같은 역설을 얻는다. 이제 n이 p와 동치에서 메타화되어 q와의 동치로 변하였다.

'$C_{q(q)}$가 참이다'가 '~$C_{q(q)}$가 참이다'와 논리적으로 동치다. (3)

위 정의 (3)에서 $C_q(q)$가 동시에 자기 자신을 긍정도 하고 부정도 하고 있기 때문에, 이것은 분명히 역설이다. 이를 두고 리샤르 역설이라고 한다. 이러한 결과가 나온 이유는 'n=p=q'라는 등식 때문이다. 그러나 n, p, q는 속한 유형이 다르다는 것이 위에서 식을 전개하는 과정에서 분명하게 드러났다. 즉, 대상언어와 메타언어, 그리고 메타의 메타언어의 관계이다. 그렇다면 유형이 서로 다른 언어가 사상 또는 되먹힘recurring 함으로써, 즉, 사상됨으로써 리샤르 역설이 발생한 것이다. 역에서는 물론 $2^6$에 따른 한계 때문에 64괘로 끝났지만, $2^n$에 의한 효의 증가에 따라서 메타의 메타를 얼마든지 만들어 나갈 수 있다. n에 대하여 p는 메타이며, p에 대하여 q는 메타의 메타이다. 다시 말해서, 리샤르의 역설은 대상언어와 그 대상언어에 관한 언어, 즉, 메타언어를 3단계에 걸쳐 사상시키는 데서 발생한다.

'R-성질을 갖는다'라는 속성은 대상언어가 아니고 속성을 정의하는 메타의 메타언어임이 분명하다. 왜냐하면 이 속성은 수 n의 속성 $C_p$와는 문법적으로 다른 종류의 것이기 때문이다. 즉, 일반적인 속성 C들 가운데서 지수 p와 변수 n과는 다른 유형의 성질을 나타내는 메타언어적인 말인데도 서로 동치가 되었다. 따라서 술어 'R-성질을 갖는다'가 (1)의 속성들 가운데서는 존재하지 않는다. 따라서 리샤르 역설이란 추론상에서 대상언어와 메타언어가 서로 혼동되는 데서 비롯된 역설임이 밝혀진 것이다.

리샤르 역설은 메타의 사다리를 무한정 만들려고 할 때 피할 수 없는

역설에 해당한다. 그리고 명패와 물건을 무차별적으로 치환하는 데서
생긴 역설이다. 명패가 제왕적 역할을 못하고 물건들과 자리바꿈을 함
부로 함으로써 생긴 역설이다. 다시 말해서 $2^n$으로 n의 사다리를 늘려갈
때, 상하 구분이 없어지면서 만나는 역설이다. 물론 역은 n을 64에서 한
정시켰다. 모두 리샤르 역설을 의식해서이다. C를 괘라고 할 때, 리샤르
역설은 괘가 계열을 만들 때 괘수 $C_n$에서 n이 원소가 되어 만든 집합의
p(괘)가 다시 부분이 되어 집합의 집합인 q인 괘를 만들면서 이들을 서
로 되먹힘 함으로써 생긴 역설이다. 여기서 p는 3선형 소성괘 팔괘이고,
q는 6선형 대성괘 64괘라고 보면 된다.

효가 괘를 만들어 나가는 두 개의 시생원리인 $2^6$의 방법이 8×8=64의
방법과 연관이 되면서 발생한 역설이다. 세 개 효를 원소로 한 개의 부
분 소성괘trigram p를 만들고, 그것의 부류격인 대성괘hexagram q가 다시
만들어진다고 할 수 있다. 복희도는 팔괘가 다시 명패와 물건으로 세로
와 가로에 갈라져 대각선을 동반한 진열을 만들어 놓은 것이다. 그러나
이것은 앞으로 닥칠 역설에 대한 진열도일 뿐이다. 아직 이 역설을 해의
하려 하지는 않는다. 이에 비하여 문왕도는 대각선상의 괘명, 그리고 가
로와 세로상의 괘들을 사상시켜 n=p=q로 만들어 버렸다. n은 가로 소
성괘, p는 세로 소성괘, 그리고 q는 n과 p가 사상이 된 대각선 대성괘이
다. 그래서 대성괘는 q로서 대각선이다. 그렇다면 문왕도는 환질을 하여
반가치화하고, 환위를 하여 반대각선화한다.

방도에 대하여 원도는 64괘를 이등분하여 반가치적인 괘들을 순방향
과 역방향으로 배열한 것이라면, 문왕도는 64괘들 각각 하나하나를 모
두 환질과 환위, 반가치화와 반대각선화를 시킨 것이다. 역설은 한마디

로 말해서, 참과 거짓이란 가치의 진위를 분간하는 '진리 게임truth game' 이다. 어느 것이 '참'이고 어느 것이 '거짓'이냐를 결정짓는 게임과도 같 다. 그런데 리샤르 역설은 '참인 것'도 '참이 아닌 것'도 모두 가능하다는 비결정의 '부정不定'의 상태로 명제를 이끌어 가고 말았다. 그런데 여기 서 괴델은 한 가지 매우 출중한 생각을 한다. 리샤르가 한 것과 같은 추리과정과 구조는 완전히 그냥 두고, 다만 진실 게임을 '증명 게임 provable game'으로 바꾸어 놓는다. 다시 말해서, "그 자신의 긍정도 그 부 정도 증명할 수 없는" 것과 같은 문장으로 바꾸어 놓고 생각해 보자는 것이다. 진실이냐 아니냐의 게임이 아니라, '증명될 수 있느냐 없느냐'의 게임이다. 칸토어의 연속체 가설이란 바로 괴델의 증명 게임을 통해 비 결정성을 만나게 된 동기를 부여한다. 역도 궁극적으로 점이라는 수단 을 통해 인간사가 비결정적임을 말하려는 것이라 본다.

역의 패사에는 '진위'라는 말도 없고 '증명'이란 말도 없다. 서양에서 지금까지도 이 두 말에 집착하는 이유는 다름 아닌 n=p=q란 결론을 진리 추구와 진위를 가리는 증명을 시도한 후과로 얻었기 때문이다. 그 러나 역에서 이는 후과물이 아니고 전제이고 출발이다. 점사들의 데이 터베이스화를 시도하면서, 명패와 물건을 동일한 패들로 하였다는 것이 이를 증명한다. 그러나 서양에서는 명패를 '이데아'와 같은 것으로 물건 과 분리를 하는 순간에는 n=p=q라는 후과물이 나타날 줄을 몰랐던 것 이다. 제3의 인간 논증에서 말이다.

이제 다음 차례는 역에서 명패와 물건이 만들어지는 과정과, 만들어 진 다음에 어떤 데이터베이스화 작업을 해왔는가를 볼 차례이다.

# 5장 역의 대각선 논증과 역설 해의

역의 효와 괘가 산출되는 두 가지 다른 방법은 역설을 해의하는 방법에서도 두 가지로 다르다. 5.1.에서는 6효의 효변을 통해 역설을 해의하는 역의 방법론을, 5.2.에서는 팔괘의 두 가지 다른 배열 방법인 하도와 낙서를 통해 역설을 해의하는 법을 다룰 것이다. 특히 후자를 통해 대각선 논증은 새로운 국면을 맞게 될 것이다. 도상을 수로 추상화하는데, 5와 10이란 두 수로 명패와 대각선수를 추상화하여 대각선 논증을 다루어 나갈 것이다.

지금까지는 칸토어의 대각선 정리와 리샤르 정리를 통해 역의 문제점을 간접적으로 파악하는 데 주력하였다. 이는 어디까지나 다음 장으로 이어가기 위한 예비작업이었다 해도 과언이 아니다. 이어지는 장에서는 역을 데이터베이스화 하는 과정에서, 대각선을 통해 나타난 역설을 역이 어떻게 해의하는가를 구체적으로 보여주려 한다. 만약에 앞의 네 개 장에서 대각선과 역설의 문제를 다루는 과정 없이 이 장을 읽는다면, 역이란 한갓 점술서일 뿐이라거나, 아니면 종래의 역학 연구 방법론과 조금도 다를 것이 없을 것이다. 그러나 지금까지의 좀 난삽하고 복잡한 과정을 겪은 사고훈련이 전제된다면, 이 장에 나오는 역의 내용 하나하나가 매우 의미심장하고 귀중하게 여겨질 것이다.

역의 괘와 괘 속에 있는 효들을 변화시키는 모든 과정이 역설 해의와 관계 안 되는 것이 없을 정도이고, 이를 현대 서양 철학자들이 본다면 동서 철학에 다른 점이 있는가를 회의하게 될 것이다. 고대 그리스 철학에서 다루어 오던 문제와 똑같은 문제를 동양 철학에서도 다루고 있었다는 사실에 놀랄 것이다. 아래에서 언급할 괘변이라든지 호체와 같은 역에서 가장 널리 알려져 다루어져 오던 방법들 모두가 역설 해의와 관련된 것임을 알게 될 것이다. 리샤르에서부터 시작된 명패와 물건 수를 반복적으로 사상시키는 방법이 모두 괘변과 관련이 있음을 알 것이다. 그리고 이것은 모두 대각선화와 반대각선화, 그리고 가치화와 반가치화의 또 다른 표현임도 알게 될 것이다.

## 5.1. 괘변과 호체를 통한 대각선화

### 괘변과 반대각선화

역에서 효의 위와 치를 바꾸는 것을 '복'과 '변'이라고 한다. '문왕64괘도'(문왕도) 또는 선천도는 괘의 복覆과 변變을 사용하여 나열하였다. 복을 반대각선화, 변을 반가치화라 할 수 있다. '복'이란 괘의 상하 위치를 180도 바꾸는 것이다. 문왕도가 복의 방법을 사용해 64괘 모두 3은 4의

복, 5는 6의 복, …, n(홀수)은 n+1(짝수)의 복과 같은 방법으로 바꾸었다. 그러나 네 곳(1과 2, 27과 28, 29는 30, 61과 62)에서는 예외이다. 이들 쌍들을 180도 바꾸어도 그 모양이 같다. 이럴 경우에는 치를 바꾸어 '변'을 한다. 즉, 음은 양으로 양은 음으로 바꾼다. 다시 말해서, 복은 위대칭이고 변은 치대칭이다. 이것은 문왕도 64괘를 나열하는 방식이다. 그러나 문제는 문왕도가 1-2, 3-4, 5-6, …, n-(n+1)이란 쌍 자체에는 복과 변이라는 변화규칙이 있지만, 다른 쌍과의 관계가 무엇인지는 아직 파악되지 않았다. 십익의 〈서괘전〉에는 괘의 배열방법에 대한 설명이 있지만, 그것은 너무나도 임의적이라서 논리적인 설득력이 부족하다. '복희64괘도'(복희도)에는 일정한 규칙이 있는 것과는 사뭇 다르다. 즉, 64괘를 정사각형 안에 격자 형식으로 배열하였을 때, 복희도의 경우에는 대각선의 6대 요소 가운데 가로, 세로, 대각선과 같은 주요 요소들이 들어 있으나, 문왕도의 경우는 사정이 다르다.

라이프니츠가 소옹의 방도나 선천도(복희도)를 보고, 그것이 자기의 이진수와 완전히 같다고 경탄한 것과 같은 그러한 규칙성이 문왕도에는 없다. 그래서 가드너가 문왕도를 수학적으로 분석하는 것은 불가능한 일이라고 한 것은 당연하다.(얀, 2002, 69) 얀은 문왕도의 배열이 주나라 혁명에 대한 암호라고까지 한다. 한 가지 분명한 것은 주 문왕이 직접 작도하면서 붙여 놓은 괘명 같은 것은 《주역》의 응용범위가 결코 어느 한 분야에만 적용되는 것이 아닌, 생물과 물리학과 같은 자연계뿐만 아니라 국가와 사회, 가정에까지 그 외연이 확장될 수 있다는 것이다.(같은 책, 70) 즉, 1번 건괘와 2번 곤괘는 천지변화의 시초를 음양변화로 설명하기 위한 것이고, 3번 둔屯괘는 성장의 고통을, 그리고 4번 몽蒙괘는 어린 생명의 순진무구함을 나타내는 것이라고 보았다. 이런 식으로 64괘를 모두 하나의 유기체적 체계 속으로 엮어낸다. 이것은 〈서괘전〉의 설명을 그대로 반영한 것이다. 그러나 이러한 은유적 설명으로 문왕도 배열의 비밀을 풀어내는 것은 설득력이 떨어진다.

이러한 〈서괘전〉의 은유적 표현은 오히려 역의 논리성을 평가절하시키는 것이어서 좀 더 논리적인 설명이 따라야 할 것이다. 그러나 역은 어디까지나 상·수·사의 트로이카인 만큼, 이러한 언설적 설명도 무시될 수 없다. 다만, 그러한 설명이 상과 수의 논리성과 일관성을 유지해야 한다는 것을 강조해 말할 뿐이다. 이 책에서 필자는 그 배열의 논리성을 대각선 정리에서 찾고 있다. 일단 대각선 논증의 6대 요소를 결여하고 있기 때문에 문왕도는 악성 대각선 논증, 복희도는 양성 대각선 논증으로 분류한다. 복희가 문왕보다 앞선 인물이지만 복희도는 송대에 작도된 것이다. 문왕도에 나타난 역설을 후대에 와서 해의 방법의 일환으로 작도해 놓은 것이 복희도라고 잠정적인 결론을 내려두기로 한다. 아니 반대로 복희도에 나타난 역설을 문왕도가 해의한 것이란 결론이 더 설득력을 얻을 수 있다고도 하겠다.

이어지는 장들은 모두 이에 대한 주석이라고 해도 과언이 아니다. 이렇게 문왕도와 복희도의 선후 관계는 결정하기 어렵다. 역설을 어디에서 먼저 제기하였고, 어느 것이 그것에 대한 해라고 전제할 때 그것의 전후는 결정하기 어렵다. 복희도를 선천도, 문왕도를 후천도라고 하지만 그 반대도 옳다 할 수 있다는 것이다.

복희64괘도에는 복변에 해당하는 것이 없다. 가로와 세로를 물건과 명패로 한 격자(텐서) 형식의 나열을 하고 있다. 이것이 다름 아닌 칸토어가 실수를 나열한 방법과 일치한다. 라이프니츠가 역의 이진수에만 몰두하고 이 점을 놓친 것은 그 시대의 한계였을 것이다. 역의 대미는 대각선에 있지, 이진수에 있는 것이 아니다. 최근 발견된 백서본에는 가로와 세로가 삼차원과 이차원에서 변대칭하는 괘들끼리 쌍을 이루고 있다. 이는 백서본이 역의 차원을 의식하였고, 다음으로 중요한 대각선 관계를 의식하면서 괘들을 배열하였음을 의미한다. 그래서 백서본, 복희도, 문왕도 셋을 비교할 때, 역의 최대 관심사는 대각선임을 쉽게 파악할 수 있다. 특히, 백서본의 경우 대각선의 처리는 절묘하다.

복희도에서 대각선상에 있는 괘들끼리 자기가 자기를 언급하는 모든 괘들을 백서본에서는 세로줄로 바꾸어 놓았다. 일종의 대각선의 반대각선화라 할 수 있다. 칸토어는 대각선 정리에서 대각선을 가로줄로 바꾼 다음, 첫째 가로줄은 첫 칸에서, 둘째 가로줄에서는 둘째 칸에서, 셋째 가로줄에서는 셋째 칸에서, …, n째 가로줄은 n째 칸에서, 이런 순서로 여덟 개 줄의 모든 수를 다른 것으로 바꾼다. 이를 반가치화라고 한다. 반가치화란 치대칭과 같은 말이라고 할 수 있다. 음을 양으로 양을 음으로 바꾸는 것이다.

이때 칸토어가 사용한 수의 나열 방법은 복희64괘도와 같다. 이 나열법은 '피타고라스 테이블'이라 하기도 하고 '리만 측정 텐서'라고도 한다. 그리고 튜링의 전산기 구조도 이와 같다. 복희도의 나열 방법이 문명의 대혁명을 야기한 것이다. 이와 같이 역은 인문, 자연, 사회, 예술 등 전 영역에 그 기틀을 유감없이 마련하고 있다. 그런데 백서본의 나열 방법은 복희도와 비교가 안 될 정도의 높은 차원의 기술로 되어 있다. 앞으로 백서본 나열법이 어떤 문명의 기틀을 변화시킬 것인지는 상상을 불허한다.

　이렇게 역학의 텐서 나열 방법(격자식)이 변한 이유는 복사의 양이 증가하면서 그것을 데이터베이스화 하는 과정에서 명패와 물건을 분류할 필요성을 느끼면서이다. 낙원에서 인간이 사물들에 명칭을 붙이기 시작하면서 데이터베이스화 작업은 시작된 것이나 마찬가지이다. 그런데 최초의 명패는 언어도 상징도 아닌 숫자였다. 이는 우리의 상식과는 어긋나는 것 같지만, 어린 아이가 제일 먼저 익히는 것이 수라는 사실을 알면 어느 정도 이해할 만하다. 이진수와 십진수를 종합한 결과, 그것을 분간할 필요성을 느끼게 되었다. 이진수는 치를, 십진수는 위를 표시하는 데 편리하였다. 그래서 위와 치를 함께 파악하여 수에 적용시킨 것은 탁월하였다. 위와 치가 수에 적용되면서 괘의 상과 명이 생겨났다. 수를 넘어서 일상 언어가 수를 표현하는 데 도움이 된다는 사실을 알았기 때문이다. 수에 위를 적용한 것은 인류 문명사적으로 보아 동북아에서 그 유래가 시작된 경이로운 일이라 아니할 수 없다. 고대 수메르에서도 자갈이 진흙 속에 박힌 자국을 통해 숫자와 그것의 위치를 구분하였다는 사실을 발견할 수 있다. 마야 문명에서도 이런 흔적이 발견된다. 그리고 그 시원이 어딘지는 또 다른 문제이다.

　명패에 해당하는 언어가 나타나기 이전에, 사실은 효사에 해당하는 언어가 먼저 생겼다. 괘사가 먼저일 것 같지만 그 반대이다. 효사야말로 인간이 신으로 받은 직접적인 신탁이기 때문이다. 효사가 먼저 생기고 그 효사의 일반적이고 공통적인 내용을 살려 괘사가 생겼다. 괘사를 간단한 언어로 다시 붙여 달아 놓은 것이 괘명이고 괘상이다. 예를 들어 건괘의 '건乾'은 괘명이고 '천天'은 괘상이다. 그리고 '1'은 건괘의 괘수이다. 괘상은 어떻게 만들어졌는가 할 때 괘상설, 괘덕설, 효위설 등이 있다. 그러나 여기서는 이에 대한 설명을 생략하려고 한다.

소옹의 방도 안에는 좌상에서 우하로 향하는 대각선과, 우상에서 좌하로 향하는 두 대각선이 있다. 전자가 바로 여기서 강조해 말하는 정대각선이다. 이 정대각선상에는 팔괘가 자기 자신과 중첩하는 자기언급을 하고 있다. 그러나 후자의 경우는 자기언급 대신에 모든 괘가 음효 세 개, 양효 세 개를 갖는 규칙성이 있다. 이를 정대각선에 대하여 역대각선이라 부르기로 한다.

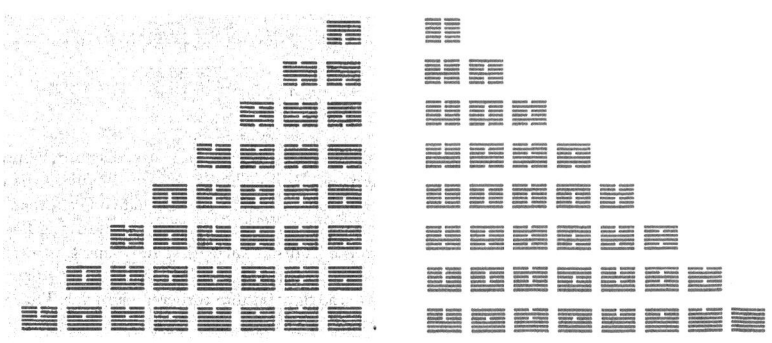

그림 5-1. 방도의 두 대각선(왼쪽은 역대각선, 오른쪽은 정대각선)

정대각선에 자기언급이란 규칙성이 있듯이, 역대각선에는 반가치화란 규칙성이 있다. 다시 말해서, 역대각선상에 있는 괘들은 상괘의 치를 모두 반대로 한 것이 하괘라는 것이다. 어디까지나 상·하괘를 분리하여 하나는 자기언급을, 다른 하나는 치대칭을 한다. 정과 역의 두 대각선은 방도 안에서 X로 되어 있다. 정대각선은 ⧅이고, 역대각선은 ⧄이다.(Huang, 2000, 48~49)

위 두 개의 도형에서 우리가 확인할 수 있는 것은 명패와 물건의 구분과 괘의 변화이다. 특히 역대각선의 경우, 상·하괘가 수직이동을 하면서 음양의 치가 반대로 변한다. 그런데 문왕도의 경우에는 6효(또는 6선형)의 상·하괘가 분리되지 않은 상태에서 위가 180도 회전한다. 이런 차이가 무엇을 의미하는지는 대각선 논증으로만 제대로 설명된다고 본다. 6효를 하나의 단위를 보는 것은 원소 중심 사고방식이고, 3효가 하나의 괘로 보아 둘로 나누어 보는 것은 부분 중심 사고방식이다. 하나의 집합은 이렇게 원소의 합으로 보거나, 부분의 합으로 보는 두 경우가 가능하다. 그리고 후자는 멱집합의 역설과 연관이 된다. 원소의 집합으로 보는 경우가 양성-직접 대각선 논증, 부분의 집합으로 보는 경우가 양성-간접 대각선 논증에 해당한다. 복희도는 두 괘의 합이란 부분 중심 사고방식이고, 문왕도는 6효의 합이란 원소 중심 사고방식이다.

이런 괘와 효의 변화는 철저하게 인간의 운명과 연관이 있는 점사의 해석과 관련이 된다. 이제부터 복사와는 아무 상관이 없는 괘 자체의 변화와 괘와 괘, 그리고 효와 효의 결합관계에 의해서 얼마든지 점사를 만들고 결정할 수 있게 되었다. 이는 마치 뉴턴이 우주의 법칙을 수식으로 표현해 놓은 결과, 직접 실험과 관찰을 현장에서 구체적으로 하지 않아도 수식의 계산을 통해서 얼마든지 우주와 물질의 구조를 구명할 수 있게 된 것과 같다. 이론물리학이란 바로 이러한 결과로 가능해진 것이다. 마찬가지로 역의 세계에서도 괘 하나하나를 수식 또는 '논리식 formula'으로 보았을 때, 이를 통한 계산이 가능하게 되었다. 앞으로 말할 효변, 괘변, 호체 등은 모두 논리식의 결합과 이산이 갖는 효과를 이용한 것이다. 이를 통해 정인들은 직접 신탁을 받지 않아도 괘의 논리적 관계에 의하여 점을 칠 수 있게 되었다. 지금 점술인들이 하는 기법이란 모두 이런 식이다.

'역경'에 대해 '역전'은 역경에 대한 논리적인 설명이다. 역전 속에는 열 개의 글이 날개처럼 달려 있다고 하여 〈십익+翼〉이라고 한다. 이런 의미에서 공자가 저작하였다고 하는 〈십익〉은 인류 문명사에 남긴 큰 족적이라 할 수 있다. 〈십익〉에 들어 있는 괘와 효를 조직하는 방법은 현대의 전자계산기와 유전자 정보 이론을 방불케 할 정도라고 서양 과학자들이 다투어 비교연구해서 발표하고 있다. 그러나 어디까지나 둘의 논리적 배경을 말해야지, 둘의 동일성을 은유적으로 직접 언급해서는 안 된다. 콜린스는 유전자 정보를 '신의 언어language of God'라고 하였다. (콜린스, 2009, 5장 참고) 그렇다면 역은 신의 언어이고 지문이라고 할 수 있을 것이다.

뉴턴이 만유인력을 발견하였을 당시, 과학자들은 과학이란 신의 언어라고 생각하였다. 이런 과학자들을 두고 이신론자Deist라고 한다. 그러나 뉴턴의 과학은 절대적인 것이 아니었고 하나의 기틀paradigm에 불과하였다. 그런 의미에서 신의 지문이나 신의 언어 같은 것이란 없다. 역은 강물과 같이 수천 년 동안 변해 왔다. 앞으로 변하는 과제만 남아 있을 뿐이다. 중국에서 한국으로 역이 넘어와 한국에서 또 다른 역의 강물은 흘렀다. 앞으로 그 기틀이 어떻게 변할지는 예측할 수 없다. 역의 변화가 예측을 어렵게 만든다. 과학과 역은 변화 '과정의 유비analogy of process'만 있을 뿐이다. 변하는 과정만 비교할 수 있다는 말이다. 지금까지 나타난 역에 일관성 있게 다루어지는 주제는 바로 '대각선'이라는 것이다.

## 응·비·승·승 역설 왜의의 문제

역의 수식과 그것에 대한 계산이란 다름 아닌 괘의 변화에 해당하는 '변괘' 또는 '괘변'과 같은 것이다. 역이 만들어질 초기에 가장 문제가 된 것은 십진수와 이진수의 관계였다. 십진수의 기수·우수와 이진수는 일란성 쌍둥이와 같았다. 십진수는 효의 서차번호와 괘의 서차번호를 결정하는 데 결정적인 역할을 하였다. 그런데 문제는 십진수의 기수· 우수와 이진수의 양수·음수 관계에서 기수 위치에 음수 또는 양수가 올 경우, 음수가 오면 길하고, 양수가 오면 흉하다. 기·우는 곧 양과 음이고 이를 치라 한다. 자리를 위라고 할 때 위와 치는 매우 중요한 개념이다.[1] 역에는 그래서 상·중·하와 같은 위대칭이 있고, 음양과 같은 치대칭이 있다. 치대칭의 경우에는 같은 치끼리는 흉하기 때문에 반대 치끼리 대응을 해야 길하다.

그러나 위대칭과 치대칭이 서로 대응을 할 때에는 양의 위치에는 양의 치가, 음의 위치에는 음의 치가 있어야 길하다. 그래서 6효 가운데 초(1), 3, 5의 위치에는 양이 있어야 하고, 2, 4, 상(6)의 위치에는 음이 있어야 길하다. 음양이 서로 대칭적으로 조화를 이루어야 하는데, 위와 치의 관계에서만 음위에 음수가, 양위에 양수가 있어야 한다는 대원칙에서 역의 변화 원리는 시작한다. 양수 위에는 양수가, 음수 위에는 음

---

[1] 송대의 주희에 와서 이 개념이 '석합보공'(析合補空)의 개념으로 알려지면서 더욱 중요시 되었다. 역의 나열법에서 철학적 논증의 단서가 될 만큼 중요시 되었다. 대 각선 논증이 석합보공에서 얻어진다고 할 정도로 중요하다고 생각해 두면 좋을 것 이다.

수가 있어야 한다는 것이 괘변의 대원칙이라는 전제에서 출발한다. 여기서부터 괘변과 변괘 이론이 시작된다. 변괘와 괘변 이론은 역설 해의와 무관하지 않다. 그것은 대상과 메타의 관계를 재설정하는 것이기 때문이다. 대각선 정리에서 반가치화는 치대칭이고, 반대각선화는 대각선을 가로나 세로의 위치를 바꾸는 치대칭에 해당하는 개념이다. 이는 대각선 논증에서 가장 중요한 개념이라 할 수 있다. 그러나 역의 종류에 따라서는 이런 6대 요소들을 다 갖춘 양성인 것도, 그렇지 않은 악성인 것도 있다.

역학의 언어를 사용해 표현하면 위와 치 대칭은 응應, 비比, 승乘, 승承에 해당하는 것으로서, 대각선 정리에서 반가치화와 관계가 되는 중요한 이론이다. 응이란 하괘의 초효(첫번째 괘)와 상괘의 초효(네번째 괘)가 서로 상응하는 것을 두고 하는 말이다. 이렇게 순서대로 2는 5와, 3은 6과 서로 상응하는 것을 두고 응이라고 한다. 이때 음과 양이 서로 상응하면 '정응正應,' 다르면 '불응不應'이라고 한다. 양의 위치에 양의 치가 있어야 길하지만, 치와 치가 상응하는 위치에서 서로 반대여야 길하다. '비比'란 바로 서로 아래위에 있는 두 효 사이의 관계를 말한다. 음양이 다르면 친하고 이를 '비효比爻'라 한다. 승乘이란 음효가 양효의 아래에 있어야 길하고, 그 반대는 흉하다는 의미이다. 승承이란 음효가 양효 다음에 있어야 길한데, 그 반대는 흉한 것을 두고 하는 말이다.

이와 같이 응·비·승·승은 역의 역설 해의와 중요한 의미를 갖는다. 그 이유는 외괘와 내괘 또는 상괘와 하괘는 물건과 명패의 관계이기 때문이다. 러셀은 이 둘은 서로 유형이 다르기 때문에 응비승승이란 불가하다고 보았다. 그러나 역은 상과 하를 교류시키고 있다. 이 또한 서

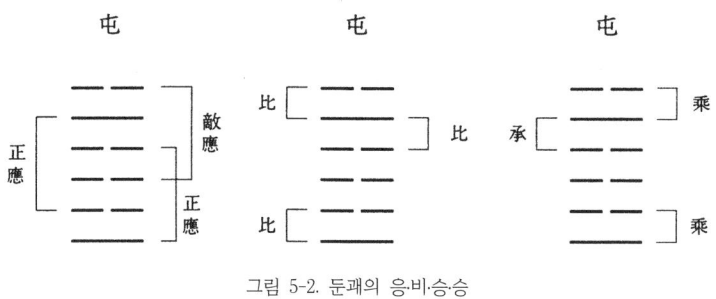

그림 5-2. 둔괘의 응·비·승·승

양과는 크게 다른 사고방식이다. 괘가 역설이란 충격을 받았을 때, 그 안에 있는 효들은 용수철 같이 응비승승을 하면서 다양한 변화를 만든다. 점술이란 바로 이런 변화를 예측하는 것이다. 다음 괘변 역시 러셀의 유형론의 시각에서 보면 새롭게 보일 것이다.

'괘변'이란 괘와 괘 사이의 변화 관계를 말한다. 이에 대해 '변괘'란 두 괘 사이에서 하나의 효를 변화시켜 두 괘를 연관시키는 것을 말한다. 예를 들어서 3.둔괘(䷂)와 8.비괘(䷇)는 서로 초9 한 효만 다른데, 이렇게 다른 한 효를 변화시켜 다른 괘를 만들어 서로 상관시키는 것을 변괘라고 한다. 이런 초기의 변괘 과정을 거친 다음, 괘 안의 모든 효에 변화를 적용시키는 것을 괘변이라고 한다. 한대의 상수학파란, 다름 아닌 괘변의 변화규칙 찾는 것을 필생의 연구 과제로 삼았던 학파이다. 그러나 이들도 대각선 논증에 나타난 역설이란 문제점의 해결 차원에서 괘변을 학문의 목적으로 삼은 것이지, 괘변 자체를 하기 위해서 그렇게 한 것은 아니다. 대각선을 몰이해한 사람들 가운데에는 이런 상수학파들의 노력을 그저 헛수고로 여기는 사람들도 있다. 그러나 이런 상수학파들이야말로 인류 역사상 가장 치열하게 역설에 도전하였고, 이를 해의하려 불굴의 노력을 한 사람들이었다고 평가하고 싶다.

이들의 업적은 문명사의 금자탑과 같다고 할 수 있다. 필자의 이러한 주장이 상수학파에 대한 나쁜 인상을 불식하기에 충분하기를 바란다. 현대의 서양 철학자들이, 역설과 씨름하는 현장을 목격한 다음에야 이들의 진가를 발견하게 될 것이라 생각한다. 그리고 이들의 노고를 재평가 받게 한 사람들은 바로 현대 전산기 발명의 선구자 튜링이고 괴델이다. 역과 현대 전산산업이 얼마나 동일성을 가지고 있는가는 놀라울 정도라 할 수 있다. 이 책 1장부터 4장의 모든 내용들이란 궁극적으로 상수학파들의 괘변과 변괘에 대한 주석이라 해도 과언이 아니다. 이런 변화의 논리란 궁극적으로 역설 해의를 위해서이다.

변괘나 괘변의 입장에서 본다면, '8×8=64'와 '$2^6$=64'의 차이를 어떻게 이해해야 할 것인가? 이 두 가지 효와 괘에 관한 공식은 현대 집합론에서 보았을 때 원소와 부분의 차이를 인식하고, 동시에 차이를 분간하는 것과 같다고 할 수 있다. 효를 원소, 그 효들의 모임을 부분이라고 할 때, 원소들의 집적이 부분이 아니라는 것이 현대 집합론이 발견한 중대한 공헌이라 할 수 있다. 멱집합의 원리가 바로 이를 웅변적으로 말해 준다. 알랭 바디우의 철학은 사실상 이 둘의 차이에서 시작한다고 할 수 있다. 즉, 8×8=64는 부분들로 64괘를 만드는 것이고, $2^6$=64는 원소들로 그것을 만드는 것이다. 이는 역학자들이 원소와 부분을 분간하고 그 차이가 의미하는 바를 알고 있었음을 뜻한다. 1972년 백서본을 현행 통행본과 비교해 보는 것은, 둘을 구별하고 분별하는 차이가 얼마나 중요한가를 한눈에 보여주기에 충분하였다. 이에 대한 설명은 다음 순서에서 이어질 것이다.

여기서 우선 변괘와 괘변을 더 자세하게 구별해 두는 것이 필요하다. 어느 하나의 괘를 괘변시킬 때 전자를 본괘本卦, 후자를 지괘之卦라고 한다. 변괘는 본괘를 지괘로 바꾸는 것만큼 구조적인 큰 의미를 갖는 것은 아니다. 괘변은 점서법에서 유래한다. 괘를 얻는 방법이 서법이고, 점단을 내리는 방법이 점법이다. 변괘는 서법과 점법을 조화시킨 것이다. 은대의 점서에는 본괘와 지괘를 하나로 보고 있었다. 이는 이미 당시에 점을 칠 때 변괘가 사용되었음을 의미한다. 위에서 본괘인 둔괘를 변화시키면 지괘가 되는데, 이 두 괘를 결합하여 하나의 다른 괘의 사례를 만들 수 있다. 본괘는 정인이 신탁으로 받은 것이고, 이로써 점을 친 다음 지괘는 정인의 직접적인 신탁 없이도 논리식과 같이 서로 괘와 괘를 연관시켜 새로운 사례의 점괘를 만들어 내는 것이다. 이는 수학이나 물리학의 공식에서 공리가 있고, 정리를 먼저 만든 다음 이의 결합을 통해 식을 계산하는 것과 같다고 하겠다. 즉, 방정식은 이들 공리와 정리를 전제한 다음 얼마든지 다양한 식을 만들어낸다.

여기서 본괘에서 지괘로 변화시킬 때에는 응·비·승·승이 그렇게 중요하지 않았다는 것이다. 은대에는 본괘에서 하나 또는 둘 그 이상의 효가 변해 지괘 될 때, 기수가 우수로 우수가 기수로 자유자재로 변하였다. 구태여 응·비·승·승 할 필요는 없었다는 것이다. 응·비·승·승에는 이미 남존여비와 같은 봉건주의 사상이 밑에 깔려 있었다. 이는 남성 가부장 문화가 정착된 주대의 가치관을 그대로 반영하고 있음을 의미한다. '변괘'란 이와 같이 하여 얻은 본괘가 효변을 하여 다른 한 지괘를 만들어내는 것이라고 할 때, 여기서 주목해야 할 부분은 변괘에서는 아직 괘의 치만 변화시키지, 위는 변화시키지 않는다는 점이다.

반가치화가 먼저란 뜻이다. 변괘에 대해 괘변에서는 문왕도와 같이 치와 위를 모두 변화시킨다. 두 개의 괘를 나란히 놓고, 위는 그냥 두고 효만 수평이동시켜 본괘에서 지괘로 바꾼다는 것이다. 그래서 이를 두고 구조상의 변화라고는 하지 않는다는 점이다.

괘변에 앞서 '효변'이란, 어느 한 괘 안에서 효의 위는 변하지 않고 치만 변하는 것이다. 사실 효변은 변괘와 같다고 할 수 있다. 효가 변하면 괘가 변하고, 괘가 변하면 효도 변하기 때문이다. 그런데 은나라 때에는 효변을 할 때, 음이 반드시 양이 되고 양이 음이 되는 변화가 아니고, 양이 음양 모두로, 음이 음양 모두로 변할 수 있었다. 이것이 이진수가 나뭇가지형으로 증가하는 모델이 되었다. 다시 말해서, 음양이 동시에 함께 변하는 모양새가 같은 위에서 수평이동하는 것이 아니고, 수직으로 상위의 위로 변하는 것이라면, 이것이 바로 이진수의 나뭇가지형 모델이라는 것이다. 이런 수지형에서 멱집합이 가능해진 것이다. 수지에서 두 개 갈라진 가지는 '담김'과 '안담김'을 의미하기 때문이다.

### 착종과 호체

변괘에 이어 중요한 것은 '괘변'이다. 괘변은 종류가 다양하다. 착종錯綜의 '종'이란 복覆에 해당하는 것으로서, 어느 한 괘의 위치를 180도 뒤집는 괘변이다. 64괘 가운데 56개가 이런 괘변을 한다. 바로 통행본《주역》의 괘 배열방법이 괘변에 해당한다. 괘변을 역설 해의라는 관점에서 보면, 그것은 명패와 물건이 만드는 대각선의 다양한 변화를 의미한다. 그런 의미에서 괘변이 유형론과 어떤 관계가 있는지, 순환론과는 어떤 관계가 있는지를 비교해 보는 것은 중요하다 하겠다.

44.구괘姤卦(䷫)를 180도 착종시키면 43.쾌괘夬卦(䷪)가 된다. 착종시킨다는 것은 상괘는 하괘로 되고 하괘는 상괘로 된다는 것이다. 이는 명패가 물건이 되고 물건이 명패가 된다는 말이다. 우리는 위에서 리샤르정리에서 n=p=q를 통해 이런 현상을 보았다. 그런데 뒤집어 착종시켜도 모양이 변하지 않는 괘들은 건−곤, 감−리, 대과−소과의 세 쌍 여섯 개이다. 이 여섯 개 괘들은 착을 한다. 반가치화를 뜻한다. 즉, 착이란 두 괘의 치가 바뀜, 즉 음양이 반대로 바뀌는 것을 말한다. 구괘를 착하면 24.복괘(䷗)가 된다.

《주역》 64괘 가운데 56개는 종綜을, 6개는 착錯을 한다. 칸토어는 이런 착종 현상을 몰랐다. 그 이유는 격자 안 각각의 수들을 다시 효와 괘로 나누지 않았기 때문이다. 다시 말해서, Z−F 공리 가운데 합집합 공리를 몰랐기 때문이다. 이렇게 착종을 하는 이유는, 어느 하나의 점괘가 행이 되면, 그 반대는 불행이 되기 때문이다. 그렇다면 역은 매사를 착종 관계로 보고 있다는 뜻이다. 방도에 대하여 원도는 서로 마주보는 괘들끼리 모두 착을 하고 있다. 그리고 64괘가 반으로 나뉘어 하나는 순을, 다른 하나는 역을 하는 방향으로 배열한다. 이것은 일종의 종이다. 가로가 세로가 되고, 세로가 가로가 된다는 것은 일종의 방향 전환이기 때문이다. 사각형의 수직이 수평이 되고, 수평이 수직이 되는 종은, 원의 경우로 보면 방향이 반대 되는 것을 뜻하기 때문이다. 그래서 착종이 방도에서 갖는 의미와 원도에서 갖는 의미는 같다. 방도에서 생긴 역설을 해의하는 것이 바로 원도라고 볼 수 있고, 그것은 일관성−유형론적 방법이 아닌 비일관성−순환론적이라고 할 수 있다.

긍정에 대한 반대인 부정도 긍정하며 살아가야 한다는 것이 역의 점괘가 말하려고 하는 인간관이자 우주관이다. 이는 역설 해의라는 관점에서 볼 때 역이 나름대로 역설을 다루는 방법이다. 서양의 역설 해의 방법 가운데 비일관적-순환론에 접근하는 것 같지만(7.4 참고), 역은 괘 안에 효를 원소로 둠으로써 부분과 전체, 원소와 전체라는 이중적으로 역설을 보고 있다는 점에서 서양과는 다르다.

괘변에서 가장 중요한 것은 호체互體이다. 이는 상수파에서 제일 중요시하는 괘변의 방법이다. 호체를 통해 대각선 논증의 진수를 발견하게 될 것이다. 역설 해의라는 시각에서 보았을 때 이는 결정판이라 할 만큼 중요하다. '호체'란 어느 한 괘의 초효(1)와 상효(6)를 제외한 2, 3, 4효로 하괘(내괘-명패)를 만들고, 3, 4, 5효로 상괘(외괘-물건)를 만들어 결합시킨 것이다. 이는 역설 해의에 획기적인 방법임에 틀림없다.

여기서 제기되는 흥미로운 질문은, 왜 초와 상 두 효는 제외시키느냐 하는 것과, 3과 4효는 새로 생기는 두 괘에 겹친다는 점이다. 3과 4는 새로 생긴 두 괘에 겹쳐지기 때문에 모두 여섯 개의 효가 만들어져 새로운 초효와 상효가 생긴다. 그렇다면 여기서 상괘(외괘)와 하괘(내괘)란 무엇인가. 전자는 대상 물건이고 후자는 명패가 아닌가? 그렇다면 호체란 다름 아닌 가로줄 물건과 세로줄 명패가 서로 교체하는 것이다. 다시 말해서, 대각선이 되는 것이다. 사상寫像, mapping을 말하는 것이다. 그렇다면 호체의 중요성은 여기서 아무리 강조해도 부족하다. 결국 지금까지의 논의는, 역이 역설을 어떻게 해의하는가의 문제에 연관이 된다고 할 수 있다. 이렇게 집합의 원소와 집합의 부분들 사이의 다양한 변화 관계에서 역설 해의를 시도하는 것이 역이다. 그리고 호체는 바로 이러한 다양한 변화를 종합한다고 할 수 있다.

칸토어는 자연수를 일대일 대응시킨다. 그러나 역의 경우, 모든 괘는 십진수와 이진수가 함께 하여 만들어진 것이다. 호체란 효 안에 있는 여섯 개의 위에 해당하는 십진수[1(초), 2, 3, 4, 5, 6(상)]의 위치를 교체함으로써 새로운 괘를 만들어내는 방법이다. 만약에 이렇게 효를 교체시키면 수많은 상황과 사건을 만들 수 있다. 같은 효라도 그 위치를 바꾸면 전혀 다른 맥락에서 의미가 달라지기 때문이다. 한대의 경방과 조선조의 윤선거에서 이를 발견할 수 있다.

사이먼스는 역설 해의의 한 방법으로 맥락론을 들고 있다. 맥락에 따라 모든 괘는 특이성singularity을 갖게 된다는 것이다. 지금 우리가 사용하는 전산기가 이러한 호체의 방법으로 수많은 정보를 쉽게 처리하고 있다. 이는 대상과 메타가 서로 사상함으로써 역설에 도전하는 방법이기도 하다. 역설이란 대상과 메타 사이에서, 그리고 원소와 집합 사이에서, 물건과 명패가 서로 사상할 때 자기언급을 함으로써 생긴 결과물이기 때문이다.

한대 상수학파 사람들이 가장 중요시하는 작업이 바로 호체이다. 그래서 역의 진수는 호체에 있다고 해도 과언이 아니다. 그리고 호체는 이미 복사가 없어도 괘라고 하는 논리식으로 다양한 점사를 만들어내는 것이다. 그리고 '호체'란 다름 아닌 대각선 논증의 견지에서 볼 때 대각선의 반가치화 또는 반대각선화 작업과 같은 종류라 할 수 있다. 그래서 다음은 호체의 다양한 측면들을 구체적으로 살펴볼 순서이다.

《주역》에는 64개의 괘가 있지만 가장 중요한 네 괘를 핵괘核卦, ho qua라고 하는데, 건1, 곤2, 기제63, 미제64괘를 이른다. 그리고 이 네 개의 핵괘 가운데서도 '핵의 핵'에 해당하는 괘가 열여섯 개 있다.(그림 5-3

그림 5-3. 핵의 핵괘 16개의 무리

참고) 먼저 네 개의 핵괘에서 열여섯 개의 핵의 핵괘를 만드는 방법은
다음과 같다. 각각의 괘에서 초효와 상효 두 개만 변괘시킨다. 여기서는
초효와 상효만 변화시키는 점에 유의해야 한다. 그러면 하나의 괘에 대
하여 네 가지 가능성을 말할 수 있다. 네 가지 가능성이란 초효와 상효
가 양양, 음음, 음양, 양음이 되는 것이다.

　그런데 위의 그림표에서 한 가지 중요한 사실을 발견하게 된다. 1.건
(☰), 2.곤(☷), 63.미제(☲), 64.기제괘(☵)는 네 개의 명괘괘 역할을
하고 있다. 네 개의 명괘괘에 네 개의 물건들이 생긴다. 명괘는 세로줄
에, 핵의 핵괘는 가로줄에 배열하면 다음과 같다.

표 5-1. 건, 곤, 미제, 기제괘의 핵괘와 핵의 핵괘 나열표

| 명패들(핵괘들) | | 물건들(핵의 핵괘들) | | | |
|---|---|---|---|---|---|
| 건 | 1 | 28 | 43 | 44 | |
| 곤 | 2 | 23 | 24 | 27 | |
| 미제 | 63 | 38 | 40 | 54 | 64(63) |
| 기제 | 64 | 37 | 39 | 53 | 63(64) |

　　여기서 지적해야 할 중요한 사실은, 명패가 물건 속에 들어가 있다는 것이다. 즉, 건1과 곤2는 자기 자신이 명패이면서 동시에 물건이다. 그런데 이런 규칙에 어긋나는 곳이 있다. 63.기제와 64.미제의 경우이다. 63.기제괘의 경우, 초효와 상효를 양양, 음음, 음양, 양음 네 가지 가능성 가운데서 상효를 양으로 초효를 음으로 바꾸어 호체를 시키면, 그것은 다름 아닌 64.미제괘가 된다. 64.미제괘의 경우에도 네 가지 가능성 가운데서 상효를 음으로, 초효를 양으로 바꾸어 호체를 시키면, 그것은 다름 아닌 63.기제괘가 된다. 그 결과 자기 명패 속에 자기가 들어올 수 없게 된다. 그러나 기제와 미제를 만드는 두 괘는 서로 자기가 호체된 괘를 상대방에게 넘겨주면 63괘 명패 속에 63이, 64괘 명패 속에 64괘가 들어오도록 할 수 있다. 이것이 '자기귀속'이라는 역설의 쟁점을 만드는 방법으로 매우 중요하다. 칸토어의 대각선 정리와 리샤르 정리에서 모두 자기귀속은 쟁점 가운데 쟁점이었다.

### 괘와 '변화의 단계들'

　　변괘 가운데 가장 흥미를 끌고 복잡한 것은 바로 효들을 직접 변화시

키는 것이다. 이 방법은 '효들의 단계들 또는 계단들의 계열들을 관통해 진행하는 것으로서의 변화change as proceeding through a series of stages or steps'를 관찰하는 방법이다. 이는 어느 한 대성괘의 효 가운데 하나 또는 둘, 그리고 그 이상이 자리를 변화시킬 때 상대하는 다른 대성괘 안에서 같은 위치에 있는 효와 일대일 대응을 시켜 나가는 것을 말한다. 그래서 선행하는 효가 명패가 되고 나중의 괘가 물건이 되는 기이한 현상이 생긴다. 요소가 집합의 명패가 되고 명패가 물건이 된다는 비둘기 구멍 현상이 생긴다는 것이다. 이는 러셀의 유형론을 역이 다시 한 번 무색케 만드는 것이다. 하나의 효가 변할 때마다 그 하나의 효가 '한 가지 독특한 관계 짓는 모습들a particular Relating Figures'을 만들어 내는 것이다. 같은 효라도 맥락에 따라 독특성을 만든다는 뜻이다. 이를 두고 효의 특이성 particularity이라고 한다.(Karcher, 2003, 45)

이는 하나의 대성괘가 여섯 개의 다른 대성괘를 그 안에 가지고 있다는 뜻이다. 즉, 어느 하나의 괘 속에 있는 효 하나가 상대방의 괘와 대응한다는 의미이다. 우리는 문왕팔괘도에서 감괘나 리괘는 효 하나가 가족 관계의 다른 괘와 맞먹는 것을 발견한다. 쉽게 말해서, 곤괘의 세 효는 세 아들에 해당하는 괘를, 그리고 건괘는 세 딸에 해당하는 괘를 가지고 있음을 의미한다. 그러나 가족 관계에서 진괘와 손괘에서 예외가 생기는 것도 보았다.

후자의 괘가 전자의 효를 통해 그 괘에 관계되는 방법은 다음과 같다. 즉, 이 후자는 자기 안에서 각각 분리되어 있는 효들 하나하나를 변화시켜, 아니 변화를 통해서 전자의 괘에 붙는attached 것을 의미한다. 바로 이런 경우를 두고 효의 '변화가 경과하는 계단, 또는 단계'라고 한다. 원소가 부분이 되고 부분이 원소가 되어 서로 접촉하면서 연관됨으로써 단계의 변화가 일어난다. 역설이 원소와 부분의 사상에서 생기는 것이라면, 이러한 변화의 단계는 역설 해의라는 관점에서 볼 때 각별한 의미를 갖는다고 할 수 있다. 이는 서양에서 1970년대 후반에 유형론을 비판하고 등장한 이른바 순환론적 역설 해의 방법에 해당하기 때문이다.

위의 설명을 보충하기 위하여 40번 해괘를 예로 들어보면 다음과 같다.(Karcher, 2003, 44) 위 세 개의 대괘에서 좌에서 우로 괘가 이동하는 변화를 할 때, 아래에서 위로 효가 변하는 것을 '단계의 변화change of step'라고 한다. 위의 변화를 의미한다. 이제 40번 해괘의 경우 2, 4, 5위에 있는 효들을 효변을 시키면 다음과 같다.

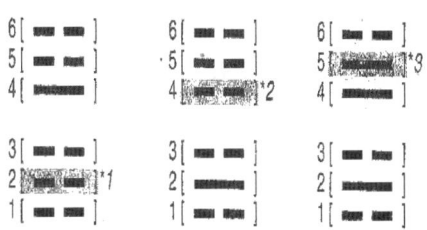

그림 5-4. 왼쪽부터 16번 예괘, 7번 사괘, 47번 곤괘

40번 해괘☷ 안의 세 개의 효들(2, 4, 5위)을 효변시킨 결과 16번 예괘☷ , 7번 사괘☷, 47번 곤괘☷로 순서대로 변하였다. 이 셋을 종합하면 40.해괘(☷)가 8.비괘(☷)로 변한다. 이렇게 처음 세 개의 괘들 16, 7, 47을 완전히 다르게 바꾸어 버리는 것이다. 새롭게 그룹을 형성하여 그 것을 자신에게 적용시켰을 때, 즉 자기언급을 하였을 때에는 어떤 변화가 생기는가? 즉, 40-16-7-47-8로 변할 때 어떤 변화가 일어나는가를

알아보자. 괘의 변화를 기의 흐름으로 보았을 때 16은 40이 새로운 국면을 맞이하기 위한 기의 축적 단계이다. 7은 힘을 새롭게 조직하여 확고한 태도로 정비하는 단계이다. 47은 갇혀진 상태에서 벗어나 그것을 관류하여 통과하는 단계이다. 여기서 눈여겨 볼 것은, 다른 효들은 남겨둔 채 단 하나의 효를 바꾸어서 이러한 변화가 일어난다는 점이다. 그런데 이런 현상은 효의 단순 '축적cumulative'으로만 가능해지는 것이 아니라는 점이다. 다시 말해서, '40'이란 단 하나의 해괘가 다른 세 개의 괘와 대칭과 대응을 함으로써 가능해진다는 것이다.

효와 괘의 관계는 원소와 집합의 관계이다. 원소와 집합 사이의 이러한 변화를 통해 둘 사이에 발생하는 역설의 문제를 보는 우리의 시각을 완전히 새롭게 할 수 있다. 그리고 역학이 얼마나 지난하게 이 역설의 문제와 씨름하고 있는가를 한눈에 보여준다. 그리스 고대철학 역시 파르메니데스 이후 제3의 인간 역설과 같은 문제로 수천 년 이상, 지금까지 그 해결의 실마리를 찾으려 고민하고 있는 문제가 이 속에 있다고 해도 과언이 아닐 정도이다. 에피메니데스의 '거짓말쟁이 역설'에서 시작해 중세기의 불가해insolubia의 문제로 남겨져, 드디어 현대 철학에 와서는 이른바 '러셀 역설'의 문제로 다루어지게 되었다. 지난 100년여 동안 서양 철학의 문제는 다름 아닌 이 문제와 씨름하는 것이었다고 해도 과언이 아니다. 알랭 바디우의 수학적 존재론이 그 첫 장에서부터 이 문제를 거론하는 것도 이 문제의 철학적 심각성을 그대로 반영한 것이라 할 수 있다. 그래서 역학 연구에서 역설의 문제를 도외시하고 한갓 점복서 정도로 치부하는 것은 큰 유감이라 아니할 수 없다. 다음 2부에서는 러셀 역설 또는 거짓말쟁이 역설 자체를 거론할 것이다. 그러면 역이 이 문제를 다루는 방법을 새삼 이해하고 그 중요성을 인식하게 될 것이다. 다음은 대각선 논증이 기하학적인 도상과 함께 숫자로 바뀌면서 새로운 대각선 논증이 시작된다. 다시 말해서 생수 1, 2, 3, 4, 5는 물건수, 5는 명패수, 10은 정대각선수가 되면서 대각선 논증의 새 국면이 시작된다는 것이다.

## 5.2. 하도와 낙서에 나타난 수와 대각선 논증

### 하도·낙서와 수의 문제

지금까지 대각선 논증은, 그것이 통행본이든 백서본이든 64괘를 중심으로 한 고찰이었다. 기하학적으로 말해서 이차원 사각형의 가로와 세로를 위와 경으로 한 기초적인 대각선에 대한 고찰이었다. 그러나 대각선 논증의 본령은 복희팔괘도와 문왕팔괘도와 정역도에 나타난 수에 있다. 가시적 대각선에서 수를 추상화시켜 대각선 정리를 다룬 것이 다름 아닌 역의 도상들이다. 우선 64괘를 팔괘로 축약한 다음, 가로와 세로와 대각선을 모두 1에서 10까지의 수만 사용해 대각선 논증을 고찰하는 방법을 취한다. 여기서 우리는 5와 10이 명패수와 대각선수로서 역할을 하기 때문에 각별한 관심을 가져야 한다. 이러한 경향은 정역에까지 이어진다. 정역뿐만 아니라 역의 모든 영역에서 5와 10은 대각선과 연관이 되어 큰 의미를 갖는다. 특히 정역에 와서 일부의 '십오일언'이나 '십일일언'이란 말에서 보는 바와 같이, 5와 10이 갖는 의미는 각별하다.

하도와 낙서에서 기원한 두 팔괘도는 상수역의 총결산이라 할 만큼 중요하다. 주희도 하도와 낙서('하락' 또는 '도서')는 역의 핵심이라고까지

하였다. 하도와 낙서가 중요한 이유가 이들이 대각선 논증을 다루고 있기 때문이다. 그것에 대한 집약적인 논증을 하는 것이 하락의 중심 내용이다. 그러나 지금까지 역학 연구의 역사를 통하여 볼 때, 대각선의 6대 구성요소의 관점에서 역을 바라보지 않은 것은 차라리 이상하다 할 정도이다. 만약에 대각선 논증이란 관점에서 역을 바라보면, 이는 서양 철학과 수학에서 금세기 최대 관심사가 된 '연속체 가설'의 문제와 '러셀 역설' 등에 불가피하게 연결되지 않을 수 없다. 이는 앞의 여러 장에서 확인된 바이다.

그래서 하도낙서를 대각선의 6대 구성요소라는 관점에서 고찰하는 것은 필수적이다. 먼저 수의 나열에 관해서부터 생각해 보기로 한다. 나열에서 중요한 두 가지 개념은 명패名牌와 물건物件이다. 하도와 낙서에서 중요시 되는 것은 수이다. 그런데 여기서 말하는 수는 또 다른 개념을 가지고 있다. 지금까지는 이진수와 십진수로만 생각해 왔다. 이진수는 음과 양의 다른 표현이다. 그런데 하락에서는 새로운 수 개념인 생수生數와 성수成數를 도입하고 있다. 즉, 1, 2, 3, 4, 5를 생수라 하고 6, 7, 8, 9, 10을 성수라고 한다. 생수 각각에 5를 더하여 성수를 만든다. 여기서 5가 명패수 역할을 한다. 가로줄에 생수 1부터 5를 나열하고, 세로줄에는 1부터 5를 명패수로 하여, 세로와 가로의 일대일 대응표를 만들면 다음 〈표 5-2〉와 같다.

〈표 5-2〉에서 볼 때, 성수란 다름 아닌 5가 명패수가 되어 가로줄 물건수 1부터 5와 일대일 대응을 하여 만들어진 것임을 쉽게 알 수 있다. 그리고 10은 5가 자기언급을 할 때 만들어진 수이다. '10'은 제 자신이 명패이면서 물건이다. 이러한 10에 5를 다시 더하면 15가 된다. 5와 10

표 5-2. 격자 형식의 생수와 성수론

| | 1 | 2 | 3 | 4 | 5 | 생수 |
|---|---|---|---|---|---|---|
| 1 | 1/1 | 2/1 | 3/1 | 4/1 | 5/1 | |
| 2 | 1/2 | 2/2 | 3/2 | 4/2 | 5/2 | |
| 3 | 1/3 | 2/3 | 3/3 | 4/3 | 5/3 | |
| 4 | 1/4 | 2/4 | 3/4 | 4/4 | 5/4 | |
| 5 | 1/5 | 2/5 | 3/5 | 4/5 | 5/5 | |
| | 6 | 7 | 8 | 9 | 10 | 성수 |

과 다른 수들의 관계, 5와 10의 처리 문제, 그리고 15가 최대 관심사로
부상한다. 이제부터는 사각형의 기하학적인 대각선이 아니고, 숫자 5,
10과 15만으로 대각선을 논할 수 있게 되었다. 이 세 숫자와 다른 수들
의 관계가 관심의 초점이라는 것이다. 물론 역의 수는 초수surnumber임
을 명심해야 한다.

명패에 해당하는 명패수는 5이고 물건에 해당하는 물건수는 1, 2, 3,
4, 5이다. 명패수는 1부터 10 사이의 어느 수도 될 수 있다. 그리고 명패
수와 물건수는 더하기도 곱하기도 할 수 있다. 정역에 이르러서는 명패
수가 9가 되기도 하여 더하기와 곱하기가 자유자재이다. 명패수에 따라
서 우주의 운행 기수朞數가 결정된다. '기수'란 한 해가 며칠이냐 하는
역수曆數에 관한 말이다. 한국 정역의 특징은 기수에 있다고 해도 과언
이 아니다. 역의 수 또는 역수가 만들어내는 대장관은 역사와 우주의
구석구석 미치지 않는 곳이 없을 정도로 많다.

명패수와 물건수의 관계에 따라서 역易이 역逆이 되기도 하고 역曆이

되기도 한다. 김일부의 정역에서는 명패수와 물건수의 더하기와 곱하기를 통해 해와 달의 운행 기수를 산출해 내고, 앞으로 우주자연의 변화까지 예측 관찰하고 있다. 그래서 한국역의 특징은 역曆에 있다. 역逆이 무시되는 것이 아니라 다른 차원에서 역설 해의가 다루어지고 있다는 뜻이다.

이제 생수와 명패수의 더하기를 하여 성수가 되는 간단한 식을 표시하면 아래와 같다. 생수는 물건수, 성수는 사건수가 된다. 여기서 '사물事物'이란 말이 유래한다. 사물은 수이고 수는 사물이다. 피타고라스가 만물은 수라고 할 때, 역에서는 수를 생수와 성수를 나누어 놓았을 때 이를 전제하고야 하는 말이다.

|   |   |   |   |    |            |
|---|---|---|---|----|------------|
| 1 | 2 | 3 | 4 | 5  | 생수–물건수 |
| + | + | + | + | +  |            |
| 5 | 5 | 5 | 5 | 5  | 명패수–명패수 |
| 6 | 7 | 8 | 9 | 10 | 성수–대각선수 |

위의 이 간단한 초등학생 정도면 셈할 수 있는 것이 우주와 인간사를 포함한 거의 모든 것을 설명해 내는 수가 될 것이다. 이렇게 역은 쉬운 데서 시작한다. 성수들은 물건과 명패가 더하기하여 만들어진 새로운 수이기 때문에, 서양의 십진수의 수와 같다고 생각하면 안 된다. 6, 7, 8, 9, 10은 1, 2, 3, 4, 5의 각각에 5를 더하기하여 만들어진 새로운 수이지, 그것의 연속선상의 수가 아니다. 그래서 알랭 바디우가 말하는 '하나를 향한 셈하기count for one'란 셈하기 방법이 통하지 않는다. 서양 철학

은 이 방법으로 셈하다가 거대한 무한인 '일자'를 만나기고 하고 신을 만나기도 한다.

생수와 성수는 계열을 만들어 연속되는 수가 아니다. 칸트의 이율배반 같은 것이 생기는 이유는 수를 계열적 연속으로 파악하였기 때문이다. 이런 방법은 필연적으로 아리스토텔레스의 가무한을 만나기 마련이다. 동양의 역이 무한의 문제를 거론하지 않는 이유는, 수를 이해하는 방법에서 생수와 성수로 나누고 음과 양으로 나누기 때문이다. 멱집합에서 무한이 설 자리가 없어지는 것은 바디우도 인정하고 있다. 제 자신과 공집합이 부분으로 포함되는 한, 무한과 일자는 없다는 것이 바디우 철학의 뿌리이다. 이 문제는 다른 책에서 다룰 기회가 있을 것이다.

여기서 세로 명패수인 5는 어떤 수인가? 역에서는 5를 음양 정배합의 수, 또는 '중수中數'라고 하기도 한다. 김일부는 5를 특히 '황극皇極'이라 하였다. 모든 변화를 주도하는 수라는 뜻이다. 5 이하의 양수는 1과 3이고, 음수는 2와 4이다. 1은 승하여도 아무런 변화를 주지 못하는 수이기 때문에 5 이하의 수 가운데 가장 작은 음수는 2이고, 가장 작은 양수는 3이다. 2에 3을 더하면 5가 된다. 그래서 5는 가장 작은 음양 배합수이다. 음양이 배합되어 있기 때문에 변화의 중심에서 변화를 주도할 수 있다는 것이다. 1+5=6, 2+5=7, 3+5=8, 4+5=9, 5+5=10은 바로 5가 5 이하의 모든 수와 배합하여 변화를 주도하는 것을 의미하고, 이런 변화에 의하여 만들어진 수가 성수이다.

이때 5 자체는 양수이기 때문에 5와 배합이 될 때 양수는 음수가 되고 음수는 양수가 된다. 이렇게 음양 변화가 5를 통해 가능해진다. 이에 비해 음수는 이러한 변화를 가능하게 할 수 없다. 5를 명패-세로줄의 수,

그리고 1, 2, 3, 4, 5를 물건-가로줄의 수라고 할 때, 둘의 배합은 곧 대각선상의 수가 된다. 이렇게 만들어진 대각선상의 수를 물건수에 대하여 사건수事件數라 부르기로 한다는 것이다. 대각선 정리란 사실상 이 사건수에 대한 정리라고 할 수 있다. 그 가운데 정대각선상2)의 사건수는 5+5=10이다. 5와 10이 중요한 이유가 바로 여기에 있다. '10'은 이제 '대각선'이란 언어로 둔갑하게 된다.

10은 복희도에서 정대각선상의 수이다. 대각선상의 수들 가운데 있는 자기언급적 수이다. 이 10수를 '중궁中宮'이라고 한다. 매우 안정적인 수 같이 보이지만 사정은 정반대이다. 즉, 매우 불안정하고 가로나 세로, 물건이나 명패 가운데 어느 하나로 쉽게 기울 수 있는 경향적인 수 tendency number이다. 그래서 사건수라 한다. 불안정한 수란 뜻이다. 정대각선 주위에 있는 대각선수들을 정대각선에 대하여 편대각선수라고 할 때, 이는 정대각선을 해체시켜 자기들 가운데 하나가 되기를 바란다. 명패와 물건을 균형 잡고 있는 것 같지만, 둘 가운데 가로와 세로 가운데 어느 하나로 돌아가려고 요동치고 있다. 이것이 바로 반가치화와 반대각선화이다. 정대각선은 편각선화하면 마지막에는 사각형의 모서리 자체가 된다. 이렇게 10은 편대각선수가 되려는 경향성 때문에 불안정하다. 명패나 물건이 되려 한다는 것이다. 10은 물건도 명패도 될 수 있는 자리로서 '무위無位'라고 한다. 한편 10은 포용성과 안전성을 지닌 신의 수이다. 그러나 무작위적이고 비결정적인 수이다. 이런 중궁인 '10'이 가로나 세로 가운데 하나가 되는 것이 바로 반대각선화라 한다는 것이다.

2) 사각형의 45도 각도에서 중앙을 가로지르는 대각선을 정대각선이라고 한다.

그래서 10은 대각선화, 15는 반대각선화라 하는 것이다.

이런 불안정한 10과 그것을 조장하는 5를 하도와 낙서에서는 제거 내지 추출해 버리려 한다. 그러나 정역은 이를 높여 작위를 주고 극상의 대우를 한다. 이를 두고 '15존공十五尊空'이라고 한다. 그래서 이제부터 하도 낙서는 5와 10을 어느 위치에 나열하느냐의 문제와, 생수와 성수의 분리와 비분리 문제, 동일성과 비동일성이란 문제와 같은 철학의 근본적인 문제에 직면하게 된다. 결국 지금까지의 토의는 철학의 근본 문제로 돌아오는 긴 여정에 불과하다.

### 괘변과 반대각선화

5는 자기가 자신을 만나 중궁수 '5+5=10'이 된다. 5는 스스로 명패이면서 물건이다. 이렇게 5가 명패이면서 물건일 때 10이 되면 이 10은 대각선수인 사건수事件數, event number가 된다. 지금부터 말하려는 하도와 낙서는 이 사건수를 다루는 것을 주된 과제로 삼는다. 그래서 역의 역사는 이제부터 사건의 역사이다. 사건으로서 역을 이해하는 것은 대각선을 역에서 발견하면서부터이다. 그래서 사건수가 반가치화 내지 반대각선화 되는 것을 두고 '사건화'라 한다. 역의 전개는 사건화의 과정이라는 것이다. 사건화란 생수가 명패수 5와 더하기를 하여 성수가 되는 것이다. 그래서 성수는 사건수이다. 이런 사건수가 다시 가로줄의 하나하나와 일대일 대응을 하면 다섯 개의 대응 쌍 1.6, 2.7, 3.8, 4.9, 5.10이 되는데, 이것을 두고 반대각선화라 한다는 것이다. 각 쌍들은 음수와 양수, 생수와 성수가 서로 만났다. 이들 다섯 개의 쌍들이 벌이는 장면은 대장관을 이룰 것이다. 이들의 배열 관계를 통해 '모든 것의 모든 것'을 설명해 내는 것이 역이다. 우주의 역사에서부터 인간사에 이르기까지 이것과 관계되지 않는 것은 없다고 할 정도이다. 이제 이 다섯 개의 쌍들은 오행으로도 연관이 되고, 간지와도 연관이 되고, 우주 변화의 책수策數가 되기도 한다. 실로 관련 안 되는 것이 없다고 할 정도이다.

이제부터 이 다섯 개 대응 쌍들의 개념은 매우 중요하다. 이들의 짝짓기는 일종의 반대각선화이다. 다시 말해서, 대각선인 성수가 가로줄에 해당하는 물건으로서의 생수 1, 2, 3, 4, 5와 각각 짝을 짓는 일대일 대응을 한다는 것은, 대각선이 가로줄과 대응을 한다는 것을 의미하고, 이는 영락없는 반대각선화이다. 우리는 이렇게 생수와 성수의 관계를 정리한다. 여기서 다시 강조해 말하면, 중요한 것은 명패수와 대각선수인 5와 10이다. 이 두 수를 어떻게 처리하느냐와 나머지 네 쌍들을 어떻게 사각형과 원주에 나열하느냐의 차이에 따라서 하도와 낙서와 정역도의 도상이 결정된다는 것이다.

먼저 하도는 대응 쌍 5/10을 사각형의 가운데 중심에 나열을 한다. 그리고 나머지 네 쌍은 대응 쌍이 분리됨이 없이 동행을 하면서 사각형의 안과 밖에 아래와 같이 나열된다. 대응 쌍들은 음수와 양수끼리이다. 음수들(2, 4, 6, 8, 10)은 흑점으로, 양수들(1, 3, 5, 7, 9)은 백점이다. 왜 이렇게 숫자를 사용하지 않고 점으로 나타내는가? 그것은 역은 항상 위와 수를 동시에 나타내는데, 수는 개수, 즉 기수와 서수라는 성격을 가진다는 것을 의미한다. 몇 개이냐와 몇 번이냐의 기수와 서수 문제는 칸토어의 역설과 부랄리-포르테의 두 역설을 좌우한다. 이때 흑점과 백점의 개수를 사용함으로써 기수와 서수의 효과를 동시에 낼 수 있다. 예를 들어, 숫자 '2'로 표시하면 숫자 자체는 개수가 한 개이다. 이런 모

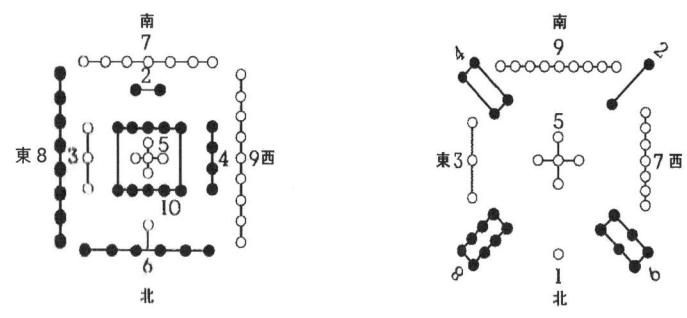

그림 5-5. 하도와 낙서

순을 피하는 방법으로 수를 점의 개수로 나타낸다. 그래서 흑점과 백점
으로 수를 나타내는 것은 원시적인 셈하기 방법이 아닌 것이다.

위 하도에서 일별할 수 있는 것은 명패수와 대각선수 5와 10이 중심
에 자리 잡고 있다는 점이다. 5가 정중앙에, 10은 각각 5와 5로 나뉘어
정중앙 상하에 배열되어 있다. 명패수가 정중앙에 고정되어 있다는 것
은 수가 사건화되지 않았음을 의미한다. 그래서 이를 두고 대각선화라
고 보면 안 된다. 대각선화의 준비단계로 보아야 한다. 그래서 하도를
생역 生易이라고 한다. 아직 어린 아이 정도라는 뜻이다. 대각선화가 아
직 이루어지지 않고 있기 때문이다. 이제 낙서에 와서 비로소 대각선수
는 사건화를 이루어 대각선화가 된다. 생수와 성수가 서로 짝이 되어
동행을 하고 있다는 것이다. 정역은 이에 대하여 반대각선화의 수 15를
중심으로 한 역이다. 이를 두고 낙서는 장역長易이라 하고, 정역은 성역成
易이라고 한다.

이제부터는 명패수 5와 대각선수 10을 어디에 배열할 것인가가 최대
의 관심사가 된다. 하도는 그것을 위에서 말한 대로 중앙에 배치한다.

대각선수가 중심에 자리 잡고 있음으로써 전체적인 균형과 조화를 유지하기 위해서이다. 이런 대각선이 낙서에 와 반대각선화한다는 것이다. 그러나 대각선은 그 경향적인 성격 때문에 항상 반대각선화를 하여 안정을 유지하려고 한다. 이러한 중심적이며 균형적인 역할을 하는 10은 갑골문에 나타난 다른 수와의 비교에서도 그 특징이 여실히 나타난다. 즉, 갑골문에 의하면 아래와 같다.

그림 5-6. 갑골문의 10수

1부터 4는 가로선 막대기이다. 그러나 5부터는 전혀 다른 모습이다. 두 개의 대각선을 가로지기해 놓았다. 이것이 발전하여 대각선 아래 위에 가로선을 그어 만든다. 갑골문 글자 모양에서 우선 5는 대각선과 연관이 있다는 암시를 받는다. 이제부터 역의 역사는 숫자 5의 위치에 따라 구조와 철학이 결정된다. 하도의 나열방법은 이상에서 본 바와 같다.3)

낙서에서는 10이 사라져 보이지 않는다. 그리고 생수와 성수의 대응 짝도 해체되고 만다. 원의 안과 밖이 아닌 모두 사각형 주위에서 좌우로 짝지어 1-6, 2-7, 3-8, 4-9와 같이 나열된다. 성수가 생수화되었다고 할 수 있다. 드디어 대각선화가 되었다 할 수 있다. 이는 대각선 논증에

3) 이런 5를 표기하는 방법은 고대 마야인들의 수 표기법에도 그대로 나타나 있다.

서 본 바와 같은 대각선화 현상이라고 할 수 있다. 그 이유는, 성수는 일종의 대각선상의 수이기 때문이다. 이와 같이 낙서는 하도 속에 있던 질서가 모두 해체되고 신질서가 등장하는 것을 보여준다. 그 신질서란 중심 5/10에서 10이 사라진 것을 말한다. 10이 사라진 대신에 낙서에서는 대각선 선상에서 마주 보고 있는 수들이 서로 더하여 모두 10이 된다. 10이 중심에서 사라진 대신에 원주 주변의 둘레에서 더하기라는 작용을 하고 있다. 대각선화 작용이다. 10이 체體에서 용用으로 변하였다고 할 수 있다. 즉, 하도에서는 10이 체이고, 낙서에서는 용이다. 정역도에서는 이러한 10을 어떻게 처리하였는가를 관찰하는 것이 이어지는 장에서 다룰 내용이다.

# 6장 위상역과 거짓말쟁이 역설

## 6.1. 위상학과 위상역 등장의 의의

위상역이란

역학 연구는 현재 새로운 출구를 모색해야 할 단계에 놓여 있다. 말하자면 역학 연구의 출구 전략이 필요한 순간이다. 그 동안 상수역과 의리역이 역학 연구의 양대 주류였다. 그러나 역의 두 물줄기는 동양이 서양을 만나기 이전 것이다. 지금은 역이 동서양의 두 물줄기가 만나는 두물머리에 놓여 있다는 것이다. 필자는 새로운 역학 연구의 출구를 '위상역 Topological I'이라 부르는데, 역의 모든 내용을 위상학적 시각에서 관찰하는 것을 이른다. 이미 역이 18세기에 서양에 소개되기는 하였지만, 그 당시 역을 접한 라이프니츠의 관심사는 역의 이진수였지 위상적 구조는 아니었다. 위상수학은 100년 뒤에 비유클리드 수학자들에 의하여 서양에서 거론되기 시작하였다.

필자는 1973년도에 《뫼비우스띠와 한복바지》(전망사, 1973)에서 한복바지와 역의 관계를 고찰하는 과정에서 역과 위상수학의 관계를 처음으로 연관시켰다. 그 이후 《초공간과 한국 문화》(교육문화사, 1998)와 《한의학과 러셀역설 해의》(지식산업사, 2005)와 《역과 탈현대의 논리》(지식산업사, 2006) 등에서 위상학과 역의 세 도상(하도, 낙서, 정역도)의 관계를 거론하였다. 특히 나중 두 책에서는, 이 책의 주된 관심사인 거짓말쟁이 역설과 위상학과 역을 연관시키는 데 방점을 두었다. 역의 세 도상들은 모두 역설 또는 러셀 역설 문제를 해의하기 위해서 작도되었다는 것이다. 위상학적으로 보았을 때 역설은 서로 다른 차원에서 발생하며, 이를 해의하기 위하여 긴 시간을 두고 서로 다르게 작도되었다는 것이다. 즉, 역설이란 난제를 안고 역의 강물이 흘러감에 따라서, 역의 도상들은 차원 상승을 해왔다는 것이다. 지금까지의 역학 연구가 이러한 관점에서 역을 보아 오지 못하였음을 여기서 지적하려고 한다. 왜 역을 위상학적으로 관찰해야 하는지에 관해서는 책이 전개되는 과정에서 밝혀질 것이다.

현대 사상사에서 위상학이 갖는 위치를 감안할 때, 역의 위상학적 고찰은 상상을 초월할 정도이다. 그러나 여기서는 역과 위상학의 관계 자체만 집중적으로 고찰할 것이다. 즉, 사각형이라는 하나의 도상 안에 있는 전후, 좌우, 상하의 대칭들이 갖는 관계를 살피는 과정에서, 세 도상들의 위상학적 성격이 선명하게 나타날 것이다. '역'이라는 말 속에는 '쉽다'는 의미가 들어 있다. 그 이유는 아마도 사각형 안에 있는 단순 대칭구조에서부터 연구가 시작되기 때문이 아닌가 한다. 위상학적으로 역을 고찰하는 것을 '위상역'이라고 할 때, 위상역은 '쉽다'는 전제에서 출발하기 위해 이런 점을 미리 말해 둔다.

여기서는 위 네 책들의 내용을 수정 보완하는 것으로 세 도상의 관계를 심화시키려 한다. 세 도상들은 정확하게 위상의 차원에 따라 시대마다 한 차원씩 상승하며 동양 사회의 역사와 인간의 의식구조를 반영하고 좌우해왔다. 다시 말해서, 위상학적 용어들을 사용해 세 도상을 정의하면, 하도는 뫼비우스띠, 낙서는 클라인병, 정역도는 사영평면에 해당한다는 것이다. 러셀 역설은 고대 그리스 철학의 '거짓말쟁이 역설' 또는 '제3의 인간 역설'로 알려져 왔다. 이를 서양 철학사에서는 해결 불가의 난제거리aphoria로 인식하였다. 이것이 난제라는 점에서는 동서양이 같다. 그래서 동서 철학은 공통의 난제를 해결하는 데서 출발한다는 점에서는 같다. 동서 철학이 같은 문제를 안고 있다는 점에서는 같으나 그것을 해결하거나 해의하는 과정과 방법은 다르다.

역설을 해의하는 방법의 하나로, 필자는 위상역을 도입하고 있다는 것이다. 그래서 이 책은, 현대 서양철학에서 러셀 역설 또는 거짓말쟁이 역설을 어떻게 다루고 있는가를 비교 차원에서 취급하지 않을 수 없다. 그렇지만 문제의 본질은 역에서 역설 해의를 어떻게 하고 있는가를 보자는 데 근본 취지가 있음을 강조해 둔다.

### 사각형과 위상 범례

아래에 소개할 위상 범례들은 거짓말쟁이 역설과 역의 난제들을 가시적으로 해의할 수 있는 중요한 도구이다. '위상 범례'란 차원별로 사각형의 범례를 만드는 것을 이르는 말이다. 지금 우리가 사용하는 일상 언어로는 역설의 구조를 설명해 내기란 어렵다. 그러나 위상학의 도구를 사용하면 이를 쉽게 파악할 수 있다. 여기서 사용될 주요 용어들은 '짝pair'과 '쌍couple'과 '엇'이란 3대 대칭이다. 그리고 이 대칭관계를 설명할 연접connecting과 결접interlocking이란 용어들이 있다. 짝대칭이란 사각형의 전과 후, 좌와 우, 상과 하와 같은 이차원적 대칭들을 말한다. 역의 음과 양 같은 효의 대칭을 의미한다. 이러한 짝들은 하나의 쌍을 만든다. 가로쌍, 세로쌍, 대각선쌍 같은 것이다. 짝과 짝끼리 만나 붙는 것을 '연접'이라 하고, 쌍과 쌍이 그러한 것을 '결접'이라고 한다는 것이다. 사각형 안에는 '직접direct'과 '간접indirect'의 두 대각선이 있다. 이 둘이 접하는 것을 '대접'이라고 한다. '직접 대각선'이란 같은 것끼리 쌍을 이룰 때를 말하고, '간접 대각선'은 그렇지 않은 경우를 말한다.

이와 같이 사각형 공간에서 위상의 변화 관계를 한눈에 볼 수 있게 한 것을 위상 범례topological example라고 한다. 위상 범례는 〈그림 6-1〉과 같다. 다섯 개의 위상 범례는 모든 것의 모든 것이라 해도 좋다.1)

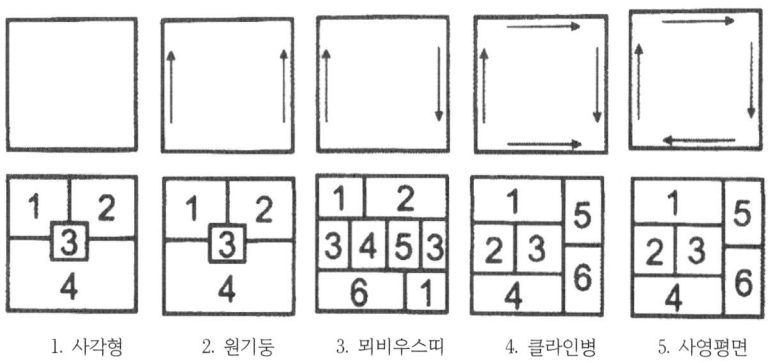

1. 사각형    2. 원기둥    3. 뫼비우스띠    4. 클라인병    5. 사영평면

그림 6-1. 위상 범례 (Pickover, 2006, 69)

---

1) 원래는 점, 직선, 원환(torus)을 넣어 모두 여덟 개였으나, 이 책에서는 다섯 개로 축약하였다.

그 속에는 우주공간이 있고, 논리구조가 있고, 인간 마음의 구조가 있어서, 그 무엇보다 역학 연구에서 중요한 세 개의 도상들을 이해하는 데 그 기틀이 다 담겨 있다고 해도 과언이 아니다. 범례 1에 해당하는 사각형은 그 안에 선과 점과 면의 대칭들이 만들어 내는 곡예는 우주 쇼의 한 장면과 같다고 할 수 있다. 왜냐하면 현대 천체 물리학자들이 그려내는 우주의 구조란 다름 아닌 위상 범례 그것과 같기 때문이다.

다섯 개의 위상 범례(이하 '범례')들2) 가운데 가장 중요한 것은 '뫼비우스띠'이다. 뫼비우스띠는 거짓말쟁이 역설의 특징을 그대로 반영하고 있다. 사각형의 가로나 세로 가운데 어느 하나가 180도 비틀려 마주 붙은 것이다. 위 위상 범례는 유치원생들도 이해할 만큼 간단하고도 쉽다. 그런데 여기서 역의 다른 의미인 '변한다'와 '변하지 않는다'를 적용하면 위상학은 새로운 국면을 맞게 된다. 다시 말해서, 사각형을 여러 가지 모양으로 변화시킴으로써 사정은 달라진다. 화살표 방향에 따라서 변화를 시킬 때 새로운 국면을 맞게 된다. 즉, 화살표의 '변화'에 따라서 사각형 안의 전후, 좌우, 상하의 세 대칭구조가 어떻게 변하는가를 살펴보는 것이다.

〈그림 6-2〉는 사각형 속의 세 개의 짝 대칭점들의 구조를 역의 팔괘와 일치시켜, 그것을 위상학에 적용시킨 것을 두고 위상역의 시생원리라 한다. 이렇게 하여 위상역은 의리역과 상수에 이어 역학 연구에 새로운 면모를 보여줄 것이다. 사각형이 '기저'가 되는 범례라면, 뫼비우스띠는 '기본'이 되는 범례이다. 기저는 '안비틈'이고 기본은 '비틈'이다. '안

---

2) 범례 가운데 원환을 생략하였다. 이 책에서 거의 사용되지 않기 때문이다. 원환은 가로와 세로가 모두 같은 방향으로 비틀리는 것을 말한다.

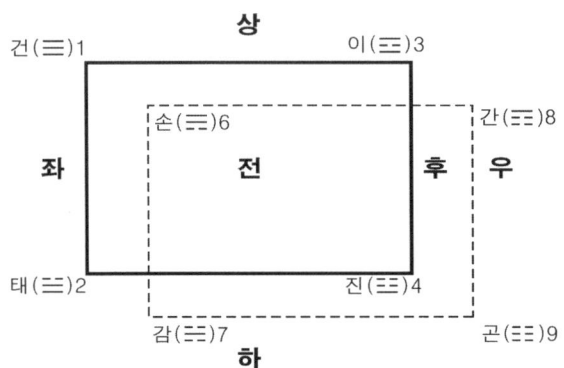

그림 6-2. 사각형의 대칭 관계와 팔괘

담김'과 '담김'에 이어 주의를 요하는 측정 언어들이다. 이제 기저와 기본이 서로 접하면서 갖가지 차원 상승의 변화를 보여줄 것이다. 화살표의 방향이 반대로 된다는 것은 사각형을 180도 '비틀'을 의미한다. 비틀은 비유클리적이 됨을 의미한다. 유클리드 기하학은 비틀을 다루지 않기 때문이다. 원기둥과 원환torus이 사각형의 변통이라면, 클라인병과 사영평면은 뫼비우스띠의 그것이다. 사각형의 가로나 세로 가운데 어느 하나가 180도 비틀리는 것이 다름 아닌 뫼비우스띠이다. 사각형, 원기둥, 원환은 시원적orientable이라 하고, 뫼비우스띠, 클라인병, 사영평면은 비시원적nonorientable이라 한다. '시원적'이라 함은 화살표의 방향이 일정하다는 것을, 비시원적인 것은 그렇지 않다는 것을 의미한다.

사각형의 경우 전후, 좌우, 상하의 대칭에는 '비틀'이 없다. 이를 '안비틀'이라 한다. 서양에서는 '안비틀'을 두고 '건강함' 또는 '기저성'이라고 한다. 이에 대하여 뫼비우스띠 등은 병적 또는 기저성이 없다고 한다. 이는 논리철학자 크립케의 용어들이다. 물론 크립케는 거짓말쟁이 열설 같은 문장을 기저가 없는 것으로 본다. 위상학의 뫼비우스띠 같은 것이 이에 해당한다. 역설을 조장하는 문장이기 때문이다. 구태여 이런 용어들을 구사하는 이유는 위상학과 거짓말쟁이 역설 해의에, 나아가 역의 그것에 방법적으로 응용하기 위해서이다. '비틀'의 대칭 문제를 사각형 안에서 보면, 사각형 안에는 전후, 좌우, 상하의 대칭이 있다. 이는 '양과 '음' 같은 모든 가치를 결정하며, '참과 '거짓'이라는 가치도 이에 포함된다. 이들 사각형의 방향을 비트는 문제가 다름 아닌 위상역이 관찰하려고 하는 과제이다. 이를 위해서는 사각형 안에 있는 여러 대칭 짝들의 비틀 상태를 관찰하여야 한다.

어느 짝대칭이 다른 짝대칭과 만나 대칭을 만들 때 이를 '쌍대칭'이라고 한다. 쌍대칭은 전후 짝이 상하와 좌우 짝을 만나 대칭을 만드는 것이다. 기하학적으로는 가로와 세로가 서로 만나 붙는 것이 쌍대칭이다. 쌍대칭은 그래서 대각선을 만든다. 대각선은 정대각선과 역대각선이 있으며, 이 둘이 하나의 대칭을 만들면 이는 엇대칭이 된다. 다른 대칭과 달리 대각선상의 대칭은 '비대칭의 대칭'이다. 그래서 이를 '엇대칭'이라고 한다. 이러한 대각선상의 대칭을 두고 역학에서는 석합보공析合補空이라고 하여 매우 중요시한다. 석합보공에 따르면, 대각선을 대칭으로 하면 가로와 세로가 반비례로 증가한다. 즉, 눈금이 열 개인 사각형을 만들어 가로가 1이면 세로는 (10-1)이 되는 것과 같다. 이를 일반화하여 가로를 x라 하면 세로는 (10-x)와 같다. 만약 둘을 곱하기 하면 x(10-x), 서로 보합하는 상황이 벌어진다. 이에 따라서 태극도에서 음과 양이 증가하고 감소하는 그림이 그려진다. 독일 수학자의 이름을 따 '페어홀스트 방정식'이라고도 한다. 이 용어로 역의 세 도형을 앞으로 고찰하기 때문에 매우 중요하다.

석합보공은 이와 같이 '비대칭의 대칭'이며, 그래서 엇대칭이라고 한다. 이러한 엇대칭이 있기 때문에 역의 '하10서9'와 '하9서10' 논쟁이 발생한다. 그리고 기하학적 소멸의 문제와 칸토어 대각선 정리의 'E₀' 문제도 모두 석학보공과 관련이 있을 정도이다. 역을 석합보공의 관점에서 연구한 학자가 바로 퇴계이다.

대각선 대칭 또는 엇대칭은 가로와 세로가 서로 나누어져 보합되어 만들어진 대칭이다. '전좌상'에서 '후우하'로 향하는 대각선을 '정대각선', 그 반대인 것을 '역대각선'이라 한다. 그 밖의 대각선들은 '편대각선'이라고 한다. 그리고 평면사각형의 대각선은 이차원적, 정육면체의 모서리와 맞은편 모서리가 만드는 대각선은 삼차원적이다. 전자를 '짧은 대각선shorter diagonal', 후자를 '긴 대각선longer diagonal'이라 한다. 짝대칭 하나가 하나의 차원을 결정한다. 궁극적으로는 차원의 문제로 모든 것이 귀결될 것이다. 공자는 팔괘 가운데 긴 대각선상에서 대칭을 이루고 있는 손괘와 진괘 같은 대칭끼리 통하지 못함을 하나의 해결 과제로 남겨 놓았다.

예를 들어, 앞의 〈그림 6-2〉에서 태괘☱와 간괘☶는 서로 삼차원 대각선상에 있다. 태는 못澤이고 간은 산山이다. 산과 못이 서로 불통山澤不通함을 공자는 의문으로 남겨 놓았던 것이다. 위상역으로 보았을 때, 이는 긴 대각선상에서 서로 대칭을 만들고 있는 대칭관계이다. 그리고 이는 정역의 수지상수론에서 보면 순수 논리적인 문제임을 확인하게 될 것이다. 엄지를 구부려 간이라 하고 소지를 펴 태라고 할 때, 굴신이 반대이고 손가락도 서로 반대 위치에 있다. 이런 논리적인 문제를 손가락으로 파악할 때 위상역의 가치는 절정에 이를 것이다.

### '연접'과 '결접'의 상호 관계

대각선 대칭은 '엇대칭'이다. 이렇게 3대칭, 짝대칭·쌍대칭·엇대칭이 서로 붙고 만나는 것을 '접接'이라 부르고, 짝대칭이 서로 붙는 것을 '연접連接', 쌍대칭이 서로 붙는 것을 '결접結接', 엇대칭으로 서로 마주 붙는 것을 '대접對接'이라 부르기로 한다. 이러한 분류를 하는 이유는, 이들 용어를 역, 위상, 역설이라는 삼자의 관계를 심화시키기 위한 측정언어로 사용하기 위해서이다. 다시 말해서, 위상역을 구사하는 데 더 없이 중요한 용어라는 뜻이다.

쌍대칭끼리인 가로와 가로, 세로와 세로, 그리고 가로와 세로, 세로와와 가로가 대각선과 마주 붙는 것이 다름 아닌 대각선 정리에서 말하는 대각선화diagonalisation이다. 쌍대칭이 서로 결접하는 것이 대각선화라 할 수 있다. 그리고 대각선이 다시 가로나 세로로 되는 것이 반대각선화 anti-diagonalisation이다. 이럴 때 대칭관계에 있는 짝들이 서로 반대가 되는 것이 다름 아닌 반가치화counter-value 또는 역가치화이다. 이러한 설명과 함께 다음으로 이어지는 순서는, 위상 범례 가운데 있는 클라인병과 사영평면 속에서 대칭관계를 파악하는 것이다. 대칭관계를 알기 쉽게 표시하고 있는 것이 바로 사각형의 가로와 세로 주위의 화살표 방향이다. (그림 6-1 참고) 즉, 사각형의 네 개의 선이 갖는 방향을 말한다.

이러한 3대칭을 구사하여 위상 범례를 하나하나 고찰하면 다음과 같

다. 범례 1인 '사각형'에는 화살표 자체가 없다. 방향도 서로 마주 붙음
도 없다는 뜻이다. 짝과 쌍이 서로 짝짓기로, 쌍을 이루지도 않고 있는
예비와 준비단계이다. 그래서 사각형을 기저라 한다. 범례 2인 원기둥은
가로나 세로 가운데 한 쌍이 서로 비틂이 없이 짝짓기를 하는 경우이다.
가로는 가로, 세로는 세로와 만나고 있다. 원환은 가로와 세로 두 쌍이
모두 비틂 없이 짝짓기를 하는 경우이다. 참은 참끼리, 거짓은 거짓끼리,
음은 음끼리, 양은 양끼리 서로 짝짓기를 하는 경우이다. 그래서 사각형,
원기둥, 원환은 모두 시원적이다.

그런데 범례 3인 뫼비우스띠는 가로나 세로 가운데 어느 한 짝이 180
도 비틀려 마주 붙는 '비틂'이 시작되는 경우이다. 화살표의 방향을 반대
로 하는 것으로서, 180도의 비틂을 나타낸다. 그러면 참과 거짓이라는
서로 상반된 가치의 짝들이 서로 마주 붙어, '참-거짓' 또는 '거짓-참'이
된다. 이를 두고 기저 없음의 '병적'이라 한다. 서양 전통에서는 놀랄 만
한 일이다. 아리스토텔레스가 바로 이런 현상을 막기 위해 논리학《오
르가논》을 썼는데, 이를 병적인 것으로 보았기 때문이다. 그러나 역에
서는 음-양 관계로 보아 다반사로 여겨 병적이 아니라고 본다.

병적인 것으로 보았기 때문에, 서양 전통 유클리드 기하학은 '비틂'을
기하학에서 제외시켰다. '비틂'은 '참-거짓' 또는 '거짓-참과 같고, '안
비틂'은 '참-참' 또는 '거짓-거짓'과 같다. 이런 약속을 전제할 때, 위상
범례의 역설적 구조가 다음과 같이 선명하게 파악될 수 있다. 사각형
안에 있는 여덟 개의 대칭점들(이들이 팔괘에 해당한다)이 삼차원 대각선
을 대칭으로 하여 서로 마주보고 쌍대칭을 한다. 세 개의 짝들이 한 쌍
을 만들어 서로 마주본다. 이런 쌍들이 공자가 말하는 '천지정위天地定位'

나 '산택불통山澤不通'과 같은 것이다. 이와 같이 공자의 언어를 전부 위상학적 용어로 바꾸어 놓은 것을 위상역이라 한다.

뫼비우스띠의 경우, 삼차원 전후·좌우·상하의 가치가 모두 반대이다. 복희도와 선천도가 이에 해당한다. 즉, 복희도에서 팔괘들이 서로 마주보고 대칭하는 것이나, 뫼비우스띠가 그 구조에서 이와 같다는 뜻이다. 그래서 뫼비우스띠는 하나의 쌍 속에 있는 짝대칭이 연접하여 만들어진 것이라고 요약할 수 있다. 그 안에는 결접이 없이 연접만 있다. 그러나 클라인병과 사영평면은 사정이 아주 다르다. 이 다른 것을 보여주는 것이 이 연구의 백미를 이룬다. 다시 말해서, 뫼비우스띠는 가로나 세로 가운데 어느 하나만 선택하여 비틀어 마주 붙이기 때문에, 쌍들 사이의 결접은 없다. 그러나 클라인병과 사영평면은 쌍들끼리 마주 붙는 과정이 필요하여 결접을 해야 한다. 정역도에 와서는 삼차원 이외에 또 다른 차원을 역에 적용한다. 비틈 속의 비틈이라는 일종의 프랙털 현상을 만들어 버린 것이 정역도의 구조이다.

### 뫼비우스띠, 클라인병, 사영평면

이러한 위상의 변통 과정을 통해 클라인병과 사영평면의 논리적 구조를 검토해 보도록 한다. 한 사각형 속의 두 쌍의 변 가운데, 하나는 방향이 같고, 다른 하나는 반대면 클라인병이 된다. 두 방향이 모두 반대일 경우는 사영평면이다. 이 과정 자체는 유치원생도 알 수 있을 만큼 단순해 보인다. 그러나 막상 이러한 대칭구조를 변화시켜 새로운 모양을 만들려고 할 때, 이차원 평면공간이나 삼차원 입체공간에서는 클라인병과 사영평면은 만들어질 수 없다. 클라인병이나 사영평면은 모두 사각형을 기저로 뫼비우스띠를 기본구조로 하고 있다. 예를 들어, 클라인병은 '뫼비우스띠의 원기둥'의 연접이고(뫼비우스띠 × 원기둥), 사영평면은 '뫼비우스띠의 뫼비우스띠'의 연접이다(뫼비우스띠 × 뫼비우스띠). 그런데 연접의 전제는 결접이다. 다시 말해서, 클라인병의 연접은 '뫼비우스띠와 뫼비우스띠'(뫼비우스띠 + 뫼비우스띠)라는 결접을 전제하고, 사영평면은 '뫼비우스띠와 원환(뫼비우스띠 + 원환)이라는 결접이다. 연접은 곱하기 기호(×)와 '의 of'로 표시하고, 결접은 더하기 기호(+)와 '와 and'로 표시한다.

'뫼비우스띠의 원기둥'이 연접된 클라인병의 경우를 보면, 뫼비우스띠와 원기둥의 두 가지가 동시적일 수 없다. '뫼비우스띠(비틈)의 뫼비우스띠(비틈)'가 연접되는 사영평면 역시 사정은 마찬가지이다. 반드시 시간의 선후 개념이 첨가될 경우에만 가능한 공간들이다. 이를 실제 도형과 비교하면서, 거짓말쟁이 역설과 연관시켜 결론으로 정리하면 다음과 같다.

| | |
|---|---|
| <u>클라인병 = 비틈×안비틈 = 뫼비우스띠×원기둥 = 뫼비우스띠+뫼비우스띠</u> | |
| 연접 | 결접 |
| 거짓말쟁이 역설 = 거짓말×참말 = 뫼비우스띠×원기둥 = 거짓말 + 거짓말 | |
| 연접 | 결접 |
| '의' | '와' 또는 '과' |

이렇게 거짓말쟁이 역설 구조와 클라인병 구조를 일치시켜 놓았다. 이런 시도는 서로 이해를 도울 수 있다. 언어의 구조를 통해서 가시적인

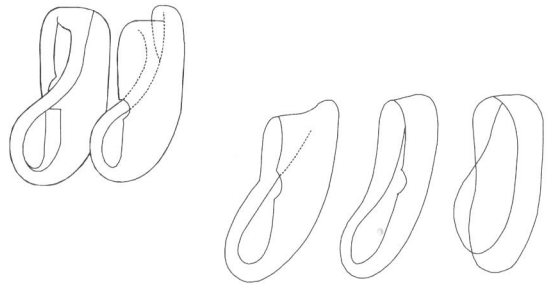

클라인병=안비틈의 비틈
비틈과 비틈

그림 6-3. 클라인병 위상 수술도

기하학적 구조를 파악할 수 있게 만들어 주기 때문이다. 이를 역의 세 도상들과 연관시키면 더욱 이해가 쉬워질 것이다.

다시 설명을 하면, 다음과 같다. 만약에 여기서 '비틈'을 거짓말, '안비틈'을 참말이라고 한다면, '거짓말의 참말'은 '거짓말과 거짓말과 같다.3) 이는 거짓말쟁이 역설의 재판이라고 할 정도이다. 그래서 위상학과 거짓말쟁이 역설의 연관 맺기는 필수적이라고 할 수 있다. 복잡한 역설적 언어구조를 위상학은 가시적으로 쉽게 파악하도록 만든다.

여기서 관심사는 연접과 결접의 관계이다. 클라인병의 경우, 사각형 안의 가로와 세로의 쌍대칭 관계에서 어느 하나가 비틈이고, 다른 하나가 안비틈으로 연접하자면, 그 '비틈'인 것은 반드시 '비틈'인 것에 결접해야 한다는 것이다. 그러면 연접은 사각형 안에서 가로와 세로의 관계이고, 결접은 사각형과 그 사각형 밖의 것과의 관계이다. 연접과 결접은

---

3) '비틈'을 거짓말, 그리고 '안비틈'을 참말이라고 할 때 쌍대칭 차원에서 하는 말이다. 그래서 짝대칭에서의 그것과는 차원이 다르다. 후자가 대상언어라면 전자는 메타언어에 해당한다.

쌍대칭상의 문제이기 때문에, 대각선 문제를 여기에 불러오지 않을 수가 없다.

대문자 A와 B, 소문자 a와 b, 이 네 개를 사용해 '비틈'은 Ab와 Ba로 표시하고, '안비틈'은 Aa와 Bb로 표시하기로 하면, 클라인병과 사영평면을 다음과 같이 도표로 나타낼 수 있다.

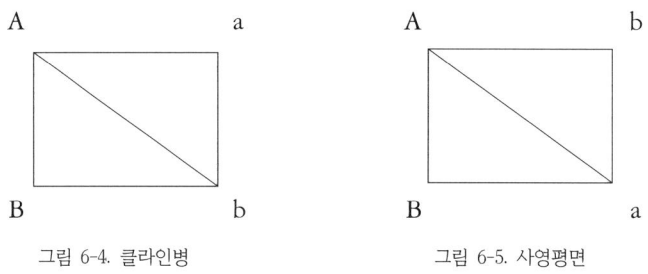

그림 6-4. 클라인병            그림 6-5. 사영평면

'안비틈'은 Aa나 Bb로 표시하고, '비틈'은 Ab나 Ba로 표시하기로 한다. 그러면 〈그림 6-4〉는 클라인병이고, 〈그림 6-5〉는 사영평면이다. 전자에서 세로는 비틈이고 가로는 안비틈이고, 후자에서 가로와 세로 모두 비틈이기 때문이다. 두 사각형의 대각선을 보라. 〈그림 6-4〉는 '비틈'(Ab)이고 〈그림 6-5〉는 '안비틈'(Aa)이다. 그렇다면 클라인병의 '비틈의 안비틈'이란 연접은 대각선의 '비틈 Ab'와 결접이 되어 있다는 것이 확인된다. 반대로 〈그림 6-5〉의 사영평면의 경우, '비틈의 비틈'이란 연접은 '안비틈 Aa'란 대각선과 결접이 되어 있다.

이 간단한 두 도형을 통해 우리는 연접과 결접의 관계를 대각선과 연관하여 확인한다. 다시 말해서, 클라인병의 '가로-안비틈'과 '세로-비틈'의 연접은 대각선 '비틈'에 결접되어 있다고 할 수 있다. 사영평면은

가로와 세로의 모두 '비틈'은 '비틈의 비틈'으로서 연접되어 있고, 대각
선 '안비틈'에 결접되어 있다. 그러면 연접은 대각선화이고, 결접은 반대
각선화라고 할 수 있다. 가로와 세로가 서로 사상하는 것은 대각선화(연
접)이고, 그것이 대각선과 결접하는 것은 반대각선화이다.

그러나 연접과 결접은 만들어지는 과정에서 동시적이라는 사실을 알
아야 한다. 가로와 세로가 만들어지는 순간 대각선은 동시적이고, 대각
선이 만들어지는 순간 그것은 가로와 세로이기 때문이다. 그러나 이런
현상은 삼차원 공간에서는 불가능하다. 이는 앞으로 대각선 논증에서
발생한 역설을 해의하는 데 중요한 단서가 된다.

다음은 이러한 사전 준비와 함께, 사영평면의 제작과정을 통해 사영
평면의 내부를 분해하면 연접과 결접의 구조가 확연하게 나타난다.

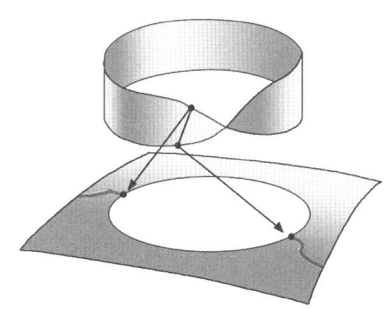

그림 6-6. 사영평면의 제작과정

[사영평면은 비틈(뫼비우스띠)과 안비틈(원)이 결접한 것이다]

사영평면은 '비틈의 비틈'이기 때문에 뫼비우스띠 두 개가 연접해 있
다. 동시에 안비틈인 원판(〈그림 6-7〉 라)에 결접되어 있다. 〈그림 6-7〉
의 (라)는 사영평면의 연접과 결접을 한눈에 보여준다. 가운데 원판은

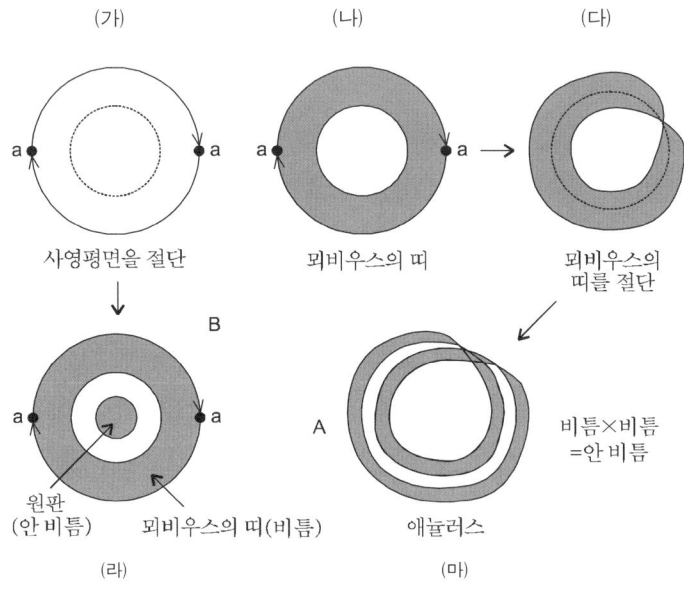

그림 6-7. 사영평면의 위상 수술

‘안비틈’이다. 이러한 ‘안비틈’이 뫼비우스띠인 ‘비틈의 비틈’과 결접되어 있다. (마)는 애뉼러스로서 뫼비우스띠 두 개가 연접해 있는 것으로, 그 자체는 ‘안비틈’이다. 바로 여기서 위상학과 거짓말쟁이 역설을 연관시킬 수 있었고, 나아가 대각선 논증과도 관계가 자연스럽게 설정된다.

## 6.2. 위상수술과 거짓말쟁이 역설

### 애뉼러스와 거짓말쟁이 역설 진단

사각형은 자기언급이 없는 것으로서, 이를 두고 크립케는 기저성

groundedness이 있다고 한다. 크립케는 거짓말쟁이 역설 또는 자기언급이 개입되는 것을 '기저성 없음'이라고 하기 때문이다. 뫼비우스띠는 한 번 비튼 것이지만, 이를 두 번 비튼다고 해보자. '비틈의 비틈'이라 해보자. 이 새로운 띠는 두 개의 뫼비우스띠가 연접해 있는 형상으로서, 그 위상이 뫼비우스띠와는 다르다. 다시 말해서, '안비틈'이다. 사각형의 같은 짝인 앞과 앞, 뒤와 뒤가 마주 붙어 있다. 이를 특히 '애뉼러스anulus'라고 한다. 이 새로운 띠는 뫼비우스띠의 가운데를 둘로 나누어 만들 수 있는 것으로서, 앞과 뒤가 분리되어 있다.

애뉼러스는 역설 이해에 새로운 전기를 만들어 준다. 왜냐하면 애뉼러스는 사각형의 등분을 말하는 것이기 때문이다. 연접인 '의 ×'와 결접인 '와 또는 과 +'의 관계를 애뉼러스 만큼 극적으로 보여주는 것도 없기 때문이다. 사각형을 둘로 나누면 원기둥의 경우는 두 개의 작은 원기둥으로 갈라지지만, 뫼비우스띠의 경우는 두 개의 뫼비우스띠가 하나로 붙어 있는 띠가 생기고, 이것이 애뉼러스라는 것이다. 그러면 하나의 큰 띠 안에 뫼비우스띠 두 개가 서로 결접하고 있다. 왜냐하면 사각형을 이등분하면 두 개의 다른 사각형이 되기 때문이다. 서로 다른 사각형으로 된 뫼비우스띠가 결접하면, 즉 뫼비우스띠+뫼비우스띠=원환이 된다. '비틈과 비틈'은 '안비틈'이기 때문이다. 그래서 애뉼러스는 '안비틈'이다. 애뉼러스의 앞뒤 면을 펜으로 그으면 서로 만나지 않는다. 뫼비우스띠의 이등분은 클라인병이다. '안비틈과 안비틈'은 '"비틈'의 '안비틈"'이기 때문이다. 그러면 애뉼러스는 기저성이 있는가 없는가. '기저성 없음의 없음'이기 때문에 제기된 문제이다. 이 문제는 결국 다음 장으로 넘어가서, 크립케의 역설 해의와 연관하여 다시 거론될 것이다.

애뉼러스를 심화시키기 위해서 원기둥(범례 2)과 애뉼러스를 비교하면 다음과 같다. 원기둥의 경우, 이등분하면 원래의 띠와 같으면서 서로 분리된 두 개의 띠가 새로 생겨난다. 참은 참, 거짓은 거짓하고만 서로 짝짓는다. 그러나 뫼비우스띠를 둘로 가르면, 길이가 원래 띠의 두 배이면서 두 번 꼬인 띠 하나가 생긴다. 이를 '쌍뫼비우스띠'(또는 '쌍뫼띠')라고 한다. 그런데 두 번 꼬인 띠를 자르면 서로 엇갈린 띠 두 개가 만들어진다. '비틀림의 비틀림'이기 때문에 '안비틀림'이 된다. '거짓의 거짓'이기 때문에 참이 된다. 이 쌍뫼비우스띠는 다름 아닌 클라인병이다. 클라인병은 두 개의 뫼비우스띠가 연접해 있는 것이기 때문이다. '안비틈의 비틈'이란 연접은 '비틈'과 연접되어야 한다는 것이다.

원기둥과 쌍뫼비우스띠가 같은 '안비틈'임에도 결과가 다른 것은, 그것의 위상학적 차이 때문이다. 위상학적 차이란 동시에 논리적 차이이다. 원기둥의 '안비틈'은 가로와 세로의 안비틈이고, 쌍뫼비우스띠의 '안비틈'의 '비틈의 비틈'이다. 전자는 대상언어에, 후자는 메타언어에 속한다고 할 수 있다. 이렇게 거짓말쟁이 역설과 그 궤를 같이하면서, 위상학은 순수 논리학의 영역으로 그 자리를 옮겨 가게 된다. 즉, 여기서 말하는 위상학적 차이란 다음과 같은 논리적 차이이다.(Devlin, 1994, 186) 두 번 비튼다는 것은 '거짓말의 거짓말'이기 때문에 '참말'이 된다. 원기둥을 반으로 자르면 두께가 반으로 준 같은 크기의 원기둥이 생기고, 이를 다시 더하면 원래 크기의 원환이 복원된다. 즉, '참말과 참말은 '참말'이다. 그러나 '비틈'을 다시 '비튼'다는 것은 더하기 작용이 아니고 곱하기 작용이다. 곱하기, 즉 '비틈의 비틈'은 '안비틈'이다. 거짓의 거짓은 참이다.

우리의 관심사는 다시 등분으로 이어진다. 다시 말해서, 뫼비우스띠를 삼등분하여 뫼비우스띠를 만들어 보자는 것이다.

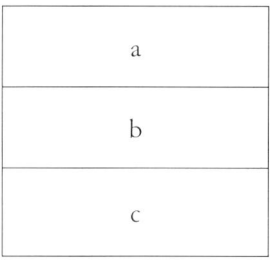

그림 6-8. 사각형과 삼등분

그러면 a와 c등분은 서로 만나 애뉼러스 또는 쌍뫼비우스띠를 만든다. 그래서 클라인병 구조이다. 그런데 b는 a와 c와는 상관없이 독자적으로 뫼비우스띠를 만든다. 이를 '외뫼비우스띠'라 한다. 그러나 b가 애뉼러스에 걸려 있지, 분리되지는 않는다. 그런데 원래는 이 삼등분이 하나의 사각형 안에 있었다. 그 가운데 상과 하가 만나서 애뉼러스를 만들었다. 애뉼러스는 '비틈의 비틈'으로 '안비틈'이다. 그러면 이런 애뉼러스를 등분 c가 만든 뫼비우스띠와 결접을 한다고 해보자. 이 말은 '안비틈+비틈=비틈×비틈'과 같다. 그런데 만약에 연접을 한다고 해보자. 이 말은 '안비틈×비틈=비틈+비틈'이다. 전자는 클라인병이고 후자는 사영평면이다. 이와 같이, 사각형의 등분과는 달리 뫼비우스띠의 등분은 역설의 문제를 가시적으로 한눈에 보여주면서 역설을 야기시킨다. 이어서 a, b, c, d와 같이 등분한다고 하면, a와 d, b와 c가 서로 연접을 하여 애뉼러스를 만든다. '안비틈의 안비틈'이다. 다섯 등분을 하여 a, b, c, d, e라고 하면, a-e, b-d와 같이 연접을 하여 쌍뫼비우스띠를 두 개 만들고, c는 독자적으로 외뫼비우스띠를 만든다. 이는 역설의 구조를 차원적으로 이해하게 하는 효과를 내고 있다.

이제 사안의 중요성을 고려하여 위상학과 역설의 관계를 더 구체적으로 알아보기로 한다. 원기둥과 원환은 가로와 세로가 만나는 일은 없고, 가로는 가로, 세로는 세로와 만난다. 그래서 이를 '시원적'이라고 한다. 그러나 뫼비우스띠는 전후, 좌우, 상하의 가치가 모두 반대일치하면서도 비트는 방향에 따라서 가로는 가로, 세로는 세로와만 만난다. 이를 비시원적이라 한다. 모두 짝대칭끼리만 만난다. 그러나 클라인병과 사영평면은 뫼비우스띠와 같이 비틀리면서도 가로와 가로, 가로와 세로가 만나는 쌍대칭에서 일치한다. 가로와 세로가 만난다는 것은 사상된다는 것으로, 대각선이 만들어진다는 것을 의미한다. 이차원 공간에서는 가로가 세로가 되고 세로가 가로가 되는 것이 불가능하지만, 위상 공간에서는 가능하다. 대각선이 가로나 세로가 되는 것도 가능하다. 이것이 바로 '반대각선화'인데, 클라인병과 사영평면에서는 그것이 가능하다는 것이다. 이는 이미 〈그림 6-4〉와 〈그림 6-5〉에서 확인하였다. 여기서 우리는 대각선의 여러 요소들을 위상공간 속에서 확인하게 된다.

구가 평면이 될 수도 있고, 평면이 구가 될 수도 있기 때문에, 클라인병과 사영평면은 가능하게 된다는 것이다. 대각선 논증이 위상학과 별개의 것으로 논의될 수 없는 이유이다. 칸토어가 만약에 생전에 자기의 대각선 논증을 이렇게 위상학과 연관시켰더라면, 연속체 문제를 그렇게 심각하게 고민하지도 않았을 것이다. 가로와 세로가 90도 각도에서 서로 대칭을 이룰 때에만 대각선이 가능해지고 대칭이 있게 되는데, 만약에 세로가 가로가 되고 대각선도 된다면 대각선이 무력화되고 만다. 대각선은 가로와 세로의 합치점이기 때문에, 가로와 세로의 붕괴는 곧 대각선의 붕괴를 의미한다. 대각선의 붕괴 내지 해체는 앞으로 모든 것을 해체시키는 결과를 불러올 것이다. 그렇다면 칸토어의 제1대각선 증명에 동원된 사각형이 사영평면 같은 위상공간이 된다면, 수는 순과 역으로 순환을 하게 된다. 역의 방도를 그렇게 해 놓은 것이 원도이다.

역에서는 어느 한 효나 괘의 위치를 위位라 하고, 그 안에 있는 대상을 수數라고 한다. 특히 석합보공에서, 위와 수는 서로 보합을 하며 매우 중요하게 다루어진다. 그런데 석합보공은 정방형을 전제하고, 그 속의 대각선을 전제하고 있다. 그렇다면 위상학적 공간에서 석합보공의 의미가 당장 달라진다. 결국 역의 삼도는 이 문제와 연관되는 것이며, 각 도형이 석합보공의 문제를 어떻게 보느냐와 연관이 있다. 동시에 석합보공의 문제는 다름 아닌 위상학적 고찰과 무관하다고 할 수 없다. 석합보공하는 관계 속의 수의 관계를 방정식으로 표시한 것이 페어홀스트 방정식이다. 이 방정식을 통해서 수의 순환 관계를 파악할 것이다.

위상 수술에 따른 대각선 논증 진단
가로와 세로가 있는 평면인 사각형을 전제한다고 할 때, 구가 평면이 되고 평면이 구가 된다는 것이 대각선 정리에서 말하는 반대각선화와 반가치화라고 할 수 있다. 사각형 안에서 대각선이 구가 된다는 것은 대각선이 사라져 구면이 된다는 것과 같기 때문이다. 그래서 이에 대한 검토를 위상학적으로 다시 하지 않을 수 없다. 평면화flattening란 비시원적인 것을 시원적인 것으로 바꾼다는 말과 같다. 평면은 시원적이기 때

문이다. 예를 들어서, 사영평면의 구면을 원으로 평면화시키는 방법은
다음 〈그림 6-8〉과 같다.

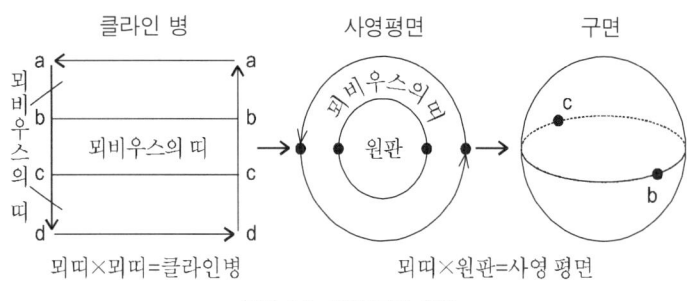

그림 6-9. 위상공간의 변형

〈그림 6-9〉에서, 구면을 평면인 원으로 바꾸면 다음 〈그림 6-10〉과
같다.

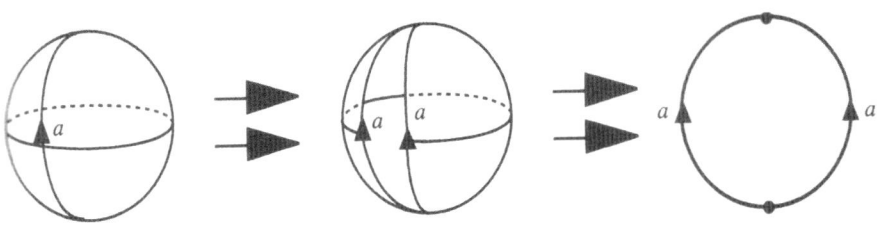

그림 6-10. 위상공간에서 대칭구조

마찬가지 방법으로 원환도 사각형 평면으로 같이 바꿀 수 있다. 구면
에는 가로와 세로선을 90도 각도로 긋지 못한다. 왜냐하면 구면에서는

가로와 세로가 만나는 각도가 90도보다 크거나 작기 때문이다. 그래서 가로와 세로는 한 점에서 만나게 된다. 이것은 유클리드 제5공리를 어기는 것이다. 아무튼 '대각선'이란 이차원 평면 안의 개념이다. 위 도형에서 가운데 작은 원은 대각선에 해당하고, 밖의 큰 원은 사각형의 가로와 세로에 해당한다. 그런데 두 원의 검은 흑점 네 개가 두 개로 된다는 것은 대각선의 반대각선화, 또는 반대각선의 대각선화라 할 수 있다. 사영평면을 위상 수술 해보면 이러한 관계를 더 분명하게 알 수 있다.

사영평면을 위상 수술로 아래와 같이 평면화시킬 수 있다. 평면인 원주 위에 ABCDEFGH/ABCDEFGH와 같이 배열을 하고, 이를 마치 도공이 그릇을 만들 듯이 한 다음, 그릇의 입구를 비틀어 뫼비우스띠를 만들어 마주 붙인다. 그러면 사영평면을 하나 갖게 된다.(Sthall, 2003, 343) 〈그림 6-10〉의 경우는 반대각선화와 반가치화를 한눈에 보여준다. 즉, 1은 −1과, −1은 1과 좌우에서 대칭을 만든다. 이것이 반가치화이다. 그리고 실선과 점선은 서로 교차한다. 이것이 바로 반대각선화이다. 비틈의 비틈이 연접하고, 비틈과 안비틈이 결접할 때 사영평면이 된다.

여기서 우리는 사이먼스가 주장하는 특이성 이론과 역설 해의를 위한 시간성 도입을 비판하지 않을 수 없다. 왜냐하면 사영평면의 위상 수술에서 보는 바와 같이, 참(1)과 거짓(−1)은 시간적으로 전후로 나눌 수 없기 때문이다. 참과 거짓은 동시적이다. 그런데 사이먼스가 동시적이기 때문에 역설이 발생하는 것처럼 말하는 것은, 마치 유형론자들이 유형을 공간적으로 나눌 수 없는 것을 시간적으로 나누려고 하는 것과 같은 오류를 범하는 것이라 할 수 있다. 이러한 유형론과 특이성 이론의 오류를 한눈에 볼 수 있게 하는 것이 다름 아닌 위상 수술이다.

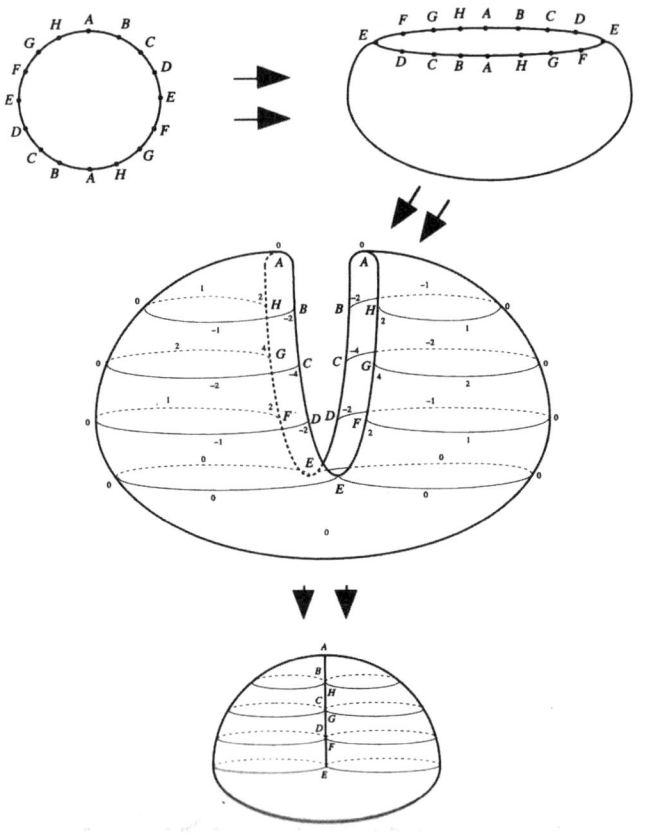

그림 6-11. 사영평면의 연접과 결접 구조

연접과 결접은 시간적 차이나 공간적 차이가 있는 것이 아니라, 시공 동시적임을 보여준다. 결접을 하는 순간 연접도 진행된다. 이 말은 대상 언어와 메타언어가 시간과 공간적으로 분리되는 순간이 한순간도 없다 는 의미이다. 클라인병의 구조를 통하여 과거, 현재, 미래가 공시적이고, 공간적으로는 공재적임을 확인하자.

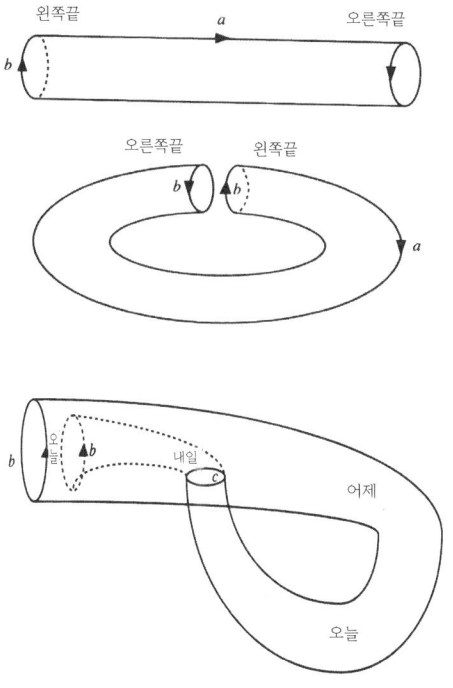

그림 6-12. 클라인병 속의 과거, 현재, 미래

클라인병 속에서 시공간의 전후와 상하, 좌우를 나눈다는 것은 무의
미하다. 사각형 안에 있는 전후, 좌우, 상하대칭 가운데 상하대칭(a)은
서로 만나 원기둥을 만든다. 그러나 좌우대칭(b)은 사정이 복잡하다.
즉, 왼쪽 끝은 원기둥 안으로 말려 내려가고, 오른쪽 끝은 원기둥 겉을
감아 올라가다 구멍을 내고 속으로 들어가 왼쪽 끝과 만난다. 여기서
사각형의 좌우대칭 쌍은 겉과 속이 만나고(비틀림), 상하대칭 쌍은 안
비틀림(원기둥)으로 연접하게 된다. 그래서 클라인병은 '비틈의 안비틈'
이 된다.

그런데 클라인병이 이와 같이 '비틈의 안비틈' 또는 '안비틈의 비틈'을 만들기 위해서는 사각형 밖에 비틈이 따로 하나 있어서 결접을 해야 한다. 이것이 대각선에 해당한다. 제작되는 과정에서 결접과 연접은 동시적이다. 그런 의미에서 대상과 메타의 시간적 선후도 불가능하다. 위 그림에서 보는 바와 같이, 오늘이 어제이고 어제가 오늘이다. 클라인병 안에서는 어제와 오늘의 구별이 없다. 속이면서 겉이고, 겉이면서 속이다. 특히 '오늘'인 경우는 내일이면서 동시에 어제이다. 그래서 오늘은 '온날'이다. '온날'이 있을 뿐이다. 우리말의 위상학적 의미가 돋보인다. 결국 사이먼스 등의 역설 해법으로 '시간성'의 도입이 필요한 이유가 분명해진다. 그런데 위상학적 구조 속에서는 시간적 맥락이 성립하지 않는다.

# 7장 현대 서양 철학의 역설 해의와 역

칸토어의 대각선 정리를 역에 매개해 주는 것, 그것은 다름 아닌 거짓 말쟁이 역설, 또는 러셀 역설이다. 그래서 이 장에서는 서양의 현대 철학자들이나 논리학자들이 역설을 어떻게 다루고 있는가를 대각선 정리라는 관점에서 고찰할 것이다. 역의 보편적 가치와 서양 철학과의 회통이란 관점에서, 그리고 철학의 가장 근본적인 문제에 접근한다는 시각에서 보았을 때 이러한 방법론은 적절하다고 판단하였기 때문이다.

## 7.1. 역설과 러셀의 유형론적 해의

역의 효변과 호체법, 그리고 위상역은 모두 아래 서양 철학 내부에서 하나의 화두로서 거론되고 있는 거짓말쟁이 역설과 러셀 역설의 해의를 도와준다. 다시 말해, 지금까지는 이를 위한 준비과정 내지 준비작업이었다고 할 수 있다. 러셀은 역설 해의 방법론을 제시하였다. 그것이 이른바 '유형론typology'이다. 대상과 메타, 그리고 물건과 명패를 확연하게 유형적으로 구별만 하면 역설이 제거된다고 보았다. 명패와 물건이 순환하는 것이 악순환이고, '악순환의 원리'란 바로 이것을 막는 것이다. 러셀의 눈으로 보면 역의 방도는 악순환의 원리를 어기는 것이다. 명패와 물건이 일치하기 때문이다. 러셀의 눈으로 볼 때 명패와 물건 안의 요소들을 효변시켜 교류시키는 것은 용납될 수 없는 일이다. 러셀의 글에서는 명패와 물건을 '명제함수'와 '명제'라는 말로 바뀌어 사용되기도 한다. 이런 시각에서 아래 글들을 읽으면 이해가 쉬울 것이다.

### 악순환 원리와 유형론

러셀은 집합론에서 역설이 발생하는 원인을 두 가지로 꼽는다. 하나는 '자기언급'이고 다른 하나는 '전제 집합'이다. 그래서 역설 발생 원인을 '자기 자신을 포함하는(자기언급) 것과 전체에 대한(전체 집합) 언급'에 두었다. 이 역설 원인에 대한 진단은 이른바 그의 악순환 원리를 말하게 한다. '악순환 원리'란 "어느 전체 집합 자체가 그 집합의 한 원소가 아니다"를 두고 하는 말이다. 러셀의 역설 해의는 이 악순환 원리에 근거하여 시작한다. 그래서 어느 전체를 말하는 집합에서 자기언급만 피하면 역설이 발생하지 않는다는 것이다. 그의 이런 역설 해의법 가운데는 자기언급은 나쁘다거나 병적이라는 전제가 깔려 있다. 그리고 유클리드의 공리인 '전체는 부분의 합'이란 전제도 그 안에 자리 잡고 있다. 유클리드 공리에서 자기가 자신의 부분일 수는 없기 때문이다. 악순환 논리는 전체인 자기가 자신의 부분 속에 포함된다는 유클리드 공리를 어기는 면이 들어 있다. 이런 자기언급과 전체 집합의 부분화는 모두 아리스토텔레스의 사고법칙들을 어기는 것이다.[1] 그래서 러셀의 해의 법은 전통 서양 철학의 틀을 하나도 어기지 않으려는 데 있다. 아리스토텔레스의 논리적 토대 위에 굳건하게 서려는 의지가 엿보인다. 이는 서양 철학에 관류하고 있는 고집이다. 러셀 같은 학자가 유형론에 탐닉한다는 것은 놀랄 정도라고까지 한다.

만약에 이 토대를 어기게 되면 병적이 되고 혼란에 빠진다. 서양 철학은 2,500여 년 동안 이에 대한 방어전략이라고 해도 과언이 아니다. 러셀이 역설 해의의 방법으로 제시한 유형론에서 '가장 중요한 것은, '명제'와 '명제함수'를 구분하는 것이다. '영희는 여자이다'라고 하는 것은 명제이고, 'x는 여자이다'라고 하면 명제함수이다. 명제함수 x에 '영희'를 대입하면 명제가 된다. 러셀은 명제함수를 Φx로 표시한다. 여기서 중요한 것은 명제함수는 함수에 대입될 수 있는 대상들의 속성을 결정해야 하고, 무엇보다 범위를 결정해야 한다. 불교가 이것 때문에 외도들로부터 집중공격을 받았다. 즉, 삼법인 가운데 '제행무상'이라고 할 때, '제諸'란 '모든'을 의미하는 전칭 명칭인 명제함수이다. 만약에 이 '제'에 '제행무상'이란 말마저 하나의 '행'(x)으로 보아 대입을 하면 역설에 직면하게 된다. 이 말마저 변해 버리기 때문이다. 여기에 대처하기 위하여 4, 5세기경에 진나Dignana에 의하여 불교논리학이 발달하였다.

만약에 Φx를 전칭 명제로 만들면 (x)Φx와 같다.[2] 이 전칭 명칭 (x)에

---

1) 동일률, 모순율, 배중률 같은 것을 두고 하는 말이다.
2) 러셀은 개별자는 x로 x'는 개별자의 집합으로 구별하였다. 그래서 Φx는 명제로, Φx'는 명제함수로 구별하였다.

함수 자신 (x)Φx를 대입하면 (x)ΦxΦx가 된다. 이것이 자기언급이고 위에서 말한 악순환의 원리를 어긴 것이 된다.(Russell & Whitehead, *Principia Mathematica*, 41) 불교가 삼법인에서 전칭 명칭인 '제諸'를 사용하여 감당이 불감당이라 할 정도로 후대에 논리적으로 큰 곤욕을 겪었지만, 전칭 명칭 사용은 불가피하고 자기언급도 불가피하다는 것이 문제이다. 불교 철학사란 이 전칭 명칭에 대한 처리과정이라고 해도 과언이 아닐 정도이다. 깨달음도 없다, 득도도 없다, 있는 것은 악순환 원리뿐이다. 이는 불교만의 문제가 아니라 동서고금의 모든 철학이 언어를 사용하는 한 피할 수 없는 어려움이다.

역의 경우 괘상들이 다름 아닌 명제함수에 해당하고, 괘사는 명제에 해당한다. 괘상에는 얼마든지 많은 괘사들을 대입할 수 있다. 점사들이 모두 명제에 해당하며, 시초로 괘상을 선택한 다음 그것에 해당하는 괘사를 읽고 자기의 운명과 다시 그것을 일치시킨다. 그런데 러셀은 역설을 피하기 위해서 악순환 원리를 지키라고 하는 데 반해서, 역에서는 이 악순환 자체를 다반사로 어긴다. 다만 그것이 어느 맥락 속에 있느냐에 따라서 길과 흉을 나눌 뿐이다. 그러나 관심사는 과연 역이 러셀이나 다른 유형론자들 같이 역설을 피하기 위해서 유형을 권하고 있는지, 나아가 역에서는 유형론을 어떻게 보고 있는지를 관찰하는 것이다. 그리고 중국역과 한국역이 대각선 논증이란 관점에서 어떻게 다르고 같은지를 살펴야 하는데, 이는 책을 달리해서 다루기로 한다.

러셀은 역설을 피하기 위해서 악순환 원리를 고수해야 한다고 하면서, 그것을 고수하는 방법이 다름 아닌 유형별로 집합과 원소 사이의 유형적 계층을 나누는 것이라고 보았다. 역에도 효에서 효위, 괘에서 서

차 번호 등에서 보는 바와 같이, 그 순서를 지키고 위계적으로 나누는
것이 많다. 그러면 러셀이 나눈 유형적 계층을 보자.

유형-0: 가장 낮은 유형으로서 명제도 아니고 명제함수도 아닌 개별
자, 이를 표시하면 x와 같다.

유형-1: 개별자 다음의 개별자들의 집합, 이 개별자를 x라고 할 때 이
것의 원소함수는 Φx로 표시된다. 이 원소함수는 개별자의 집합
을 독립변항으로 갖는다.

유형-2: 개별자들의 집합의 집합, 이것을 독립변항으로 갖는다. 이는
$(x)Φ1x$로 표시한다.

유형-3: Φ1을 독립변항으로 갖는 유형이다, 이를 표시하면 Φ2{(x)Φ
1x}와 같다.

이렇게 유형을 계층별로 나누는 것은 무한으로 이어질 수 있다. 공자
가 〈계사전〉에서 말한 "태극이 음양 양의를 낳고, 음양이 사상을 낳고,
사상이 팔괘를 낳고……"로 이어지는 것은 일종의 유형론에 해당한다.
일단 유형론적으로 보라는 것이다. 이 말은 역에도 유형론이 있다는 것
이지, 이것이 곧 역설 해의의 종착역이라고 보지는 않는다는 데 유의해
야 함을 강조하려는 것이다. 우리 사고의 중요한 위치에 바로 이런 유형
론적 사고를 하는 곳이 있다는 의미이다. 역의 이런 유형론을 '역의 모
델'이라 하자. 좌·우뇌 가운데 바로 좌뇌가 이런 유형적 사고를 한다.
그러나 이런 유형론 같은 도스형을 무시하는 윈도우즈형의 우뇌가 있다
는 사실을 명심해야 한다.

여기서 '독립변항'이 문제인데, 독립변항은 자기보다 항상 하나 낮은

유형이어야 한다. 그러면 자기 자신이 자신을 포함하는 악순환 원리를 어기는 집합의 경우는, 이런 독립변항이 자기 자신이 되어 유형론의 원칙을 어기는 것이 된다. 'E₀' 같은 것이 바로 그것이다. 즉, Φ의 성질을 갖는 모든 x의 집합이 있다고 하자. 이러한 집합 $(x)\Phi x$에서 x가 자기의 함수 자체를 독립변항으로 갖는다고 하면, 이는 $\Phi\{(x)\Phi x\}$가 된다. 이는 악순환 원리, 즉 자기언급을 해서는 안 된다는 원리를 어기는 것이다. x와 Φx가 서로 호환되기 때문이다. 물건과 명패가 서로 호환 착종되는 것을 두고 하는 말이다. 여기서 말하는 호환이란 자기언급인 '사상 mapping'과 같은 말이다.

이를 복희도에서 볼 때 정대각선상에 있는 괘들이 악순환 원리를 어기는 것이다. 그리고 모든 문왕괘들의 기·우수 짝들이 또 이 원리를 어기고 있다. 명패가 물건이 되고 물건이 명패가 되어 버렸기 때문이다. 전자는 대각선을 통해, 후자는 괘의 변과 복을 통해서 말이다. 복희도에서 팔괘의 명칭이 64괘의 명칭과 같다는 것이 바로 유형론을 무색하게 만들어 버리는 역의 구조이다. 그렇다면 다음으로 문제시되는 것은 해의 방법이다. 러셀의 해의 방법을 먼저 러셀 자신의 말로 들은 다음, 이를 역의 입장에서 비판적으로 성찰해 보기로 한다.

1. "한 집합에 관한 명제는 항상 집합을 정의하는 함수에 관한 진술로 환원시킬 수 있다." 역의 언어로 바꾸면 여기서 한 집합의 명제는 물건에 해당하고, 함수는 명패로 바꾸어 놓을 수 있다고 하였다. 물건을 명패로 환원할 수 있고, 함수를 명패로 환원할 수 있다는 것이 역의 입장이다. 이것이 복희도와 문왕도가 의도하는 바 전부이다. 어떤 방법으로 환원시키느냐의 차이가 있을 뿐이다. 정역도에 와서 환원 방법은 그 대

미를 장식한다. 그러나 러셀에서는 명제가 함수로 환원은 가능해도 그 역은 아니다. 만약에 그 역이 가능하면 그곳이 바로 역설이 발생하는 진원지이다. 러셀의 말은 대각선화는 가능해도 반대각선화는 불가능하다는 것이다.

2. "예를 들어 '(x)Φx'는 함수 Φx를 전제한다. 그런데 만약에 Φx에 의하여 정의된 집합 (x)Φx를 Φ{(x)Φx}로 표현한다면, 악순환의 원리에 의하여 무의미하게 된다." 그런데 Φ{(x)Φx}는 명패와 물건이 사상된 정대각선이다. 복희도에서 볼 때 정대각선은 방도 안에 있는 많은 대각선 가운데 하나일 뿐이다. 그것에 대한 역대각선이 있고, 많은 다른 편대각선들도 방도 안에는 있다. 그리고 다른 대각선도 이 정대각선과 유기적 관계망 속에 있기 때문에 이러한 악순환 원리는 불가피하다. 그러나 악순환 원리는 무의미한 것이기 때문에 위험천만이란 러셀의 주장은 다음에 그대로 이어진다. 방도에 따르면 다른 종류의 대각선 없이 정대각선은 성립 자체가 불가능하다.

3. "하나의 집합은 이 함수를 만족시킬 수도 없고, 만족시키지 않을 수도 없기 때문에 그 집합은 자신의 원소인 것도 아니고, 원소가 아닌 것도 아니게 된다." 이 말은 무슨 선문답의 화두를 던지는 것과도 같다. 그렇다. 이는 비결정성을 그대로 두고 하는 말이다. 이를 좀 더 논리적으로 표현하면 "a가 하나의 집합이라면 'a는 a의 원소가 아니다'라는 진술은 항상 무의미하며, '자신을 원소로 갖지 않는 모든 집합의 집합'이라는 구절도 아무런 뜻이 없다."(PM, 62~63) 바로 이것이 불교의 선문답의 논리이다. 그래서 있는 것은 논리구조뿐이다.

이상 러셀 유형론의 대전제는 역설은 병적인 것이기 때문에 제거의 대상이라는 것이다. 서양 철학에서 '존재'를 의미하는 'exist'란 말은 '밖으로 나간다'는 의미이다. 이 말은 역설의 밖에 있는 것만이 참된 존재 'ex-istence'라는 의미이다. 이에 대하여 바디우는 '내존재in-ex-istence'라고 한다. 역설에 걸려 있는 것은 존재가 아니라고 한 것에 대하여, 바디우는 밖에 있는 존재를 다시 안으로 가지고 들어오는 존재론을 제시한다. 일종의 존재의 되먹힘을 의미한다. 현대 과학의 상대성 이론, 불확정성 이론, 카오스 이론 등은 이런 역설적 구조 자체가 자연의 세계라는 것이다.(김상일, 2008 참고)

역의 존재론과 자연관은 자기언급적이어서 악순환의 원리를 어기고 있다. 그래서 역설 발생은 존재의 이유 그 자체이다. 그런데 이렇게 자연발생적으로 불가피한 역설을 다시 제거대상으로 삼는다는 이 행위 자체가 역설적이라 아니할 수 없다. 그래서 유형론은 자기 행위 자체의 역설에 직면하게 된다. 존재하기 위해서 역설을 도입한 다음에는, 존재를 위협한다고 그것을 제거하려 한다는 것은 자가당착이다. 그래서 유형론은 자가당착을 피할 수 없게 된다.

### 러셀의 분지이론과 역설 해의

러셀의 유형론은 명제와 명제함수, 즉 물건과 명패의 순서를 계층별로 나누고, 다시 하나하나 유형의 내부를 순서대로 나눈다. 마치 나뭇가지가 갈라지는 것 같다고 하여 이를 '분지이론ramified theory'이라고도 한다. 이러한 분지이론은 역으로써 한결 쉽게 이해할 수 있다. 다시 말해서, 〈계사전〉에서 말하는 태극-음양-사상-팔괘로 나누어지는 것은 마치 나뭇가지가 갈라지는 듯한 모습이다. 이를 심지어는 '역의 모델'이라

고 한다. 중국역이 이 모델에서 벗어나려고 노력하고 있지만 성공 여부
는 미지수이다. 역을 처음 공부하는 사람들이 역의 음과 양의 두 효가
너무 단순하게 기계적으로 분화하는 것을 보고 실망하는 경우가 많다.
그런데 여기서 역의 분지 방법은 매우 단순해 보이지만, 그 속에 서양적
사고구조와 근본적으로 다른 점이 있다. 결론적으로 말하면 같은 것의
반복, 즉 '동종반복'이라 할 수 있다. 되먹힘 또는 자기언급으로 이 말을
바꾸면 명패와 물건의 같음 이론이다.

　다시 말해서, 여기서 간과해서는 안 될 사항이 하나 있다. 그것은 음
양의 모양이 모든 유형에서 같다는 점이다. 러셀의 유형론에서는 부류
격의 모양새는 요소격의 모양새와 달라야 한다. '화장품'이란 집합을 유
형화한다고 할 때, 그 속에 들어가는 크림·향수·분 등등과 같은 요소
와 그 명칭인 '화장품'은 그 속의 물건들과 달라야 한다. 이것이 러셀의
분지유형론이다. 그러나 역에서는 '향수'가 곧 '화장품'의 자리에서 명패
역할을 할 수 있다는 것이다. 물건 가운데 하나가 곧 명패가 되지, 밖에
서 명패가 들어오는 것이 아니라고 본다. 그러나 명패는 물건의 안에
있으면서 동시에 밖에 있어서, 바디우는 이를 'in-ex-ist'라고 하였다. 이
말은 복희도의 정대각선과 문왕도와 같이, 내괘가 외괘가 되고 내괘가
외괘가 된다는 뜻으로, 악순환의 원리가 역에서 그대로 통한다는 의미
이다. 방도에서는 정대각선과 다른 대각선들이 같은 방도 안에 들어 있
다. 명패를 물건으로 물건을 명패로 삼았기 때문이다.

　러셀의 분지이론은 유형론의 타당성을 확고하게 만들기 위해 각 유
형의 내부에 분지를 내어 토대를 만드는 것과 같다. 만드는 이유는 유형
론의 불안정성을 제거하기 위한 자구책을 강구하는 것과 같다고 할 수

있다. 만약에 한 유형의 밖에 분지를 만들면, 유형의 유형이라는 무한 퇴행의 오류에 빠질 것은 자명하기 때문이다. 위에서 유형론의 함정이 '모든 명제'란 말에 있다고 한 사실을 기억할 것이다. 다시 말해서, 무한 퇴행은 '모든 명제'란 유형의 함정에 빠진 경우이다. 이 함정을 피하는 방법이 바로 분지이론이다. 분지이론은 이런 '모든 명제'란 말 없이도 집합을 가능하게 만드는 장점이 있다. 자기보다 한 계층 높은 것이 아니라, 자기 안에 분지를 만드는 것이 분지이론이다. 다시 말해서, '모든 n 번째 명제'라고 할 때, 이 명제는 항상 그보다 위인 n+1 계층의 명제에 해당하기 때문에, 그 위에 또 n+2 계층을 만들 수 있어서 무한퇴행은 불가피하다. 어떤 면에서 역에서도 이 분지이론을 수용한 면이 있다. 다름 아닌 괘 안에 효라는 분지를 두는 것이다. 이를 앞에서 용수철에 비유한 바 있다. 밖으로 가지를 치는 것이 아니라 자기 내부에 잔가지를 많이 치게 하는 것이다. 그러나 역과 다른 점은 무엇인가?

분지를 만들지 않는 유형론은 분지유형론에 대하여 '단순유형론simple theory of types'이라고 한다. 역에서도 점사가 증가함에 따라서 점사를 분지화시킬 필요가 있었고, 이러한 필요에 의하여 〈계사전〉이 씌었다. '계繫'는 말 그대로 '이어진다'는 뜻이다. 말의 분지를 만든다는 뜻이다. 이 말은 역에도 러셀의 분지이론을 수용할 여지가 있다는 의미이다. 그러나 만약에 러셀이 분지이론을 이용해 거짓말쟁이 역설을 해의하는 진술을 들으면 역은 아니라고 말할 수밖에 없다.

러셀은 거짓말쟁이 역설이 '거짓의 거짓은 참이다'라는 말의 애매성 때문에 생긴 역설이기에 '거짓됨falsehood'이라는 말의 이어지는 순서를 구분만 하면 역설이 사라질 것으로 판단하였다. 그러나 위상역에서 본 바와 같이, '거짓의 거짓'은 연접이고, 이러한 '연접은 '거짓과 참과 같이 참에 결접되어 있다. 이렇게 '거짓의 거짓'이란 연접은 참과 결접이라는 역설적 구조 때문에 위상학에서 본 바와 같이 위계를 만들 수 없다. "만일 P가 n번째 순서의 명제라면, P가 변수로 나타나는 명제는 n번째 순서의 명제가 아니라 그보다 높은 순서에 있다.…… 그러므로 에피메니데스의 진술은 자신의 범위 밖에 있다. 그래서 어의상 모순은 없다."(PM, 62) 러셀의 이러한 말은 아인슈타인이 "신은 주사위를 던지지 않는다"고 한 말만큼이나 세기적인 어리석음이다. 여기서 '순서'란 말은 '시원적'이란 말과 같다. 시원적인 위상 범례가 있는가 하면 비시원적인 것이 있다. 비시원적 위상공간에서 유형론은 통하지 않는다. 다시 말해서, 뫼비우스띠 안에서 이런 순서는 없는 법이고, 이런 순서로는 역설이 해소되지도 않는다.

역의 〈계사전〉에서 아무리 효의 계층을 높여 간다고 해도 그것은 역설을 해의하려고 한 것이 아니다. 아니 거기서 역설이 나타났기 때문에 역의 도상들이 그려지게 된다. 〈계사전〉에 따라서 유형적 계열을 만들면 괘들은 직선상에 일렬로 배열되고, 그것이 바로 횡도橫圖이다. 일차원적이다. 일차원에서 나타난 역설을 극복하기 위해 이차원 방도方圖가 작도된다. 횡도가 방도로 변한 이유는 점사가 많아지면서 데이터베이스하기 위해 그것을 명패와 물건으로 나눌 필요가 생겼기 때문이다. 데이터베이스화하는 과정에서 명패와 물건을 세로와 가로에 배열하게 되었고, 자연히 방도가 생겨난 것이다. 그리고 방도 안에는 가로와 세로가 사상을 하여 자연히 대각선이 나타나게 된다. 이 대각선 안에서 역의 대각선 논증은 시작한다.

거짓말쟁이 역설을 분지의 가지 전개 상태로 나열하면, n번째 '거짓 말'이 n+1번째에서는 거짓말이 아니게 된다. 그런데 '모든' n번째라고 하면 '모든'이라는 것도 하나의 개수가 되어 버리고, 그것은 n+1번째 자체이다. 어미 돼지 자체이다. 이는 서수와 기수의 관계 문제로서 '부랄 리-포르테 서수'의 역설에 해당하는 문제이다. 칸토어의 역설이 기수의 역설이라면, 이와는 쌍벽을 이루는 서수의 역설이다. 그러나 두 역설은 불가분리적이다. 서수와 기수는 분리될 수 없기 때문이다. 그런데 러셀 은 이 두 역설의 관계를 쉽게 간과해 버렸다. 역에서 기수는 이진수로 결정되지만, 서수는 십진수로 매겨진다. 즉, 음과 양이라는 두 요소가 계층을 만들어 효의 개수를 결정하지만, 이렇게 만들어진 개수 자체는 십진수로 된 서수로 순서가 정해진다.

횡도를 양군과 음군으로 나눌 때, 양군의 건, 태, 리, 진 네 개의 괘가 가지고 있는 효를 효변시킬 때, 양군의 진괘만은 변해서는 안 된다. 그 것이 변하면 초효의 원리를 어기게 된다. 그래서 양군의 마지막 괘인 진괘는 전체적인 성격을 가지고 있다. 다시 말해서, 진괘의 상효는 태에 서, 중효는 리에서, 초효는 자기 자신에서 가져온 것이다. 자기 자신만 은 변하면 안 된다. 분지이론의 뇌관이 바로 여기에 있다. 효의 위치와 괘의 위치를 결정하는 것이 괘수인데, 괘수는 일관성을 갖기 힘들어진 다. 그러나 러셀은 분지이론 속에서 일관성이 유지될 것으로 보았다. 그 래서 러셀의 분지이론은 역과 닮은 점이 있지만, 그 용도와 쓰임은 다르 다. 그렇지만 유형론적 분지이론 자체는 역이 왜 발생하게 되었는지, 역 이 다루는 문제점이 무엇인지를 쉽게 발견하도록 하는 큰 장점이 있다.

다시 말해서, 유형론은 일관성 또는 시원론적 이론이다. 역의 괘가 발생하는 방법에서도 이러한 일관성과 시원성이 다루어지고 그 중요성이 인정되지만, 둘의 차이는 크다. 괘의 6효의 경우, 제일 처음의 1효와 마지막의 6효를 1과 6이란 수로 표시하지 않고 '초初'와 '상上'으로 표시한다. 수로서 통일하지 않는 이유는 위에서 본 바와 같이 일관성을 유지할 수 없기 때문이다. 수로 표현을 하면 '다음'이란 수 발생의 원칙에 의해 그 수 이전의, 그리고 이후의 수를 또 셈하여야 하기 때문이다. 비시원적 비일관성적 성격 때문에 분지유형론은 역설을 해의하기 위해 고안된 것이지만, 해의는커녕 철학의 근본 문제인 무한퇴행과 역설의 더 본질적인 문제로 되돌려 놓는 결과를 초래하고 만다. 그러나 러셀은 끝까지 유형론에 대한 시정 없이 생을 마감하고 말았다.

끝으로, 분지이론의 약점을 역의 관점에서 부연 설명하면 다음과 같다. 분지이론의 문제점은 분지의 처음과 마지막에서 쉽게 발견된다. 분지이론의 정의에 따라서 수를 '그것과 개수가 같은 집합의 한 부류'라고 하자. 예를 들면 '1'이란 수가 있다고 하면, 1은 기수도 1이고 서수도 1이다. '한반도에서 제일 높은 산'이라고 하면 '백두산' 하나뿐이다. '백두산'의 경우는 개수도 1이지만 그것의 집합도 1이다. 집합론에서 1은 {0}으로서, 0이란 집합의 개수가 1이란 뜻이다. 유형론을 같은 방법으로 생각해 보자. 즉, 십진수인 동시에 자연수의 끝수의 경우, 개수는 무한이지만 그것의 집합은 {1}이다. 이렇게 처음과 끝을 유형별로 분간한다는 것은 불가능해져 버린다. 무한이 1과 같다는 모순이 발생한다. 여기서 유형론은 그 한계를 드러낸다.

동양의 역은 이 점을 간파한 것이다. 역에서 효를 표시할 때 첫효를 숫자 1로 표시하지 않고 문자 '초初'라고 하고, 마지막 6효를 '상上'으로 표시하는 이유는 시공간적 의미를 갖는다. 즉, '초'는 시간 개념이고 '상'은 공간 개념이다. 왜 '초'와 '종,' '상'과 '하'라 하지 않고 초와 상으로 하였는가는 시간과 공간을 종합하기 위해서란 설명으로 납득할 수 있다. 아라비아숫자에서도 무한은 숫자가 없고 기호 ∞로 표시한다. 숫자로 하게 되면 그 다음의 숫자가 또 있어야 하기 때문이다. 수가 무한의 문제에 직면하면 수의 유형론은 무력해진다.

러셀의 유형론과 관련하여, 역이 왜 위位와 수數를 같이 생각하게 되었는지도 쉽게 이해하게 되었다. 1에서 10 사이에서 1이 수이면 9는 위이다. 반대로 9가 수이면 1은 위가 된다. 2가 수이면 8은 위가 되고, 8이 수이면 2는 위가 된다. 이런 식으로 3과 7, 4와 6, 5와 5는 모두 위(수)와 수(위)의 관계이다. 이를 두고 역에서는 '석합보공'이라고 한다. 만약에 러셀이 유형론을 말하기 전에 이렇게 위와 수를 동시에 생각하였더라면, 유형론 같은 부질없는 이론은 아예 발상조차 하지 않았을 것이다. 그러나 유형론은 서양에서 지금까지도 영향력이 있는 역설 해의 가운데 하나이다.

### 유형론 약점 보충을 위한 두 개의 공리

러셀은 유형론이 공격을 받자 두 개의 공리를 도입한다. 하나는 무한 공리axiom of infinity이고, 다른 하나는 치환 공리axiom of replacement이다. 이 두 공리 역시 역과 관련하여 중요한 의미를 갖는다. 유형론을 말할 때 '모든'이란 말은 불가피하다. 왜냐하면 유형의 최초와 최종, 최상과 최하를 늘 생각해야 하기 때문이다. 그렇다면 유형론의 종착역은 '무한'일 수밖에 없다. 칸토어의 역설과 연속체 가설은 모두 무한을 수로 다루는 과정에서 직면한 역설이다. 그런데 이렇게 역설을 조장하는 무한을 러셀이 역설을 해의하는 공리로서 제시한 것은 선후가 뒤바뀐 것이다. 그래서 러셀은 "무한공리는 논리적 단계에서 말한다기보다는 개별자의 전체 수(모든 수)에 대하여 말하는 것으로써, 이 공리가 참인지 아닌지를 단정할 방법이란 없다"(바터, 1985, 134)고 실토하였다.

치환공리가 나오는 배경은 역과 밀접한 관계가 있다. 유형론에서는 같은 수가 서로 다른 유형끼리는 적용될 수 있다고 한다. 우편번호의 경우 120-110이라고 하면 120지역 내의 지역을 세분화시킬 때 −110을 쓸 수 있다. 그런데 괘에서는 1, 2, 3, 4, 5, …, 64와 같이 서차 번호를 사용하고, 효에서는 '초, 2, 3, 4, 5, 상'이라고 한다. 지멜로가 역설이 생기는 이유가 집합의 크기를 너무 크게 잡는 데 있다고 보고 크기를 줄이라고 한 데 대하여 소심하다는 비난이 있자, 1922년 플랭켈이 치환공리를 제시하였다. 두 사람의 이름을 붙여서 '지멜로-프랭클 공리Z-F axiom'란 말이 만들어졌다. 이 공리에 따르면 "a가 집합이고 a, b 사이에 일대일 대응이 가능하면 b도 집합이다"와 같다.

이 말은 괘수와 효수가 일대일 대응한다면 둘 모두 집합이라 할 수 있다는 말과 같다. 여기서는 수의 기수는 문제가 되지 않고 서수가 문제이다. n번째에 해당하는 수가 둘 사이에 있어야 하기 때문이다. 그러면 둘이 서로 일대일 대응이 가능하다고 할 때, 효수와 괘수 사이의 1, 2, 3, …을 어떻게 구별을 할 것인가 이것이 문제시 된다. 그래서 다른 공리와 달리 무한공리와 치환공리에는 순서수가 문제시 된다. 이러한 무한공리와 치환공리는 역의 효와 괘수에 그대로 적용이 된다고 본다. 다시말해서, 효수와 괘수는 모두 순서수이다. 그리고 일대일 대응을 한다.

그렇다면 효수와 괘수는 어떻게 구별할 것인가? 이제야 왜 효수의 처음과 마지막을 '초'와 '상'으로 하였는지를 알게 된다. 같은 수의 계열 사용하는 것을 구별한다는 뜻이다.

치환공리에 따르면, 순서수의 정의를 다음과 같이 한다. "x의 모든 순서의 명제함수 $\Phi x$는 술어함수 $\Phi ! x$와 동치이다"(PM, 55·167)와 같다. 괘를 명제함수라 하면 효는 술어함수라 할 수 있다. 이의 구별을 러셀은 $\Phi x$와 $\Phi ! x$로 하였다. 이는 마치 역에서 괘수와 효수를 구별하기 위하여 특단의 조치를 취하는 것과도 같다. 다시 말해서, 효수는 괘수와 구별하여 처음과 마지막을 초와 상으로 하는 것 이외에, 각 자릿수마다 음이냐 양이냐에 따라서 음이면 '6'이라 하고 양이면 '9'라 한다. 예를 들어 '92'는 두 번째 자리 양수라는 뜻이고, 63은 세 번째 자리 음수란 뜻이다. 그런데 초와 상은 자릿수를 먼저 하여 '초6' '초9' '상6' '상9' 등으로 표시한다. 그러나 수를 음수와 양수로 나누는 기수법을 몰랐던 서양의 경우, 이런 문제를 공리를 통해 처리할 수밖에 없었다. 만약 서양이 역과 같이 수를 언어와 함께 표기하고, 음수와 양수로 나눌 줄 알았더라면 새로운 공리 같은 것을 만들 필요는 없었을 것이다. 결국 이러한 방법은 수가 무한으로 퇴행하는 것도 막을 수 있다.

역설을 막기 위해 하나의 공리를 만들어 놓고, 거기서 또 문제가 생기니 그것을 해결하는 또 다른 공리를 만들어 내야 하는 이러한 임시변통적 역설 해의 법이 러셀의 유형론이 가지는 한계점이라 할 수 있다. 동양권의 학자들은 역의 지혜를 통해 이런 임시변통적 해법에 대한 일침을 놓아야 할 것이다. 러셀은 치환공리에 대하여 확신에 찬 목소리로, 궁색하게, "이 공리가 잘못이라는 것을 증명하는 것은 불가능하며, 또한 이보다 더 기본적이고 명백한 다른 어떤 공리로부터 연역될 수 있다는 것도 증명할 수 없다"(PM)고 하였다.

　그러나 두 공리는 그 자체로서 잘못이 있는 것이 아니라, 러셀이 논리주의자인 한에서 이 두 공리는 논리적이지 않다는 데 문제가 있다. 다시 말해서, 러셀이 무한공리를 어쩔 수 없이 도입은 하였지만, 그것을 어떻게 논리화시킬 것인가 하는 것이 문제였다. 그리고 치환공리의 경우는, 명제함수와 술어함수가 동치라고 한 것 자체가 유형론을 파괴하지 않고는 성립할 수 없는 공리라는 점이다. 그래서 러셀의 말 "유형을 무시하고 모든 성질이나 모든 집합에 대해 말할 수 없다는 것이 유형론의 핵심인데, 바로 무한공리나 환원공리는 이런 유형론의 핵심을 어기고 있고, '모든'이란 금기에 손을 대고 말았다"와 같다. 역설을 해의하려던 유형론 자체가 역설을 일으키고 있는 것이다. 그래서 유형론은 무용지물이 된다. 그리고 플라톤 이후 서양 철학은 한결같이 역설 해결의 방법으로 유형론을 지론으로 삼아 왔다는 것이다. 여기서 철학의 해체는 불가피하게 된다.

　그러나 유형론이 이러한 자가당착적인 상황만 만나지 않는다면 더 이상 좋을 수 없는 이상적인 역설 해의의 방법 가운데 하나인 것은 두말할 나위 없다. 지금 우리가 사는 세상의 윤리나 도덕, 법과 제도 같은 것이 역설을 만날 때, 유형론에 호소할 수밖에 없는 이유가 여기에 있다. 예를 들어, 국가의 행정조직 같은 것도 위계적으로 계층을 만들고, 거기에 따르는 인사 조치를 하고, 그러한 조치를 잘 지키도록 법과 제도로 보장을 하는 길만이 사회질서와 국가질서를 유지하는 유일한 길이다. 그러나 어느 사회든지 끊임없이 범죄 문제가 생기는 이유는 위계질서에 의한, 즉 유형론에 의한 역설 해의가 위에서 본 바와 같은 그것이 갖는 불완전성 때문임은 두말할 필요가 없다.

조선조의 윤선거(尹宣擧, 1610~1669)에 와서, 그의 '삼색도'와 '팔궁도'를 통해 치환공리가 어떻게 조화를 부리는가를 볼 수 있다. 명제함수와 술어함수가 어떻게 서로 치환되고 교류되는가를 보면서, 유형론은 다시 한 번 참담함을 금할 수 없게 될 것이다. 그런 의미에서 한국의 역할 연구의 필요성이 있으며 이는 권을 달리하여 논하려고 한다.

## 7.2. 램지의 두 종류 역설과 역

### 서양 철학사에서 역설의 위치

서양 철학사라는 판도라 상자에서 2,500여 년 동안 잠자던 거짓말쟁이 역설이 갑자기 19세기 말부터 수학의 집합론에서 다시 나타나기 시작하였다. 아리스토텔레스의 논리학이 그 동안 억눌러 놓았던 것이 사방에서 나타나기 시작하여, 역설은 마치 바이러스처럼 걷잡을 수 없이 번져나가기 시작하였다. 그리고 수학에서 처음 발견된 집합론 역설을 해결하지 않고는 근대성의 특징인 일관성과 무모순성을 확보할 수가 없었다. 그래서 수학과 철학자가 되는 자격시험은 역설 해의에 관한 자기 나름대로의 해의 방법론을 제시하는 것이었다. 리샤르, 베리, 그렐링, 코이레, 램지, 러셀, 타르스키 등 이들 학자들 모두가 역설 연구로 신고식을 한다.

예를 들어, 비트겐슈타인이 "모든 철학은 언어 비판이다"(Wittgenstein, 1951, 4.0031)라고 할 때, 이 말의 의미는 거짓말쟁이 역설을 극복하는 데에서 언어에 대한 비판이 필수적이라는 것이다. 비트겐슈타인은 역설을 제어하자면 일상 언어에 대한 정련작업이 필수적이라 생각하였기 때문이다. 역설이 수에서 처음 나타났을 때 수학자들은 공리를 만들어 역설을 제어하려 하였고, 철학자들은 언어를 담금질하여 그렇게 한 차이일 뿐, 둘 다 역설 해결에 관심을 쏟았다는 점은 같다. 그리고 한결같이 서양에서는 '해결'이라는 데 방점을 찍었다.

중세기 철학 역시 역설 해결에 어느 시대보다 열중하였지만, 그 이유가 뚜렷이 알려지지 않은 채 철학자들의 관심사에서 갑자기 사라지고 만다. 그러나 데카르트의 분명, 정확, 확실성에 대한 탐구는 그 배경에 역설을 전제하고 있음을 의미한다. 역설이 애매성과 불확실성을 자아내는 장본인이기 때문이다. 근대 철학은 역설 자체보다는 역설이 빚어내는 후과에 더 많은 관심을 쏟았다는 의미이다. 칸트가 《순수이성비판》 서문에서 이율배반의 문제를 거론한 것도, 칸토어의 집합론에 나타난 배경 그 이상도 이하도 아님이 100여 년 뒤 칸토어의 그것을 통해 더욱 분명해졌다. 근대 철학의 배경에 숨겨져 있었던 역설이 19세기 말 수학자들에 의해 다시 들추어졌을 뿐이다.

서양에서 역설이 이렇게 간헐적으로 등장하는 배경은 서양 철학이 역의 象·數·사辭 트로이카를 개별적으로 다루었기 때문이다. 수에서 역설이 나타나자 비트겐슈타인은 사(언어)를 비판하여 수에 나타난 역설을 제어하려 하였다. 그리고 러셀 같은 논리주의자는 논리적 기호(상)로서 수를 제어하면 역설이 사라질 것으로 보았다. 그래서 수를 논리기호로 제어하고, 논리기호를 언어로 제어하면, 역설이 제거될 것으로 보았다. 전자가 러셀의 논리주의이고, 후자가 힐베르트의 형식주의이다. 이들은 직관주의와 함께 20세기 수학사에 나타난 3대 학파이다. 수의 역설을 수 아닌 것으로 해의하려고 하였다는 점에서 이러한 해의 방법은 필연적으로 유형론적이 되지 않을 수 없다. 그래서 대표적인 해의가 러셀이 제시한 유형론이었다. 러셀이 집합론에 나타난 논리적인 역설을 문제 삼았다면, 타르스키는 '언어의 의미'에서 나타난 의미론적인 역설을 문제 삼았다. 특히 타르스키는 우리의 주제인 대각선과 연관하여 역설 해의의 효시를 제시하였다. 러셀-타르스키가 제시한 유형론과 계층론은 역설 해의의 전형이 되었다. 이 두 역설을 서로 다른 것으로 여기고, 이의 구별을 강력하게 주장한 사람이 램지이다.

램지가 두 역설을 구별한 배경은 서양 철학사에서 상·수·사의 분리와 구별의 문제 때문이다. 그렇다면 트로이카가 동시에 굴러온 역의 전통에서 볼 때 램지의 구별이 갖는 의미는 각별하고, 역설 해의 방법 역시 역의 눈으로 보았을 때 간과할 수 없는 문제이다. 역에 역설이 나타난 배경은 정인貞人, 점쟁이들이 점사를 명패와 물건으로 나누면서이다. 다시 말해서, 명패를 세로줄에 물건을 가로줄에 배열하면서 대각선이 생기면서인데, 이는 데이터베이스화하면서부터라는 뜻이다. 여기서 특기할 만한 것은, 선천 복희도나 방도에서는 명패와 물건이 같다는 점이다. 다시 말해서, 물건에 해당하는 팔괘를 그대로 명패로 사용한다는 점이다. 이 말은 유형론이 통하기 어렵다는 것을 암시한다. 복희도뿐만 아니라 문왕도에서는 명패와 물건을 180도 뒤집어 배열한다는 것이다. 이것 역시 유형론을 어렵게 만드는 부분이다. 명패를 메타, 물건을 대상이라는 말로 바꾸어 놓으면 결국 역설이라는 난제를 숙명적으로 서양과 동양은 만나게 되어 있었다.

리샤르 역설에서 보는 바와 같이, 그 출발이 언어의 자급(자기언급)과 타급(타자언급)에 있었다. 이 자급과 타급의 문제는 베리의 역설에서 유래한다. 복희도 안에서 정대각선은 자급적이고, 다른 것들은 타급적이다. 이 말은 자급과 타급이 하나의 방도 사각형 안에서 함께 존재한다는 뜻이며, 서로 상관관계 속에 있으며, 따로 분리되는 것이 아니라는 뜻이다. 이와 같이, 만약 우리가 역을 끌어들이기만 한다면 서양의 역설 논쟁이 한눈에 들어오게 할 수 있다. 그리고 역은 역 나름대로 역설을 해의하는 서양과는 다른 방법을 가지고 있다. 방도에서 원도로, 하도와 낙서에서 정역도로, 역의 강물이 흐르는 것이 이와 무관하다고 할 수 없다는 것이다.

1970년대까지는 유형론을 약간 변형시킨 것이 있었을 뿐, 큰 틀에서 변화가 없었다. 그래서 여기서는 먼저 러셀과 타르스키의 유형론적 역설 해의 방법을 소개하는 것을 시작으로, 이를 대각선 논증과 연관시켜 가기로 한다.

### 램지가 분류한 두 종류 역설

서양 철학사에서 역설은 두 종류로 가닥이 잡혔다. 하나는 기원전 4세기에 등장한 에피메니데스의 거짓말쟁이 역설 또는 의미론적 역설이고, 다른 하나는 19세기 말 수학자 칸토어가 집합론에서 발견한 역설 또는 논리적 역설이다. 이 두 역설은 모두 자기언급을 전제하고 있다는 점에서 해결책도 같을 수밖에 없다고 대부분의 학자들이 주장한 반면에, 26세의 나이로 요절한 영국의 수학자 램지F. P. Ramsey는 이 두 역설은 독립적이고 해결책도 다르다고 주장하였다. 램지는 그의 논문 〈수학의 기초〉(1925)에서 다음과 같은 이유로 두 종류의 역설은 다르게 다루어야 한다고 주장하였다. 물론 역의 시각으로 보았을 때 집합론적 역설은 수와 상에서 생긴 것이고, 의미론적 역설은 사에서 생긴 역설이다. 그리고 역의 역사에서도 상수학파와 의리학파가 갈라지는 것을 보면, 두 역설의 같고 다름은 쉽게 판가름할 수 없는 문제처럼 보인다.

램지가 역설을 두 종류로 나눈 계기는 리샤르 역설이 제기되면서부터이다. 리샤르 역설을 증명한 도구가 수인지, 논리기호인지, 언어적인 문장인지 구별할 수 없다. 상·수·사를 다 구사하였다는 뜻이다. 램지가 역설을 두 종류로 나눈 배경에는 페아노가 "리샤르의 예는 수학적이지 않고, 언어적인 것에 속한다"(Foundation of Set Theory, 10)고 말하였기 때문이다. 페아노의 이러한 주장에 대하여, 대부분의 수학자들은 램지의 역설은 언어적인 것이기 때문에 수를 다루는 자기들에게는 이런 역설이 나타나지 않을 것이라 확신하였다. 그러나 램지는 리샤르 역설은 언어적인 것과 수학적인 것을 모두 가지는 것으로서, 페아노는 리샤르 역설을 다만 언어적인 것으로만 보았다고 비판하면서, 당대의 수학자들이 리샤르 역설을 언어적인 것으로만 보려 한 것은 잘못이라고 지적하였다. 즉, 그는 리샤르 역설 속에는 언어적인 것과 수학적인 것의 양면성이 다 들어 있다고 보았다. 그러면서 램지는 A와 B의 두 그룹으로 역설을 다음과 같이 구별하였다. A를 '논리적 역설', B를 '의미론적 역설'로 이름 붙였다.(이운형, 2006, 46)

20세기 철학자들과 수학자들의 유명도는 어느 학자가 어떤 종류의 역설을 그의 이름으로 발표하였는가에 달려 있을 정도로, 역설은 당대 최대의 화두인 것은 부인할 수 없다. 이렇게 다양하게 역설의 종류가

표 7-1. 역설 연구 구분표 (괄호 안은 발표연도)

| A그룹 | B그룹 |
|---|---|
| 1. 부랄리–포르테 역설(1897)<br>2. 러셀의 역설(1902)<br>3. 칸토어의 집합론적 역설(1897) | 1. 거짓말쟁이 역설(기원전 4세기)<br>2. 리샤르 역설(1905)<br>3. 베리 역설(1906)<br>4. 퀘니히 역설(1905)<br>5. 바일 역설(1918)<br>6. 그렐링 역설(1908) |

많은 이유는, 역설을 발표한 학자가 어느 관점에서 역설을 보았느냐 하는 차이 때문이다. 그래서 역설 앞에는 발표한 학자의 이름이 붙어 있는 것이 특징이다.

역은 이 문제를 이렇게 본다. 역에서도 '사解'만 중요시하는 것을 왕필의 의리역, 상과 수를 중요시하는 것을 한대 경방 등의 상수역이라고 하였다. 도상에 따라서 복희도와 문왕도는 상을 중심으로, 하도와 낙서는 수를 중심으로 역설을 관찰한다. 전자는 기학학적이고 후자는 대수적이다. 이 점은 이어지는 장에서 상세히 다룰 것이다. 결국 램지가 역설을 두 종류로 분류한 것은, 서양 철학사에서 상·수·사를 분리시킨 데서 기원한다. 이는 역이 왜 트로이카를 중요시하는지에 대한 이해를 돕는 데 도움이 된다고 할 수 있다. 즉, 근본이 잘못된 데서 원인이 있기 때문에, 러셀을 비롯한 서양의 학자들이 내놓은 해의 역시 미숙하고 오류를 범할 수밖에 없었다. 즉, 이들 서양 학자들의 해의 방법은 그들의 서양 전통 철학의 한계를 벗어나지 못한다.

다시 말해서, 유형론이란 궁극적으로 플라톤의 이데아론에 뿌리를 두고 있고, 일찍이 파르메니데스의 전통을 이어받는 그 이상의 해법이 아니다. 달라진 해의는 1970년대 이후 굽타나 키하라 같은 동양계 학자들이 내놓는 것이다. 램지가 얼마나 이러한 서양 전통에 충실한 유형론적 해의법을 제시하였는가를 볼 차례이다. 램지, 러셀, 타르스키의 유형론적 해의법의 출발점은 다른 것 같지만, 이들이 결론에 부딪히는 문제성은 결국 같다.

## 7.3. 의미론적 역설과 유형론적 해의

### '타르스키 정리'와 계층설

4장에서 리샤르 역설을 다루는 과정에서 자급과 타급의 문제를 논의하였다. 사실상 이 문제는 타르스키에 와서 본격화되어 토론이 이루어진다. 토론의 시작은 '자급적'이나 '타급적'이란 말 자체도 하나의 '술어 predicate'라고 해보자는 데서 출발한다. 일상 언어에서는 이런 현상이 발생하지 않지만, 형식적 언어에서는 가능하다는 것이다. 즉, 여기에 우리가 일상적으로 사용하는 자연 언어 속에 이런 종류의 술어가 있다고 하지 말고, 형식화된 언어 속에 이런 술어가 있다고 해보자는 것이다. 물론 역에서는 상・수・사에서 사가 자연 언어인지 형식적인 언어인지는 구별할 필요가 없다. 그 이유는 상・수・사가 항상 병행하기 때문이다. 수와 상이 형식적 역할을 하기 때문이다. 그러나 서양 철학과 논리학의 전통 속에서는 이런 구별이 일단 필요하다. 여기서 말하는 형식적인 언어란 논리적인 언어를 포괄적으로 함축한다. 점사의 경우, 그것이 일상적 언어인지 형식적 언어인지의 구별은 모호하다. 이 말은 점쟁이가 하는 말이 일상 언어와 같은 것인지 어떤 초월적 언어인지를 구별하기란 모호하다는 뜻이다.

이런 비슷한 문제가 사실상 논리학에서도 제기된다. 만약에 우리가 형식적 언어와 같이 고도로 정밀화된 언어를 사용하면 역설을 야기하지 않을 수도 있다는 것이다. 형식적 언어로 일상적인 언어를 통제하고 제어만 잘하면 역설은 해소될 것이라는 말이다. 역에서 형식화된 언어란 무엇일까? 그것은 사에 대한 상일 수도, 수일 수도 있다. 예를 들어서, '건'은 괘명, '천'은 상이다. 이와 같이 건에 대한 천, 곤에 대한 지, 태에 대한 택, 손에 대한 풍, 간에 대한 산 같은 이중화가 서양의 논리학에서 고민하고 있는 일상 언어와 형식 언어의 구별과 같은 맥락의 시도라고 볼 수 있다. 그런데 상과 사는 역에서 쌍두마차와 같이 달린다.

이와 같이, 램지의 두 종류 역설관은 다분히 서양 철학의 전통에서 볼 때 불가피한 것이다. 램지가 볼 때 거짓말쟁이 역설은 칸토어의 집합론 역설과는 크게 다른, 언어적 결함과 문장적 표현의 부족함 때문에 생긴 결과이다. 이러한 램지의 주장을 수용하여 역설 해의를 시도한 논리학자가 바로 타르스키이고, 그의 해의 방법을 일명 언어계층적 해법이라고 한다. 이 해법은 집합론 역설 해법과는 다른 언어를 통한 역설 해의 방법이다.

타르스키A. Tarski는 폴란드 출신 수학자로, 처음에는 칸토어의 집합론과 논리학을 연구하던 학자였다. 타르스키는 그의 유명한 대각선 논증을 바탕으로 진리에 관한 경탄할 만한 정리를 증명해 내었다. 그의 언어 계층설이란 언어를 '이야기되는' 언어 $L_1$과 '이야기하는' 언어 $L_2$로 구분

하는 것이다. 예를 들어

    (1) 'Snow is white'는 영문이다.

라고 할 때 ' ' 안의 Snow is white는 '이야기되는' 쪽의 언어 $L_1$이고, 위 문장 전체는 '이야기하는' 쪽의 언어 $L_2$이다. 전자를 '대상언어,' 후자를 '메타언어' 라고 한다. Snow is white는 대상언어이지만, 'Snow is white'는 메타언어이다. 이렇게 하여 세기적 신조어가 탄생하였다. 역에서 이런 두 언어의 구별은 다반사이다. 예를 들어, 효사는 대상언어이고, 괘사는 메타언어라고 보면 된다. 명패는 메타언어이고 물건은 대상언어이다. 그런데 둘의 구별은 언제나 상대적임을 알아야 한다.

    (2) '눈은 하얗다'는 참이다.

는 메타언어에 속한다. 그러나

    (3) "'눈은 하얗다'는 참이다"는 옳다.

라고 할 때, (3)은 (2)에 '대하여 다시 말을 하고 있는 문장'이다. 이처럼 상황에 따라서 언어가 속하는 계층이 달라진다. 하지만 상황이 동일하면 계층은 절대적이어야 한다.(야마오카, 2004, 60) 이 말은 하나의 괘 안에서 효사과 괘사가 구별되어야 함을 의미한다. 우리는 이를 괘수와 효수의 괴델수화에서 확인하였다.

타르스키가 말하는 형식화된 언어란 위에서 말한 L과 같은 언어를 두고 하는 말이다. 그는 L은 L이 자기 자신의 진리 술어를 포함하는 그러한 L이 있다는 것을 증명하였다고 한다. 다시 말해서, L은 제 자신이 참인 문장을 증명하였고, 그 문장은 참인 술어를 자기 문장 안에 포함하고 있다. 이러한 결론이 타르스키 정리Tarski's theorem이다. 다시 요약하면, 이 정리란 "문장 L에 대한 진리 술어는 막상 L 안에는 포함되지 않는다The truth predicate for L cannot be contained in L"와 같다. '자기언급적이 아니다' 또는 '리샤르 속성을 갖는다'는 말과 같다. 이런 결론을 두고 사이먼스는 "L은 의미론적으로 보아 보편적universal이지 않다"와 같다고 하였다. 이것이 거짓말쟁이 역설의 보편성 문제인 것이다. 이 말을 부연하면 "L은 제 자신의 의미에 대하여 말할 만한 타당한 보편성을 상실하고 있다"와 같다. 거듭 말해서, 여기서 말하는 '보편적'이란 자기귀속을 하는 경우이다. 그래서 자기귀속을 하지 않으면 보편적이지 않다. 말을 바꾸면, 대상언어가 동시에 메타언어이면 '보편적'이란 뜻이다. 그래서 멱집합의 경우는 '보편적'이라 할 수 있다. 자기가 자기를 그 속에 포함하고 있기 때문이다.

그래서 L의 진리를 언급하기 위해서는 L 밖에 한 차원 높은 메타언어가 있어야 보편적이라 할 수 있다는 것이다. 러셀의 유형론과 그 궤를 같이한다는 말이다. 여기서 특별히 관심을 가져야 할 말은 '보편성'이다. 그래서 사이먼스는 보편성이란 말이 결국 대각선 논증의 최대 관심처라고 보고 있다. 왜냐하면 '보편성'이란 명패와 물건이 서로 사상하는 경우를 일컫기 때문이다. 다시 말해서, 리샤르 역설, 거짓말쟁이 역설 등이 모두 궁극에는 대각선 논증과 불가분의 관계 속에 있다. 여기서 역과 대각선 논증도 바늘의 실 관계 같이 서로 연관이 된다. 타르스키는 메타 언어만 잘 만들어 언어가 충분히 형식적으로 계층적이 될 수만 있으면, 대각선 논증은 타르스키 정리를 정립할 수 있다고 보았다. 다시 말해서, 타르스키의 메타언어란 위계적 언어를 충분히 만들어내는 형식적인 언 어의 공장과 같고, 이 공장에서는 대각선 논증을 통해서 이런 형식언어 를 만들어 낸다는 것이다.(Simmons, 1995, 18~19) 명패와 물건의 위계가 만들어진다고 본 것이다.

타르스키의 정리에 의해서 우리는 언어 L로부터 대각선화를 할 수 있 게 되었고, 나아가 메타언어를 충분히 만들어 나갈 수도 있다. 그러나 문제는 지금부터이다. 그러면 과연 무엇을 메타언어로 삼아야 할 것이 냐 하는 질문에 봉착하게 된다. 영어든 한글이든 그 어디에서 메타언어 가 될 만한 언어를 발견할 것이냐이다. 답은 나왔지만 그 답을 만들어낼 만한 도구가 보이지 않는다. 타르스키 정리를 거짓말쟁이 역설에 적용 해 보면 금방 이러한 어려움이 나타난다. 아래에 전개되는 지난한 과정 은 역의 방도가 왜 명패와 물건을 같은 괘로 할 수밖에 없는가에 대한 주석이라 할 수 있을 정도로 중요하다. 즉, 방도에서 왜 명패와 물건이 같은 팔괘로 하였느냐에 대한 주석이라 할 수 있다. 이에 대한 고찰 없 는 역에 대한 연구는 공염불이다.

거짓말쟁이가 말하기를, "내 말은 거짓말이다"라고 할 때 다음과 같 은 관계가 성립한다.

(4) 내 말 = '내 말은 거짓이다'라는 말

여기서 내 말을 기호 L이라고 해 보자.

(5)　　L　=　'L'은 거짓말이다.
　　　명패　　　물건

　여기서 L은 대상언어인 동시에 메타언어이다. 즉, 자기언급적이다. L은 자기 자신에 대하여 이야기하는 동시에 이야기되고도 있기 때문이다. (5)에서 이러한 자기언급 현상은 뚜렷하다.

　이와 같이 거짓말쟁이 역설에서는 이른바 '내 말' 또는 '제 말(자기 말)'이라는 것이 대상과 메타, 두 언어에 모두 속해 버린다. 그래서 두 언어를 구별하는 절대성은 훼손되고 만다. 만약에 이런 절대성이 무너지면 역설은 피할 수 없게 된다. 이것이 거짓말쟁이 역설의 운명이다. 그러나 만약에 대상언어와 메타언어의 계층이 엄격하게 지켜진다면 역설은 막을 수 있다는 것이 러셀과 타르스키의 역설 해의이다. 러셀의 유형론을 따른 동일 궤도의 해의법이다.

　그런데 문제는 어떻게 이런 형식적 언어에서가 아니고 일상 언어에서 두 언어 사이의 계층관계가 엄격하게 지켜지고 보장될 수 있느냐이다. 타르스키는 이렇게 일상 언어 속에서 두 언어 사이의 엄격한 구분은 불가능하다고 보아 이의 구별을 포기하였다. 그런데 그는 인공언어, 즉, 형식적 언어로는 구별이 가능하다고 보았다. 형식적 언어의 예로서 집합론적 언어를 손꼽았다. 그런데 타르스키가 선택한 집합론적 언어에서 다름 아닌 램지의 또 다른 역설인 '논리적 역설'이 발생한다는 점이다. 처방약이 독이란 사실을 몰랐다. 소용돌이를 피하니 암초가 나타난 것과 같다. 집합론에 나타난 논리적 역설을 해의하기 위해서는 이제는 반대로 형식적 언어로 가야 한다는 결론이 나온다. 이런 후자의 선택을 한 수학자가 바로 힐베르트이다. 일명 그의 해의 방법을 형식주의라고도 한다. 그는 역의 사辭에 해당하는 일상 언어를 수에 도입하려 하였다. 그는 수에 대해 '언어'를 형식이라 본 것이다.

타르스키의 언어 계층설에 따른 역설 해의 방법은, 20세기 역설 해의의 정론처럼 되어 널리 수용되었다. 러셀의 유형론과 함께 일관성적 유형론이라고도 한다. 이러한 지금까지의 내용을 요약한 것이 타르스키의 정리이다. 타르스키의 정리를 결론으로 요약하면 다음과 같다.

타르스키 정리: 언어 L을 계층별로 분화시켜 ($L_0$, $L_1$, $L_3$, …, $L_n$)이라고 할 때, 언어 $L_n$에 속하는 문장에 대해 '참이다'라는 진리 술어를 사용할 때, 그 진리 술어는 같은 언어 $L_n$에 속할 수 없고 메타언어 $L_{n+1}$에 속해야만 한다.

### '타르스키 정리'와 역의 계층 문제

이러한 타르스키 정리를 역을 통해 이해하면 한결 쉽고 분명하다. 역의 괘명과 괘사, 명패와 물건의 관계를 만약에 메타언어와 대상언어로 바꾸어 놓고 생각해 보면, 계층설이 매우 불안정하다는 사실을 알게 된다. 정인들이 신탁의 언어를 사람들에게 일상적 언어로 전달할 때 당하는 제일 첫 고민은, 두 언어 사이의 계층 문제이다. 둘을 조화시키기의 일환에서 나온 것이 바로 주문呪文이다. 경을 읽으면 귀신도 듣는다고 할 때, 그러한 귀신과 인간이 교류하는 장소란 바로 대상과 메타, 두 언어가 합일되는 그러한 장소이다. 〈계사전〉에서 1에서 10 사이의 양수와 음수의 합인 '55'는 귀신도 그 안에 들어 있을 것이라 한 이유가, 이 55를 언어를 바꾸어 놓으면 귀신도 따른다는 뜻이고, 그 언어가 '주문'이란 뜻이다.

대상과 메타의 합일 문제, 선후 문제, 그리고 계층의 상하 문제는 결정짓기 쉽지 않다. 경지와 고형 이전에는 괘명이 먼저이고 괘획이 나중에 나왔을 것으로 생각하였으나, 이 두 학자들은 반대로 괘획이 먼저이고 괘명이 나중일 것으로 보았다. 물건이 먼저이고 명패가 나중일 것이라는 주장과 같다. 《논어》나 《맹자》의 장의 명칭을 보면, 본문 내용 속에 나오는 어느 한 말을 택해 그 장의 이름을 삼는 것이 통례인 것으로 보아 괘명이 나중일 것이다. 즉, '학이'라는 장명은 이 말이 본문 처음에 나오기 때문에 붙은 것이다. 이런 규칙이 그렇다고 일관성을 갖는 것도 아니다. 일관성을 유지할 수 없다는 것이 대상과 메타 두 언어 가운데 어느 것이 먼저인지를 결정할 수 없는 이유이기도 한다. 물건이 먼저이냐 명패가 먼저이냐? 《구약성서》는 물건들이 먼저 있고 명패가 나중에 달린 것처럼 되어 있다. 그러나 명패가 먼저이고 물건이 나중일 수도 있다. 이런 불규칙성을 몇 가지 예를 통해 입증해 보기로 한다.(문용직, 2007, 157~158)

괘사에 괘명과 똑같은 문자가 들어가 있는 괘는 11개(蒙, 覆, 조, 同人, 復, 履, 井, 震, 艮, 旅, 節)이다. 우리의 관심사는 효사와 괘명의 관계이다. 64괘 가운데 괘명과 효사가 같은 괘는 57괘나 된다. 반면에 괘명과 괘사가 같은 괘는 11개이다. 이것은 상식을 벗어나는 조사 결과이다. 당연히 괘명과 괘사가 같은 것이 더 많아야 하는데, 괘명과 효사가 같은 것이

압도적으로 많다. 이런 결과는 괘명과 괘사는 별 관계가 없고, 괘명과 효사가 더 관계가 많다는 것을 입증한다. 이를 타르스키가 알았더라면 매우 당황하였을 것이다. 대상언어가 메타언어를 압도한다는 것은, 계층설을 위태롭게 만든다는 의미이기 때문이다. 유형론의 계층설은 늘 메타언어(명패)가 대상언어(물건)를 압도해야 한다. 그러나 역에서는 그 반대라는 것이다. 유형론의 위기를 역이 한눈에 보여준 것이다.

역에서는 효사가 먼저 생겨난 다음에 괘명이 나중에 첨가되는 정도였다. 이 말은, 역의 세계에서는 메타언어가 대상언어를 완전 통제를 하지 못하고 있음을 의미한다. 이는 역의 태생적인 문제이기도 하다. 그러나 괘명이 효사를 통제하려고 한 것이 역의 역사이기도 하다. 겸괘나 명이괘와 정괘의 경우는 효사들이 자체적으로 통일성를 이루고 있으며, 괘명은 따로따로인 것처럼 보일 수 있다. 이는 효사를 괘명에 맞추어 하나의 일관된 주제를 나타내기에는 어려움이 많았음을 보여준다.(같은 책) 역이 철학서로, 논리서로 성립하자면, 이 점이 잘 정리되어야 하기 때문에, 역의 제작자들이 가장 고심한 부분이기도 하다. 이는 명패괘와 물건괘, 또는 하괘(내괘)와 상괘(외괘)의 관계 설정 문제는 역의 철학적 본질을 여실히 보여주는 부분이다.

서양 철학사에서도 같은 고민이 하였다고 할 수 있다. 플라톤의 작품들 속에 이에 대한 고민은 역력하다. 예를 들어서, 그의 《정치가》의 경우, 이러한 명칭 밑에 들어가는 하나하나의 정치가들을 어떻게 정의할 것인가의 고민은, 역을 제작한 사람들의 고민과 결국은 같았다 할 수 있다. 이런 고민 끝에 나온 것이 그이 '이데아론이다. 이런 고민거리가 플라톤의 초기, 중기, 후기에 각각 다르게 나타나며, 결국 대미를 장식하는 책은 후기의 《파르메니데스》이다. 중기 작품까지만 하더라도 플라톤은 이데아와 물건들의 관계의 유형적 계층적 분리를 주저하고 있고, 후기 작품까지도 고민은 이어진다. 그러나 후기 플라톤주의자들은 이를 적극적으로 분리시켜 버린다. 이러한 서양 철학의 전통이 러셀-타르스키에로 이어지는 유형론이라는 것이다.

역의 경우는 효사를 먼저 정한 다음 유사한 사례들을 모아 그것을 하나로 괄집括集시킨 뒤 여기에 괘명을 붙인다. 이것이 바로 64괘 속에서 괘사보다는 효사가 괘명과 일치점이 많은 이유이다. 괘명을 결정하는 것이 효사이지 괘사가 아니었다는 것이다. 이것이 자연스런 역의 발전 과정이다. 그러나 차츰 의도적으로 효사와 괘명의 일치를 만들어내야 하였다. 인위적인 작위가 가미되는 단계이다. 하나의 집합 명칭, 즉, 괘명 안에 들어가는 요소들을 귀속시킨다는 것은 매우 지난한 과제이지만, 이 작업을 해놓지 않았으면 지금과 같은 《주역》 책은 탄생조차 못하였을 것이다. 이런 지난한 고민 끝에 탄생한 것이 다름 아닌 복희64괘도인 방도이다. 그 밖에 여러 본들이 모두 가로와 세로를 긋고, 세로에는 명패를 가로에는 물건을 배열하는 작도법을 구사하게 된 것이다. 이러한 작도 방법은 매우 인위적인 것으로, 명패로 물건들을 제어하는 데이터베이스화 작업이 본격화되었음을 의미한다.

그래서 괘명과 효사는 서로 피드백을 하였을 것이다. 이런 피드백 과정이 바로 대각선을 만드는 과정이다. 이런 과정에서 괘명과 효사가 일치하는 것도 있고, 그렇지 못한 것도 있었다. 일단 피드백을 하게 되면 괘명과 효사, 그리고 괘사까지 어느 것이 먼저이고 어느 것이 나중인지는 중요하지 않고, 그 전후 상하 계층의 순서도 중요하지 않게 된다. 후대에 와서 피드백의 계층을 결정하기란, 솔밭에서 바늘 찾기보다 난해하다 아니할 수 없다. 이것이 유형론에서 메타언어 설정의 어려움을 웅변적으로 말해주고 있다. 예를 들어 1.건괘의 경우, 괘명은 '건'이지만 효사는 이것과는 아무 상관이 없는 '용龍'이다. 14.대유괘는 단 하나의 효사도 상호간에 통일되어 있지 않다. 즉, 1.건괘의 명칭은 제3효의 효사인 '군자종일건건君子終日乾乾'에서 유래한다. 효사에 괘명이 들어 있다는 것은 대상언어인 효사가 먼저이고 메타언어인 괘명이 나중이라는 것을 의미한다. 효사가 대상언어이지만 메타언어와 같이 대표성을 가질수도 있어서 당당하게 괘명으로 등장할 수 있다는 것이다. 이는 동북아시아에서 이데아론을 만드는 데 어려움을 깃들게 하는 한 배경이라 할수 있다.

같은 말이 자주 많이 나온다고 괘명이 될 자격이 있는 것도 아니다. 53.점괘의 효사 속에는 '홍鴻' 자가 무려 여섯 번 반복해서 나오지만, 괘명은 '점漸'이다. 28.대과괘의 경우에도 '동棟'이란 말이 세 번 나오지만 괘명은 '대과'이다. 점과 대과괘의 경우, 효사에 자주 나오기는 하나 괘명이 되지 않는 이유는, 괘명은 대표성을 가져야 하는데 자주 나오기는 해도 이 점이 결여되었기 때문이다.(같은 책) 여기서 대표성이라 할 때, 논리학에서는 '속성property'이라고 한다. 자주 등장하는 횟수보다는 여섯 개의 효에 모두 두루 통할 수 있는 속성을 지닌 말이 무엇인가를 찾아서 그것으로 괘명으로 삼았다는 것이다. 프레게가 집합의 속성으로 집합과 원소로 나누다가 역설을 만났다는 사실을 상기하면, 이렇게 괘명이 대표성과 속성을 위주로 하여 만들어질 때, 그 속에 역설을 잉태하고 있었던 것이다.

### 제3의 인간 역설과 타르스키의 위계론

명패란 공통된 속성의 다른 표현이다. 《파르메니데스》에서 '큼'이라는 속성을 사물에 적용할 때 '속성 그 자체'라는 속성이 이 속성에 귀속belonging하느냐 마느냐, 이것이 제3의 인간 역설을 조장하는 장본인이다. 바로 이런 현상이 수속에 나타난 것이다. 리샤르 속성의 경우도 사정은 마찬가지이다.

이를 역에 적용하면 다음과 같다. '속성'이 역설을 조장하는 이유는, 같은 속성을 갖는 효들로 하나의 괘명을 만들 때, 그 괘명 자체도 효들이 갖는 속성을 가져야 하느냐 하는 부분에서 역설을 만나지 않을 수 없다는 것이다. 또 명패로서의 괘와 물건으로서의 괘가 같은 속성을 갖는가 다른 속성을 갖는가를 분간하는 것은 낭패라 아니할 수 없다. 즉, $L_2$ 역시 $L_1$의 속성을 갖느냐고 할 때, 여기서 '갖는다'와 '안 갖는다'의 두 가지 상반된 결정에 대한 증명을 다 해낼 수 있기에 역설이 발생한다. 플라톤의 후기 작품 《파르메니데스》가 바로 이 문제를 다루고 있다는 점에서 의의가 크다. 현대 철학자들이 《파르메니데스》로 되돌아가 철학을 시작하지 않을 수 없는 이유가 여기에 있다. 포퍼도 하이데거도 바디우도, 철학의 시발점을 《파르메니데스》에 두는 이유가 바로 여기에 있다. 그렇다면 동서양 철학의 시작은 유사하지 않겠는가.

실로 괘명은 집합의 명칭이다. 그래서 이것을 결정하는 방법은 타르스키 정리와 역의 관계를 파악하는 관건이라 할 수 있다. 이렇게 중차대한 괘명을 정하는 데는, 이상에서 보는 바와 같은 나름대로의 원칙이 있다. 즉, 괘명은 효사에 자주 나오는 말로 한다, 자주 나오는 말이라도 그 말이 대표성을 가져야 한다, 대표성이 없을 경우에는 효사 전체가 갖는 '인상 impression'에 따라서3) 괘명을 정한다.(문용직, 2007, 166)

하나의 소성괘(팔괘)는 세 개 효를 원소로 한 부분집합이다. 다시 두 소성괘의 집합이 부분이 되어 하나의 대성괘(64괘)를 만든다. 이들 사이에는 계층이 성립할 것 같지만, 그것을 결정하기가 어렵다는 것이 위에서 밝혀졌다. 여기에 역의 어려움이 있다. 그리고 이러한 어려움은 철학의 고질적인 난제거리이다. 이러한 어려움이 방도에서 정대각선상에 있는 대성괘 명칭이 소성괘 명칭인 '건태이진손감간곤'과 같아지는 데에서 여실히 나타난다. 타르스키의 계층이론의 문제점과 한계는 그대로 타르스키 이론의 한계로 이어지는 이유를, 우리는 역의 방도에서 한눈에 본다.

타르스키의 계층이론을 평가할 때, 닉슨과 딘의 다음 대화를 예로 든다. 이 대화는 언어의 계층 만들기가 얼마나 어려운가를 보여주는 좋은 예라고 할 수 있다.

지금 딘이 (A) "워터게이트에 관한 닉슨의 모든 말들은 거짓말이다"라고 말하였다. 딘의 이러한 말에 대하여 닉슨은 (B) "워터게이트에 관한 딘의 모든 말들은 거짓말이다"라고 반박하였다.

여기서 닉슨의 말과 딘의 말 가운데 어느 것이 먼저이고 어느 것이 나중일까? 위에서 닉슨의 말인 (B)를 1단계 $L_1$이라고 해보자. 그런데

---

3) 인상에 따라서 괘명이 결정된 괘는 곤, 소축, 태, 대유, 대축, 대과, 중부 등 일곱 개이다.

딘의 말인 (A) 속에는 닉슨의 말인 (B)를 포함한다. 고로 B의 말은 A의 말보다 한 단계 높은 L₂이다. 그렇지만 닉슨의 말도 딘의 말을 그 속에 포함하고 있기 때문에 A가 B보다 한 단계 더 높다. 이런 방법으로 A와 B는 끝없는 위계 경쟁을 한다. A와 B는 서로 명패가 되고 물건이 되기 때문이다. 대각선화와 반대각선화를 서로 반복하는 것이다.

이러한 악순환은 램지가 분류한 논리적 역설(집합론 역설)에서도 그대로 나타난다. 그렇다면 두 역설은 궁극적으로 그 성격이 같다. '언어적'이냐 '논리적'이냐에서 역설이 발생하는 것이 아니고, 명패와 물건, 그리고 집합과 원소 사이에서 자기언급을 하기 때문에 역설은 발생한다. 그래서 램지가 성격이 다른 것처럼 역설을 두 가지로 나눈 것은, 역설을 너무 피상적으로 본 결과이다. 역에서는 상·수·사가 분리되지 않는 것으로 본다. 사에서 생기는 역설, 상과 수에서 생기는 역설이 모두 같은 성격의 것임을 알았기 때문이다. 물론 이 책에서는 상과 수에서 생기는 역설만 주로 관찰하지만, 앞으로 사에서도 같은 방법을 적용하여 연구할 수 있을 것이다. 정인들이야말로 트로이카를 이용, 점사 풀이를 하였으며, 이들의 '점풀이'란 다름 아닌 역설에 대한 해의인 것이다.

이렇게 대상언어와 메타언어가 대각선화를 할 때, 그 결과 직면하는 것은 역설이다. 역설은 우리를 불완전성incompleteness으로 내몰고 만다. 이 불완전성은 어떤 나라 언어로 표현하더라도 메타언어 구성이 곤란하다는 결론과 함께, 의미론적 역설semantic paradox을 만나게 된다. 타르스키 정리에 따르면, 어떤 언어를 '진리'라고 정의하는 경우, 반드시 같은 계층(유형)의 언어로 정의해서는 안 된다는 것이다. 다시 말해서, 메타언어로 정의해야 한다는 것이다. 이런 구상을 그가 한 것은 1930년대 이전

그림 7-1. 낙원에서 아담이 물건들에 이름 짓는 타락 행위를 하는 장면
(Burke, 1985, 26)

이다. 타르스키가 그의 정리를 발표한 뒤, 서양 세계에서는 그의 역설 해의가 하나의 정본인 것처럼 유행하였다. 물론 그는 인공적인 형식언어를 통해 그의 정리를 수립하였다.

그렇지만 일상 언어 속에서도 같은 현상이 나타난다면, 서양 철학이 추구하던 진리는 위기를 맞지 않을 수 없다. 계층설의 파산은 예고된 것이나 마찬가지다. 역에서 생각할 때, 타르스키나 러셀 같은 학자들이 이렇게 어리석을 수도 있나 놀라게 된다. '라이프니츠가 방도의 대각선을 일찍이 소개하였더라면' 하는 가정을 세워보기도 한다. 서양의 원죄

는 유클리드 이후 상·수·사의 트로이카를 몰랐고 무시하였다는 것이
다. 낙원에서 인간이 이름 짓기를 한 이후부터 상·수·사의 트로이카
를 파괴하였다. 상·수·사의 분리, 이것이 진정한 의미의 '타락 fall'이
다. '타락'의 본래 의미는 '분리한다'이기 때문이다.

　진정한 타락은 인간의 이름 짓기 행위에서 시작한다. 〈창세기〉 2장
19절에 이어지는 내용은 인간의 타락 과정 그 자체이다. 이는 이름 짓기
와 타락이 밀접한 관계있음을 의미한다. 이름 짓기를 한다는 것은 사물
들끼리 분류와 분리 작업을 시작한다는 것이며, 그것이 신과 인간의 분
리일 때에는 '신학적 타락 theological fall'이 된다. 그러나 대상 물건에 명패
를 달아주는 것은 순수한 논리적인 행위이고, 이는 '논리적 타락 logical
fall'이다. 종래의 신학이 후자인 논리적 타락을 말하지 않은 것은 큰 실
수이다.(Burke, 1985, 26) 위 그림에서는 에덴동산의 사각형에서 가로와
세로의 명확한 구별이 특징이다. 바로 이름 짓기 행위에 이런 경위의
구별이 없다면, 이름 짓기 그 자체로는 별 논리적 의미가 없다. 에덴동
산의 일차원적 의식구조에서 이름 짓기 행위를 통해 한 차원 상승한다
는 것이 바로 이런 가로와 세로 구별하기로 나타난다.(Burke, 1985, 27)

　동북아 문명권에서는 이런 타락 행위가 없었다. 상·수·사 트로이
카 때문이다. 역은 한자로 씌어졌다. 그러나 역은 상·수·사가 분리되
는 순간, 그 어느 입구로 찾아 들어가더라도 거기에는 역설이 기다리고
있다는 사실을 발견하였다. 그래서 상·수·사 이 석 자를 3중주로 만
드는 것이다. 그리고 도상을 복희도에서 문왕도로, 정역도로 펼쳐 나가
는 것이다. 복희도와 문왕도는 모두 만연된 역설의 문제를 알고 있었다.
하나의 대성괘hexagram 안에서 외괘와 내괘를 만들면서부터 그 속에 역

설이 깃들어 있음을 알았다. 복희64괘도의 사각형 방도 속에는 자급적인 괘들과 타급적인 괘들이 연계되어 있다. 그 어떤 방법으로든 위계를 만들 수 없다는 사실을 알았다. 그래서 63.기제괘는 "강을 다 건넜다"라 해놓고는, 64.미제괘는 "강을 건너지 않았다"고 하였다. 이미 복희도 자체 안의 타급과 자급의 비일관성 때문에 자초된 결론이다. 이것이 다름아닌 역의 불완전성을 웅변적으로 말해주는 것이다.

복희도 안에는 기하학적 대각선이 있지만 문왕도에는 없다. 그래서 복희도의 대각선에 나타난 역설 때문에 문왕도가 작도되었다고 할 수 있다. 동시에 내괘와 외괘의 역설 해의를 위해 소옹이 복희도를 작도하였다고도 할 수 있다. 복희도는 세로를 메타로, 가로를 대상으로 만들었기 때문에 대각선에서 역설이 발생하였고, 문왕도는 하나의 대성괘 안에서 대상언어와 메타언어가 상과 하에 배열되는 데서 역설이 발생하였다고 볼 수도 있다. 복희도는 팔괘의 착종에서 생기는 역설을, 문왕도는 대성괘의 내괘와 외괘 사이의 역설 때문에 작도를 서로 다르게 한 것이라 본다.

대각선과 불완전성의 문제는 불가분리적이다. 문왕도의 내괘와 외괘의 위치를 180도 뒤집는 이 행위 자체가 반대각선화와 반가치화이다. 대각선의 6대 요소 가운데 가장 중요한 행위를 하는 것이다. 그래서 복희도와 문왕도 가운데, 어느 것이 역설을 제의하고 어느 것이 그것을 해의하는가는 서로 상관적이기 때문에, 결정을 내릴 수 없다. 이는 두 상의 선후 문제와도 직결되는 주요한 것이라 할 수 있다.

## 크립케의 역설 대처법

크립케(1940~ )는 박사학위도 없이 18세 나이로 대학 강단에 서 언어철학, 인식론, 심리철학, 수학 등을 강의하였다. 그는 지금 영향력 있는 철학자로 손꼽히는 프린스턴대학 철학과 교수이다. 그의 대표작은 《진리론 개요》(1975)이다. 그는 타르스키와 여러 면에서 대조되는 이론을 발표하였다.

타르스키가 대상언어와 메타언어로 구별한 데 대하여, 크립케는 같은 대상언어인 참 안에도 참1, 참2, 참3, …과 같이 구별하였다. 물론 거짓도 마찬가지로 표현할 수 있다. 이는 마치 역의 효에서 양효 안에도 양효가 들어가고, 음효 안에도 음효가 들어가는 것과 같다고 할 수 있다. 이를 '진리술어 단일성'이라고 한다. 물론 역에서는 양 안에 음양이, 음 안에 음양이 모두 들어갈 수 있다. 타르스키가 "'눈이 하얗다'는 참이다"에서 ' ' 안을 대상언어로, "참이다"를 메타언어로 구별한 데 대하여, 크립케는 일상 언어에서 이렇게 계층적 구별을 하는 것은 문제가 있다며 수용하지 않았다. 역에서도 이런 계층적 구별이 문제 있음을 지적하였다. 이런 문제점을 두고 '일상 언어의 비계층성'이라고 한다.

크립케는 거짓말쟁이 문장이 일상 언어 속에서 '문제없음'을 인정한다. 즉, 칠판에 "이 문장은 거짓이다"고 적어 놓았을 때, 아무런 문제를 야기하지 않는다는 것이다. 그래서 일상 언어 속에서 이런 거짓말쟁이 문장이 아무 탈 없이 사용되고 있다는 것이다. 문법 구조에서도 아무런 흠이 없고, 의사소통에도 문제 될 게 없다는 것이다. 이를 두고 '거짓말쟁이 문장 인정'이라고 한다. 크립케 이론에서 대표적인 것은 기저성

groundness이다. "'눈이 하얗다'는 참이다"에서, 아무리 '참이다'라는 말을 많이 첨가하더라도 일상 경험에서는 이 문장이 참임을 인정받고 있다는 것이고, 이를 두고 '기저성'이라고 하였다. 일상 삶에서 이런 기저성 없이는 소통 자체가 불가능하다고 본다.

크립케 이론은 주로 타르스키 이론을 대척하고, 그것과 대조를 만드는 데 기본 입장을 두고 있다. 크립케는 참도 아니고 거짓도 아닌 제3의 그것이 '미정'인 그러한 영역이 있다는 것을 전제한다. 이 미정인 단계를 $L_0$라고 하였다. 다음에 이어 타르스키의 문장 $L_1$, $L_2$, $L_3$, …와 같은 언어 계층이 만들어진다. 이러한 계층은 참인 문장과 거짓인 문장 모두에서 가능하며, 그래서 두 개의 동심원이 그려지다 서로 간섭을 한 뒤 참과 거짓이 굳어진다. 서로 간섭하는 현상이 무한히 이어지는 것이 아니고 어느 지점에서 멈추는데, 이 지점을 '부동점 언어'라고 하였다. 이 부동점 언어에는 진술하는 언어 자체의 언어까지 포함한다. 즉, 계층언어의 문장뿐만 아니라 문장 L에 적용된 '참'이란 단어까지 포함한다. 자기언급적 언어까지 포함하고, 이것이 정대각선에 해당한다. 부동점 언어는 $L_0$에서 출발하지만, 하나가 아니고 여럿 존재한다. 특히 $L_0$가 진위 미정 문장밖에는 가지고 있는 것이 없을 경우, 이를 '최소 부동점 언어'라고 하였다. 최소 부동점 언어를 기저성과 연관시켜 다음과 같이 정의한다.

> 문장 S가 최소 부동점 언어에서 진릿값을 가질 때(즉, 참이거나 거짓이 될 때에) 한하여 S는 기저성을 갖는다.

이제 남겨진 최대 관심사는, 크립케가 자기언급적 문장을 어떻게 생각하느냐를 고찰하는 것이다.

(1) "눈은 희다"(SW).

위의 문장을 말할 때, 다음과 같이 우리는 이에 관계된 배경언어를 생략하고 있다.

(2) "문장 (1)은 타르스키의 책 《참의 의미론적 개념*The Semantic Conception of Truth*》의 15쪽에 있다"가 참이다.

(3) (2)는 참이다.

(3)까지는 자기 아닌 (1)이나 (2)를 (3)이 언급하고 있으며, 이를 타자 언급이라 하며, 이런 경우를 두고 '기저 문장grounded sentence'이라고 한다. 그런데 문장 (3)은 자기언급을 하고 있기 때문에 기저성이 없다.

(3) (3)은 참이다.

'최소 부동점 언어'란 (3)이 참이라는 것을 말하기 위해 '참'이라는 단어를 포함하지 않는 문장이다. 자기언급을 하지 않는 문장이다. '제소리' 하지 않는 문장이다. 이런 진위 미정인 문장에 호소해서는 진릿값을 확인할 수가 없다. 고로 (3)은 기저성이 없다. 그렇지만 "(3) 자체를 참이라"고 하는 한글 문장을 L₀으로 삼아서 생겨난 부동점 언어에서 볼 때, (3)은 당연히 참이 된다. 즉, 최소가 아닌 어떤 부동점 언어에서는 (3)이 참이 된다.

(4) (4)는 참이다.

라고 할 때, 즉 거짓말쟁이가 '내 말이 참말'이라고 할 때에는 역설이 발생하지 않는데, '내 말이 거짓말'이라고 할 때인

(5) (5)는 거짓이다.

에서는 역설이 발생한다. 거짓말쟁이의 말 (5)의 경우 거짓말쟁이가 자기 자신의 말을 거짓이라고 하는 경우 이는 역설이다.

(4)는 (3)의 경우와 다른 점이 있다. (4)는 최소 부동점에서 진릿값을 갖지 못한다. 고로 (3)과 마찬가지로 기저성이 없다. 그런데 (4)를 '참'으로 하는 $L_0$이나, (3)을 '거짓'으로 하는 $L_0$에서 출발을 하는 경우, 그 다음의 부동점 언어에서는 진릿값이 정해지지 않는다. 바로 이 순간 역설이 발생한다.(Kripke, 1975, 708) "문장이 어떤 부동점 언어에서도 진릿값을 갖지 않는 경우, 그 문장은 역설이다." 종합적으로 결론을 내리면 (3)은 기저성도 없고 역설적이지도 않지만, (4)는 기저성이 없지만 역설적이다.(야마오카, 2004, 144)

이러한 크립케의 역설 해의법은 지금까지 나온 것 가운데 가장 설득력이 있어 보인다. 그 이유는 대각선의 6대 요소를 모두 갖추고 있기 때문이다. 부동점이란 사실상 명패와 같다고 할 수 있으며, 이 부동점을 다른 계층들과 상응시킨 점은 대각선의 구성요소들을 갖추었다고 할 수

있다는 것이다. 그리고 크립케의 대담한 접근은 배중률을 무력화시키고 있다는 점이다. 그의 부동점이란 배중률의 무력화 없이는 불가능하기 때문이다. 부동점은 중립적인 것으로서, 배중률이 무력화 없이는 이론 자체가 불가능하다.

그러나 크립케의 주장에도 함정은 있다. 그것은 크립케의 이론이 '단순 거짓말쟁이 역설' 문장에는 통할 수 있어도, '강화된 거짓말쟁이 문장'에서도 그대로 통할 수는 없기 때문이다. 강화된 거짓말쟁이 문장이란 위 (5)와 같은 문장을 말한다. '거짓이다'고 하는 것과 '참이 아니다'고 하는 것이 사실상 같아 보이지만, 여기서 말하는 '거짓'과 '참이 대상언어이냐, 메타언어이냐에 따라서 그 결과는 큰 차이를 만든다. 이런 문장을 '강화된 거짓말쟁이 문장'이라고 한다. 만약에 이 문장을 전면에 내세워 세 가지 경우, (5)가 참인 경우, 거짓인 경우, 그리고 참도 거짓도 아닌 경우를 도마 위에 올려놓고 보자. 세 번째 경우는 크립케 자신이 배중률을 배제하고 제시한 것이다. 바로 이것 때문에 그가 어떻게 자기 이론에 스스로 발목이 잡히는가를 알아보자.

1. 참인 경우: (5)를 참이라고 한다면, "참이 아니다"가 참이니 거짓이 된다. 그래서 참이면서 참이 아니게 된다.
2. 거짓인 경우: (5)를 거짓이라고 한다면, "참이 아니다"가 거짓이니 참이 된다.
3. 참도 거짓도 아닌 경우: 이 경우 이 문장의 내용은 참이 아니다. 그런데 문장 (5)의 내용은 "참이 아니다"이기 때문에 참이 아니라는 것은 이 문장 내용과 일치하므로 결과적으로 참이 된다.
4. (5)가 '참이 아닌' 경우: 그러면 그것은 거짓이거나 참도 거짓도 아닌

경우이다. 그런데 2에서 내려진 결론에 의해 "(5)가 거짓이라면" 그것
은 참이 되고, 3에서 내려진 결론에 의해 (5)가 참도 거짓도 아니라면
그것은 참이 된다. 다시 말해서 "(5)가 참이 아니다"라고 가정할 때 그
문장은 참인 동시에 참이 아니게 된다.

5. 문장 (5)는 참이거나 참이 아니어야 한다. 그런데 1에 의하여 "(5)가
참이라면" 그 문장은 참이면서 참이 아니다. 다시 4에 의해 "(5)가 참이
아니라면" 그것은 참이면서 동시에 참이 아니다. 어느 경우이든 문장
(5)는 참이면서 동시에 참이 아니다.

크립케 역설 해법의 한계가 분명해졌다. 야마오카는 "배중률을 배제
하는 그의 방법이 단순 거짓말쟁이 역설은 해결할 수 있어도, 이상에서
보는 바와 같은 문장 (5)와 같은 강화된 거짓말쟁이 역설은 해결할 수가
없다."(야마오카, 2004, 146) 그러나 이러한 야마오카의 크립케에 대한 평
가에 대한 평가를 하면 다음과 같다. 이를 위해서는 우선 단순과 강화된
거짓말쟁이 역설의 관계를 고찰해야 한다.

### 클린의 3치 논리학과 대각선 정리

사이먼스는 이를 대각선 논증에 맞추어 다음과 같이 형식화하였다.
그는 참과 거짓의 회색지대에 있는 부분적으로 정의되는 술어들을 다루
어 크립케의 해의를 이해해 보기로 한다. 공백이 아닌 영역 D가 있다고
하자. 그리고 술어 P(x)가 있다. 이 술어는 〈$S_1$, $S_2$〉라는 짝에 의해 해석이
가능하다. 그리고 이 짝은 D의 '비연결적 부분집합들disjoint subsets'이다.
'비연결적'이란 둘 사이에 회색적인 요소가 중간에 놓여 있는 것을 말한
다. 크립케는 $S_1$는 P(x)의 연장extension이라고 하였고, $S_2$는 반연장anti-ex-

tension이라고 하였다. 이 말은 P(x)가 $S_1$ 안에 있는 대상일 경우 '참'이고, $S_2$ 안에 있는 대상일 경우에는 '거짓'이라고 함을 의미한다. 여기서 $S_1$는 팔괘 가운데 건괘 ☰, $S_2$는 곤괘 ☷ 라고 보면 된다. 그러면 '무정의undefiend' 는 둘 사이에 있는, 즉 건괘와 곤괘 사이에 있는 62개의 괘로 보면 된다.

여기서 크립케는 클린의 3치 논리학을 도입한다. 3치 논리학은 부정, 연접, 비연접으로 가치를 결정하는 논리학이다. 3치 논리학에 의하여 다음과 같은 표가 가능하다.(사이먼스, 1995, 48)

표 7-2. 클린의 3치 논리학

| P | ¬P |
|---|----|
| t | f |
| f | t |
| u | u |

| P∨Q \ Q | t | f | u |
|---------|---|---|---|
| t | t | t | t |
| f | t | f | u |
| u | t | u | u |

| P&Q \ Q | t | f | u |
|---------|---|---|---|
| t | t | f | u |
| f | f | f | f |
| u | u | f | u |

| P→Q \ Q | t | f | u |
|---------|---|---|---|
| t | t | f | u |
| f | t | t | t |
| u | t | u | u |

둘의 관계는 위상학에서 분명해진다. 그래서 6장의 위상학을 여기에 다시 불러온다. 즉, 하나의 사각형을 비틈 없이 가로나 세로 어느 하나를 마주 붙여 만든다. 그런데 한 번 180도 비틈에 의하여 마주 붙이면 뫼비우스띠가 만들어진다. 여기서 '비틈'을 '거짓말', '안비틈'을 '참말'이라고 해 보자. 그러면 뫼비우스띠는 가로나 세로 가운데 하나만 비틈의 경우이다. 클라인병은 어느 하나는 비틀고 다른 것은 비틀지 않는 경우인 '비틈의 안비틈'이다. 사영평면은 둘 다 비틈인 '비틈의 비틈'이다. 다시 말해서, 클라인병은 '비틈의 안비틈'으로 '거짓말의 참말'이고 사영평면은 '비틈의 비틈'이기 때문에 '거짓말의 거짓말'이다.

그러면 클라인병과 사영평면을 만드는 과정에서 역설이 등장한다. 자기가 자기를 만들 수 없기 때문에 자기를 다른 것에 결접시켜야 한다. 클라인병의 경우는 연접구조가 '비틈의 안비틈'이기 때문에 비틈인 뫼비우스띠를 비틈의 다른 뫼비우스띠의 가장자리에 이어 붙여야 '안비틈'이 된다. 그러면 클라인병은 두 개의 비틈인 뫼비우스띠끼리 마주 붙여 결접해 만들어진다. 애뉼러스가 이에 해당한다. 반면 사영평면은 연접구조가 '비틈의 비틈'이기 때문에 '안비틈'인 원환에 결접되어야 한다. 앞 위상 수술로 가 이를 다시 확인해도 좋다.

이것은 앞에서 말한 강화된 거짓말쟁이 역설 해법과 완전히 같다. 그렇다고 크립케 자신이 이런 위상학적 방법을 사용한 것은 아니다. '단순'과 '강화된' 거짓말쟁이 역설의 차이는 차원의 상승과 관계가 된다. 원기둥은 이차원, 뫼비우스띠 이상은 사차원과 그 이상의 것이다. 크립케의 문제점은 이와 같이 위상학을 통해서만 분명히 밝혀진다. 위상학을 도입하는 이유는 야마오카가 크립케를 비판할 때 일상 언어를 사용하는 데서 오는 불명확성 문제를 해결하기 위해서이다. 위상학적 용어를 사용하면 거짓말쟁이 역설을 차원의 개념에서 다룰 수 있고, 그 해의 역시 차원의 상승과 연관시켜 생각해 보는 장점이 있다.

## 7.4. 순환론적 해의와 원도

### 헤르츠베르그와 키하라의 순환론

유형론은 플라톤 이후 서양의 논리와 철학의 전통을 그대로 따르는 전형적인 역설 해의의 한 방법이다. 유형론은 명패와 물건을 엄격히 구별해야 한다는 것과, 전자가 후자를 포함할 수는 있어도 그 역은 아니라는 것이다. 메타언어와 대상언어의 이러한 비가역성이 유형론의 특징이다. 이를 일관성—위계론적 견해consistency—hierarchical view라고도 한다. 이런 유형론을 필자는 A형 해의법이라 이른다. 아리스토텔레스Aristoteles, 어거스틴Augustine, 아퀴나스Aquinas 같은 서양의 손꼽히는 철학자나 신학자들이 이 방법을 따랐기 때문이다. 그러나 역설 해의에는 유형론만 있었던 것은 아니고, 비일관성—순환론적 견해inconsistency—circular view도 있다. 이를 E형 해의법이라 한다. 에피메니데스Epimenides, 유블라이데스Eubleides, 에크하르트Eckhart 같은 인물의 이름 첫 자에서 딴 것이다.

동양의 역은 두 입장이 다 있었다. 역의 괘를 배열하는 방법에서 횡도와 방도는 시원적 A형이고, 원도는 비시원적 E형이다. 그리고 복희도에 대한 문왕도 역시 역 해의의 독특한 방법이다. 다음 장에서는 중국의 《주역》이 한대로부터 송대에 이르기까지의 역설 해의 방법들을 일별할 것이다. 일별을 통해 A형과 E형의 논리적 차이를 살펴볼 것이다. 러셀—타르스키 유형론의 위력은 뿌리 깊은 전통을 가지고 있기 때문에, 오랫동안 그 효력을 유지해 온 것이 사실이다. 그러나 1970년대 이후부터 제시된 키하라—헤르츠베르그—굽타의 역설 해법은 비일관성—순환론적 특징을 가지고 있어서, 유형론과는 대조가 된다. 그리고 키하라는 일본, 굽타는 인도인이고 보면, 이들의 주장과 견해의 배경에서 동양적인 사유 배경을 무시할 수 없을 것이다. E형 논리적 배경을 무시할 수 없을 것이다. 이를 확인하기로 한다.

위상학적으로 고찰한 결과, 거짓말쟁이 역설은 기하학적 도형에서 차원의 상승과 함께 나타나는 하나의 자연스런 현상이다. 그래서 철학자들 가운데는 역설을 병적이라서 제거의 대상이 아닌 차원 상승에 따른 불가피한 자연스러운 것으로 보자는 견해가 1970년대 중반부터 등장하기 시작한다. 캐나다 철학자 헤르츠베르그가 이러한 주장의 선두 무리에 선다. 헤르츠베르그는 E형 논리에 접근하는 해의를 제시하고 있어서, 그의 방법론을 역으로 재구성해 내려 한다. 헤르츠베르그는 먼저 역설의 종류를 다음과 같이 단계별로 나눈다.

경우 (1)은 단순 거짓말쟁이 역설의 경우로서, A가 대화의 상대 없이 자기 자신을 향해 "나는 거짓말쟁이이다"라고 말하는 경우이다. 0단계에서 '참'이면 그 다음 단계 1에서는 '거짓'이 되는 경우이다. 그래서 참과 거짓이 아래와 같이 단순반복 되는 경우이다. 참은 T와 −로, 거짓은 F와 --로 표시한다.

표 7-3. 단순 거짓말쟁이 역설의 경우

| A | 참 | → | 거짓 | → | 참 | → | 거짓 | → | 참 | → | 거짓 | → | 참 | → | 거짓 | → | … |
|---|---|---|---|---|---|---|---|---|---|---|---|---|---|---|---|---|---|
|  | − |  | -- |  | − |  | -- |  | − |  | -- |  | − |  | -- |  | … |
|  | T |  | F |  | T |  | F |  | T |  | F |  | T |  | F |  | … |

A의 진릿값은 2를 주기로 번갈아가며 무한반복을 한다. 이는 일차원 직선 위에서 음과 양이 반복적으로 나열되는 역의 횡도橫圖와 같다. 역전 〈계사전〉의 언어를 빌리면, 양의−사상−팔괘…와 같은 시생원리에서 볼 때 '양의'에 해당한다. 태극이 음양 양의를 낳는다고 할 때가 바로 경우 (1)이다. 양의가 사상으로 넘어가듯, 경우 (1)은 경우 (2)로 가기 위한 준비단계이다. 경우 (2)는 A가 B라는 상대를 향해 "내 말은 거짓이

다"고 하자, 이 말을 들은 B가 "A의 말은 참말이다"고 하는 경우이다. " "라는 전체라는 말 자체와 " " 안의 말을 구별하여야 한다. 전자를 메타언어, 후자를 대상언어라고 한다. 전자를 '위位', 후자를 '수數'라고 한다. 위와 수 가운데 어느 것을 긍정하고 부정하느냐가 문제의 관건이 다. 헤르츠베르그는 두 가지 모두를 생각한다.

이제 이를 단계별로 고찰해 나가면 다음과 같다. 위와 수가 서로 갈라 져 나누어지다 다시 보합되는 것을 '석합보공'이라고 한다. 메타와 대상 을 역에서는 석합보공의 관계로 본다는 뜻이다. 이는 역설을 해의하는 단서와 빌미가 되는 것으로서 매우 중요하며, 한국의 퇴계는 이를 중심 으로 그의 역을 전개한다. 서양의 수학이 수에서 위를 분리하여 수만 다루었기에 역설에 봉착하게 된 한 이유가 되었다.

단계 0에서 A가 "내 말은 거짓이다"고 할 때, B가 A의 말인 '위'를 두 고 "A의 말은 참이다"라고 하면, A는 '거짓'이 되고, '거짓'이라고 하면 참이 된다. 즉, A를 두고 B가 '참이라고 하는 순간 A는 거짓이 된다. 여기서부터 A를 0단계로 하여 차례로 적어 나가자. 그리고 A의 '수'에 해당하는 " " 안에 있는 말에 대하여 B가 '거짓'이라고 하자. 그러면 A는 참이 된다. 이는 A의 '1단계'로 적는다. 이러한 A의 1단계 '참에 대하여 B가 '거짓'이라고 하면 A는 거짓이 된다. 이것이 A의 '2단계'이다. 2단계 이하는 0과 1이란 두 단계를 단순반복한다.

이는 실제 생활에서도, 미국 사람들은 A가 "내가 거짓말쟁이이다I am a liar"라고 할 때, 상대방 B가 'no'라고 하면 A가 거짓말쟁이란 뜻이 되고, 'yes'라고 하면 거짓말쟁이가 아니게 된다. 그러나 한국 사람들의 경우는 반대로 A의 '말' 자체에 방점을 두어 B가 'no'라고 하면 거짓말쟁이가 아니라는 뜻이 되고 'yes'라고 하면 거짓말쟁이란 뜻이 된다. 'yes'란 '네 말이 맞다'이기 때문이다. 그 이유는 간단하다. '거짓말1의 거짓말2=참 말'이기 때문에, 등호의 왼쪽 거짓말1로 보는 것이 미국이고, 오른쪽의 '참말'로 보는 것이 한국이다. 등호 왼쪽은 '의'로 연접되었고, 왼쪽과 오른쪽은 등호 또는 '와'로 결접되었다.

위상학적 고찰이 여기서도 필요하다. 그런데 말의 의미론적 단계로 볼 때 미국은 단계 0으로 보는 것이고, 한국은 그보다 높은 1로 보는 것이다. 서양은 대상언어를 기준으로 보는 것이고, 한국은 말 자체인 메타언어를 기준으로 보는 차이이다. 어느 사건을 부정할 때 한국 사람들은 "말도 안 돼"라고 하면, 이는 사건 자체를 부정하는 것이고, 그 사건에 대해 하는 말에 대한 부정이다. '지진이 났다'고 할 때, 그 말에 대한 부정이냐 지진 여부에 대한 말의 부정이냐는 다르다. 서양과 한국 사람들의 yes와 no 사용법이 정반대인 이유가 여기에 있다.

### 메타 위와 대상 수의 관계

메타와 위는 대문자로, 대상과 수는 소문자로 표시하기로 하여 이를 더욱 간편하게 한다.

> A의 말 "a는 거짓이다"는 참이다. AT=af     ... 〈식 1〉
> B의 말 "a는 참이다"는 참이다.   BT=at     ... 〈식 2〉
> (AT와 BT라 하는 이유는 자기의 말 자체는 참이어야 한다는 의미이다.)

이제 〈식 1〉의 AT와 〈식 2〉의 at를 서로 교환한다. 대문자는 명패이고 소문자는 물건이다. 세로와 가로가 서로 교환한다는 것이 바로 대각선화이다. 메타와 대상이, 위와 수가 서로 사상하는 것이다. 이것이 또한 석합보공이다. 그 결과 〈식3〉이 만들어진다.

BT=af           ⋯ 〈식 3〉
(B의 "a가 거짓이다"라고 한 말은 참이다.)

〈식 3〉과 〈식 2〉의 BT를 서로 교환한다.

at=af           ⋯ 〈식 4〉
(a의 "a가 거짓이다"라고 한 말은 참이다.)

결국 이 네 종류가 단순반복을 계속한다. A(a)가 참이면 B(b)는 거짓이고, 거짓이면 참이 되는 형식이다. 이를 헤르츠베르그는 아래와 같은 순환구조로 나타낸다.

단계 1은 0에 대하여 메타 단계이기 때문에, 한국인들은 메타적 사고를 하고 미국인들은 대상적 사고를 한다. 그러나 0의 메타 단계 1에서는 A의 거짓이 참이 된다. 단계 2에서는 A는 거짓이 되고 B는 참이 된다. 이렇게 적어 나가면 아래와 같다. 거짓-참, 참-거짓이라는 '짝pair'이 하나의 '쌍couple'을 만들어 반복한다. 참을 양 기호 ─로, 거짓을 음 기호 --로 표시하면 다음 〈표 7-4〉와 같다.

〈표 7-4〉를 중심으로 경우 (2)를 다시 알아보면, A와 B는 모두 어떤 단계에서 취한 값을 두 단계 높은 단계에서 다시 취한다. 예를 들어, 0단

표 7-4. 참-거짓의 사상 관계

| A | 거짓 | 참 | 거짓 | 참 | 거짓 | 참 | 거짓 | 참 | 거짓 | 참 | 거짓 … |
|---|---|---|---|---|---|---|---|---|---|---|---|
| | ↓ ↗ | ↓ ↗ | ↓ ↗ | ↓ ↗ | ↓ ↗ | ↓ ↗ | ↓ ↗ | ↓ ↗ | ↓ ↗ | ↓ ↗ | ↓ |
| B | 참 | 거짓 | 참 | 거짓 | 참 | 거짓 | 참 | 거짓 | 참 | 거짓 | 참 … |
| 단계 | 0 | 1 | 2 | 3 | 4 | 5 | 6 | 7 | 8 | 9 | 10 |
| | == | == | == | == | == | == | == | == | == | == | == |

계에서 취한 값이 2단계에서 다시 취해진다. A와 B의 관계는 연접connecting, 그리고 두 단계마다 관계되는 것은 결접interlocking이라고 한다.

역의 음양 기호로 표시하면, 경우 (2)의 구조가 선명해진다. 즉, '===='가 단순반복하는 것을 쉽게 발견할 수 있다. 이는 양의가 사상을 낳으려 하는 준비단계와 같다. 사상이 태동하는 단계이다. 여기서 만약에 양을 '안비틈'이라 하고, 음을 '비틈'이라고 하여, 이를 위상범례에 적용하면 다음과 같다. A와 B를 사각형의 세로와 가로라 할 때, 이는 짝대칭이다. 짝대칭은 ↓로 연접되어 있다. 연접은 다음 단계에 결접되고, 이를 ↗로 표시한다. 연접은 '참의 거짓' 또는 '거짓의 참'이고, 결접은 '참과 참 또는 '거짓과 거짓'이다. 이것을 단적으로 클라인병의 구조를 그대로 보여준다. 클라인병은 '비틈의 안비틈'인데, 이는 '비틈과 비틈'이기 때문이다.

경우 (2)에서 A와 B는 연접과 결접, 즉 '연결'되는 관계를 맺고 있다. 클라인병의 경우 반드시 참(거짓)과 거짓(참)은 연하고, 참과 참 그리고 거짓과 거짓은 결해야 한다. 이를 더욱 알기 쉽게 헤르츠베르그는 아래 〈그림 7-2〉와 같이 나타내었다.

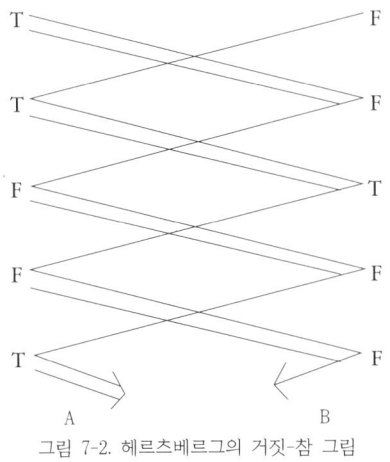

그림 7-2. 헤르츠베르그의 거짓-참 그림

〈그림 7-2〉를 위상학적으로 고찰하면 다음과 같다. 연접은 ×로 결접
은 +로 나타내고 화살표를 따라가며 지그재그로 T와 F를 표시한다. 그
러면 A는 [(F×T)+(T×F)]가 단위로 반복되고, B는 [(T+T)×(F+F)]가 단
위로 반복된다. A 단위는 '비틈의 안비틈'이 '안비틈의 비틈'과 결접된다.
B 단위는 '안비틈과 안비틈'이 '비틈의 비틈'과 연접을 한다. 단선은 연
접을, 복선은 결접을 나타낸다. 그러면 결접은 모두 TT나 FF같이 '안비
틈'이고, 연접은 TF나 FT같이 '비틈'이다.

이는 위 그림에서 더욱 명확해진다. 다시 말해서, 연접은 단선으로,
결접은 복선으로 연결하였다. 화살표 방향을 따라가면 A는 FT-TF를
한 단위로 주기성을 보이고, B는 TT-FF를 한 단위로 주기성을 보인다.
단선은 FT와 TF의 반복이고, 복선은 TT와 FF의 반복이다. 그래서 A와
B는 단선과 복선에서 TF(FT)와 TT(FF)로 연접과 결접을 하고 있음을
한눈에 볼 수 있다. 즉, 복선과 단선이 번갈아가며 반복되는데, 복선은

모두 〈표 7-4〉의 ↗에 해당하는 것이고, 단선은 모두 ↓에 해당한다. 이
는 〈표 7-4〉의 위상학적 구조를 한눈에 들어오게 한다. A와 B가 FTTF
와 TTFF라는 것은, 가로와 세로가 비틀리면서(비틈) 안 비틀린다(안비
틈)를 반복한다는 의미이다. FT와 TF는 서로 연접해 있는 구조이고, TT
와 FF는 결접해 있는 구조이다. 이런 구조가 다름 아닌 클라인병 구조
이다.

　'비틈(FT 또는 TF)과 안비틈(TT 또는 FF)'이란 구조를 가지고 있는 클라
인병을 만들 때, 사각형으로 하나의 뫼비우스띠를 만들고(TF 또는 FT)
그 사각형 밖에 또 다른 뫼비우스띠에 가장자리를 이어 붙이면 그것이
클라인병이다. 그러면 영락없이 TTFF와 FTTF이 연결된다. 그래서 이를
이어 붙이면 TTFFTTFF… 또는 FTTFTTF…가 반복된다. 이것이 바로 헤
르츠베르그의 역설 해의의 위상기하학적 구조이다. 결론삼아 다시 말하
면, 클라인병 안에서 세로를 '비틈'이라고 하고 가로를 '안비틈'으로 연
connecting하자면, 비틈을 사각형 밖의 비틈에 결interlocking해야 한다. '비틈
과 비틈'이어야 '비틈의 안비틈'이 되기 때문이다. 여기서 '과'가 결이고
'의'가 연이다. '과'는 메타 관계이고 '연'은 대상 관계이다. 그러면 논리
적으로 '비틈과 안비틈'이어야 '비틈의 비틈'이 된다는 추리를 할 수 있
고, 이것이 다름 아닌 사영평면이고, 헤르츠베르그가 다음에 추천하는
경우 (3)이 이에 해당한다.

　(3) A가 "b의 말은 거짓말이다"라고 말하고, B는 "a의 말은 참말이다"
라는 말만 한다고 하자. 그래서 서로 자기 말만 하기 때문에 서로가 향
하는 화살표가 없다.

### 논리 곱인 문장과 거짓말쟁이 역설

역은 항상 수와 그 수가 위치한 위를 동시에 고려한다. 그 이유를 역설에 연관을 시키면 분명히 그 이유를 알게 된다. 만약에 어느 문장과 그 문장이 위치한 위를 동시에 고려하면, 우리는 쉽게 역설이 발생하는 이유를 알게 된다. 위의 내용을 다시 반복 심화시켜 설명하면 다음과 같다. 사각형 안에 영어 문장 'below sentence is false'와 'above sentence is true'를 이 글을 쓰는 종이 면의 위와 아래와 같이 소문자로 적어 아래와 같이 배열을 한다.

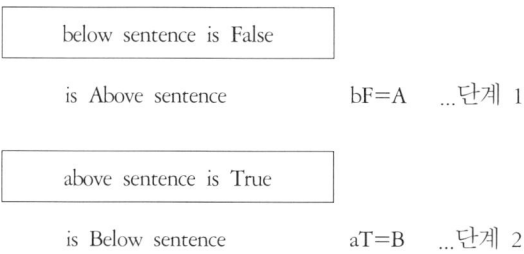

사각형 안에 있는 소문자 'below'와 'above'는 true와 false에 관련된 가치에 관한 것이다. 그러나 대문자 'Below'와 'Above'는 사각형이 자리 잡은 위치를 가리킨다. 소문자와 대문자는 동음이지만 그것이 지시하는 대상은 다르다.

단계 1과 단계 2를 서로 대입한다. 즉, 소문자와 대문자를 서로 교환하여 대입한다.

$$aTF = A \qquad ...문장\ 3$$
$$bFT = B \qquad ...문장\ 4$$
$$bFTF = A \qquad ...문장\ 5$$
$$aTFT = B \qquad ...문장\ 6$$
........

그러면 지금 내가 글을 쓰고 있는 지면 위에서 보는 위치에 따라 Above와 Below가 결정된다. 지금 글 쓰는 나는, 글을 쓰면서 동시에 글 쓰는 내용에 개입하고 있다. 이 말은 나의 입장에서 아래 위를 말하고 있기 때문이다. 이제 나의 말인 대문자 A와 B를 문장 속의 소문자 a와 b와 서로 교환한다. 그러면 다음과 같이 된다.

'above sentence is True' is False

is Above Sentence          aTF=A     ... 문장 3

위의 문장과 아래 문장은 각각 4를 주기로 진릿값이 순환한다. 어떤 단계에서 참과 거짓 가운데 어느 한쪽 값을 취하든 2단계 뒤에는 반드시 그 반댓값을 취한다. 이를 위상기하학과 연관시키면 다음과 같다.

가로(세로)를 비틀어 자기 밖의 비틀린 것과 이어붙이면 세로(가로)는 '안비틈'이 되고, 안 비틀린 것과 이어붙이면 비틈이 된다. 전자가 바로 사영평면이고, 후자가 클라인병이다. '거짓말의 거짓말은 참말이 되는 것이 사영평면이고, '거짓말의 참말은 거짓말이 되는 것은 클라인병이다. '거짓말과 거짓말은 '거짓말의 참말이 되고, 거짓말과 참말은 '거짓말의 거짓말이 된다. 사영평면은 전자의 구조이고, 클라인병은 후자의 구조이다. 그래서 클라인병은 뫼비우스띠 두 개가 연하여 있고, 사영평면은 뫼비우스띠(비틂)와 원판(안비틂)이 연하여 있다.

헤르츠베르그는 참과 거짓의 사슬고리는 불안정하게 그 주기가 반복되는 것이 아니라, 어느 단계에 이르면 전체 과정이 하나의 고정된 지점에서 안정이 되고, 그 다음부터는 영구적인 주기 패턴이 정착된다고 보았다.(Herzberg, 1982, 482) 다시 말해, 헤르츠베르그도 역설이 불안정하다는 사실을 인정한 것이다. 그러나 역설을 바람직하게 처리하는 길은 역설의 변화하는 패턴과 그 불안정한 정도를 나타내 보이면서 그 성격을 규명하는 것이라고 생각하였다. 이는 종래의 유형론적 견해와는 다른 것으로, 언어가 역설을 지닐 수 있다는 것을 수용하는 이론이다. 이러한 견해는 "역易은 역逆이다"에 많이 접근하고 있다. 역설은 고쳐야 할 병적인 것이 아니라 자연스러운 것이란 입장이기 때문이다.

경우 (4)가 바로 이러한 예이다. 경우 (4)는 위 경우 (3)에서 A와 B가 동시에 수용되는 예이다. 이를 '논리 곱 문장'이라고 한다. 논리 곱 문장이란 AT=bf와 BT=at가 모두 동시에 수용되는 것이다. 전형적인 거짓말쟁이 문장이다. 다시 말해서, AT와 BT의 말이 모두 참일 때에만 참이 되는 경우이다. 이러한 논리 곱인 문장을 단계 0에서부터 순서대로 적으면 다음과 같다.

거짓→참→거짓→거짓→거짓→참→거짓→거짓→거짓→참→거짓…

여기에도 규칙성이 있다. 어느 단계에서 참이면 그 다음 세 단계는 거짓이 되며, 그 다음 단계는 다시 참이고, 또 그 다음 세 단계는 거짓이 되는 것과 같이, 4주기로 하여 순환하는 구조이다. 이를 하나의 순환 원 안에 표시하면 다음과 같다.(야마오카, 2004, 171)

그림 7-3. 헤르츠베르그의 논리 곱 문장

논리 곱인 문장 안에는 위상학적으로 보았을 때 사영평면과 클라인 병이 함께 존재하는 것을 쉽게 발견할 수 있다. 참(백색)과 거짓(흑색)이 연해 있는 것은 뫼비우스띠이다. 이것이 두 개의 회색 거짓/거짓과 결해 있다. 만약에 참(백색)과 거짓(회색)과 결해 있으면 사영평면이 되고, 거짓(흑색)이 거짓(회색)과 결해 있으면 클라인병이 된다. 아마도 위상 학과 거짓말쟁이 역설을 연관시키기 위해서 이만큼 편리한 그림도 없을 것이다. 한 개의 뫼비우스띠가 '비틈과 안비틈'이면 사영평면이고, '비틈 과 비틈'이면 클라인병이다. 이러한 클라인병과 사영평면의 공재성이 다름 아닌 〈그림 7-3〉과 같은 4주기성을 만든다. 그리고 크립케와 관련 하여 4주기성을 갖는 의미는 각별하다.

헤르츠베르그는 크립케를 답습하는 면이 많다. 크립케의 부동점이란 〈그림 7-3〉에서 두 개의 거짓인 회색 부분이다. 거짓과 거짓이 연해 있는 '거짓의 거짓'은 참이 되는 것으로 부동점을 삼는다는 것이다. 참 자체로는 고정점으로 삼을 수 없다. '거짓의 거짓'은 '참이라는 것으로 고정점을 잡는다. '역설' 자체로 고정점을 잡는다는 말과 같다. 그래서 이고정점은 참 자체가 아니고 '거짓의 거짓'에 의한 참이기 때문에 진위 미정이다. 그래서 회색이다. '거짓의 거짓'이 참이나 거짓과 결하는 것을 크립케는 도약 jump, 또는 '도약 연산'이라고 하였다. 거짓과 참 가운데 어느 하나에 결하여 '거짓과 거짓'이든 '거짓과 참'이 되는 것이 도약 연산이다. 위상학에서는 도약 연산을 통해 차원의 상승이 일어난다. 그리고 거짓말쟁이 역설에서는 도약 연산이 일어나 단계가 높아진다.

헤르츠베르그가 크립케에서 배운 점은 고정점에서 단계별로 진릿값을 구축해 나간다는 것과 도약 연산 방법이다. 그러나 헤르츠베르그의 도형들을 통해 볼 때, 아직 그는 위상학을 인식하지 못하고 있음이 분명하다. 위상학적 설명은 모두 필자 개인의 견해이다. 그리고 역에 대한 도입도 필자의 것이다. 모두 역에 응용하기 위한 시론적 시도이다. 지금까지의 한 시도들에는 일관성이 유지되고 있다. 앞으로 헤르츠베르그의 도형들은 역의 하도와 낙서, 그리고 정역도에서 어떻게 변하는가를 고찰해 보아야 한다. 둘을 매개하는 것이 다름 아닌 위상학이다.

헤르츠베르그는 단계가 상승함에 따라서 진릿값도 역동적으로 바뀐다고 본다. 마치 위상학에서 차원이 상승하면 뫼비우스띠, 클라인병, 그리고 사영평면 등으로 공간이 다차원화 되는 것과 같다. 이는 크립케가 의미 미정인 정태적으로 보는 것과는 다르다. 이것은 진릿값을 정하지 않는 것이 아니고, 참과 거짓 그 어느 것으로도 결정되지 않음을 말하려는 데 의도가 있다. 선문답 식의 참도 아니고 거짓도 아니고, 참과 거짓도 아니다와 같다. 헤르츠베르그의 이러한 입장은 역설을 병적인 것으로 보고 제거대상으로 여긴 것과는 크게 다르다.

키하라 C. Chihara는 지금까지의 해법이 실패한 큰 이유를 일관성 자체를 찾으려는 데 있었다고 진단한다. 지금까지 해법의 뿌리를 흔드는 견해이다. 대상언어와 메타언어 사이의 일관성 추구야말로 실패의 원인이라고 하였다. 이에 따라 두 언어는 위계적으로, 유형별로 나누어지는 것이 아니라 상호 순환한다는 새로운 해법을 제시한다. 그래서 이를 일명 '비일관론성–순환론' 견해라고 부른다. 이런 견해를 지닌 대표적인 학자가 키하라–헤르츠베르그–굽타라고 할 수 있다. 그리고 헤르츠베르그와 굽타는 키하라의 비일관론적 또는 비위계론적 순환이론을 수정하였다. 즉, 키하라와 굽타는 순환이 불안정하다고 한 데 대하여, 헤르츠베르그는 규칙적이고 안정적이라고 보았다.(Song, 1994, 129~157)

굽타는 진리가 직선적이지 않고 원형적이라고 생각하였다. 그래서 순환적이며 원형적인 성격으로서의 진리를 이해하면 역설이 갖는 순환적 성격을 파악할 수 있다고 하였다. 그래서 굽타는 참(T)과 거짓(F)의 관계를 역동적 순환관계로 파악하였다. 즉, TF 순환 시리즈가 주기적인 반복을 하면서 상호 역동적 작용을 한다고 보았다.(Herzberg, 1982, 482) 굽타는 헤르츠베르그와 마찬가지로 역설의 패턴을 긍정적으로 본다. 굽타 역시 진리는 직선적–위계적이지 않으며 원형적–순환적이라고 본다. 여기서 참과 거짓이라는 T와 F의 대칭을 역의 양(–)과 음(– –)의 대칭으로 바꾸어놓고 한번 생각해보자. 역의 대칭을 굽타의 위 그림에 그대로 대입하면 다음과 같다.(Song, 1994, 170)

중앙선을 중심으로 아래에 F인 '– –'를 놓고 위에는 T인 '–'를 배치한

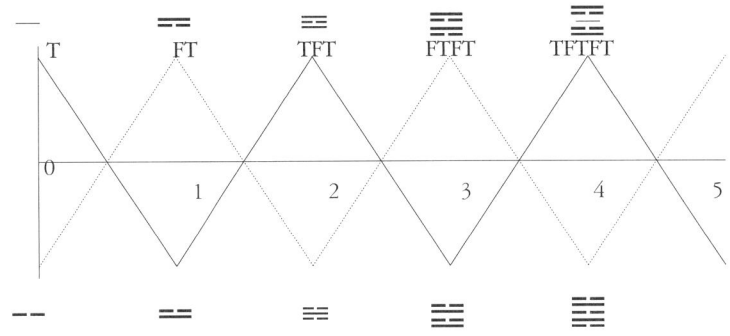

그림 7-4. 참-거짓과 음양의 시생원리

뒤, 실선으로는 양을 나타내고 점선으로는 음을 나타낸다. 실선과 점선이 아래위로 진행할 때마다 TF도 증가하면서 사슬고리가 만들어진다. 그러면 음과 양은 괘卦를 만들어 나간다. 역의 팔괘와 64괘가 바로 이런 과정을 통해 만들어진다. '거짓말이 참말이고, 참말이 거짓말이고,…'와 같이 TF 사슬고리의 가지치기는 결국 〈계사전〉에서 말하는 시생원리를 이르는 것 같다. 즉, 음양이 가지를 쳐 조합되는 과정과 같다. 전형적인 들뢰즈가 말하는 수목형과 같다. 수목형이란 나무에 중심 되는 뿌리가 있고 거기에 잔가지가 붙어 있는 형을 말한다. 이에 대해 리좀형은 중심과 잔가지의 구별이 없는 고구마나 감자 같은 것을 말한다. 중심과 가지를 명패와 물건에 대입하여 생각하면 역설의 문제에 연관이 된다.

원도에서는 팔괘가 음과 양 두 개의 군群으로 나누어지고, 하나의 군은 시계바늘과 같은 방향으로(순방향), 다른 군은 반대 방향으로(역방향) 배열한다. 비일관성이 되게 한다는 뜻이다. 우리는 여기서 순환론이란 결국 역의 구조적 관계의 상관성을 파악하게 된다. 괘를 배열하는 데도 수목형과 리좀형이 있다. 전자가 하도형이고 후자가 낙서형이다.

## 7.5. 사이먼스의 특이성 해의

역에 가장 근접한 역설 해의론은 사이먼스의 특이점 이론이다. 사이먼스 이론은 (1) 기저성, (2) 거짓말쟁이 해결의 문맥 의존성, (3) 진위 개념의 문맥 의존성, (4) 최소성의 원리 등 네 가지로 요약할 수 있다. 이에 대한 하나하나에 대한 해석은 다음과 같다.

### 기저성에 대하여

사이먼스가 말하는 기저성은 위상학과 관련하여 다음과 같이 설명할 수 있다. 결론부터 말하면, 기저는 위상범례에서 볼 때 '사각형'이고, 기저에 대한 기본은 '뫼비우스띠'이다. 그리고 '명시적인 반성'은 클라인병과 사영평면에 해당한다. 이에 대한 설명은 다음과 같다. 막상 사이먼스 자신은 위상학적 개념을 전혀 구사하지 않았다. '기저성'은 이미 크립케가 일상 언어와 관련하여 사용하였던 개념이다. 사이먼스 역시 스스로 진위 개념을 포함하고 있지 않는 문장(뫼비우스띠)이 궁극적으로 진위를 포함하고 있는 문장(사각형)의 진위를 결정한다고 보았다.

진위성을 포함하는 문장과 진위성을 포함하지 않는 문장의 구별은 다음과 같다.

(1) "'눈은 하얗다'는 참1이다"는 참2이다.

여기서 '눈은 하얗다'는 진위성을 포함하지 않는다고 한다. 그리고 '참1이다'라는 문장이 '참2이다'라는 문장에 의해 언급될 때, 문장 (1)은 드디어 진위성이 있는 문장이 된다고 한다. 이때 문장 (1)을 두고 기저성이 있는 문장이라고 한다. 위상학적으로 볼 때 '눈은 하얗다'는 물건-가로 문장이고, '참1'은 명패-세로 문장이다. 그리고 '참2'는 대각선이다. 우선 이렇게 모든 문장을 사각형 위의 위상학적 문장으로 돌려놓고 보아야 한다. 여기서 '눈이 하얗다'는 문장과 '참1이다'는 문장은 서로 연접해 있다 하고, 참1과 참2는 서로 결접해 있다고 한다. 대각선은 가로와 세로가 연접해 이루어지는 것이기 때문에 대각선은 가로나 세로 그 어디나 결접할 수 있다.

그런데 다음 두 경우의 문장은 기저성이 없다.


(2) '(2)는 거짓이다.'
(3) '(3)은 참이 아니다.'


이 두 문장은 모두 자신이 자신을 긍정하면서 자기 부정을 하고 있다. '(2)'는 세로-명패이고, '(2)는 거짓이다'는 가로-물건이다. (3)도 사정은 마찬가지이다. 세로가 자기 자신을 언급하는 경우가 다름 아닌 복희도의 정대각선이다. 이때 (2)를 단순 거짓말쟁이 역설simple liar paradox이라 하고, (3)을 강화된 거짓말쟁이 역설strengthen liar paradox이라고 한다. 정대각선은 기저성이 없다. 자기언급을 하기 때문이다.

정대각선에 대하여 역대각선은 자기언급을 하지 않기 때문에 기저성이 있다. 방도 안에는 이렇게 기저성이 있는 것과 기저성이 없는 패들이

들어 있다. 다시 정리하면, 사이먼스가 말하는 '기저성 있음'과 '기저성 없음'을 논하는 기준을 위상학적으로 보았을 때 전자는 '사각형'이고, 후자는 '뫼비우스띠'이다. 위 문장 (2)와 (3)은 뫼비우스띠의 경우이다. 즉, 어느 문장이 자기 자신을 언급하는 경우와 그렇지 않는 경우로 나눌 수 있고, 이에 근거하여 기저성 여부가 결정된다.

위상학에서는 자기 자신과 연접하고 결접하는 데 따라서 위상학적 도상이 달라진다. 예를 들어서, 뫼비우스띠가 자기 자신과 결접할 때와 자기 자신이 원환과 결접할 때, 전자는 클라인병이 되고 후자는 사영평면이 된다. '뫼비우스띠'는 자기 자신을 180도 비틂의 경우라 한다. 이를 두고 역설이라고 하고, '병적'이라고 한다. 사이먼스는 이러한 병적인 문장을 '특이함singular'이라 하고 기저성이 없다고 한다. 그러나 위상학적으로 보았을 때 뫼비우스띠는 차원의 문제를 결정하는 기본적인 역할을 한다. 사각형이 기저성 있음이라면, 뫼비우스띠는 차원의 기본을 좌우한다. 뫼비우스띠 없이 차원 상승이 불가능하기 때문이다.

사이먼스는 기저성이 있는 문장은 건강한 문장, 기저성이 없는 문장은 병적인 문장으로 보았다. 거짓말쟁이 역설 문장은 그래서 병적인 문장이다. 그러나 이러한 사이먼스의 주장은 다음에 말할 그의 문맥론과 저촉된다. 위상학적으로 사이먼스의 문맥론을 보았을 때, 문맥은 차원의 문제라는 사실을 쉽게 발견한다. 위상학에서 '맥락이란 다름 아닌 연접과 결접, 즉 '연결連結'이 어떻게 이루어지느냐에 따라 결정된다. 그래서 병적인 것과 건강한 것의 차이가 있는 것이 아니라, 연접과 결접 상의 문제만 있을 뿐이다. 연접과 결접의 다양한 차이에 따른 차원의 변화만 있을 뿐이다. 그래서 이러한 위상학적 고려 없이 사이먼스가 역설을 고찰한 결과는 그 한계가 분명해진다.

## 거짓말쟁이 역설 해의의 문맥 의존성

A가 "B의 말은 거짓이다"고 하자, B가 "A의 말은 참말이다"고 할 경우에 역설이 발생한다. 그런데 이 경우는 위에서 헤르츠베르그와 연관하여 위상학적으로 이미 검토를 하였다. 그런데 사이먼스는 만약에 B의 말이 '2+3=5'라고 한다면 A의 말이 참인지 거짓인지 쉽게 판가름 난다. 한마디로 위 A의 말은 참말이 아니다. 그래서 B의 말도 참말이 아니게 된다. 그런데 A의 말이 진위가 분명하게 판가름 나지 않는, 말로 된 문장이라면, B의 말에 대한 진위를 판가름하기도 힘들어진다.

사이먼스는 이와 같이 어떤 문장이 역설을 야기하는 병적인 것인지 아닌지를 판가름하는 것은 문맥에 의존한다고 보았다. 그런데 역설을 병적인 것으로 보는 전제 자체가 사이먼스를 비롯한 서양 학자들의 대체적인 견해이고, 이를 해의 내지 해결하려는 것이 근본적인 관심사였다. 불교 논리학에 따르면 역설은 자어상위에 해당하는 것으로서, 이는 정인, 부정인, 상위인, 불공부정인이란 네 경우 가운데 하나일 뿐이다. 불교에서는 정인이란 바른 추리가 되는 것으로서 자기언급을 하지 않는 경우이고, '자어상위'는 자기언급을 하는 경우이고, 부정인은 결정할 수 없는 경우이다. 그래서 불교에서는 자어상위만 병적인 경우로 보지 않는다. 네 경우 가운데 하나로 보는 것이다. 그리고 네 경우가 모두 하나의 맥락을 만들고 있고 상호 연관적이다. 그래서 자어상위가 병적이라면 정인도 병적일 수밖에 없다. 역설만 병적인 것이라 도려내면 다른 것은 건전할 것이라고 보지 않는다. 건전한 것(정인)과 병적(부정인, 상위인 등)인 것은 서로 연관적이다. 서로 상대적이란 뜻이다.

역의 경우도 불교 논리와 사정은 마찬가지이다. 64개의 괘들 가운데서 자기언급을 하는 괘는 다름 아닌 정대각선상에 있는 팔괘이다. 이괘들이 병적인 괘라는 것이다. 하나의 대성괘 안에서 하괘는 명괘, 상괘는 물건 노릇을 한다. 전자는 세로, 후자는 가로이다. 바로 하괘와 상괘가 서로 접하는 관계에 따라서 역설이 발생한다. 64개의 괘들과 그 안에 있는 384개의 효들은 모두 이런 맥락 관계를 말해 주고 있으며, 이런 맥락에 관한 문장이 다름 아닌 효사이고 괘사이다. 6효가 하나의 괘를 만들고, 두 개의 소성괘들이 연접하여 하나의 대성괘를 만들고, 대성괘들이 다른 대성괘들과 결접을 하여 방도 안에 배열될 때에는 정사각형 안에서 격자로 배열되고(복희도의 경우), 원도에 배열될 때에는 대성괘가 서로 반으로 나누어져서 원주를 중심으로 반가치화가 되어 마주 대칭하는 방식으로 배열된다. 모두가 맥락 속에 있다는 뜻이다.

원도의 배열 방식은 반가치화와 반대각선화이다. 1번부터 32번까지는 순으로, 33번부터 64번까지는 역으로 배열된다. 여기서 하나의 대성괘 안에서 효의 음과 양이 대칭하는 것은 짝이라 하고, 괘들의 대칭을 쌍이라고 한다. 위상범례에서 보는 바와 같이 음과 양의 짝은 가로와 세로, 그리고 대각선상에서 쌍으로 대칭을 만든다. 이러한 역의 두 도상이 배열하는 방식이 사이먼스의 맥락론과 어떤 연관이 있는지를 더 고찰하기로 한다. 맥락이란 연접과 결접의 관계에 의하여 만들어진 결과물일 뿐이다.

거짓말쟁이 역설은 예의 '단순'과 '강화된'으로 나누어진다. 다음에 다루는 내용은 강화된 것이다. 어떤 사람이 자기 방이 101호인 줄 모르고

자기 방 칠판에 '101호 칠판에 적혀 있는 문장은 참이 아니다'라고 썼다
하고, 이런 문장을 L이라고 하자.

　　　L. 101호 칠판에 적혀 있는 문장은 참이 아니다.

　그러다 그 사람은 자기가 착각하였음을 바로 알았다고 하자. 즉, 자기
방이 '101호'였다는 사실을 알아차렸다. 지금부터 강화된 거짓말쟁이 역
설 논증은 시작된다. 상황에 따라서 참이던 것이 거짓이 되어 버리고,
거짓이던 것이 참이 되어 버린다.

　여기서 L은 명패-세로이고, 딸린 문장은 가로-물건이다. 쌍대칭을
이루고 있다. 그런데 쌍대칭 이전에 짝대칭을 적용해 본다. 명패의 짝인
세로짝과 물건의 짝인 가로짝끼리 자기언급하는 자접自接을 시켜본다는
것이다. L에게 '자기언급'이라는 속성을 적용해 본다. 복희도의 정대각
선이 바로 이런 경우라 하였다. 외괘와 내괘가 같고, 물건과 명패가 같
다는 뜻이다. 서로 교접한다는 뜻이다. 이제 다음 두 가지 가정을 세워
본다.

　먼저, 세로인 L이 말하기를 'L이 참이다'라는 가정을 세워본다. L이 제
자신과 제 말을 한다는 것이다. 그런데 L은 위에서 본 바와 같이 'L. 101
호 칠판에 적혀 있는 문장은 참이 아니다.'이다. 그렇다면 "'L. 101호 칠
판에 적혀 있는 문장은 참이 아니다'는 참이다."와 같아진다. 자기 자신
과 제 말을 해 본 결과이다. 세로와 가로와 짝을 이루는데, 세로가 가로
에게 말을 걸어본 결과라는 것이다. 다시 말해서, 가로 자체가 자기 말
이 되어버리기 때문에 'L은 거짓이다'가 된다. 이번에는 'L이 거짓이다'

고 가정을 해보자. 그러면 이 말은 'L은 참이 아니다'이기 때문에 'L은 참이다'가 된다. '거짓의 거짓'이 되어 '참이 된다. 이것이 두 가지 자접의 다른 내용이다.

두 가지 경우 모두에서 모순이 발생하였다. 그래서 L은 참도 아니고 거짓도 아니다. 이를 두고 L은 병적이라 한다. 병적이라고 하는 이유는 L을 두고 '참이 아니다'라고 하면, 그것이 제 말이 되어 '참이다'가 되기 때문이다. 그런데 처음 문장은 병적이지만 나머지 둘은 참 아니면 거짓이기 때문에 병적이 아니다. 그런데 나머지 둘은 모두 첫 번째 병적인 뫼비우스띠를 기틀로 하여 생겨난 것이다. 즉, L이 병적인 문장인 이유는 자기 자신에 자기가 귀속하기 때문이다. 명패와 물건이 같은 정대각선에 해당하는 문장이다. 그런데 이런 병적인 문장 L에 결접을 시도해 보라는 것이다. 그러면 사정은 달라진다.

'L은 참이 아니다'를 명패로 삼아 이를 세로로 하고, 가로는 참이라고 해보자. 그 결과 생겨난 대각선을 P라고 하자. 가로와 세로가 연접을 한 결과가 P이다. 그러면 P는 다음과 같이 된다.


P. L은 참이 아니다.


이는 뫼비우스띠가 참(안비틈)과 결접하여 생겨난 결과이다. '참이 아니다'가 참과 결접을 하였다. 그러면 '참이 아니다'가 된다. 이는 '거짓의 거짓'과 같은 의미이다. 클라인병의 구조이다.

이번에는 P를 가로로 한다. 다시 말해서, 대각선을 가로화시키는 반대각선화를 시킨다는 것을 의미한다. 그리고 L을 세로로 한다. L과 P가

연접을 하면 'L은 참이다'가 되고 이를 R라고 하자. 그러면 R는 다음과
같이 된다.

> R. L은 참이다.

L과 P가 연접을 한다는 것은 '거짓의 거짓'이 되어 결국 '참'이 된다.
이러한 결과가 나오는 배경은 다음과 같다. 대각선 P가 주어져 있고 L의
말도 주어져 있다고 가정을 할 때, 둘을 결접시킨다는 것은 일종의 반대
각선화이다. 대각선 P를 가로—물건으로 삼고, L의 말을 세로—명패로 삼
는 경우이다. 이렇게 하여 새롭게 생겨난 대각선을 R라 한다는 것이다.
설명을 부연하면 P의 말 "L은 참이 아니다"는 말 속에 있는 L에다 L의
말을 귀속시켜 보라는 것이다. 그러면 "'거짓이다'가 참이 아니다"가 되
어 결국 R와 같은 결과가 나온 것이다. 대각선화와 그것의 반대각선화
의 결과물이다.

사이먼스는 이러한 대각선화와 반대각선화의 과정을 '평가evaluation'라
고 한다. 평가를 하는 문장을 e라고 하면서 다음 네 가지 형식들이 가능
하다고 보았다.

> T(e) "참이다"
> F(e) "거짓이다"
> ㄱT(e) "참이 아니다"
> ㄱF(e) "거짓이 아니다"
> (ㄱ 는 부정기호이다)

T와 F의 대칭을 상하대칭으로, '이다'와 '아니다'의 대칭을 좌우대칭으로 하면, 이 네 가지 형식을 위상학적으로 사각형 안에 표현할 수 있다. e를 '평가된 문장evaluated sentence'이라고 할 때, P와 R는 두 종류의 평가라고 할 수 있다. 이 두 종류의 평가는 단연히 병적인 문장, 또는 뫼비우스 띠에 대한 자기언급적 재귀행위를 함으로써 가능해진 것이다. 자기언급이란 자기귀속의 다른 말이다. 자기언급으로 자기언급 자체를 다시 평가하는 재귀적 행위를 통해서 평가, 그리고 평가의 평가를 거듭한 결과이다. 여기서 말하는 '재귀적'이란 자접을 두고 하는 말이다.

뫼비우스띠는 사각형의 자접을 함으로써 만들어진다. 세로와 세로가, 가로와 가로가 만나는 것을 '자접'이라고 한다. '연접'이 가로와 세로라는 쌍대칭이 만나는 것과는 대조가 된다. 뫼비우스띠는 자접으로만 가능하다. 이런 뫼비우스띠를 기틀로 삼아 그 안의 '참 아님'을 참과 연접을 시키면 참 아님과 결접이 된다(P). 이는 클라인병 구조이다. 다시 이 P인 '참 아님'을 뫼비우스띠의 '참 아님'과 연접시키면 참이 된다(R). 이는 사영평면 구조이다. 이렇게 강화된 거짓말쟁이 역설은 점차 차원이 높아져 간다. 차원이 높아지는 것을 두고 '강화됨strengthened'이라고 한다.

강화가 되면서 점차 '명시적'이 된다고 한다. 명시적이 된다는 것은 역설적 대립이 사라지고 조화의 도가 높아져 간다는 것을 의미한다. P는 R보다 차원이 낮다. 그래서 '부분적'이라고 한다. 반면에 R는 '비틈의 비틈'이란, 즉 '거짓의 거짓'이라는 사각형의 가로와 세로가 모두 비틈이기 때문에 '안비틈'이 된 '완전'이라고 한다. 사이먼스의 '명시적 반영 explicit reflection'이란 바로 이런 경우를 이르는 말이다.(Simmons, 1993, 102) '반영'은 재귀의 다른 표현이다.

P와 R에서 말하는 '참'이라는 말이 L에서 사용된 그것과 같을 수는 없다. 후자 L에는 자접만 있고 연접이 없다. P와 R는 자접과 연접을 동시에 한다. R는 P와 L을 연접시킨 것이다. P를 대각선이라고 할 때 R는 반대각선이다. 반대각선화는 대각선을 다시 가로화 하는 것이다. P(참이 아니다)를 가로로 한 뒤 명패인 세로 '참이 아니다'와 연접시키면 '참과 결접이 된다. 이것이 다름 아닌 R이다. 그러나 대각선화와 반대각선화라는 엄연히 두 가지 다른 위상이 있듯이, P와 R라는 두 가지 다른 종류의 명시적 반성이 있다. 이를 사이먼스는 구별하여 P를 '부분적 명시적 반영partial explicit reflection'이라고 한다. 위에서 본 바와 같이 부분적 명시적 반영 문장 P는 뫼비우스띠를 참(안비틈)과 연접시켜서 만든 것으로서 클라인병이다.

위의 네 경우 가운데 뫼비우스띠는 e의 ㄱ T(e)인 "참이 아니다"와 ㄱ F(e)인 "거짓이 아니다"라는 두 가지 형식만 구사한다. 사각형의 두 쌍 가운데 한 쌍만 비틈이라는 형식을 취한다.(자접) 그래서 참도 아니고 거짓도 아닌 이런 문장을 두고 병적이라고 한다. 부분 명시적 반영은 가로와 세로가 서로 반영(연접)을 하여 만든 대각선화이다. 그러면 결국 명시적 반영이란 다름 아닌 대각선화를 말한다.

그런데 R는 사정이 다르다. 먼저 부분 명시적 반영인 P를 반영하고 동시에 자기언급적 문장 자체인 L을 언급한다. 이러한 R를 두고 '완전 명시적 반영complete explicit reflection'이라고 한다. 대각선인 P를 가로로 하고 L을 세로로 하여 P와 L을 연접시켰을 때, 이는 L에 근거하여 P를 평가한다는 것이다. 여기서 '근거한다'는 말은 명패로 삼는다는 뜻이다. 사각형의 세로로 삼는다는 뜻이다. 동시에 L 자신이 하는 말의 내용을 평가한다는 뜻이다. 그래서 R의 형식은 P의 형식 두 개[ㄱ T(e)와 ㄱ F(e)]에 다 L 자신이 자신의 말 내용을 평가하는 T(e)와 F(e)가 추가되어 네 개가 된다. L의 내용을 평가하는 것은 이미 앞에서 본 두 가지 전제인 L이 "참이다"[T(e)]와 "거짓이다"[F(e)]의 둘이다. 이 둘이 자접하여 뫼비우스 띠 L이 된다.

그래서 R를 위상학적으로 고찰하면 사각형의 가로와 세로 가운데 하나는 '비틈'이고 다른 하나는 '안비틈'이다. '비틈의 안비틈'이기 때문에 영락없는 클라인병이다. ㄱ 을 '비틈'의 기호로 볼 때 이와 같은 결론을 얻을 수가 있다. 완전 명시적 반영은 이 네 가지 형식들을 취하여 가능해진다.

### 단순에서 강화된 문장으로

위의 내용에 대한 일반적인 분석을 하면 다음과 같다. '단순 거짓말 simple liar'에 해당하는 문장에서부터 추리를 다시 해보기로 한다. 단순 거짓말쟁이 문장을 S라고 할 때,

S. S는 거짓이다.

를 생각해 보자. 이 문장은 강화된 거짓말쟁이 문장이 아니다. 강화된 거짓말쟁이 문장은

S는 참이 아니다. … ㄱ T(e)

와 같이 표현되어야 한다. 만약에 이 문장에 대하여 '참말'을 해 버리면 '참말 하는 자'가 거짓이 된다. 만약에 S를 강화된 거짓말쟁이로 만들면 다음과 같다. 여기서 '강화된'이란 말은 뫼비우스띠를 클라인병으로 바꾸는 것을 가리킨다. 문장에서 어떻게 이러한 변통이 가능한지 살펴보기로 하자. 뫼비우스띠가 클라인병이 된다는 것을 문장으로 볼 때에는 '단순함'에서 '강화됨'으로 변한 것이라 할 수 있다.

| | | |
|---|---|---|
| S가 참이면, | $\cdots$ $T(e)$ | (가) |
| S는 거짓이다. | $\cdots$ $F(e)$ | (나) |
| 그리고, | | |
| S가 거짓이면, | $\cdots$ $F(e)$ | (다) |
| S는 참이다. | $\cdots$ $T(e)$ | (라) |
| 그러면, | | |
| S는 참도 아니고, | $\cdots$ $\neg T(e)$ | (마) |
| S는 거짓도 아니다. | $\cdots$ $\neg F(e)$ | (바) |

위의 전개과정은 전형적인 뫼비우스띠의 구조이다. 병적인 구조이다. 사각형의 가로나 세로가 자접을 하여 비틀어 만든 구조이다.

이러한 뫼비우스띠는 다음 단계로 향하는 기틀을 마련한다. 이제 (바)를 전제로 세우고 이를 세로–명패로 삼아 P'라고 하자.

P'. S는 거짓이 아니다. $\cdots$ $\neg F(e)$ (사)

여기서 P'는 명패–세로이고 "S는 거짓이 아니다"는 물건–세로이다.

이어서 (다)에 의해 다음 식이 만들어진다.

S는 거짓이다.　　… F(e)　　(아)

(다)는 물건이다. 그러면 세로 P'와 가로 (아)가 만들어졌다. 이제 (사)
와 (아)를 서로 연접시켜보자.

R'. S는 참이 아니다. … ㄱ T(e)　(자)

(자)는 결국 가로와 세로가 서로 연접한 대각선이다.

R". S는 거짓이다.　… F(e)　　(차)
(P'는 부분 명시적 반영이고 R"는 완전 명시적 반영이다)

이상의 강화된 거짓말쟁이 역설 추리는 야브로Yablo 이론에 근거한 것
이다.(Yablo, 1989, 541)

이를 위상학에 의하여 재검토하면 다음과 같다. 뫼비우스띠는 자접에
의하여 만들어진다.[(가)에서 (나)까지], (R')는 연접에 의해 만들어지고,
이제 R'와 R"를 결접시킨다. 다시 말해서, 대각선 R'를 반대각선화시켜
그것을 가로와 결접시켜 보자. 그러면 거짓과 결접을 하면 참이 되고,
참과 결접을 하면 거짓이 된다. 이는 위상학에 나타난 현상과 완전히
같다.

'참말쟁이truth teller'의 경우에도 결과는 같이 나온다. 참말쟁이를 T라

하자.

T. T는 참말이다.　　… T(e)　　　　　　(가)

여기서 T를 병적인 뫼비우스띠라 하고, 이를 P*라 하자.

P*. T는 참이 아니다. … ㄱ T(e)　　　　(나)

P*는 세로이고 "T는 참이 아니다"는 가로 물건이다. 그러면 P*를 세로로 하고 (가)를 가로로 하여 연접시키면 대각선 R*은 다음과 같다.

R*. T는 참이 아니다.　　　　　　(다)
(여기서도 P*는 부분 명시적 반영이고, R*는 완전 명시적 반영이다)

(다)는 결국 이렇게 된다.

R**. T는 거짓이다.　　　　　　(라)

마찬가지로 R**를 참과 결접시키면 거짓이 되고, 거짓과 결접시키면 참이 된다.

여기서 문제의 기틀이 되는 것은 병적인 뫼비우스띠이다. 이것이 기틀이 되어 '참,' '거짓,' '참이 아니다,' '거짓이 아니다'의 네 가지가 서로 연접이 되고 결접이 되어 차원의 변화를 만들어 낸다.

### 명시적 반영에 대한 위상학적 고찰과 맥락론

강화된 거짓말쟁이 역설은 위상학적으로 볼 때 차원의 상승을 의미한다. '명시적'이란 차원의 상승과 함께 전후, 좌우, 상하의 대칭구조가 무너져 버려 사방이 투명해지는 것을 말한다. 그것이 부분적으로냐 아니면 완전 전체적이냐의 차이는 있지만 말이다. 명시적인 것을 평가와 연관시켜보자. '평가'란 반영 또는 자기언급을 의미한다. 병적인 뫼비우스띠를 기본으로 삼아 거기에 언급을 해나가는 것이 평가라고 하였다. 평가가 부분적이냐 전체적이냐, 아니면 이것도 저것도 아니냐는 완전히 '문맥-의존적인 문제context-dependent matter'라는 것이 사이먼스의 주장이다.(Simmons, 1993, 103)

같은 '참'이란 말도 L, P, R에 따라서 완전히 달라진다는 것이다. 그것은 뫼비우스띠냐, 클라인병이냐, 사영평면이냐에 따라서 완전히 달라진다는 말과도 같다. 사이먼스는 이 셋이 시간적 선후로 나누어지고, 또 말하는 사람의 위치에 따라서도 달라진다고 하였다. L은 P보다 빠르고, P는 R보다 빠르다는 것이다. 화자의 말하는 장소 역시 중요하다. 예를 들어서 L은 말하는 공간이 있지만 P와 R는 마치 사이버 공간 같이 말에 대하여 말할 뿐이지 구체적인 공간이 있는 것이 아니다. 그래서 이 셋은 논리적으로 시간적으로 순서가 잘 매겨져 있다는 것이다.(Simmons, 1993, 103) 그러나 이를 위상학적으로 고찰하면 시간도 무시간적atemporal이고 공간도 무공간적nonlocatinal이다. 다시 말해서, 클라인병과 사영평면은 삼차원 공간이 아니어서 무시간적이고도 무공간적이다. 사이먼스의 결론은 결국 이러한 위상학에 대한 무지에서 내려진 것이라 할 수 있지만,

위상학적으로 재구성을 할 수 있다. 사이먼스는 L, P, R 속에는 모두 '참'이란 말이 들어 있지만 맥락에 따라서 용법이 다르다고 하였다. 사이먼스에 따르면 화자 speaker, 시간 time, 장소 place, 입장 position, 정보의 종류 information, 의도 intention, 의미 implicature가 맥락을 만드는 변수라고 보았다.(Simmons, 1993, 105)

L이 기본 노릇을 하는 이유는 뫼비우스띠로서 그것이 스스로 평가를 받으면서 동시에 평가를 하기 때문이다. 이것은 마치 복희도에서 물건이 동시에 명패가 되는 원리와 같다. 이를 두고 버쥐 Burge는 '실용적 의미 pragmatic implicature'라고 하였다. 파슨 Parson은 이를 '포괄적 해석 comprehension interpretation'이라고 하였다. 가이프만 Gaifman은 '뜀뛰기 규칙 jump rule'이라고 하였다. 위상학의 차원 상승을 두고 하는 말이고, 타르스키의 위계론적 규칙에 근거를 두고 하는 말이다. 이러한 주장과 표현들을 사이먼스는 반대한다. 왜냐하면, 특이성 이론은 이런 위계론적 주장과는 반대이기 때문이다. 그것은 차라리 순환론에 가깝다. 그러나 사이먼스의 특이성 이론 역시 위상학적으로 보았을 때 순환론과는 차이가 있다.

위상학적으로 볼 때 결국 세 가지가 남는다. 뫼비우스띠, 클라인병, 사영평면이 바로 그것이다. 부분 명시적 반영, 완전 명시적 반영, 그리고 그 어느 것도 아닌 이 세 가지가 바로 이에 해당한다. P, R, L이 각각 이에 해당한다. 그런데 P, R, L 속에는 모두 '참'이란 말이 들어 있지만, 맥락에 따라서 용법이 다르다. 즉, L에서는 쌍대칭의 자접이란 자기언급적 성격이 분명하다. 그러나 P와 R의 경우는 사정이 다르다. 모두 자기연접을 하고 있다. 그러나 P는 클라인병이고 R은 사영평면으로서, 참과 거짓과의 연접과 결접 관계가 분명하다. L에는 neither/nor가 통하지만 클라인병과 사영평면의 경우에는 뫼비우스띠가 참과 거짓 가운데 어느 것과 결접이나 연접을 하는 것이 분명하나, P와 R 역시 뫼비우스띠에 기본을 두고 있다. 이렇게 셋은 위상학적으로 차원이 다르다. 이를 두고 사이먼스는 '맥락'이라고 하였다. 맥락은 달리 '차원'이라고도 한다. '명시적'이란 말은 사각형 안에 있는 모든 대칭들이 일치되어 투명해진다는 말과도 같다. 차원이 높을수록 더 투명해진다. 역의 역사는 이런 투명성을 향해 흐른다. 정역은 이런 투명 세계를 '유리 세계'라 한다. 이런 투명성을 막고 있는 것이 대각선이다. 그래서 대각선의 처리 과정에서 투명성이 보장된다.

그러면 이제부터 문맥 또는 맥락이란 말을 차원이란 말과 연상을 시키면서 다음 세 가지 경우로 맥락을 나누어 본다. 물론 위상학적으로는 맥락을 차원으로 이해해야 한다.

> '참L'은 'L의 문맥에서 참인 경우'
> '참P'는 'P의 문맥에서 참인 경우'
> '참R'는 'R의 문맥에서 참인 경우'

기본 문장인 L "L은 참L이 아니다."는 전형적인 병적인 문장인 뫼비우스띠이다. 가로나 세로가 자접한 문장이다. 참도 아니고 거짓도 아닌 경우에 속하는 문장이다. 그리고 다음과 같이 술어 '참이다'의 '참L'을 표시하는 것을 '참말 틀truth scheme'이라고 하면, 위의 문장을 참말 틀에 맞추어 논리식을 만들면 다음과 같다. 여기서는 참말 틀만 사용하지 거짓말 틀은 사용하지 않는다. 참말 틀을 일반화시킨 논리식은 다음과 같다.

오직 p일 때 한하여 s가 참L이다.

　여기서 'p'는 아무 문장에나 해당하고, s는 그 문장의 명패에 해당한다. 전자는 외괘, 후자는 내괘이다. 이렇게 대성괘 하나의 논리적 표현은 위와 같다고 할 수 있다. 만약에 이런 참말 틀을 통해서 문장 L을 평가하려 하면 모순에 직면하는 것은 의문의 여지가 없다. 이 단계는 강화된 거짓말쟁이가 가는 첫 번째 단계이다.

　버쥐의 실용적 의미소란 다름 아닌 L이 L 자체 안에서 어떻게 '참'이란 말이 발생하는가에 대해 참말 틀에 의하여 평가를 받는 것을 두고 하는 말이다. 가로와 세로가 모두 L로서, L은 물건도 되고 명패도 된다. 복희도의 정대각선과 같이 자기언급에 근거를 두고 있다. 이를 두고 버쥐는 '실용적 의미소'라고 하였다. 그래서 버쥐의 실용적 의미소는 복희도의 구조를 그대로 반영하고 있다. 평가하고 있는 것이 평가받는 것과 같다. 이 말은, 명패는 물건을 그대로 사용한 것이란 뜻이다. 문왕도는 정대각선뿐만 아니라 64괘 모두를 뒤집어 명패와 물건을 반대로 해 버린다. 역이 서양의 역설 해의와 얼마나 접근하고 있는지를 한눈에 보여 주는 것이다.

　q가 그 첫 단계에서 내려지는 결론은 화자 자신이 참L인지 거짓L인지를 전혀 의식하지 못한다는 점이다. L은 화자의 언설 속에 병적인 문장으로 그 속에 담겨 있을 뿐이다. 참도 아니고 거짓도 아니어서 결정 불능이기 때문이다. 결국 역도 이러한 결정 불능의 결론으로까지 가는 것이 목표이다. 이런 결정 불능에서 점占이라는 행위가 나타난다는 것이다.

　두 번째 맥락은 이렇다. "L은 L이란 맥락에서 병적이기 때문에, L은

L이란 맥락에서 참이 아니다"고 하는 것이다. 이를 위상학적으로 보았을 때 뫼비우스띠를 뫼비우스띠와 결접시키면 뫼비우스띠가 아닌 것(원기둥)과 연접된다는 말과 같다. 역으로 뫼비우스띠를 원기둥과 연접을 시키면 그것이 뫼비우스띠 자신과 결접된다는 말과도 같다. 그래서 이것은 영락없는 클라인병이다. 이러한 클라인병을 논리식으로 표현하면 다음과 같다.

      P. L는 참L이 아니다.

L과 P는 뫼비우스띠의 수에서 다르다. 전자는 1개, 후자는 2개이다. '비틈과 비틈'은 '안비틈의 비틈'이 된다. 비틈을 '거짓,' 그리고 안비틈을 '참'이라고 하면 거짓과 거짓은 참의 거짓이 된다는 말과도 같다. 이것이 P의 맥락이고 클라인병의 구조 그대로이다. 여기서 L의 위상 또는 맥락이 달라졌다. 그래서 전달하려는 정보의 내용도 달라졌다. 그리고 화자가 같은 말을 해도 화자의 말하려는 의도는 맥락에 따라 다르다. 이러한 달라짐과 함께 버쥐가 말한 첫 단계의 실용적 의미소마저 달라졌다. 처음의 뫼비우스띠가 두 번째 단계에서는 자신을 정반대인 것으로 만들어 버렸다. 즉, '거짓이 아니다'를 '참이 아니다'로 바꾸어 버렸다.

P를 말할 때 L에 근거하여 말을 하지만—이를 연접이라고 한다—화자의 말하는 의도는 병적인 뫼비우스띠로서 그것을 평가하는—이를 결접이라 한다—형국이 되어버렸다. 그 순간 L은 일관성을 상실해 버리고 만다. 다시 말해서, 일관성 있게 참L 틀로서 평가받을 수 없게 되었다. 이는 클라인병의 운명과 같다. 뫼비우스띠의 첫 단계가 가지고 있던 의

미소는 사라지고 말았다. L은 참도 아니고 거짓도 아닌 병적인 것이지만, P는 그렇지 않기 때문이다.

여기서 맥락이란 말을 세로─명패로 바꾸어 놓으면 이해가 쉽다. 그래서 '참L'은 세로로, '참은 가로로 이해를 하면 된다. 참L을 세로로 하고 "L은 거짓이다"를 가로로 하면 참P는

　　　　P는 "L은 거짓이다"

가 된다. 맥락 참P를 반대각선화하여 이를 세로로 삼고─즉, "L은 거짓이다"─다시 L의 "L은 거짓이다"를 가로로 한 다음, 대각선을 R라고 한다는 것이다. 다시 R를 반대각선화하여 이를 세로로 하면, 맥락 참R는

　　　　R는 "L은 참R다"

와 같다. 마지막 두 가지 경우는 모두 첫 번째 경우인 "L은 참이 아니다"에 기본을 두고 있다. P와 R 모두 세로로서 가로는 "L은 참이 아니다"로서 같다. 가로와 세로를 연접하여 대각선을 만들고, 이를 반대각선화한 다음 세로로 삼아서, 이 세로를 가로와 결접시키면 대각선화와 반대각선화가 발생한다.

### 사이먼스 이론에 대한 비판적 성찰과 역

이상에서 고찰한 바에 따르면, 사이먼스는 진과 위가 문맥에 따라 결정 난다고 보았다. 이는 이미 중세기 학자들 가운데 제시된 이론이기도

하다. 시간과 장소, 화자의 의도에 따라서 결정된다는 이론이다. 역설은 화자의 말 속에 화자 자신이 포함되는 자기귀속의 문제가 생기는 것인데, 이런 경우가 다반사가 아니라는 것이다. 그래서 자기귀속을 화자가 말하는 외연에서 제외시켜야 하며, 이를 두고 사이먼스는 '최소화의 원리minimality'라고 하였다. '최소화의 원리'란 꼭 필요한 경우를 제외하고는 참과 거짓이란 말을 사용하지 말아야 한다는 것이다.

뫼비우스띠가 설령 병적이라고 하더라도, 뫼비우스띠가 뫼비우스띠 자신과 결접하면 비틈이 아닌 애뉼러스가 되어 병적이지 않게 된다. 즉, "L의 문맥에서 L이 분명 병적인 문장이라고 하더라도, L이 서술하는 내용은 사실이기 때문에, 화자의 말의 문맥에 있는 진리 개념의 외연에 L이 서술하는 내용을 포함시키는 것은 자연스럽다."(야마오카, 2004, 226) 그런데 뫼비우스띠나 거짓말쟁이 같은 병적인 문장 속에는 '참'이란 속성 자체를 자기 속에 귀속시킬 수가 없다. 그런 의미에서 이는 매우 특이함singular이라고 말할 수밖에 없다는 것이다. 클라인병이나 사영평면 속에는 이런 뫼비우스띠가 참 아니면 거짓이란 것으로 분명히 그 속에 포함되고 있다. 그러나 뫼비우스띠는 자기 속에 참도 거짓도 귀속시킬 수가 없다. 그런 의미에서 뫼비우스띠와 거짓말쟁이 문장은 '특이함' 그 자체이다. 그래서 이러한 특이함을 최소화시키면 역설은 피할 수 있다는 것이 사이먼스의 견해이다.

이를 역의 언어로 이해해 보자. 《주역》 64괘 속에는 진과 위라는 말이 없다. 이는 매우 진귀한 현상이라 할 수 있다. 그 이유는 진과 위를 최소화시키고 있어서, 진과 위는 결국 자기귀속의 문제와 함께 비결정으로 인도하고 말기 때문이라고 볼 수 있다. 방도 속에서 우리는 64괘

가운데 자기귀속을 하는 괘는 정대각선상의 8개 괘뿐이다. 사이먼스의 말을 빌리면 이들 괘들은 64괘와 팔괘명이 같아지는 특이한 것들이다. 나머지 56개 괘들은 자기귀속을 하지 않는 특이함이 없는 괘들이다. 정대각선의 덫에만 걸리지 않으면 역설을 피할 수 있다는 것이다.

그러나 이러한 사이먼스의 주장은 역설 해법의 매우 안이한 방법이라 아니할 수 없다. 그 이유는 정대각선이 주축이 되어 다른 괘들이 유기적으로 연계망을 만들고 있기 때문이다. 그런 의미에서 다른 괘들은 모두 정대각선 팔괘들의 변통이라고 해도 과언이 아니다. 정대각선상의 괘들을 피하고 여기에 연계되는 것을 최소화한다는 것은 다른 괘들 자체를 부정하는 것이나 마찬가지이다. 그런 의미에서 사이먼스의 주장은 매우 안이하고 소극적이라 아니할 수 없다. 56개 괘들이 모두 이 여덟 개, 특히 건과 곤괘에서 파생된 것들인데, 이들 괘들을 최소화한다는 것은 언어도단이다.

먼저 말한 불교논리학에서도 거짓말쟁이 역설은 상위인에 해당한다. 정인, 부정인, 상위인, 불공부정인의 네 종류 가운데 하나이다. 불교에서는 네 개의 인들이 상호 유기적이기 때문에 어느 하나를 다른 것을 위해 최소화시킬 수는 없다고 본다. 이런 최소화의 논리가 인도의 진나, 중국의 현장의 논리 속에 나타나는 것을 비판하는 것이 원효의 '판비량론 判比量論'이다. 사이먼스 이론에 대한 비판을 더해 보면 아래와 같다.

사이먼스는 R가 L에 대한 최종적인 평가 문장으로 보았다.(Simmons, 1993, 105f) 참R에서 L은 최종적으로 참L이라고 평가를 받았기 때문이다. 위상학적으로 보아 사영평면이 종착역이란 뜻이다. 여기서 가로와 세로가 다 비틀려버렸고, 뫼비우스띠는 안비틈(참)과 결접할 수 있는 기회를 얻었기 때문이다. 뫼비우스띠는 모처럼 사영평면에 와서 안비틈(참)과 결접을 하게 되었다는 뜻이다. '비틈의 비틈'은 '비틈과 안비틈'이기 때문이다. 사영평면에 와서 드디어 뫼비우스띠는 안정을 갖게 되었다는 뜻이다. 참R에서 얻은 '참이란 결국 L과 P에도 연관이 되는 것이나, L에서만 통하지 않는 예외를 갖는다. 이런 예외 때문에 '특이함'이란 불림을 받게 되었다.

예를 들면, 어떤 수를 0으로 나눌 수는 없지만 그것을 만약에 x라고 한다면, 0을 한없이 x에 접근시킬 때 나눗셈은 가능해진다. 그러나 0에 이르는 그 순간만 셈이 불가능할 뿐이다. 그래서 0에 이르는 전 과정 속에서 0은 매우 특이한 한 점으로 존재할 뿐이라는 것이다. 생일날 하루를 위해 밥을 굶을 수는 없지 않느냐 하는 것이다. 그러나 생일날이 하루 있다는 자체가 문제가 아닌가? 그날이 과연 다른 날들과 무관하다고 할 수 있겠는가? x가 0에 도달하는 전 과정에 0이 이미 작용을 하고 있었기 때문이다.

사이먼스의 주장은 그래서 전후를 뒤집어놓는 오류를 저질렀다. 그리고 완전 명시적 반영 R가 과연 종착역이라고 할 수 있겠는가 하는 것이다. 즉, 과연 R에서 참과 거짓의 순환은 종지부를 찍을 것인가? 다시 말해서, 참R에서 종지부를 찍을 수 있을 것인가? 그렇지 않다. R에서 참을 만약에 L과 연접시키면 다시 '거짓'이 나타난다. 이를 우리는 P에서 보았다. 그러면 P와 L이 연접하여 다시 R를 만든다. 반복은 무한히 계속될 수가 있다. 그렇다면 원점으로 되돌아가, L이 '참이다'와 '참이 아니다'가 된다. 사이먼스는 이에 대한 설명을 하지 않았다. 만약에 이를 위상학적으로 본다면 사영평면은 4차원 공간이며, 여기에는 계기적 시간성이 무시된 무시간적이 되는 공간이다. 그래서 시간에 따라, 공간에 따라 맥락이 결정된다는 사이먼스의 주장에는 위상학적으로 보아 문제가 있다. 무시간적 무공간적인 시간과 공간의 세계가 바로 위상공간이기 때문이다.

위로 올라갔다고 생각하는 순간 올라간 것이 아니고, 아래로 내려갔다고 하는 순간 아래가 아니다. 무시간 무공간 속에서 맥락을 가린다는 것은 옥석을 가리는 것만큼이나 어렵다. 아니 불가능하다 할 수 있을 것이다. 그 어려움을 역은 어떻게 처리하고 있는가.

## 7.6. 방도의 해체와 러셀 역설

방도는 현대 과학의 여러 이론들이 그 속에 있다고 할 만큼 질서정연하다. 격자 모양은 지리학의 등고선 측정, 신경과학에서 뇌의 주름살 파악하기 등에서 널리 사용된다. 그러나 방도와 복희팔괘도, 그리고 하도는 갓난아기 정도라 할 만큼 생역生易 수준이다. 그래서 알을 깨고 나와야 새로운 생명이 탄생하듯이, 방도는 해체되어야 한다.

방도가 해체되어야 생역이 장역長易이 되어 생장을 할 수 있게 된다. 그 해체작업을 여기서 할 것이다. 방도의 해체가 있은 다음에야 역은 생장하여 성역成易이 될 것이다. 방도의 해체 없이 역은 새로운 영역 안으로 들어갈 수가 없다. 라이프니츠가 방도를 보고 그 속에 담겨 있는 이진수의 논리에 감탄하였다는 것은 너무 소박하다 할 수밖에 없다. 해체의 대상임을 몰랐다는 것을 의미한다. 칸토어도 자기의 연속체 가설을 만들어 낸 사각형 격자가 해체의 대상인 것을 몰랐다. 이것을 안 것은

328_ 2부 칸토어의 집합론과 역의 대각선

한 세기나 뒤였다. 역의 강물은 방도의 해체와 함께 새로운 물줄기를 찾는다.

### 방도와 결정불능의 역

지금까지 서양 철학자들과 논리학자들의 역설에 대처하는 방법을 고찰하는 과정에서, 역에도 시사하는 바가 많았음을 발견하였다. 둘이 공유할 수 있는 주제는 명패와 물건의 관계이다. 이 둘 사이에서 역설이 발생하고, 이 역설에 대처하는 방법에서 공통분모를 찾을 수 있었기 때문이다. 역설 해의 과정에서 본 위상학적 결론은 사각형의 해체이다. 대각선화와 그것의 반대각선화란 다름 아닌 가로와 세로의 분해 해체이다. 세로를 명패, 가로를 물건으로 삼았을 때 명패와 물건은 서로 자기언급을 하여 대각선을 만들 때, 그 결과란 연속체 가설에 따른 비결정성 자체였다. 정사각형에서 정대각선은 원의 지름에 해당한다. 대각선이 가로가 된다는 것은 원의 지름이 원의 둘레가 된다는 것과 같다. 가로와 세로의 자기언급은 결국 방도 사각형의 해체이며, 역은 방도의 해체와 함께 원도를 도입하여 방도 주위에 원도를 같이 그린다.

대각선 논증으로 역을 보았을 때 역은 정인들이 점사를 데이터베이스화하는 과정에서 방도로 귀결될 수밖에 없었다. 이것이 소옹이 작도하였다고 하는 '복희 선천 64괘도'(또는 '복희도')이다. 방도는 점괘의 내용을 집합론적으로 사각형 안에 격자 형식으로 배열한 것이다. 방도는 가로, 세로, 대각선 등 대각선 논증의 반대각선화를 제외한 여러 조건들을 다 갖추었다. 그러나 방도는 반가치화와 반대각선화를 통해 해체 과정을 밟는 순서만 기다리고 있는 상태이지, 그 자체로서 역의 종착역은 아니다. 다음에 펼쳐지는 역의 흐름으로 보아서 이런 주장의 타당성이 입증될 것이다. 다시 말해서, 방도는 판도라의 상자와도 같다. 그 속에서 온갖 난제들이 모두 튀어나와, 이를 들여다보는 사람들은 곤혹스러움을 피할 수가 없다. 우리는 이미 사상의 상자 꾸러미에서도 이를 확인한 바 있다. 이 당혹스럽고 곤혹스러움은 점으로 이어지게 한다.

그래서 방도의 해체과정을 논리적으로 표현하는 것이 이 장의 과제이다. 해체작업을 쉽게 하기 위해 차례대로 논리적 기호와 논리식을 만들어 나가기로 한다. 먼저 세로줄 명패수를 n이라 하고, 그것의 순서수는 'n번째'라고 하자. 그리고 n번째의 수는 $R(n)$으로 표시하자. 이는 방도의 격자에서 괘수 번호로 쉽게 확인이 된다. 이렇게 하여 우리는 명패수와 그것의 순서수까지 표시할 수 있게 되었다. 이러한 체계는 복희도와 러셀과 화이트헤드가 공저한 《수학원리*Principia Mathematica*》(PM)에 잘 갖추어져 있다. 명패수에 관련된 수는 모두 자연수이다. PM이란 논리적으로 역설 없는 일관성을 보장할 것인가에 대한 상징적 기호이기도 하다. 여기서 '방도'와 'PM'을 하나의 일관성 있는 체계라고 하자.

방도의 격자로 된 방 하나하나는 괘들이고 괘들에 대응하는 수는 '유일한 하나의 자연수'이다. 리샤르는 명패가 어떻게 PM 안에서 성립 가능한가였다. 리샤르 속성은 명패의 성립 가능성을 회의적이게 한다. 이는 소옹이 복희도 안에서 명패가 어떻게 성립하는가를 보여주자는 것과 같다. 우리는 이미 하나의 대성괘 안에서 명패에 해당하는 내괘의 자기 언급과 그 후과인 역설을 보았다. 러셀 역설이란 참도 거짓도 아닌 것으로서 증명불가인 비결정성과 같은 것을 두고 하는 말이다. 방도에서 명패는 대성괘의 내괘(하괘)이고, 물건은 외괘(상괘)라고 할 때 바로 방도 안에서 이런 비결정성이 생긴다.

편의상 명패와 물건을 나타내기 위해 [c;n]이란 논리식을 만든다. 이 논리식에서 c는 명패이다. 그런데 이 명패는 물건인 자연수 n을 지시하는 기호에 의하여 교체될 수 있다. n에 의한 c의 교체란 다름 아닌 사상寫像되는 것을 의미한다. 방도에서 우리는 가로-물건괘가 세로-명패괘가 되는 것에 익숙해져 있다. 다시 강조하면, 방도에서 명패 c는 다름 아닌 물건 n에 의하여 교환되고 교체된다. 대각선이란 항상 가로와 세로에 의하여 결정되는 삼항적ternary이다. 플라톤의 '제3의 인간과 같다. PM 안에서도 방도와 같이 이런 삼항적인 것이 발견된다. 삼항적인 표현을 논리식으로 나타내면 대각선=[세로; 가로], 즉 x=[y; z]와 같다. 이런 삼항적 방법으로 자연수 n의 부류 집합 K를 표시하면 다음과 같다.

$$n \in K \equiv 증명[R(n);\ n]$$

위 논리식을 읽으면 "'증명'은 '증명되지 않음'을 의미한다"와 같다. '증명되지 않음'이란 자기귀속이 되는 것을 말한다. 자기귀속을 하지 않는 경우만 증명이 된다고 하는 것이 전통적인 '증명'에 대한 정의이다. 리샤르 속성을 가질 때에만 증명이 된다는 뜻이다. 고로 $n \in K$는 n이 K에 귀속하는 경우이기 때문에 '증명이 됨'이다. 그러나 [R(n); n]은 자기귀속을 하고 있기 때문에 '증명이 되지 않음'이다. 그래서 위 논리식을 읽으면 "'n이 K에 귀속을 한다'는 것은 자기귀속을 함[R(n); n]이 증명이 안 되는 오직 그 경우에 한해서 증명이 된다"와 같다. [R(n); n]이란 방도에서 보는 바와 같이 여덟 개의 정대각선상에 있는 괘들이다. 이들 정대각선상에 있는 자기귀속을 하는 괘들은 모두 증명이 안 되는 경우이다. 이들 정대각선 말고 56개 괘들은 증명이 된다. 대각선상에 있는 명패가 물건 n을 증명할 수 있을 때에만 n이 K에 귀속한다고 할 수 있다. 거꾸로, n이 K에 귀속되는 한에서만 증명이 된다고 할 수 있다.

다시 말해서, 정대각선이 아닌 경우에만 증명이 된다는 뜻이다. 고로 어떤 임의의 명패 S가 있을 경우, 자기 자신이 동시에 물건이 되지 않을 때에만 증명이 된다고 할 수 있다는 것이다. '참'이란 말은 증명이 된다는 말과 같은 것이 서양의 전통이다. 그러나 역에서는 참이란 말도 증명이란 말도 배제되고 있다. 방도 안에는 증명이 되는 역대각선, 그리고 편대각선과 증명이 안 되는 정대각선이 같이 들어 있다. 그래서 증명이 되기도 하고 안 되기도 하다는 것이 방도의 구조이고, 이는 1930년대 괴델이 이른 결론과 같다.

이제 대각선 논증으로 돌아와서 증명의 문제를 재검토해 보기로 한다. 임의의 명패 S는 자기 자신에 해당하는 물건들을 증명할 수 없다. 세로줄 $D_1$을 명패수의 집합이라고 할 때, $D_2$는 가로줄 물건수인 자연수의 집합이다. 그러면 나열 R는 다음과 같이 표현될 수 있다.

만약에 x가 y를 증명하면, R(x, y)=1
만약에 x가 y를 증명하지 않으면, R(x, y)=0

대각선 F는 세로줄 안에 있는 명패항을 하나하나 그것과 연계가 되는 가로줄에 있는 수들과 연관시킨다. 이렇게 대각선상에서 연계되어 교접된 것을 기호 Fxy로 나타낸다. 그러면 F의 반가치화인 H는 다음과 같이 표현된다.

> 만약에 x가 y를 증명하지 못하면, H(x, y)=1
> 만약에 x가 y를 증명하면, H(x, y)=0

대각선화와 반대각선화는 이와 같이 0과 1이 서로 반대이다. '정리'란 다름 아닌 H가 R의 가로선상에 등장할 수 없음을 의미한다. 이 말은 방도 안의 어떤 명패들도 제 자신과 연계된 수들을 증명하지 못하는 명패들과, 그것에 연계된 수들(정대각선상의 수들)은 증명할 수가 없다는 것이다. 이를 우리는 1.2.에서 벤그림으로 확인하였다.

정대각선상에 있는 항들은 증명불가라는 뜻이다. 명패인 S는 정대각선상의 수들을 증명해 내지 못한다. 자기언급, 즉 자기귀속을 하고 있기 때문이다. 그런데 문제는 S 자신이 바로 이 수이지 않느냐이다. 정확하게 말해서, 명패수 S 자신이 이 물건수 가운데 하나인 것은 참이지 않느냐 하는 것이다. 만약에 그렇다면 상황은 달라진다. 방도에서는 명패가 물건이고 물건이 명패이기 때문에, 정의역인 명패수가 연계되는 피정의역definiens인 물건들과 같다는 데서 이러한 문제가 제기될 수밖에 없다. S를 명패 정의역, 그리고 m을 그것에 대한 물건 피정의역이라고 한다면,

(1) [S; m]은 참은 아니지만, 증명 가능이든지,
(2) [S, m]은 참이지만, 증명 불가능이다.

드디어 방도의 심각한 위기가 나타나기 시작하였다. 해체의 위기에 직면하게 되었다. 대각선이 반가치화 내지 반대각선화되면서 이런 위기

가 나타난 것이다. 위 (2)의 경우가 바로 방도의 최대 위기를 예고하고 있다. '증명 불가능인 참unprovable truth'이 있다는 것을 (2)가 그대로 말하고 있기 때문이다. 어떻게 이런 경우가 있을 수 있는가? 이런 결과가 나올 수 있는 가장 큰 이유는 "명패수 S 자신이 물건수들 가운데 하나인 것은 참이기 때문"이다. 지금 여기서 말하는 '참이란 말은 메타언어이다. "명패수가 물건수이다는 것은 '참이다"인 경우, 이러한 메타언어로서 참의 경우에 한하여 '증명불가인 참'이란 말이 나오게 된다.

[S; m]의 부정(즉, 증명불가)이 참이라는 것을 (2)가 말하고 있기 때문에, 우리는 여기서 추가적으로 '결정불능undecidable'이라는 문장을 얻게 된다. '증명불능인 참'이란 말은 곧 '"'결정불능'이다"와 같다. '결정불능'인 문장은 그에 대한 긍정도 부정도 증명할 수 없는 문장을 말한다. 복희 64 선천도 또는 방도가 구조적으로 갖는 운명은, 단적으로 말해서 '결정불능'이다. 만약에 정인들이 점을 치려다 이런 경우를 만나는 것은 곧 막다른 골목에 직면하는 것과 같다. 이런 결정불능적 요소를 점사에서 제거해 버릴 것인가, 그냥 둘 것인가? 그냥 둔다면 어떻게 처리할 것인가? 이런 고민을 철학에서는 난제라 하며, 방도에서 튀어 나온 것이다. "살 것인가, 죽을 것인가?"

이런 햄릿적인 고민이 대각선 논증에 연관이 된다는 것이 입증이 되었다. 이런 종류의 고민이 어떻게 발생하는지 다시 확인해 알아보자. 대각선은 가로와 세로, 물건과 명패가 서로 사상mapping하는 사건의 자리이다. 이런 경우를 생각해 보자. 대각선 F를 다음에 예로 드는 경우들이라고 해보자. 세로줄 위에 있는 명패들 하나하나 모두를 가로줄 위에 있는 일부 물건들과 서로 연계시킨다고 해 보자. 그럴 때, 대각선 F가 명패인 S를 q라는 수와 연계시킨다고 해보자. 이제부터 반대각선화인 H에 관한 하나의 논증을 전개해 보자. 그것은 다름 아닌 대각선상에 있는 방 한 칸에 해당하는 〈S, q〉이다. 이 방 한 칸은 바로 위에서 전제해 놓은 것에 관한 후속 논증이다. 그러면 지금부터 하나의 큰 모순이 발생한다. 이 모순을 규명하기 위해서 다음 두 가지 경우로 나누어 생각할 수 있다. 하나는, H가 동시에 반가치화이기 때문에,

만약에 R(S, q)=0이면,  H(S, q)=1이고,

다른 하나는, H가 가로줄이기 때문에,

만약에 R(S, q)=1이면, H(S, q)=0이다.

반가치화란 R의 가치가 반대로 되는 것이기 때문에 R가 0이면 H는 1이 되고, 1이면 0이 된다. 그리고 R가 H로 된다는 것은 반대각선화이다. 반대각선화에서는 반가치화가 아니기 때문에 가치 1과 0이 반대로 변하지 않는다. 고로 R가 1이면 H도 1이다. 이러한 두 가지 반가치화와 반대각선화와 같은 대각선의 6대 요소 가운데 가장 중요한 것들을 전제해 놓으면 결정불능으로 가고 만다는 것이다.

지금부터는 문장 [S; q]에 관심을 집중한다. "[S; q]를 '증명가능'이라고 한다면, 그것은 참이다"고 하는 것이 우리의 대전제이다. 여기서 q는 하나의 명패가 되는 항과 연계가 되어 있는데, 이 명패항은 자기와 연계되는 수를 증명할 수 없는 그러한 명패항이다. 이러한 명패항의 수와

q와 서로 연계되는 그러한 수가 있다는 것이다. 명패항 가운데서 자기 자신과 연계되는 수를 증명할 수 없는(즉, 자기귀속을 하는) 항들은 다름 아닌 정대각선상에 있는 패 또는 패수이다. 이럴 경우 [S; q]는 증명불가이다. 그런데 이것은 우리가 위에서 세운 대전제와는 서로 모순된다.

이번에는 반대되는 대전제를 하나 세워보자. 즉, 그것은 "ㄱ [S; q]이 증명가능이다"와 같다. ㄱ 는 부정기호임을 상기하자. 만약에 이 대전제가 성립하면 [S; q]는 유지될 수가 없다. 그런데 이러한 경우에 q는 자기 자신과 연계되는 수를 증명하는, 즉, 명패항과 연계된 수이다. 다시 말해서, 자기귀속을 하지 않는 수이다. 증명이 되자면 자기귀속을 하지 말아야 하기 때문이다. 그러면 [S; q]는 '증명가능'한 수이다. 그런데 증명은 가능하지만 절대로 있을 수 없는, 즉 불가능한 일이 생긴다. 고로 "ㄱ [S; q]는 증명불가이다." 그러면 최종 결론으로서 "[S; q]도 ㄱ [S; q]도 방도(또는 PM) 안에서는 증명불가이다"와 같다. 궁극적으로 말해서, 이런 경우를 두고 결정불능이라고 한다. 이것이 햄릿의 독백 내용이다. 사람들은 이런 결정불능 상태에서 어떤 결정을 모색하기 위해서 점쟁이를 찾게 된다. 이런 결정불능의 상황에서 인간들은 점을 치려는 발상을 하게 된다는 것이다. 칸토어의 연속체 가설은 실로 결정불능의 문제이고, 칸토어 자신은 이를 모르고 죽었다. 이른 안 사람은 괴델이다. 알랭 바디우는 이런 결정불능 앞에서 강력한 주체의 개입을 시사하고 있다.

### 생수와 성수 사이의 결정불능의 문제

물론 여기서 방도와 PM을 무차별적으로 일치시키는 것은 금물이다. 그러면 방도와 PM이 그 구조에서 다른 점은 무엇인가? 결정불능이 나오게 만든 가장 큰 동기는 리샤르 역설이다. "자기귀속을 하지 않는다"
는 것이 리샤르 속성이라고 하였다. 괴델 정리에 빌미를 준 것도 두 말
할 것 없이 이 리샤르 속성이다. 방도 속에서는 정대각선을 제외한 모든
항들이 이런 리샤르 속성을 갖는다. 리샤르 속성를 가질 때에만 증명이
가능하다고 하였다.

어떤 경우든지 칸토어의 대각선 정리에서는 세로줄 명패의 모든 요
소들에게 색인과 코드를 붙인다. 리샤르와 괴델과 역의 삼자 사이에 있
는 근본적인 차이점은 무엇인가? 그 차이점은 세로줄 명패를 만드는
과정에서 무엇으로 명패를 삼느냐이다. 리샤르 역설에서 문제시되는 것
은 명패에 있음은 위에서 이미 지적한 바이다. 자기귀속을 하지 않는
증명이 되는 것들의 집합만으로 명패를 삼으면? 그렇다면 방도의 경우
는 어떤가? 방도의 경우에는 명패와 물건, 즉 세로와 가로가 완전히 같
은 팔괘들이다. 즉, 물건에서 나와 명패가 되고 그 반대로도 된다. 같은
팔괘로 명패도 삼고 물건도 삼았다는 것이다. 이러한 방도의 경우를 리
샤르를 비롯한 서양 전통에서 기대하기란 난망이다. 역의 가장 큰 화두
는 바로 방도에 들어 있는 정대각선에 해당하는 것을 어떻게 처리하느
냐이다. 대각선에 해당하는 수를 5와 10으로 보고 이 수를 처리하는 것
이 하도와 낙서, 정역도의 최대 과제이다. 왜 5와 10이어야 하는가는 다
음에 상론한다.

대각선 논증이 직면하는 어려움 가운데 하나가 다름 아닌 규칙적인
'셈법algorithm'이다. 이런 규칙성이 대각선 논증에서 문제된다는 것이다.
대각선을 가로와 일대일 대응을 시킬 때, 이를 두고 직접 대각선 논증이
라고 한다. 칸토어는 자연수를 실수와 직접 일대일 대응시켰으며, 이것

이 그의 제1증명에 해당한다. 여기서 연속체 가설 문제도 제기되었다. 집합과 그것의 멱집합과의 일대일 대응은 간접이고, 이를 두고 제2 대각선 논증이라고 하였다.

여기서 재귀이론recursice theory을 예로 들어보자. 원초적 재귀함수이론 primitive recursive function에 따르면, 다음과 같이 역의 생수와 성수 이론에 연관시켜 생각할 수 있다. 생수는 1, 2, 3, 4, 5이고 이는 '원초적 재귀'에 해당하는 수라 할 수 있다. 원초적 재귀란 수를 셈할 때 가장 먼저 나오는 수이다. 원초적 재귀라 하는 이유는, 생수는 성수에서 반복되기 때문이다. 여기서 함수에 해당하는 수가 바로 '5'이다. 생수 1, 2, 3, 4, 5 각각에 5를 더하여 성수 6, 7, 8, 9, 10이 만들어진다. 이렇게 재귀이론을 역의 생수/성수 개념과 일치시킨 다음, 둘을 비교해 보기로 한다. 이런 시도를 하는 이유는 하도와 낙서에 대각선 논증을 연계시키고, 둘이 궁극적으로 비결정성 또는 결정불능의 문제로 가고 있음을 보여주기 위해서이다.

이를 일반화시켜 생수에 해당하는 유한의 함수 수열 $f_1$, $f_2$, $\cdots$, $f_n$ 이 있다고 할 때, 원초적 재귀함수이론의 경우는 다음과 같이 설명될 수 있다. 즉, 수열의 마지막 수 $f_n$은 f 자체와 동일하다($f_n$=f). 그래서 5가 $f_n$에 해당하는 것은 두 말할 나위가 없다. 그리고 j≤n일 때에는 다음 세 가지 가운데 어느 하나이다. $f_j$는 상수함수constant function, 계승함수successor function, 동일성함수identity function 가운데 어느 한 경우이다. 생수 가운데 5가 바로 이러한 조건들 가운데 어느 하나의 성격을 지니고 있다. j가 n과 같거나, 작다고 할 때에. 5는 같고(동일성함수), 1, 2, 3, 4는 작다(계승함수). j가 n에 포함되면서 동시에 동일한 경우가 5라는 것이다(상수함수). 작거나 같음의 문제가 문제의 관건임을 명심해야 한다.

성수는 생수에 함수 5를 더하여 만들어진다고 할 때, 생수가 유한이기 때문에 성수도 유한일 수밖에 없다.


　　　1, 2, 3, 4, 5　　　　　... 생수
　　　6, 7, 8, 9, 10　　　　 ... 성수


이렇게 생수와 성수가 나열될 때, 생수와 성수는 서로 대각선화와 반대각선화의 관계이다. 왜냐하면 생수에서 5를 더하여 성수가 되고, 성수에서 5를 빼면 생수가 되기 때문이다. 손가락으로 1에서 5를 셈하고 나면 6에서 10까지를 셈할 때에는 다섯 번째 것을 여섯 번째로 셈하고, 열 번째 것으로 열한 번째를 셈할 때, 이런 경우를 재귀적이라고도 한다. 역에서는 손가락을 두 번 돌아와 구부린다고 하여 재륵再扐이라고 한다. 이때 우리는 어떤 것이 원초적인지 분간하기 힘들어진다. 생수에서 성수가 나오고 다시 성수에서 생수가 나오기 때문이다. 이러한 셈법을 재귀적 도출recursive derivation이라고 한다.

우리는 여기서 재귀함수인 5에 눈길을 돌리지 않을 수 없다. 어느 생수를 xn이라고 할 때, 성수는 (x+5)번째 것들이다. 이런 함수 5를 gx라고 한다면, 성수 hx는 gx(x)로 표시할 수 있다. 즉,


　　　gx=5
　　　xn=1, 2, 3, 4, 5

와 같아서

$$h(xn)=gx(xn)=6,\ 7,\ 8,\ 9,\ 10 \quad \text{(식1)}$$
(이 식은 생수와 성수 관계 논리식이다)

로 표시된다. 우리는 이렇게 생수와 성수의 관계를 정확하게 하나의 논리식 안에 표현할 수 있게 되었다. 그런데 만약에 성수 h를 원초적이라고 한다면,

$$h=gx0 \qquad\qquad ...\text{(식2)}$$

와 같다. (식2)를 읽으면, "생수 x 안에 0번째라는 수가 있다면 0+5=5가 되어 성수 5가 된다"와 같다. 다시 말해서, 생수와 성수가 같아져 버린다. 이것은 모순이다. 이런 모순이 생긴 이유는 5는 생수인 동시에 함수이기 때문이다. 재귀을 하였기 때문이다. 역에 관한 모든 것은 이 모순 또는 역설에 있다고 해도 좋다. 그래서 (식1)과 (식2)를 결합하면,

$$gs(x0)=h(x0)=gx(x0)+5=5 \quad \text{(식3)}$$

와 같아진다. $gs(x0)=h(x0)$는 5가 생수 가운데 하나일 때이고, $h(x0)=gx(x0)+5=5$는 5가 함수일 때이다. 이는 칸토어의 집합론 역설Cantor's paradox이다. 역에서 말하는 가족 관계의 역설이다. 5의 이중적 역할 때문에 이런 역설이 생긴 것이다. 손가락 셈법으로 되돌아와 생각하면, 생수

와 성수가 재귀가 되는 곳은 다섯 번째이기 때문에, 1에서 5 사이면 전자의 경우이고, 5에서 10(1) 사이면 후자의 경우이다. 재륵을 하여 열 번째는 첫 번째이니, 위 식에서 5 대신 1을 넣어도 된다. 이렇게 10과 1, 5와 1은 서로 교환 가능하다.

우리는 위의 세 가지 식에서 생수와 성수 사이에 역설이 생기는 것을 발견하였다. 이러한 역설이 역의 구조 속에서 끊임없이 나타난다. 이런 원초적 재귀와 원초적 재귀의 함수가 되는 5와 10(5+5)과 1의 문제는 해결불가의 난제이다. 그래서 김일부는 '십오일언' 그리고 '십일일언'이라고 정역의 제목이 되고 있다. 이어지는 장에서 다루는 문제는 이러한 문제에 대한 주석에 지나지 않는다고 해도 지나친 말이 아니다. 이 문제가 중요한 이유는, 기수의 역설인 칸토어의 역설과 서수의 역설인 부랄리−포르테의 역설을 한꺼번에 말하고 있기 때문이다.

이를 대각선 논증의 언어로 표현해 보자. $D_1$을 세로−명패수로 보고 이를 원초적 재귀함수 5로 보자. 그리고 $D_2$는 가로−물건수들의 집합(1, 2, 3, 4, 5)으로 보자. 그러면 x는 재귀함수 '5'이다. 그리고 y는 생수들이다. 사각형 안의 나열을 R라고 하였을 때,

$$R(x, \ y) = x$$
(결정된 원초적 재귀함수 5를 y에 응용한 결과이다.)

대각선 F는 $D_1$과 $D_2$ 사이에 일대일 대응하는 관계(더하기)이다.(즉, 1+5=6, 2+5=7, 3+5=8, 4+5=9, 5=5=10) 대각선 F가 바로 성수이다. 성수는 그래서 사건수이고 대각선상의 수이다. 대각선 Fxy에 대한 반가치

화인 H는 다음과 같다.

> H(x, y)=세로줄 x에 의하여 결정된 원초적 재귀함수를 y에 응용하고, 5를 빼기한 결과이다.

다시 말해서, 반가치화란 대각선 6, 7, 8, 9, 10에서 함수 5를 빼는 것이다. 그러면 성수가 생수가 된다. 이와 같이 생수와 성수는 서로 함수 5의 더하기와 빼기의 관계이다. 그리고 더하기가 대각선화라면 빼기는 반대각선화이다. 함수란 명패수이며, 여기서는 5가 이에 해당한다. 물건수에 5를 더하면 대각선인 성수가 되고, 성수에서 5를 빼면 물건수인 생수가 된다는 것이다.

여기서 생수와 성수 가운데 어느 것이 원초적 재귀인지는 결정하기 어렵다. 더하기냐 아니면 빼기냐의 차이만 있을 뿐이다. 중요한 것은 함수 5이다. 5가 가加와 감減 가운데 어느 작용을 하느냐에 따라서 그것이 생수가 되기도 하고 성수가 되기도 한다. 이 말은, 세로줄 명패가 안정되어 있지 않다는 의미이다. 리샤르의 위기이고 방도의 위기이다. 대각선화와 반대각선화를 통해 결국 사각형의 가로와 세로가 해체되고 있는 것이다.4) 방도의 해체, 그 이후 역의 강물은 어디로 흐르는가?

문왕64괘도와 복희64괘도는 후천과 선천의 관계로 알려져 왔다. 그러나 역설이란 관점에서 보면 전자는 내괘와 외괘 사이의 그것을 해의하

---

4) 이러한 생수와 성수의 관계는 석합보공의 관계이다. 위가 1이면 수는 6, 2면 7, 3이면 8, 4면 9, 5면 10이다. 생수와 성수의 이러한 석합보공 관계는 역학의 근본이다. 이는 마치 사평(윷)에서 윷의 논리와 같은 것이다.

기 위해(1.2. 참고), 그리고 후자는 대각선상의 역설을 해의하기 위해 (3.2.와 7.6. 참고) 정사각형 속에 작도되었다. 그러나 둘 다 명패와 물건 사이에서 역설이 발생한다는 점에서는 같다. 방도 속의 역설을 해의하 기 위해서 원도가 작도되었다. 대각선화와 반대각선화 그리고 반가치화 를 통해 방도는 해체된다. 그 속에 나타난 '결정불능' 때문이다. 그런데 원도 속에서 다시 역설이 나타난다. 한국의 정역으로 이어지는 역의 강 물은 궁극적으로 역설 해의의 긴 여정이다.

# 8장 중국역과 대각선 정리

서양 철학사에서 가장 잘 알려진 두 가지 역설은 제논의 역설Zenon's paradox과 에피메니데스의 거짓말쟁이 역설Liar's paradox이다. 이 두 역설을 이해하기 위해서는 '참'과 '거짓'이라는 두 가지 말만 구사하면 되기 때문에 아주 쉽다. 역도 마찬가지로 음과 양만 알면 된다. 그래서 쉽다[易]. 어린 아이들이 제일 처음 배우는 말도 이 두 말일 것이다. 그러나 이 두 말을 써서 조금만 말장난 비슷한 놀이를 하다보면, "혀를 두르고 혀를 차고 만다." 우리말에 "혀를 찬다, 혀를 두른다"는 말이 역설을 성격을 파악하는 데 도움이 된다. '혀를 찬다' 또는 '혀를 두른다'는 것은 자기 말을 자기가 차버린다 또는 바꾼다는 의미일 것이다. 그렇다면 역설이 결국 자기 말을 자기가 부정하는 데서 생긴다고 보면, 역설 연구는 '혀 차기'와 '혀 두르기' 운동일 것이다.

역설을 의미하는 '패러독스paradox'는 '빗나간다' 또는 '서로 반한다'는 뜻의 'para'와, '의견' 또는 '말'을 의미하는 'doxa'의 합성어이다. 그런데 여기서 '빗나간다'고 할 때 한 가지 빠진 것은, 반드시 자기가 한 말을 자기가 빗나간다거나, '자기가 자기에 반反한다'는 경우여야 한다는 점이다. 자기가 한 말을 자기가 다시 언급하는 것을 '자기언급self reference'이라고 한다. 그래서 역설은 자기언급을 동반하며, 자기 말에 자기가 엇나가고 빗나갈 때 발생한다. 그래서 역설을 두고 불교는 '자어상위自語相違'라고 한다. 그래서 우리말 '혀를 두른다'나 '혀를 찬다'는 말이 어쩌면 '역설paradox'을 가장 잘 표현해 내지 않았나 생각한다.

역을 공부하는 사람들이라면 매사가 정과 반, 순과 역과 같이 혀가 자기를 둘러치고, 혀가 혀를 차는 현상을 목격하게 된다. 이제 중국역에의 전통 속에서 혀를 차는 일들이 어떻게 전개되는가를 구체적으로 관찰할 차례이다. 대각선이라는 관점에 시선을 모아 중국역이 한눈에 들어오도록 할 것이다. 역을 일이관지하고 있는 것은 대각선이기 때문이다. 대각선 정리가 이제부터는 수인 5와 10, 그리고 15라는 수로 변하여 나타날 것이다. 1부터 10 사이의 자연수 가운데 '5'는 명패 또는 물건이고 5가 자기언급을 한 10은 정대각선수이고, 15는 10이 다시 5인 명패수 또는 물건수가 반대각선수이다. 이 세 수의 변화에 대한 관찰이 전체 대미를 장식하게 될 것이다.

## 8.1. 《주역》과 대각선 정리

### 아포리아와 중국역의 여러 학파들

19세기 말 칸토어는 집합론에서 역설을 발견하였다. 이를 일명 '칸토어의 역설' 또는 '기수의 역설'이라고 한다. 그 이전에 부랄리−포르테는 서수에서 역설을 발견하였다. 이 두 역설이 서양 철학사에서 풀 수 없는 숙제, 아포리아이다. 이 두 역설을 해결하기 위하여 20세기에 들어와 논리학자, 철학자, 수학자들 모두 온힘을 기울였다. 칸토어의 역설은 1904년 러셀에 의해 '러셀 역설'로 명명되어 러셀과 화이트헤드는 역설 해결의 한 시도로《수학원론*Principia mathematica*》을 함께 저술하였다. 러셀과 화이트헤드는《수학원론》을 통해 수에 논리기호(상)를 적용하여, 수에 나타난 역설을 극복하려 하였다. 그래서 이를 논리주의라고 한다. 직관주의와 형식주의와 함께 역설에 도전한 3대 학파 가운데 하나이다.

1912년 무렵 두 사람이 결별한 뒤, 논리주의는 무위로 끝나고 형식주의에 합류될 수밖에 없었다. 그러나 논리주의는 1940년대 컴퓨터 등장에 결정적인 계기를 제공하였다. 형식주의는 힐베르트에 의해 일상 언어(사)를 수에 도입하여 역설 해결을 모색하는 학파를 말하는데, 형식주의 역시 거짓말쟁이 역설에 직면하게 된다. 수학의 3파를 모두 아우른 사람은 괴델이다. 1930년대 초 괴델이 상·수·사, 이 셋을 종합하고 결합하여 불완전성 정리로 삼파전은 휴전을 한다. 휴전이란 함은 종전이 아니라는 의미이다. 이 말은 역설에 관한 논쟁은 영원히 미제未濟로 남을 수밖에 없는 성격의 것이기 때문이다. 여기서 '미제'라는 말은《주역》64번째 괘명이 아닌가? 동양은 이 미제를 서양보다 더 일찍 깨달았다는 차이뿐, 역설 앞에 해결은 없다는 점에서는 동서양이 마찬가지가 아닌가 한다. 그러나 거의 반세기 이상 서양은 칸토어 이후 역설 해결에 총력을 기울였다고 할 수 있다. 다만 그 미제에 이르는 과정의 흐름을 파악하고 진단하는 일만 다르지 않은가 한다. 최근 중국의 이신은《주역의 강은 어디로 흘러갈 것인가》(인간사랑, 1995)라고 묻는다. 물론 필자는 역의 강은 위상역으로 흘러가야 한다고 강조하기 위해 이 책을 쓰고 있다. 위상역의 진면목은 대각선 정리를 통해 극명하게 드러나기 때문이다. 위상역은 동서양이 같이 탈 수 있는 배이고, 이 배는 역의 강물을 타고 새로운 부두에 이르게 하는 데 대승적 수단이 될 것이다.

서양 수학에서 뒤늦게 3파전이 벌어진 이유는, 유클리드 이후 수학에서 기호(상)와 언어(사)를 배제해 왔기 때문이다. 그러나 수 자체에서 두 가지 역설이 발견되자, 그 극복 수단으로 논리주의자들은 논리적 기호(상)를 수에 도입하였고, 형식주의자들은 일상 언어(사)를 도입하였다. 우리는 역이 왜 상·수·사를 함께 다루어 왔는지를 알게 되었다. 동양에서도 강조점에 따라서, 역의 상·수·사를 분리하여 상수학파와 의리학파로 갈라졌다. 즉,《주역》의 모든 괘에는 상·수·사 트로이카가 분리되지 않지만, 그 강조점에 따라서 역의 역사도 강물의 흐름에 따라서 네 시기로 나눌 수 있다. 1. 양한대의 상수학파, 2. 위진대의 의리학파, 3. 송대의 상수와 의리 종합학파, 4. 청대의 역으로 나눌 수 있다. 상수학파는 다시 수학파와 상학파로 나누어지고, 의리학파는 기·심·공리학파로 나누어진다. 서양의 수학사에도 괴델이 수와 기호와 언어를 종합해 불완전성 정리를 도출하듯이, 역에도 다시 상·수·사를 종합하는 시도가 필요하며, 그것이 바로 위상역이라고 본다. 위상역과 함께 다루어야 할 주제가 '거짓말쟁이 역설'이다.

역을 수리논리학적으로 다루던 램지 같은 학자는 역설을 논리적 역설과 의미론적 역설로 나눈다. 전자는 역설이 나타나는 이유를 집합론의 부분과 원소 사이의 문제로 보는 반면에, 후자는 역설이 발생하는 이유를 메타언어와 대상언어 사이에서 발생하는 것으로 본다. 사실 이 문제를 역에서 볼 때 논리적 역설은 괘의 상에서 나타난 역설이고, 의미론적 역설은 괘의 사에서 생기는 역설이라고 할 수 있다. 이 말은 상수역과 의리역이 모두 같은 문제에 직면한다고 할 수 있으며, 이는 서양 철학에서 아직 미해결의 문제로 남아 있는 난제의 한 종류라 할 수 있다는 것이다.

### 가족 관계의 역설 —기수의 역설과 서수의 역설

역은 철저한 집합론적 체계에 이론적 근거를 두고 있다. 서양 수학이 집합론을 다루면서 역설에 직면하게 되었듯이, 역도 집합론에 근거하는 한 역설을 피할 수 없다. 효를 원소로 하는 괘라는 집합과 팔괘나 64괘 같은 집합에 대한 집합의 집합이라고 동시에 보면, 역은 마치 역설의 집결처 같다. 그래서 십익의 〈설괘전〉은 아예 "역易은 역逆이다"라고까지 하였다. 한국의 김일부는 "역易은 역曆이다"라고 하였다. 이러한 역의 양대 의미는 곧 역의 양대 성격과 본질을 그대로 보여준다. 그러나 수학의 집합론에 나타난 두 가지 역설은 기수와 서수의 역설로서 기수와 서수가 있는 곳에서는 어디서나 나타난다. 전자는 '칸토어의 역설', 후자는 '부랄리−포르테의 역설'이라고 한다. 이 두 종류의 역설을 동시에 볼 수 있는 곳이 바로 역의 가족 관계 역설이다. 역의 괘들은 여러 가지 은유들을 가지고 있는데, 가족 관계의 그것은 가장 간단하고 분명한 서수의 역설을 보여준다. 가족 안에는 자녀들 사이에 태어난 대로의 순서가 분명하게 있기 때문이다. 이러한 간단하면서도 보편적인 순서 관계에서 발생하는 역설을 말하기 위해서 역의 괘들을 가족 관계에다 은유적으로 비정하였다. 순서수 역설이 먼저이고 가족 관계는 나중이라는 것이다. 그래서 가족 관계 속에 두 가지 역설의 종류만 확인해야지, 이를 은유적으로 다루면 역은 미망에 빠지고 만다. 그런 의미에서 종래의 역학 연구는 은유법이란 미망에 빠져 왔다.

팔괘를 가족 관계로 설명한 것은 〈설괘전〉이지만, 주자의 《역학계몽》, 소강절의 《황극경세》 등도 빠짐없이 책의 첫 부분에서 이를 다루고 있다. 그만큼 중요하다는 뜻이다. 더욱이 소강절은 《황극경세》의 첫 장 〈찬도요지〉에서 괘들의 가족 관계를 말하면서, 이를 그의 역학 연구의 효시로 삼고 있다. 그러나 역을 연구하는 연구사에서 가족 관계를 두 가지 역설과 대각선 정리라는 관점에서 다룬 예를 발견하기란 힘들다. 기수와 서수의 역설과 대각선 논증은 이 책에서 역의 최대 쟁점이라 할 때, 이 쟁점은 동과 서, 고와 금을 막론한 인간 사유에서 발생하는 난제거리인 아포리아이다. 그래서 만약에 역이 이 쟁점들을 중점적으로 다루지 않았다면 역은 학문적 연구가치가 전혀 없을지도 모른다. 그런데 이런 난제가 발생하는 근본적인 이유는 물건과 명패, 그리고 사각형에서 가로와 세로를 나누고 분리하면서부터 나타난 결과이다. 즉, 정인들이 점사를 사각형 안에다 데이터베이스화한 결과라는 것이다.

먼저 대각선 정리의 6대 요소에 따라서 팔괘의 가족 관계를 나열하는 작업부터 하면 다음과 같다. 역 〈계사전〉의 시생원리始生原理에 따라 나열되는 팔괘를 일직선에 배열한 횡도橫圖에는 다음과 같이 되어 있다.

건(☰)태(☱)리(☲)진(☳)    ....양군-건집합-부조
손(☴)감(☵)간(☶)곤(☷)    ....음군-곤집합-모조

이러한 순서는 준거 틀과도 같다. 이 여덟 개의 괘를 네 개씩 '양군-건군-부조'와 '음군-곤군-모조'로 일단 나눈다. 양군의 모든 초효는 양이어야 하고, 음군의 모든 초효는 음이어야 한다는 원칙이 있다. 이를 '초효의 원리'라고 하자. 그런데 이 원칙을 어기는 현상이 생기는데, 이를 두고 '서수의 역설'이라고 한다. 역이 괘를 가족 관계에 비정한 궁극적인 목적은 바로 이 서수의 역설을 말하자는 데 있다. 이 가족 관계의 서열과 순서의 역설이 사각형을 비롯한 여러 위상기하학적 도상 안에서도 어떻게 다르게 변해 나타나는가를 관찰해야 할 것이다. 그리고 이렇게 생겨난 팔괘를 두 개의 조, 또는 군으로 나눈다. 효가 원소라면 괘는 원소로 이루어진 부분집합이다. 팔괘를 두 집합 부류로 나누면 각각 네 개의 괘가 된다. 이 나누는 방법에서 하도와 낙서에서는 크게 달라진다.

팔괘를 네 개의 괘들로 각각 나누는 시도가 가족 관계에서부터 시작되는데, 먼저 팔괘의 가족 관계 구조에 따라서 나열을 시도한다. 건을 부父, 곤을 모母라고 할 때 두 부모는 집의 명패가 된다. 두 부부가 서로 정자(양)와 난자(음)를 교접함으로서 3남 3녀를 낳는다. 〈설괘전〉은 그 생산하는 방법을 다음과 같이 기록하고 있다.

건(☰)은 하늘로서 아버지를 상징하여 부르는 것이다.
곤(☷)은 땅이니 어머니를 상징하여 부르는 것이다.

팔괘의 가족 관계의 집합론적 구조를 이해하기 위해서 가족 관계를 효변爻變이라는 방법으로 이해를 하면, 여기서 극명하게 기수와 서수의 역설이 나타나는 것을 알 수 있다. '효변'이란 효를 상·중·초효의 순서대로 순차적으로 반가치화시키는 과정을 말한다. 음을 양으로 양을 음으로 바꾸는 것이다. 건(≡)이란 명패가 달려 있는 아버지-부의 집에서 상·중·초효의 순서대로 음효를 차례로 바꾸어 나가면 다음과 같다. 부모는 명패이고 자녀들은 물건에 해당한다.

가족 관계를 만드는 방법은 〈계사전〉의 시생원리에 의해 양의의 건집합과 곤집합으로 나눈 다음, 건집합에서는 양효를 음효로, 곤집합에서는 음효를 양효로 바꾸는 것이다. 양효를 음효로 바꾸는 것은 3녀의 탄생을, 음효를 양효로 바꾸는 것은 3남의 탄생으로 본다는 것이다. 그런데 여기서 시생원리와는 일치하지 않는 현상이 생겨난다는 것이 가족 관계 역설이다.

| 건(≡)(부) | 곤(≡≡)(모) | 명패 |
|---|---|---|
| 태(≡)(소녀) | 간(≡≡)(소남) | |
| 이(≡)(중녀) | 감(≡≡)(중남) | |
| 진(≡≡)(장녀) | 손(≡)(장녀) | |

이렇게 건(≡)괘를 상효부터 음효로 바꾸어 내려가면 하나의 모순을 만나게 된다. 손(≡; 장녀)은 양군-건군-부조에 속하는 것이 아니고 그 반대인 음군-곤군-모조에 속한다. 다시 말해서, 해당 군의 초효는 해당 군 자체와 같아야 하는 원칙을 어기는 것이다. 군 자체의 음양은 그대로 초효의 그것이어야 한다는 것이 초효의 원리이다. 초효의 원리는 시생원리에서 파생된 것이나 마찬가지이다.

이에 곤(≡≡)-음군-모조에서도 초·중·상효의 순서로 음효를 양효

로 바꾸면, 건군-부 집합에서와 같은 현상이 나타난다.(Aylward, 2007, 68)

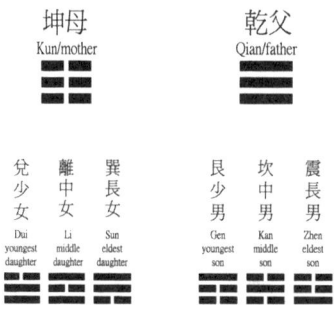

그림 8-1. 팔괘와 가족 관계

순서대로 효변을 시켜 나갈 때, 장남에 와서는 초효가 음효가 됨으로써 원칙을 어긴다. 장남 진괘는 양군에 속한다. 마치 손괘(장녀)가 음군에 속하듯이. 그래서 진과 손은 자기 군이 아닌데 들어와 있다.[1]

### 가족 관계의 역설과 초과분

우리는 여기서 가족 관계의 역설이 발생하는 이유는 두 종류 역설 가운데 의미론적 역설이 아니고 논리적 역설에 속하는 것을 쉽게 알 수

---

1) 가족 관계 역설을 괘의 상으로서가 아니고 사로서 한 번 더 설명하면 다음과 같다. 〈설괘전〉에 따르면 초효의 음양에 따라 장남·장녀가 결정되고, 2효의 음양에 따라 중남·중녀가 결정되고, 3효의 음양에 따라 소남·소녀가 결정된다. 이를 두고 '가족 관계'라고 하며, 역에서는 6자녀괘라고 한다. 6자녀괘에 대한 〈설괘전〉의 설명은 다음과 같다. "진(☳)은 하늘과 땅 사이에서 부모가 만나 처음으로 찾아서 얻게 된 남자이니 장남이 된다. 손(☴)은 하늘과 땅 사이에서 부모가 만나 처음으로 찾아서 얻게 된 남자이니 장녀가 된다. 감(☵)은 두 번째 얻은 남자이니 중남이 되고, 이(☲)는 두 번째 얻은 여자이니 중녀가 되며, 간((☶)은 세 번째 찾은 남자이니 막내인 소남이라 하고, 태(☱)는 세 번째 찾은 여자이니 막내인 소녀라고 한다."(송재국, 2001, 355)

있다. 그리고 역설이 발생하는 이유는 명패와 물건을 구별하였기 때문이다. 부와 모라는 명패 아래 두 개의 집합 3남 3녀라는 원소들을 귀속시켰기 때문이다. 그리고 부군 집합에는 음(여자)이란 '속성'을 귀속시켰고, 모군 집합에는 양(남자)이란 속성을 귀속시켰기 때문이다. 집합과 원소를 나누고 거기에 어떤 속성을 부여받은 원소들이 귀속하면 역설 발생은 불가피하다. 이것은 이미 프레게가 당하였던 경우이고, 이런 역설은 매우 단순한 경우에 속한다고 하여 '소박한 역설'이라고 한다.

건괘의 3효부터 음으로 바꾸어 나가는 작업—이를 색棠이라고 함—을 진행하면, 마지막 원소인 초효가 바뀌면서 그것의 명패에 해당하는 괘 자체가 변해 버려 명패 건괘가 명패 곤괘로 변해 버리는 역설을 순서수의 역설, 부랄리-포르테의 역설이라고 한다. 건과 곤 집합의 초효는 양과 곤이어야 한다. 이 규칙을 어긴다는 것이다. 이 규칙을 어기는 역설은 사실상 칸토어보다 앞서 부랄리-포르테가 발견한 것이다. 기수가 포화가 되면 순서가 바뀌어 버리는 역설이기 때문에, 기수의 역설과 순서수의 역설은 사실 구별이 되지 않는다. 여기서 역설 조장의 주범은 '속성'이다. 같은 속성이 물건에도 명패에도 적용되면 역설이 생긴다. 그런데 초효는 상효나 중효와는 달리 원소이면서 집합 자체이다. 그러면 초효의 효변은 사실 집합 자체의 속성을 바꾸어 버린다. 변해서는 안 될, 그러나 불가피한 그것이 바로 집합과 원소, 명패와 물건 사이의 운명이다.

그러면 왜 역은 이러한 두 가지 역설을 말하기 위해서 가족 관계의 은유를 제일 처음 내세웠느냐이다. 그렇다. 이유가 있다. 부와 모란 두 집합이 있고, 그 안에 자녀라는 원소들이 만들어지자면, 남자의 정자와 여자의 난자는 서로 맞교환을 해야 한다. 그러자면 부군 집합에는 음효가 들어와야 하고, 모군 집합에는 양효가 들어와야 한다. 그러면 부군에 해당하는 건괘의 세 효는 음효로 하나하나 변해 가다 마지막에서 초효마저 변하면 순서수의 역설이 발생한다. 즉, 1번 건괘가 제1번 효에 와서는 음효로 변하면서 동시에 2번 곤괘 집합 안으로 들어간다. 그래서 1번 건괘의 효를 변화시키는 효변은 앞에서 본

$$gx(x0)=h(x0)=gx(x0)+1$$

과 같은 논리식을 만나게 된다. 이 식은 방도를 해체시킨 장본인이다. g를 효, h를 괘라고 할 때, 효변에는 항상 +1이 불가피하다. +1은 괘수이다. 그래서 역은 이를 구별하기 위해서 대성괘의 1효는 '초효'라 하고 6효는 '상효'라고 한다. 다른 괘수들과는 달리 효에 '초'와 '상'이라고 한 것은 괘의 자연수와 효의 자연수를 구별하기 위해서이다. 그렇다. 효의 1, 2, 3, …, n과 괘의 1, 2, 3, …, n은 구별할 필요가 있다. 효에는 초와 상이란 문자를 도입할 뿐만 아니라, 효의 순서수에는 음이면 6을, 양이면 9를 첨부하여 자연수 자릿수와 짝을 만든다. 예를 들어, 둘째 효가 음이면 62라 하고, 양이면 92라고 한다. 역이 이 모든 조치들을 취한 이유는 가족 관계의 역설과 복희도에 나타난 대각선 논증이 궁극적으로 비결정성으로 나아가는 것을 보여주기 위해서이다.

　가장 중요한 것은 +1이란 초과분 또는 돌출이다. 건과 곤 두 괘 가운데 어느 한 괘를 효변시켜 나가면, 즉 양효를 음효로, 음효를 양효로 바꾸어 나가면, 반드시 마지막 효는 다른 군 집합에 속하게 된다. 양군은

음군으로, 음군은 양군으로 변해 버린다. 다른 군의 효가 들어와 원소가 되어 버린 까치둥지의 뻐꾸기 알과 같다. 음군의 것이 양군에 들어와 버리면 초과분이 생겨난다. 이것이 바로 +1이 된다. 그러면 가족 관계의 일관성을 위해 건군의 마지막인 진은 곤군의 처음인 손으로 가야 하고, 손은 진으로 가는 교역이 일어난다. 손은 바람이고, 진은 우레다. 공자는 우레와 바람이 서로 불통하고 부딪히는 문제를 '해결난으로 남겨 놓지 않았던가. 순서수의 역설 앞에서 난감해졌기 때문이다.

어느 집합이든 자기 자신의 것이 아닌 것 하나는 추가로 가지고 있다. 그것이 +1이다. 이것을 바디우는 초과분excess 또는 돌출이라고 하였다. 그렇다면 소강절이 그의 책머리에서부터 가족 관계 역설을 다룬 이유가 어디에 있었는지 분명해진다. 바디우의 수학적 존재론이 바로 이런 초과분에 근거를 두고 있다는 것은, 초과분이 철학의 본질을 결정하기 때문이다. 이 초과분을 소멸시켜야 하나? 혹 때려다 혹 덧붙이지나 않나. 철학자들과 논리학자들을 괴롭히는 문제가 바로 이것이다.

역 철학의 핵심은 바로 이 가족 관계 역설이 생기는 이유와 이 역설을 해의하는 데 그 시종이 있다고 해도 과언이 아니다. 진과 손괘가 앞으로 중요시 되는 이유가 바로 여기에 있다. 김일부의 금화정역金火正易과 공자의 뇌풍상박雷風相搏의 문제도 다름 아닌 이와 연관이 된다. 가족 관계의 역설은 통행본과 백서본의 차이점을 극명하게 밝힐 수 있는 단서를 제공한다. 통행본보다 후대의 것이라 추정되는 백서본이 가족 관계에 더 관심을 쏟고 있는 것은, 이 문제가 역이 해결하려고 하는 문제의 관건이 됨을 의미한다.

가족 관계의 역설과 대각선 논증과 연관하여 정리하면 다음과 같다.

먼저 양군과 음군을 사각형 안에 다음과 같이 표시한다.(양은 1, 음은 0으로 편의상 표시한다. 앞에서 뒤로 가는 순서대로 초, 중, 상이다)

표 8-1. 군으로 본 이진수와 가족 관계

| 양 군 | | 음 군 | |
|---|---|---|---|
| 건 111 (부) | | 곤 000 (모) | |
| 태 110(소녀) | | 손 011(장녀) | |
| 이 101(중녀) | | 감 010(중남) | |
| 진 100(장남) | | 간 001(소남) | |

건군의 대각선은 100이고 이것은 진괘이다. 그리고 이것을 반가치화와 반대각선화하면 011이 되고, 이것은 곤군의 손괘이다. 다음 곤군의 대각선은 011이고, 이것은 손괘이다. 이것을 반가치화와 반대각선화하면 100이 되고, 이것은 건군의 진괘이다. 여기서 우리는 가족 관계 역설이 대각선 논증과 불가분리적 관계임을 발견하게 된다. 이를 알게 쉽게 나타내면 다음과 같다.

건군: 100(진)-대각선    011(손)-반가치화와 반대각선화
곤군: 011(손)-대각선    100(진))-반가치화와 반대각선화

음양 집합과 건곤 집합 사이에 이러한 불일치가 생기는 이유를 결론을 대신하여 정리하기로 한다.
  1. 양군에서 건괘의 초·중·상효를 순서대로 효변시키고, 양효를 음

효로 바꾼다고 해보자. 이 말은 부의 정자가 모의 난자가 결합된다는 것을 의미한다. 상효를 변화시키면 소녀(태), 중효를 변화시키면 중녀 (리)가 된다. 태-소녀와 리-중녀는 모두 건-부 집합에 속해 있다. 그런 데 만약 초효마저 변화시키면 장녀가 되는데, 이것은 건 집합이 아닌 곤 집합에 속한 손이 된다.

2. 음군에서도 같은 현상이 발생한다. 음군의 상효를 변화시키면 소 남(간☵), 중효를 변화시키면 중남(감☵)이 된다. 간과 감은 모두 곤-모 집합에 속해 있다. 그런데 만약 초효마저 변화시키면 장남이 되는데, 이 것은 곤 집합이 아닌 건 집합에 속한 진이 된다.

3. 건곤 집합의 일관성을 유지하려 하면 음양 집합에서 불일치가 일 어나고, 음양 집합에서 일관성을 유지하려 하면 건곤 집합에서 불일치 가 발생한다.

4. 이러한 불일치가 발생하는 발생처는 다름 아닌 진과 손이다. 진은 건 집합의 종이고, 손은 곤 집합의 시이다. 그래서 이를 두고 '시종 불일 치의 문제점'이라고 한다. 이것이 다름 아닌 순서수의 역설이다.

5. 이 시종 불일치 문제점의 구조를 파악하기 위해서 위의 표로 눈을 돌려보자. 먼저 건 집합의 대각선은 진(100)이다. 이를 반가치화하면 011(손)이 된다. 그리고 곤 집합의 대각선 011(손)을 반가치화하면 100 (진)이 된다. 그러면 장남이 장녀가 되고 장녀가 장남이 된다.

6. 다음으로 집합 자체의 명칭을 바꾸어야 한다. 건은 곤으로 곤은 건 으로 하면 된다. 그러면 가족 관계의 일관성을 유지할 수 있게 된다.

7. 우리는 음양 집합과 건곤 집합의 불일치가 대각선 논증의 문제라 는 사실을 새삼 확인하게 되었다.

8. 진과 손은 대각선 정리에서 말하는 가치화와 반가치화의 문제와 연관이 된다고 할 수 있다.

9. 건곤 집합이 일관성을 유지하는 방법은 다음과 같다. 곤 집합에는 딸(장녀, 중녀, 소녀)만, 건 집합에는 아들(장남, 중남, 소남)만 포함시키면 된다.

10. 그러자면 진과 손이 자리바꿈을 해야 한다. 대각선 논증에서 보면 대각선상에 있는 효들을 효변시키면 된다. 다시 말해서, 반가치화를 시키면 된다.

이상 열 가지 가족 관계에서 발생한 문제점은 앞으로 고찰할 역의 근본적인 문제점 자체이기도 하다. 이것이 순서수와 기수에서 발생한 역설이 곧 역이 안고 있는 난제임을 의미한다. 그러나 지금까지 역학 연구가 가족 관계 은유에 사로잡힌 나머지 문제의 본질을 상실하고 말았다. 실로 가족 관계 역설은 하도 낙서의 차이점을 만드는 바탕이 될 만큼 그 중요성을 간과할 수 없다.

## 8.2. 제출호진과 대각선 정리

### 기수와 서수의 역설과 〈설괘전〉

하도와 낙서는 유치원생도 알아볼 수 있는 백점과 흑점을 사용해 몇 개냐 하는 기수와 몇 번째이냐 하는 서수를 구사하여 작성되었다. 백점은 양수 또는 천수이고, 흑점은 음수 또는 지수이다. 그런데 왜 반드시 개수, 그것도 열 개의 개수를 나타내야만 하였는가이다. 예를 들어, 지수 '2'를 개수는 흑점 ●●와 같이 표시해야 하느냐이다. 숫자 '2'는 그

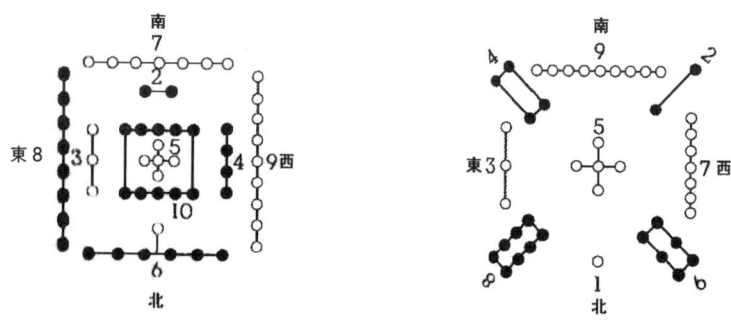

그림 8-1. 하도와 낙서

자체 숫자로는 한 개지만 개수로는 두 개이다. 그래서 개수로 표시하기 위해서 흑점 두 개를 나열한 것이다. 이것이 하도와 낙서를 표시할 때 점으로 하는 방법과 숫자로 하는 두 가지 방법을 취할 수밖에 없는 이유이다.

하도와 낙서는 점으로 표시하고 동시에 숫자를 적는다. 그 이유는 숫자로 표시하면 순서수를 나타내기 좋고, 점으로 하면 기수를 나타내기 좋기 때문이다. 기수와 서수는 두 가지 다른 종류의 역설을 자아내기 때문에 역은 숫자와 점을 구분해 표시하는데, 숫자와 괘상으로 표시하는 것을 복희팔괘도라 하고, 점으로 표시하는 것을 '하도'라고 한다.

그러나 우리의 관심사는 두 종류의 대각선 논증 자체에 있기 때문에 이런 명칭에 별다른 의미를 따로 부여하지 않는다. 수는 기수와 서수 두 종류로 쉽게 나눌 수 있어서, 기수와 서수는 유한수에서는 문제가 없지만, 일단 무한수가 되면 역설이 그 속에서 튀어 나온다. 무한 기수의 역설은 칸토어의 역설이라 하고, 무한 서수의 역설은 부랄리-포르테의 역설이라고 한다. 결국 하도와 낙서를 통해 이 두 역설을 말하고, 이를 대각선 논증과 연관시켜 본다.

먼저 하도와 낙서를 대각선 정리의 6대 요소라는 관점에서 검토를 해두는 것이 선결과제이다. 하도의 경우 세로–명패수 5는 중앙에, 그것의 상과 하 외곽에는 명패수 5와 가로–물건수 5가 자기언급을 한 정대각선수가 배열되어 있다. 그 다음 외곽에는 가로–생수와 대각선수–성수가 안과 밖으로 짝을 이루고 있다. 가로–물건수와 대각선수가 서로 짝을 짓는다는 것은 대각선화가 이루어진 모양새이다. 대각선 정리의 요소들 가운데 반대각선화와 반가치화가 빠져 있는 것이 하도이다. 아직 대각선수는 있지만 대각선화가 안 되어 있다.

이제 낙서로 눈을 돌려보면, 대각선인 성수와 가로–생수가 서로 어깨를 나란히 하면서 쌍을 이루고 있다. 그리고 명패수 5가 중앙에 자리잡고 있다. 이는 명패수와 생수의 분리 관계를 뚜렷이 하고, 대각선수인 성수를 생수와 같이 중심이 아닌 주위에 나란히 한 것은 본격적인 대각선화를 보여준다. 이 말은, 안쪽에 있던 가로–생수들이 모두 외곽으로 나가 성수–대각선과 1-6, 2-7, 3-8, 4-9와 같이 쌍을 만든다. 이는 일종의 반대각선화이다. 그러나 문제는 이런 쌍들이 아니라 명패수 5에 있다. 5는 자기 자신과 자급을 하여 5-10으로 쌍을 만든다. 그런데 5는 중앙에서 그 위치를 그대로 지키고 있지만, 정대각선수 10은 보이지 않는다. 하지만 낙서의 마주하는 수의 합들은 모두 10이다. 이 말은 10이 대각선화를 하는 데 작용하고 있음을 의미한다.

낙서수는 정사각형으로 배열하는 방법과 원주 위에 배열하는 방법이 있다. 특히 전자의 경우를 마방진이라고 한다. 마방진은 가로와 세로, 대각선 어느 방향으로 수를 합해도 모두 15이다. 마방진은 낙서의 대각선 정리를 가장 가시적으로 보여준다. 하도에서도 생수와 성수는 짝을 만들지만, 그것은 안과 밖으로 나누어져 있었다. 이는 대각선화와 반대 각선화가 이루어지는 전단계임을 의미한다. 그렇지만 낙서의 경우에는 안에 있던 생수가 모두 외곽으로 나와 성수와 나란히 쌍을 만든다. 그래서 하도를 대각선화 전단계라면, 낙서는 대각선화가 된 단계라 본다.

여기서는 하도와 낙서의 수를 괘와 수를 통한 대각선 정리를 중심으로 다루어 보았다. 이러한 대각선 정리를 〈설괘전說卦傳〉은 어떻게 설명하고 있는지를 살펴보기로 한다. 〈설괘전〉 원문은 이해를 돕는 데 한결 편리하다.

> 하늘과 땅의 위치가 정해지고[定位], 산과 못의 기운이 통한다[通氣]. 천둥과 바람이 서로 부딪히고[相搏], 물과 불이 서로 꺼지지 않는다[不相射]. 그리하여 팔괘가 서로 섞이게 된다. 가는 것은 순수요 오는 것은 역수이다. 그런 때문에 역은 역수라 한다.(天地定位 山澤通氣 雷風相薄 水火不相射 八卦相錯 數往者 順 知來者 易是故 易 逆數也)

정위定位, 통기通氣, 상박相搏, 불상사不相射를 '설괘전 4대 기조'라고 하자. 역이 실현하려고 하는 궁극적 목적이 이 기조에 있다고 해도 과언이 아니다. 그러나 중국에서 전개된 하도와 낙서가 이 기조를 실현하는 과정에서 결핍된 점이 있다는 것이고, 정역이 바로 이 4대 기조를 구현해 내려 하였다는 것이다. 그런데 〈설괘전〉의 이 구절이 무엇을 의미하는지는 지금까지도 의견이 분분하다. 이 구절에 대한 각별한 해석에서부터 한국의 정역이 출발한다고 할 수 있다. 김일부가 이 4대 기조에 특별한 관심을 갖기 전에는 그렇게 큰 주목을 받지 못하였지만, 이 4대 기조를 대각선 정리라는 시각에서 보면 매우 중요한 시사점을 발견하게 된다. 낙서의 기준에서 볼 때 이 구절은 아무런 해당 사항이 없다. 그러나 〈설괘전〉에서 천(건☰)과 지(곤☷), 산(간☶)과 택(태☱), 뇌(진☳)와 풍(손☴), 수(감☵)와 화(리☲)를 서로 대비시킬 때, 이들 대비되는 괘들을 만약에 사각형이란 도상에서 그려내는 위상범례라는 관점에서 살펴보면 〈설괘전〉에서 말하려고 하는 의도가 선명해진다.

즉, 사각형 위의 팔괘를 보면 건과 곤, 간과 태, 진과 손, 감과 리는 삼차원의 대각선에서 서로 마주보고 있는 괘들이다. 전후, 좌우, 상하의 삼차원 대칭을 하고 있는 괘들이다. 하도에서 마주보고 있는 괘들로서 가치는 모두 반대인 반가치이다. 삼차원 대각선 위에서 마주보는 엇대칭을 하는 괘들이다. 대칭들이 서로 정해지고, 통하고, 부딪히지 않고, 쏘지 않는다는 것을 실현하기란 어렵다. 4대 기조가 서로 마찰하는 부분이 있기 때문이다. 사각형의 전후, 상하, 좌우의 삼차원 점들이 서로 만나 일치해야 한다는 것이 4대 기조의 위상학적 풀이이다. 그렇다면 4대 기조는 위상학적인 차원의 상승과 연관이 되는 문제라고 할 수 있다. 전후, 좌우, 상하의 삼차원적 대칭이 서로 조화를 이루게 하는 것이 바로 위상학적 차원 상승이기 때문이다.

위상범례에서 뫼비우스띠, 클라인병, 사영평면의 순서는 다름 아닌 4대 기조가 실현되고 구현되는 과정이다. 삼차원 대각선상의 서로 마주보는 점들이 서로 일치점을 갖자면, 사차원과 그 이상의 위상학적 차원 상승이 되어야 한다. 가로와 세로가 모두 비틀인 사영평면에서는 면도, 선도, 점도, 모두 그 대칭점을 상실하고 만다.

### '제출호진'과 가족 관계 역설

4대 기조들은 하도의 구조를 한눈에 파악하도록 하기에 충분하다. 왜냐하면 하도에서 마주보는 괘들이 삼차원에서 대칭하는 괘들이기 때문이다. 천-지는 건-곤, 산-택은 간-태, 뇌-풍은 진-손, 수-화는 감-리를 말한다. 그런데 여기서 네 개의 대구들이 같은 것 같지만 집합론적으로 보았을 때 천지나 건곤은 분명히 명패에 해당하고, 나머지는 그 명패에 딸린 물건들이다. 이를 가족 관계에서 이미 확인하였다. 즉, 천지는 물건 가운데 하나가 명패가 되었을 뿐이다. 건곤은 가족의 구성원인가 아닌가. 그런데 하도는 건곤이, 낙서는 감리가 명패가 되었다. 물론 그 어느 괘도 모두 명패가 될 수 있다는 것이 정역의 입장이다. 정역의 정위론이란 바로 건곤이나 감리 이외에 모든 괘들이 중심이 된다는 이론이다. 《주역》의 중위 개념이 사각형 도형 안의 그것이었지만, 한국의 중위란 위상학적 공간에 해당하기 때문에 모든 위치가 중심이 된다. 이는 중심의 해체와 탈중심화에 연관이 된다.

여기서 괘상이나 괘명이나 그것에 해당하는 방위에 관해서는 관심이 없다. 오직 도상의 기하학적, 그리고 논리구조에만 관심을 둔다. 먼저 〈설괘전〉에 대한 몇 가지 문제가 제기된다. 1. 복희 선천팔괘도가 천지정위가 되어 있다는 뜻인지, 아니면 그렇게 가정을 하자는 것인지 분명하지 않다. 2. 천지정위가 되면 나머지 세 가지 대구들이 실현된다는 것인지, 아니면 3개 대구가 실현이 되면 천지정위가 된다는 것인지 그 앞뒤가 분명하지 않다. 3. 복희 선천팔괘도에 동원된 수는 1부터 8까지 여덟 개이다. 도상의 중앙에 5에서 10까지 배열되어 있고, 1에서 4까지는 순방향인 시계 반대 방향이고, 5에서 8까지는 같은 방향이다. 5에서 10까지와 나머지의 관계에 대한 설명이 필요하다. 4. 복희 선천팔괘도에서는 5가 아직 명패로서 분리되어 있지 않다. 5에 해당하는 괘는 손괘로서 역방향의 첫 수이다. 정역에 와서 5는 황극에 해당하는 수로서 다른 수들과 구별이 되고 그 역할도 크다.

다음은 사각형의 위상공간으로 돌아와, 사각형 안에서 위 4대 기조의 네 개의 대구들이 어떤 대칭관계에 있는가를 보는 것이다. 하도의 경우 모두 대각선상에 있는 괘들끼리 대칭관계에 있다. 다시 말해서, 삼차원 대칭관계에 있다. 그런데 대각선수에 해당하는 10과 명패에 해당하는 수인 5가 모두 중앙에 중심화 된 자세로 자리 잡고 있다. 다시 말해서, 가로로 이동하려는 반대각선화를 할 자세가 아니다. 가로나 세로의 대칭과는 달리 대각선상에서 대칭을 이루고 있다는 것은 불안정한 대칭이라는 것을 의미한다.

그렇다면 〈설괘전〉의 4대 대구들, 정위, 상박, 통기, 불상사 가운데 '뇌풍상박'만은 아직 부조화의 상태인데, 이는 진과 손이 일관성과 비일관성 상이에서 안정되어 있지 못하기 때문이다. 이것이 복희 선천팔괘도의 모습이다. 도상에서 반대각선화란 대각선의 수 10이 주변 다른 수의 대열에 옮겨가는 것이다. 그러나 그것이 하도에서는 이루어지지 않고 있다. 그 이유는 진과 손괘 때문이다.

복희 선천팔괘도의 이러한 한계점을 지적하고 등장한 것이 바로 〈설괘전〉의 제출호진帝出呼震이다.

제가 진방에서 나와서 손방에서 가지런해지고, 리방에서 서로 보고 곤

방에서 역사한다. 태방에서 기뻐하고, 건방에서 싸우고, 감방에서 수고롭
고, 간방에서 이룬다고 한다.(帝出乎震 齊乎巽 相見乎離 致役乎
兌 戰乎乾 勞乎坎 成言乎艮 萬物出乎震)

　‘제帝’(또는 5)가 나오는 과정을 순서에 따라 적으면, 진-손-리-곤-
태-건-감-간과 같다. “제가 진에서 나온다[帝出乎震]”로 시작하여 다시
“만물이 진에서 나온다[萬物出乎震]”로 끝난다. 제와 만물이 결국 모두 진
에서 나왔다. 그렇다면 제와 만물이 같은 곳에서 나왔다. 제와 만물이
같아지는 과정이 진-손-리-곤-태-건-감-간-진이다. 그리고 〈설괘
전〉은 이 과정을 우주의 방향과 일치시켜 진-동, 손-동남, 리-남, 곤-
서남, 태-서, 건-서북, 감-북, 간-동북 방향과 같다고 하였다.[2] 이러한
〈설괘전〉의 기록에 근거하여 송대에 진단陳搏은 아래와 같은 〈제출진도
帝出震圖〉를 그렸다. 사각형 안에 팔방을 정하고, 그 안에 〈설괘전〉의 말
을 그대로 대입해 넣었다. 제를 흰점으로 나타내고, “제는 중앙에 거주
한다”, “하늘은 5이고 존칭하여 조화를 주관한다”라고 하였다. 그러면서
각 괘가 작용하는 역할에 대해서도 “진은 제가 나오는[出] 곳이고, 손에
서 가지런해지고[齊], 리에서 서로 바라보고[相見], 곤에서 역사하고[致
役], 태에서 기뻐하고[悅], 건에서 싸우고[戰], 감에서 수고롭고[勞], 감에
서 말을 다 이룬다[成言]” 하였다.
　〈설괘전〉의 설명대로 그려진 제출진도에 따르면, 이 도형은 완전히
문왕 선천팔괘도이다. 즉 낙서의 구조이다. 낙서에서 각각의 괘가 갖는

---

2) 이들을 연결하는 표현에서도 “평화롭고 조화롭지 못하다. 즉, 가지런해지다, 서로
바라보고 기뻐하다, 싸우고 이룬다”와 같다.(〈설괘전〉)

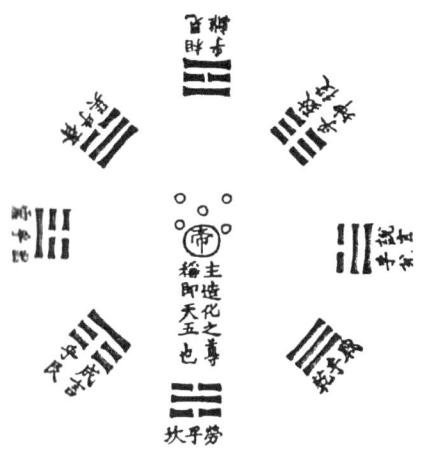

그림 8-2. 진단의 〈제출진도〉

기능은 복희 선천팔괘도의 그것과는 아주 다르다. 작용하는 역할도 '진에서 나와서-손에서 가지런해지고-리에서 서로 바라보고-곤에서 역사하고-태에서 기뻐하고-건에서 싸우고-감에서 수고롭고-간에서 말을 다 이룬다'와 같다. 위상학에서 사각형의 대칭들이 반대의 일치를 해나가는 과정과 구조적으로 일치하고 있음을 한눈에 보여준다. 반대의 일치를 일구어 내는 고통으로 마지막 "말을 이루었다"(成言)라고 한다.

진단의 〈제출진도〉에 따르면, '제帝' 자가 다섯 개의 공심원점空心圓點과 병치되어 있다. 이를 두고 "조화의 주인 되는 존칭인 천은 곧 천5이다"라고 한다. 먼저 〈상서, 홍범〉에도 이미 5에 대하여 '5는 건용황극健用皇極'이라 하였다. 〈제출진도〉의 중앙에는 백점 다섯 개가 있으며, 이것이 임금 제帝의 수이다. 대각선의 명패수가 바로 5이다. 그래서 김일부가 5를 황극皇極이라 한 것도 이와 유관하다. 제를 5와 동일시한 것이 진단이 나중에 유목劉牧의 〈역수구은도〉에서 '도9서10'이라고 한 근거가 된다. '도9서10'이란 하도의 수는 9이고 낙서의 수는 10이란 뜻이다. 〈역수구은도〉에서도 천5의 공심원점 다섯 개를 배열하고 있어서, 〈제출진도〉가 〈역수구은도〉의 전신임을 알 수 있다. 다섯 개 공심원점(백점)은 다섯 개의 기수 1, 3, 5, 7, 9이고, 실심원점(흑점)은 다섯 개의 우수 2, 4, 6, 8, 10이다. 이에 대해서는 유목의 〈역수구은도〉에서 재론될 것이다.

### 〈제출진도〉와 하락수 9와 10의 문제

〈제출진도〉는 이와 같이 많은 시사점과 문제점을 안고 있다. 그 가운데 중요한 쟁점은 '하9서10'이냐 아니면 '10도9서'이냐이다. 물론 전자는 유목의 것이고, 후자는 소옹과 주자의 것이다. 이는 하도와 낙서가 전혀 다른 두 세계를 그려 놓고 있음을 의미한다. 그러나 둘의 차이는 대각선 수인 5와 10을 어떻게 처리하느냐로 생긴 것이다. 복희 선천팔괘도는 조화와 균형밖에 없지만, 문왕 후천팔괘도는 조화와 부조화가 하나의 리듬으로 만들어지고 있다. 서로 바라보고 기뻐하다 서로 싸우나 결국에는 말을 이룬다는 것이다. 그리고 이것은 초과분 +1의 문제이다. 사실 이러한 구조는 〈제출진도〉에서 보는 바와 같은 이차원적 사각형으로는 설명이 불가능하다. 그래서 황이는 〈제출진도〉를 아래와 같이 입체적으로 구성하려 하였다.(황이, 2009, 257)

여기서 건-곤, 감-리, 진-태, 손-간의 대칭구조가 분명해졌다. 그러나 이러한 입체적 구성도가 〈설괘전〉의 4대 기조를 다 그려내기는 부족하다. 복희 선천팔괘도에서 그러한 바와 같이, 문왕 후천팔괘도의 구조도 위상범례를 동원해 설명하는 것이 필요하다.

다음으로, 역설이라는 관점에서 논리적 구조를 재현해 내는 작업이

그림 8-3. 문왕팔괘도의 입체적 구성도

필수과제이다. 하도 다음에 낙서가 와야 하는 이유는 다름 아닌 하도에 나타난 시생원리와 가족 관계의 불일치 때문이다. 낙서는 가족 관계 은유를, 하도는 우주적 시생원리를 은유로 바꾸어 팔괘에 적용해 본 것이다. 자연과 역사는 서로 평행선을 달리듯이 가족 관계와 시생원리는 서로 일치와 불일치적 관계이다. 이를 확인하기 위해서는 우선 명패를 바꾸어 보는 것이다. 그래서 건·곤에서 리·감으로 바꾸었다. 이는 팔괘 모두가 명패가 될 수 있음을 의미한다. 이것이 바로 들뢰즈가 말하는 천 개의 고원을 만드는 방법이다. 64괘 모두 같은 높낮이의 고원과 같다는 것이다.

이를 위해 〈제출진도〉의 관점에서 반대각선화를 검토해 보자. 하도에 있던 대각선수 10을 중앙에서 빼내어 주변의 다른 괘들 속에 옮기는 순서이다. 대각선을 사각형의 가로로 이동하는 것이다. 이는 영락없는 대각선화 내지 반대각선화 작업이다. 그러나 낙서에서는 10이란 수가 명시적으로 보이지 않는다. 실체로서 보이는 수로서 10을 확인하는 데

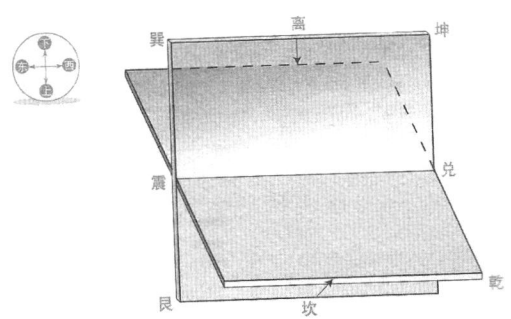

그림 8-4. 〈제출진도〉와 비정향성의 문제

는 실패하였지만, 원둘레 주변의 마주보는 괘들을 합하면 모두가 10이 된다. 그래서 10은 여기서 실체로서 있는 것이 아니고 작용으로서 있는 것이다. 낙서를 사각형으로 바꾸면, 가로와 세로 수의 합이 15이고, 대각선수의 합도 15이다. 이를 마방진magic square이라고 한다. 마방진을 대각선이란 시각에서 보았을 때 가로, 세로, 대각선이란 3자가 동일하다. 대각선화와 반대각선화의 관계를 한눈에 보여준다는 것이다.(같은 책)

그래서 낙서에는 하도에 없던 작용이 벌어진다. 가시적 변화의 모습은 위상학으로만 판명될 것이다. 하도 중앙의 10을 낙서는 주변으로 가져간다. 그러나 하도는 10과 5가 모두 체로서 중앙에 자리 잡고 중심화되어 있다. 칸토어에게서 반대각선화와 함께 연속체 가설이라는 문제가 제기되었듯이, 낙서에서도 하도의 안정성이 깨어지고 불안정해지기 시작한다. 이를 그대로 반영하는 것이 〈제출진도〉의 각 괘에 달려 있는 말들이다. 즉, 진은 출出, 손은 제齊, 리는 상견相見, 곤은 치역致役, 태는 열悅, 건은 전戰, 감은 로勞, 간은 성언成言이라고 하였다. 이는 곧 〈설괘전〉에서 말하는 팔괘의 운행 순서 진-손-리-곤-태-건-감-간이다.

유행 순서와 거기에 달린 말들은 앞으로 말할 위상학적 조화의 과정이 얼마나 험난하고 어려운가를 그대로 보여준다. 즉, 위 팔괘에 달려 있는 말들은 사각형–뫼비우스띠–클라인병–사영평면의 순서로 위상범례가 차원을 달리하는 과정의 어려움을 그대로 반영하고 있다. 그것은 다름 아닌 위에서 고찰한 위상학적 구조 속에 있는 역설이란 난제이다. 클라인병을 만들 때 원기둥에서 한 곳의 입구가 원기둥의 몸체를 뚫고 들어가는 것과 같은 가로지기의 고통 없이는, 원기둥의 안과 밖을 하나로 만들 수가 없는 것과 같은 진통을 두고 하는 말이다.

〈제출진도〉의 이러한 과정을 '제출 유행 순서'라고 하자. 먼저 '제'가 무엇인지부터 파악한다. '제'는 명패에 해당하는 5이다. 제는 주변을 조정하고 조절하여 생수를 성수가 되게 하는 역할을 한다. 그래서 〈제출진도〉의 중앙에 위치하는데, 하늘의 북극성에 비유된다. 이는 하늘의 중앙에 위치하여 모든 별들이 제의 주위를 돌게 하지만 자기 자신은 움직이지 않는다. 세로줄 명패이기 때문이다. 제는 '천오天五'라 하고 주변을 주관한다. 생수와 성수를 모두 주관한다. 그런데 자기 자신이 생수이기 때문에 자기언급을 하여 5+5=10이 된다. 이는 방도의 정대각선수에 해당하는 수이다. 그래서 지금부터 전개되는 역의 역사는 5와 10을 어떻게 처리하고, 그것들을 도상의 어느 위치에 배열하고 처리하느냐의 과정이다.

대각선 논증의 6대 요소들을 결정하는 관건이 모두 5와 10에 따라 설명되고 결정된다는 뜻이다. 그런데 〈설괘전〉에 따르면, 한 번은 '제가 진에서 나온다'고 하고, 다시 '만물이 진에서 나온다'고도 한다. 이 말은 제와 만물이 주객전도를 하고 있다는 것이다. 제와 만물의 관계는 명패와 물건의 관계인데, 이는 명패와 물건이, 메타와 대상이 순환적임을 암시한다. 명패가 물건이 되고 물건이 명패가 됨을 의미한다. 이것이 바로 반대각선화의 결과이다. 대각선 10 속에는 제와 만물이 서로 간섭을 하여 만들어진 것이 들어 있다는 뜻이다. 10 속에서는 제인 5와 물건들이 서로 간섭 효과를 만들어 내고 있다. 그렇게 되는 이유는, 5의 자기 언급 때문이다. 명패이면서 물건일 수 있는 것이 5이기 때문에 그런 간섭이 가능해진다. 제의 수 5와 물건 수 1, 2, 3, 4, 5가 어떻게 상호작용을 하는가를 보자. 그 상호작용 관계를 파악하려면, 위상범례로 돌아가야 한다.

### 〈제출로진〉의 위상학적 고찰

위상범례로 돌아가서 〈제출진도〉의 구조를 살펴보자. 위상범례 구조를 한눈에 파악한 다음, 다시 논리적인 것으로 되돌아가 마지막 정리를 하기로 한다. 가장 중요한 것은 제가 진☳에서 나와 어떻게 손☴을 만나느냐이다. 진과 손을 위상범례로 볼 때, 치가 모두 반대인 삼차원 대각선 대칭 위치에 있다. 전후, 좌우, 상하의 삼차원이 모두 대칭관계이다. 제출진 유행 순서 과정(진-손-리-곤-태-건-감-간-진)에서 오직 진과 손만이 삼차원 대칭관계인 대각선 대칭에서 만난다. 여기서 낙서가 뫼비우스띠 구조를 그 안에 담고 있음을 확인한다. 〈제출진도〉가 삼차원 대각선 대칭선상에서 파악되는 것을 통해 위상역이 〈제출진도〉 파악에 얼마나 중요한가도 새삼 알게 된다.

진과 손은 가족 관계에서도 문제가 된다. 진은 장남이고 손은 장녀이다. 건괘(☰)가 효변을 할 때 진괘에서 순서수의 역설에 직면하였던 것을 기억할 것이다. 손은 곤괘(☷)가 효변을 할 때 같은 역설을 직면하게 한다. 그래서 진과 손은 자리를 서로 바꾸어야 한다. 그래서 〈설괘전〉은 진과 손이 제일 처음 만난다고 하였으며, 진과 손은 삼차원 대칭을 하면서도 서로 만나 '가지런해진다[齊]'고 하였다. 이것이 "진에서 나와 손에서 가지런해진다[震乎出 巽乎齊]"는 말의 의미이다.

서로 조화를 이루어 가지런해진다고 한다면, 진괘와 손괘는 전후, 좌우, 상하의 삼차원에서 모두 대립과 대칭인데, 어떻게 그것이 가능할 것인가. 가능할 수 있는 이유는 위상공간에서 사각형의 종이를 180도 회전시켜 마주 붙이면 된다. 뫼비우스띠를 만드는 것이다. 그러면 진과 손은 서로 만나서 어울리고 가지런해진다. 여기서 〈설괘전〉이 진과 손이 서로 처음에 만난다고 한 말은, 다름 아닌 위상공간에 대한 고려 때문임이 분명해진다. 대각선 대칭을 이루는 괘는 진과 손 이외에 건과 곤, 리와 감, 간과 태가 더 있다. 그러나 진과 손만이 서로 인접해 있다. 인접한 이유는 건군의 종이 진이고, 곤군의 시작이 손이기 때문이다. 시종이 일관한다는 것은 진과 손의 만남이 단서가 된다.

진과 손을 효의 관계에서 보면, 우선 진(☳)괘와 손(☴)괘는 세 개의 효가 모두 효변하고 있다. 음과 양이 다 상반된다. 그래서 두 괘는 삼차원의 대칭관계 속에 있다. 위상범례상으로 볼 때, 진은 전, 우, 하이고 손은 후, 좌, 상이다. 진과 손뿐만 아니라 대각선상의 대칭 괘들인 리와 감, 태와 간, 그리고 건과 곤도 모두 그렇다. 〈설괘전〉은 상호 대각선 관계에 있는 괘들에 대하여 다음과 같이 설명한 다음, "역易은 역逆이다"고 한다. 그렇다면 〈설괘전〉 4대 기조는 모두 대각선에 관한 것이고, 위상학적 문제임이 분명해진다.

이는 낙서가 아닌 하도상의 구조에 대한 설명이다. 그러나 낙서에는 이런 구조가 모두 사라지고 없다. 〈설괘전〉이 하도를 두고 "하늘[乾]의 땅[坤] 위치가 정해지고, 산[艮]과 못[兌]의 기운이 통한다. 천둥[震]과 바람[巽]이 서로 부딪히고 물[坎]과 불[离]이 서로 꺼지지 않는다고 한다. 그리하여 팔괘가 서로 섞이게 된다. 가는 것은 순수順數이고, 오는 것을 아는 것은 역수逆數이다"라고 할 때, 이는 하나의 이상적인 희망사항이지 하도가 순과 역을 다 이루고 있음을 의미하지는 않는다. 앞으로 다른 역이 나타나서 이루어 주기를 바라는 희망일 뿐이라는 것이다. 하도는 그렇게 되기를 바라고 있는 모습니다. 그래서 생역이라고 한다. 역의 이상이 실현되자면 대각선화와 반대각선화의 과정을 거쳐야 한다.

공자도 이 점에 동의하고 있음이 분명하다. 하도가 아직 희망사항에 머무는 이유는, 10과 5를 중앙에 체로서 가두어 놓고 있기 때문이다. 이는 대각선화의 준비 단계이다. 이제 5와 10을 모두 물건화시켜 용으로 변화시켜야 하는데, 다시 말해서 반대각선화를 시켜야 하는데, 우선 낙서에서는 10을 먼저 내보내 작용을 시킨다. 과연 대각선화 다음의 반대각선화와 함께 5와 10을 어떤 대우를 하고 어느 위치에 두어야 하는가? '존공尊空', 받들어 모심, 이것이 답이다. 그 답이 주어지기까지 역은 흐르고 있다.

하도상의 괘들이 갖는 순과 역 관계 때문에, 역易을 역逆이라고 한 것이다. 이는 삼차원 대칭을 하는 뫼비우스띠에서 선이 서로 180도 비틀리어 회전하는 방향이다. 두 개의 가로선 가운데 하나가 순이면 다른 것은 역이다. 이러한 〈설괘전〉의 설명은 위상기하학의 도움을 빌릴 때 완벽하게 이해할 수 있게 된다. 이러한 삼차원의 순역 관계를 이차원의

도형에 그려 놓은 것이 원도이다. 소강절은 그래서 방도와 원도를 하나
의 그림판 위에 그려 놓았다. 그러나 생역은 태어나 자라 장역이 되고,
또 성인이 되는 성역이 되어야 한다.

　음과 양이 서로 이차원 공간에서 상반된 방향으로 움직이는 작용을
그려 놓은 것이 원도인 태극도형이다. 그러나 원도를 보자. 원도는 양군
1부터 32번까지 괘는 역으로, 음군 33에서 64번 괘는 순으로 배열하였
다. 순역을 비정향적nonorientable이라고 할 때, 양군과 음군 그 자체는 그
안에서 정향적이다. 1에서 32까지, 33에서 64까지는 정향적orientable이라
는 것이다. 그러나 이 두 군이 만난 것은 비정향적이 된다. 이를 축약하
여 팔괘도에서 보면, 1-4까지는 순이고, 5-8은 역이다. 순과 역 안에는
순역이 없다. 그래서 그 안에서는 정향적이다. 이런 모순을 해결하려 한
것이 바로 정역도이다. 앞으로 보게 될 정역도에서는 비정향 안의 정향
을 비정향적이게 한다. 복희64괘도의 이런 정향성에 또 다른 방법으로
도전한 것이 문왕64괘도이다. 모든 기수와 우수 번호의 괘들을 쌍으로
하여 대칭을 만들어 서로 뒤집는 방법으로 배열을 한다는 것이다.

　이제 삼차원의 대칭들, 다시 말해서 대각선상의 대칭점들이 다 상통
하고, 상박하고, 서로 불상사하지 않게 되어, 건과 곤이 제 자리에, 즉
정위에 자리 잡으면 어떤 현상이 나타나는가? 이에 대하여 〈설괘전〉은
이렇게 말하였다.

　　천둥으로 움직이고, 바람으로 흩어주고, 비로써 적시고, 해로 쬐여준다.
　간으로서 머무르게 하고, 태로 기쁘게 하고, 건으로서 임금 노릇하고, 곤으
　로 간직한다.

이는 삼차원의 대칭들이 대각선을 통해 조화가 된 상태이다. 그러면 대각선은 어디서 시작을 할 것이냐이다. 대각선의 움직임에 따라서 가로와 세로에 나열되어 있던 괘들이 방향을 잡게 된다. 진에서 시작하여 손을 만나게 된다는 것이다. 그러나 이것은 시작의 발단일 뿐이다. 진과 손뿐만 아니라 나머지 괘들이 가지런해지자면, 다른 괘들이 비틀림을 당하는 노고와 괴로움을 겪어야 한다. 우리는 이를 위에서 〈제출진도〉의 유행 순서에서 잘 보았다. 정자와 난자가 만나서 서로 생산을 하려할 때 겪는 산고와도 같다고 하겠다. 장녀와 장남이 서로 자리를 바꾸자면 〈제출진도〉의 유행 순서를 그대로 밟아야 한다는 뜻이다.

마지막 간에서 '성언'이라고 하여 "다 이루었다"고 할 때와 같이, 신이 인간이 되는 과정은 곧 제가 만물이 되는 과정과 같다는 뜻이다. 하도의 희망사항은 간艮의 말을 다 이루었다고 한 '성언'의 의미이다. 이는 다름 아닌 천수 5가 대각선이 되고 다시 반대각선화되는 과정으로서, 이를 '성육신incarnation'의 과정이라고 한다.

## 8.3. 문왕도와 가족 관계 역설

### 문왕도와 제출호진

가족 관계 역설과 방도의 해체는 새로운 역도의 출현을 예고하고 있다. 정사각형의 가로와 세로, 그리고 물건과 명패를 배열하는 대각선 정리의 6대 요소 가운데 하나인 배열법이 폐기됨을 의미한다. 방도식 배열법은 그 안에 정대각선이란 난제를 안고 있었다. 이 난제를 해의하는 일환으로 원도와 문왕도가 있다. 그래서 둘 다 대각선의 반대각선화, 반가치화와 같은 대각선 논증에 연관이 된다.

'성언'을 이루기 위해 문왕이 고심한 흔적은 낙서 속에서 괘들이 움직이는 방향을 위상학적으로 포착할 때 여실히 드러난다. 지금까지 역학 연구가 위상학적으로 고찰되지 않았기 때문에, 하도의 문제점과 낙서의 한계를 제대로 잡아내지 못하였다. 그러나 문왕은 절반의 성공을 거두었다. 하도의 뫼비우스띠 구조를 낙서가 클라인병 구조로 바꾼다. 이것은 시생원리에 의해 만들어진 팔괘를 반가치화하기 위해 건과 곤괘를 효변을 시켜 나갈 때 순서수의 역설에 직면한다. 이것이 가족 관계의 역설이다. 문왕은 복희팔괘도의 이런 문제점을 해의하기 위해 팔괘도를 새로 작도한다.[3] 이를 위상학적으로 보았을 때, 문왕은 역의 뫼비우스 띠를 클라인병으로 바꾼 것이라 할 수 있다는 것이다. 문왕의 성공을 확인하기 위해서는 〈제출진도〉의 유행 순서대로 괘를 이동하면서 4대 기조를 기초로 서로의 대칭관계를 알아보아야 한다.

제가 진에서 나와 손을 만난 다음 향하는 방향이란 〈설괘전〉에서 지적한 손에서 리로 가는 바로 그것이다. 즉, 낙서 괘를 진에서 시작하여 우회전을 시키면 진-손-리-곤-태-건-감-간-진와 같다. 선후에 있는 괘들의 대칭관계를 사각형 안의 차원 수로 알아보면 3-2-2-2-1-1-2 와 같다.[4] '3'은 진과 손과의 대칭수, 다음 '2'는 손과 리 사이의 대칭수 등과 같다. 즉, 일차원이 두 개, 이차원이 네 개, 삼차원이 한 개 포함되어 있다. 진과 손의 관계만 삼차원 대각선 대칭이다. 진에서 나와 손으

---

3) 그러나 이것은 어디까지나 두 역이 생겨난 시간적 선후를 두고 하는 말이 아니다.
4) 입방체에서 '3'차원이란 가로, 세로, 높이를 말한다. '2'는 세 개 가운데 두 개 차원의 대칭을 의미한다.

로 가는 이유가 여기에 있었던 것이다. 이는 〈그림 6-2〉에 근거하여 만든 차원 관계이다.

진과 손만이 삼차원 대각선 대칭을 한다. 손과 리는 전후와 좌우 대칭을 하는 이차원 대각선상에 있는 대칭이다. 리와 곤은 전후와 상하의 이차원 대각선상에 있는 대칭이다. 곤과 태는 전후와 좌우의 이차원 대각선상에 있는 대칭이다. 이것은 상하 일차원 대칭만 한다. 건과 감은 전후와 상하의 이차원 대각선상에 있는 대칭이다. 감과 간은 상하와 좌우의 이차원 대각선상에 있는 대칭이다. 이와 같이 낙서는 삼차원, 이차원, 그리고 일차원의 대칭을 모두 하고 있다.

이제 이러한 〈설괘전〉에서 말하는 〈제출진도〉의 순서에 따라 유행하는 과정을 위상학적 대칭관계에 의해 고찰하여 얻어진 결론은 다음과 같다. 낙서는 하도와는 달리, 유행 과정 속에서 전쟁도 치루고, 기뻐도 하고, 피곤하기도 하다는 것이다. 그 이유는 하도 팔괘의 대칭점들이 삼차원 대각선에서 마주보고 대칭을 이루나, 작용을 하여 모두 만나 조화를 이루지는 못하지만, 낙서는 그것을 이루어 내려 하기 때문이다. 이는 하도 속에 있는 대각선을 대각선화시켜 내려는 진통이다. 5가 천수이고 1, 2, 3, 4, 5가 지수이고 보면, 성육신의 진통이다. 〈설괘전〉 내용대로 서로 괘와 괘들을 이어 붙이면 어떤 모양이 될 것인가이다. 그 결과는 〈설괘전〉의 4대 기조의 뜻에 충실하여 성언하는 것인 동시에, 위상구조가 변하는 것이다.

4대 기조를 그대로 따른다는 말의 의미를 위상학적으로 고찰한다는 것은 다음과 같은 중요한 의미를 갖는다. 뫼비우스띠와 원기둥과는 연접을 하고, 뫼비우스띠와는 결접하는 것이 클라인병이란 사실을 다시

상기하자. 원기둥을 만든 다음에 뫼비우스띠와 연접을 하기 위해서 원
기둥의 한 끝이 휘어져 자기가 자기의 옆구리를 뚫고 안으로 들어가야
한다. 사각형의 가로와 세로가 서로 일치하려는 대각선화의 고통이다.
바로 이곳이 〈제출진도〉가 진통을 겪는 장면이다. 자신의 몸을 자기가
구멍 내는 작업인 자기언급을 해야 하는 것, 이것은 극기의 한 단면이
며, 자기파괴이고, 자기와 전쟁하기이다. 건─태는 자기가 자기를 상처
내는 극기라는 전쟁을 치룬 다음에야 자기와 반대 대칭점에 있는 이차
원 대칭점끼리 만난다. 이렇게 일차원과 이차원의 대칭점들이 연접한
결과, 낙서인 클라인병이 탄생한다. 하도를 뫼비우스띠라면 낙서는 클
라인병이라고 할 때, 후자는 전자보다 한 차원 더 높다. 〈제출진도〉는
뫼비우스 띠를 넘어서 클라인병으로 가는 여정이다. 하도에서 낙서로
가는 여정이란 뜻이다.

낙서의 〈제출진도〉는 이와 같이 4쌍 삼차원의 대칭점들이 만나서
〈설괘전〉의 4대 기조의 이상인 성언을 실현시킨다. 성언이 된다는 것은
반대각선화가 이루어져야 한다는 의미이다. 그러나 아직 낙서에는 중앙
에 명패에 해당하는 5가 남아 있다는 사실을 알아야 한다. 하도에서는
5와 10이 남아 있고, 낙서에서는 5만 남아 있다. 이렇게 역의 역사는 5와
10에 대한 거론 그 자체이다.

사각형이 뫼비우스띠가 되고, 뫼비우스띠가 클라인병이 되는 것은,
일종의 반가치화와 반대각선화이다. 클라인병이 만들어지는 과정이 바
로 이러한 반대각선화를 반영한다. 정대각선수인 10이 사라진 이유가
반대각선화를 의미한다. 10이 사라지는 과정이 바로 클라인병이 만들어
지는 과정 그 자체이다. 사각형 안의 대각선이 해체되는 한 과정이다.

클라인병을 만들 때 사각형의 한쪽 끝이 다른 쪽 끝과 합치하기 위해서 자기 몸체를 뚫고 자기 안으로 들어가는 여행이야말로 대각선화와 반대 각선화의 대장관이다. 대각선이 가로와 세로, 삼자가 회동하는 장면이 다. 하도에서 10이 중앙에 자리 잡고 가시적으로 보인다는 것은, 가로나 세로 가운데 어느 하나가 아직 연접도 결접도 하지 않고 남아 있음을 의미한다. 반가치화가 안 되었다는 것을 의미한다. 하도를 반가치화와 반대각선화를 시켰을 때 진과 손에서 역설이 발생하는 이유이다. 그래서 가족 관계의 역설도 함께 확인한다.

〈제출진도〉로 눈을 다시 돌려보자. 제는 도의 중앙에 자리 잡고 있다. 제가 명패 바로 5이다. 5가 생수인 5와 자기언급을 할 채비를 하고 있다. 제가 아직 만물(생수)과 합일되지는 않는다. 왕이 아직 자기 자신을 세 상과 일치시키지 않고 있다. 동산의 중앙에 있는 과일나무는 아직 접근 불가의 금단의 위치에 있다. 삼차원 대각선이 모두 만나 일치하는 것은 아직 희망사항이다. 그 희망사항이 정역에 와 이루어진다. 정역은 5와 10을 모두 밖으로 내보낸다. 대각선과 명패를 모두 물건화시킨다. 진은 우레이고 손은 바람이다. 그래서 〈설괘전〉은 진–손을 뇌풍상박雷風相搏 이라 한 것이다. 이제 진과 손이 자리바꿈을 하여 가족 관계의 일관성을 만든 것이, 바로 하도에서 낙서로 변하는 것이다. 이것은 뫼비우스띠에 서 클라인병으로 변하는 차원 상승을 의미한다. 이를 위상학적으로 고 찰할 차례이다.

## 문왕팔괘도의 위상학적 구조와 가족 관계

2000년대 이후 중국학자들의 역에 대한 연구는 괄목할 만하다. 특히 도상역에 관한 연구서들이 봇물을 이루고 있을 정도이다.5) 그 가운데 곽혹郭彧의 《역도설좌易圖設座》(화하출판사, 2007)는 역경과 역전에서부터 시작하여 한, 송, 원, 명, 청대를 망라한 도상들의 발전과정을 한눈에 보여주는 자료이다. 이 자료를 중심하여 역의 도상을 위상역이란 입장에서 보았을 때 어떻게 전개되는가를 고찰하려 한다.

〈설괘전〉의 의미를 위상역만큼 의문의 여지없이 잘 그려내는 것도 없을 것이다. '역逆'이란 말의 의미도 위상역을 통해서 가장 잘 드러낼 것이다. 뫼비우스띠의 선을 살펴보면, 가로선(세로선)의 방향이 순하다가 역하는 것을 쉽게 발견할 수 있다. 그것은 하도에서의 팔괘 순역 방향 그대로이다. 그래서 〈설괘전〉의 4대 기조인 정위定位, 통기通氣, 상박相搏, 불상사不相射되게 하자면, 팔괘는 서로 엇대칭[錯]을 해야 한다. 엇대칭이란 삼차원의 대각선 대칭을 의미하고, 팔괘는 엇대칭에서 치(음양)가 모두 반대로 된다. 그래서 뫼비우스띠는 엇대칭이다. '착종錯綜' 가운데 '착에 해당한다. 이러한 착의 현상을 그대로 보여주는 것이 뫼비우스띠의 선이다. 방향을 반대로 하면서 서로 휘감기는 것이 착의 현상이기 때문이다. 〈설괘전〉의 4대 기조를 정역도 이전의 복희팔괘도와 문왕팔괘도가 어떻게 구현하려고 하였는가를 발견하는 것이 역학 연구의 대강이라고 해도 과언이 아니다. 다음은 하도 뫼비우스띠에서 낙서 클라인병으로 위상 변환하는 것을 볼 차례이다.

---

5) 필자가 2009년 9월에 베이징대학 주변 서점을 돌아본 바에 따르면, 역에 대한 연구가 신기원을 이루고 있음을 확인할 수 있었다. 한국에서도 역에 대한 연구가 활발하게 이루어지고 있지만, 주로 역술가들에 의한 것들이 대부분이고, 주류 학계에서는 의리역에 몰두하고 있다. 다음 글들은 베이징에서 구한 자료들에 근거하여 역과 대각선 정리의 상관관계를 다룬 것이다.

　〈설괘전〉 4대 기조는 대각선을 어떻게 처리하느냐가 관건이다. 대각선은 수로서 요약이 되며 그것은 10이다. 정역은 오직 명패수 5와 그것의 대각선수 10에 관한 말이라고 할 수 있을 정도이다. 복희팔괘도와 문왕팔괘도에서는 이러한 엇대칭인 대각선 처리를 미흡인 상태로 남겨 놓았다. 여기서 〈설괘전〉은 미래의 새로운 역, 정역이 나타날 것을 예견하고 있다고 김일부는 주장한다. 공자 이후 무려 2,500여 년 만에 조선 땅 김일부에 의해 새로운 도상, 그러나 이미 〈설괘전〉에서 예견한 도상의 구조가 구현되어 있었다.

　가족 관계와 시생원리는 서로 역설적 관계에 있음이 밝혀졌다. 시생원리의 음양 집합은 가족 관계 안에서 건곤 집합의 일치와 불일치의 관계를 조장하였다. 시생원리의 초효원리, 즉 초효는 반드시 해당 집합 자체와 가치가 같아야 한다는 원리의 일관성이 유지되면 가족 관계에서는 그 반대인 비일관성이 유지된다. 이를 위상학과 연관시키기 위해 대각선 논증의 여러 개념을 사용하여 가족 관계를 점검해 보기로 한다. 건괘를 반가치화하면 곤괘가 된다. 곤괘를 한 번 상·중·초효의 순서대로 효변을 시킨다. 그러면 {간-소남, 감-중남, 진-장녀}라는 집합이 만들어진다. 곤괘를 반가치화한 건괘를 효변시키면 {태-소녀, 리-중녀, 손-장남}이 된다. 그러면 효변을 시킨다는 것이 어떤 대각선 논증적 의미를 갖는가? 효변이란 3효 안의 상·중·하의 대칭의 변화이다. 건군과 곤군을 대칭 관계에서 볼 때, 그 안에는 세 종류의 대칭이 존재한다. 가치 대칭에서 음과 양의 대칭, 군의 대칭에서 건과 곤의 대칭, 그리고 괘 안의 효의 대칭인 상·중·하의 대칭이 있다.

　그렇다면 여기서 새로운 발상을 할 수 있는 것은 다름 아닌 군과 군의 대칭을 한 번 바꾸어 보는 것이다. 즉, 건괘와 곤괘를 명패로 하는 대신 리괘☲와 감괘☵로 명패를 삼아 본다는 것이다. 리와 감을 정위에 둔다는 것이다. 바로 이런 발상의 전환을 한 사람이 문왕이다. 예의 문왕팔괘도에 따르면, 리와 감을 건과 곤을 대신한 위치에 둔다는 것이다. 이제 건·곤군 때와 같은 발상을 한다. 즉, 리괘를 반가치화한 감괘를 상·중·초효의 순서대로 효변을 한다. 명패인 건과 곤의 3효 모두 양이 아니면 음이다. 그러나 감(☵)과 리(☲)괘는 하나의 괘 안에 음과 양이 번갈아가며 배열되어 있다. 이런 감과 리를 정위에 놓아 본다는 것이 문왕의 발상이다. 먼저 중녀-리(☲)를 명패로 하고, 이를 반가치화하면 중남-감이 된다. 중남-감(☵)의 상효를 효변하면 장녀-손(☴)이 되고, 중효를 효변하면 모-곤(☷)이 되고, 초효를 효변하면 소녀-태(☱)가 된다. 이렇게 하여,

리-중녀 군집합(☲)={장녀-손☴, 모-곤☷, 소녀-태☱}
리괘와 감괘의 3효가 차례로 효변하여 가족 관계가 만들어진다.
가족 관계의 일관성은 유지하나 시생원리는 비일관성이다.

와 같아진다. 시생원리로 보면 리괘는 양군에 속해 있지만 3녀들을 그 속에 포함하고 있다. 가족 관계의 일관성은 유지하지만 초효원리를 어기고 있다. 즉, 시생원리로는 초효가 일치하지 않는 비일관성적이지만, 가족 관계는 일관성을 보인다. 리괘를 명패로 하여 남방에 두고 감괘를 명패로 하여 북방에 둔다. 이렇게 가족 관계의 일관성에 기준하여 하나의 집합을 만들어 배열을 한 것이 바로 문왕팔괘도이다. 그래서 복희팔괘도는 시생원리에 일관성을 기준하였고, 문왕팔괘도는 가족 관계의 일

관성에 기준을 두어 집합을 만들었다.

이는 중남-감괘를 명패로 하고 중녀-리괘를 상·중·초의 순서대로 효변을 시키면 마찬가지 결론에 이른다. 즉, 중남-감(☵)을 반가치화하면 중녀-리(☲)가 된다. 이를 같은 순서대로 효변시켜 나가면

$$감-중남\ 군집합(☵)=\{장남-진(☳),\ 부-건(☰),\ 소남-간(☶)\}$$

과 같아진다. 다시 말해서, 시생원리에서는 비일관성이지만 가족 관계에서는 일관성이다.

그렇다면 복희팔괘도와 문왕팔괘도를 일관성과 비일관성이라는 관점에서 보았을 때, 구별이 분명해졌다. 전자는 건괘를 명패로 하고 태·리·진을 순방향으로 배열하였고, 후자는 곤괘를 명패로 하고 손·감·간을 역방향으로 배열하였다. 전자는 시생원리의 일관성에 기초하여 작도되었고, 후자인 문왕팔괘도의 경우는 사정이 다르다. 즉, 리가 명패(중녀)인 경우에는 손-장녀 하나를 왼쪽에, 그리고 곤-모와 태-소녀 둘을 오른쪽에 배열한다. 감이 명패(중남)인 경우에는 건-부 하나를 왼쪽에 간-소남과 진-장남 둘을 오른쪽에 배열한다.6) 각각 가족 관계의 일관성은 유지하고 있다. 복희팔괘도와 문왕팔괘도는 명패괘가 달라진 것

---

6) 명패인 리괘라는 집합 안에 포함되는 괘들은 리괘(☲)의 상효를 효변시킨 진괘(☳), 중효를 효변시킨 건(☰)괘, 초효를 효변시킨 간괘(☶)들이다. 이를 가족 관계로 보면 중녀(리괘)={장남, 부, 소남}과 같다. 다음은 명패인 감괘 안에 포함되는 괘들의 효변은 다음과 같다. 감괘(☵) 안에 포함되는 괘들의 상효를 효변시키면 손괘(☴), 중효를 효변시키면 곤괘(☷), 초효를 효변시키면 태괘(☱)이다. 이를 가족 관계로 보면 중남(감괘)={장녀, 모, 소녀}와 같다. 중녀와 중남을 명패로 한 결과 중녀의 집합에는 남자들만, 그리고 중남의 집합에는 여자들만 포함된다.

만 다를 뿐, 명패에 딸린 물건괘를 만드는 방법은 같다. 다시 말해서, 반가치화한 다음, 상·중·초의 순서대로 효변을 시켜 물건괘를 만든 다는 점이다.

### 문왕팔괘도의 일관성과 비일관성의 위상학적 고찰

복희도의 경우에는 건 집합에 {태, 리, 진}이 포함되고, 곤 집합에는 {손, 감, 곤}이 포함되어 시생원리에는 일관성을 유지하나 가족 관계는 비일관성을 보여주고 있다. 그러나 문왕도의 경우에는, 가족 관계에서 는 중녀={장녀, 모, 소녀} 또는 중남={장남, 부, 소남}과 같이 일관성을 보이지만, 시생원리에서는 비일관성을 보인다. 좌와 우를 각각 순방향 과 역방향이라 보았을 때, 문왕팔괘도는 순역이 같은 집합 안에서도 엇 갈린다. 시생원리에 일관성을 유지한다는 것은 복희팔괘도가 우주의 방 향과 자연 현상에 그 작도의 기준을 두었음을 의미한다. 그리고 문왕팔 괘도가 가족 관계의 일관성을 유지한다는 것은 가족이나 사회, 국가 현 상에 작도의 기준을 두었음을 의미한다. 이는 모두 위상학적 관찰을 위 한 준비 단계이다. 하나는 하늘의 질서에, 다른 하나는 땅의 질서에 기 준하였음을 의미한다.

다음으로 중요한 관찰대상은, 두 도상이 갖는 위상학적 구조이다. 위 에서 본 바와 같이, 두 도상에서 명패에 포함된 부분들이 갖는 방향들이 위상학적 차이를 잘 보여준다. 복희팔괘도는 마주보는 괘들이 모두 삼 차원 대각선 대칭을 하고 있는 뫼비우스띠 구조이다. 뫼비우스띠는 가 로나 세로 가운데 어느 한 짝만 180도 비틀려 마주 붙어 있다. 그러나 클라인병과 사영평면은 가로와 세로의 쌍이 비틀려 붙어 있다. 하도는

대각선수 성수와 생수, 명패수 5를 모두 분리한다. 하도-복희팔괘도에
서는 정대각선수 10과 명패수 5가 중앙에 자리 잡고, 가로수-생수는 안
쪽에 대각선수-성수는 바깥쪽에 배열되어 있다. 그러나 낙서-문왕팔
괘도에서는 명패수 5만 중앙에 위치하고, 생수와 성수가 모두 같은 원
둘레 위에서 동등하게 배열되었다. 대각선화가 이루어져 역이 생역으로
장역으로 자란 것이다. 한 차원 높아진 것이다.

뫼비우스띠를 클라인병으로 바꾸어 버리고 차원을 하나 높여 준 것
이 문왕팔괘도라는 것을 증명할 차례이다. 클라인병은 뫼비우스띠의 비
틈에 안비틈을 연접시킨 것이고, 비틈과 비틈을 결접시킨 것이다. 그러
면 복희팔괘도를 뫼비우스띠라고 할 때, '비틈과 비틈'이란 한 차원의
첨가는 문왕팔괘도에서 무엇에 해당하는가? 그것은 다름 아닌 복희팔
괘도의 명패인 건과 곤을 물건화시키고, 물건인 감과 리를 명패화시키
는 것이다. 물건과 명패를 바꾼다는 것이다. 그래서 복희도와 문왕도는
명패와 물건이 서로 환위되는 관계이다.

세로가 명패라고 할 때 명패가 물건이 되자면 180도 비틈으로 가능해
지며, 이는 뫼비우스띠가 된다. 세로가 명패라면 비틈이란 세로가 가로
와 만나는 것이고, 이것은 대각선화이다. 그런데 복희도에서는 대각선
수 10이 중앙에 있어 대각선화가 안 된 상태이다. 그런데 문왕도에서는
성수인 대각선수 9, 8, 7, 6과 생수인 1, 2, 3, 4가 명패수 5를 매개로 상호
석합보공 작용을 하여 대각선수 10이 만들어진다. 이 말은 세로와 가로
가 연접을 하고 있음을 의미한다. 안비틈인 가로가 비틈인 세로와 연접
작용을 하여 대각선수 10을 만들어 내고 있다.

가로와 세로가 연접하여 대각선을 만들고, 이 대각선이 가로에 결접

표 8-2. 낙서 마방진

| 4 | 9 | 2 |
|---|---|---|
| 3 | 5 | 7 |
| 8 | 1 | 6 |

하여 클라인병을 만들어 반대각선화된다. 이런 위상학적 구조를 한눈에 보여주는 것이 위 마방진이다. 가로, 세로, 대각선의 합은 어느 경우든 15이다. 명패 수 5는 중앙에 위치한다. 클라인병을 만들 때 원기둥(안비틈)의 한쪽 끝을 원기둥 위로 굽혀 올린 다음, 원기둥의 몸체에 구멍을 내어 원기둥 안으로 들어간다. 이 시점과 지점이 다름 아닌 세로와 가로가 만나는 곳이다. 대각선화가 이루어지는 곳이다. 대각선화의 단계이다. 다음, 원기둥의 다른 한쪽 끝은 원기둥 안에서 밑으로 말아서 내린다. 그러면 양쪽 끝이 서로 원기둥 안에서 만난다. 이것이 연접이다. 그러면 대각선화된 것이 가로나 세로와 만나는 것이기 때문에 이는 결접이다. 연접은 비틈의 안비틈이고, 결접은 비틈과 비틈이다. 전자는 뫼비우스띠×원기둥이고 후자는 뫼비우스띠+뫼비우스띠이다. 이렇게 비틈의 연접과 안비틈의 결접이 성공적으로 된 것이 클라인병이다.

그러면 문왕팔괘도에서는 이런 연접과 결접을 어떻게 설명할 것인가? 복희팔괘도와 문왕팔괘도가 다른 점은, 명패가 건·곤에서 리·감으로 변하였다는 점이다. 그 밖에는 같다. 즉, 리괘-중녀는 감괘☵의 3효를 초·중·상의 순서로 효변을 시킨 태-소녀☱, 곤-모☷, 손-장녀

☰를 부분으로 하는 집합이고, 감괘-중남은 리괘☲를 같은 초·중·상의 순으로 효변을 시킨 간-소남☶, 건-부☰, 진-장남☳을 부분으로 하는 집합이다. 감괘는 시생원리로는 음 집합에 포함되나, 가족 관계로는 중남으로 건 집합에 속한다. 리괘는 시생원리로는 양 집합에 포함되나, 가족 관계로는 중녀로서 곤 집합에 속한다. 이는 모두 건과 곤을 명패로 하였을 때 나타난 현상과 같다.

|  |  |  |
|---|---|---|
|  | 진(☳)장남 | 상효변 |
| 리(☲)중녀 | 건(☰)부 | 중효변 |
|  | 간(☶)소남 | 초효변 |
|  |  |  |
|  | 손(☴)장녀 | 상효변 |
| 감(☵)중남 | 곤(☷)모 | 중효변 |
|  | 태(☱)소녀 | 초효변 |

리와 감을 정위에 놓고 리-중녀는 곤-모, 진-장녀, 태-소녀로 하나의 집합을 만들고, 감-중남은 부-건, 손-장남, 간-소남으로 하나의 집합을 만들어 배열되어 있다.

그러면 위 표에서 볼 때 일관성을 유지하고 있는가. 그렇지 않다. 복희팔괘도에서 양 집합에서는 양괘만, 음 집합에서는 음괘만 포함하는 일관성을 유지한다. 각 집합에 속한 괘들의 초효가 모두 집합 자체와 같은 초효의 원리를 지키고 있다. 그런데 위의 표에서 보면, 리괘-중녀 집합 속에는 장남, 부, 소남이, 감괘-중남 집합 속에는 장녀, 모, 소녀가 포함되어 있다. 그런데 막상 문왕팔괘도에서는 리괘-중녀 좌우에는 소녀, 모, 장녀가, 감괘-중남 좌우에는 소남, 부, 장남괘들이 배열되어 있

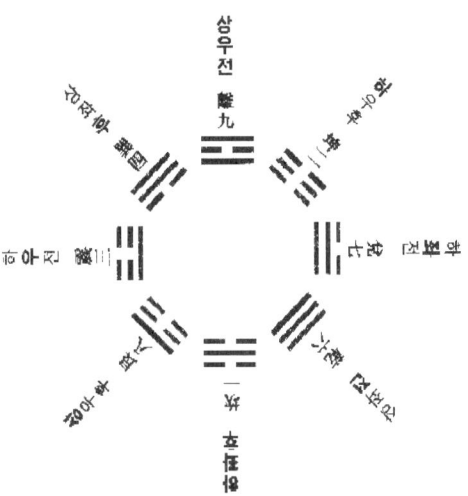

리(전우상) vs 감(후좌하) : 전후, 상하, 좌우 삼차원 대칭
건(전좌상) vs 손(후좌상) : 전후 일차원 대칭
태(전좌하) vs 진(전우하) : 좌우 일차원 대칭
간(후우상) vs 곤(후우하) : 상하 일차원 대칭

그림 8-4. 문왕팔괘도의 클라인병 구조

다. 일관성을 유지한다는 뜻이다. 그래서 위 표에서 일관성을 유지하려면 리괘와 감괘 자체가 효변(착), 즉, 반가치화를 하면 된다. 다시 말해서, 리괘를 효변시키면 감괘가 되고, 감괘를 효변시키면 리괘가 된다. 명패 자체가 효변을 단행하면 명패와 물건 사이에 일관성이 유지된다는 것이다.

다른 한 방법은, 모든 괘는 위가 있기 때문에 리괘(☲)인 중녀 위에 감괘를, 감괘(☵) 위에는 리괘를 옮겨 환위를 하면 된다. 그러면 가족 관계의 일관성을 유지하게 되고, 바로 그렇게 한 결과가 위 문왕팔괘도이다. 그렇다면 문왕팔괘도는 복희의 그것과는 다른 괘 자체의 효변과 환위라는 차원이 하나 더 가미된다. 이것이 바로 뫼비우스띠에서 클라인병으로 차원 상승인 것이다. 그런 의미에서 문왕팔괘도는 복희팔괘도보다 차원이 하나 더 높다고 할 수 있다. 이는 두 도상을 위상학적으로 고찰하였을 때에만 얻을 수 있는 결론이다.

문왕팔괘도에서 감과 리로 명패를 삼았을 때 무엇이 달라졌는가. 건과 곤을 명패로 한 복희팔괘도(또는 복희도)는 시생원리에 따라서 배열된 도상이다. 문왕팔괘도(또는 문왕도)에서 감리를 명패로 하였을 때, 그것의 기준이 가족 관계의 일관성에 있었음이 분명해졌다. 시생원리의 일관성이라는 시각에서 문왕도를 보면, 그러한 일관성을 찾을 수는 없다. 리괘-중녀 집합 안에 들어 있는 태·곤·손 세 효는 초효의 원리를 어기고 있다. 태만이 초효가 리와 같이 양일 뿐이다. 감괘-중남 집합 안에 들어 있는 진·간·건의 세 효 역시 초효의 원리를 어기고 있다. 간괘만이 감괘와 같이 초효가 음일 뿐이다.

복희팔괘도의 음양 집합에서는 세 효가 모두 양 아니면 음이었다. 그러나 문왕팔괘도에서 감괘의 경우는 '2음1양'이고, 리괘의 경우에는 '2양1음'이다. 그러면 이러한 차이가 무엇을 의미하는가? 리괘의 경우, 중효가 1음이고 상효와 초효는 모두 양이다. 세 효가 전후, 좌우, 상하 대칭을 의미한다고 할 때, 리괘는 전, 우, 상이다. 감괘는 후, 좌, 하이다. 우선 감과 리는 삼차원 대각선 대칭 관계이다. 전후, 좌우, 상하에서 모두 대칭이다. 다시 말해서, 반가치화를 하고 있다.(Barr, 1964, 70)

시생원리에서 건과 곤의 경우, 세 효가 모두 양이고 음인 것과는 다르다. 결국 역학의 발전에서 감리를 명패로 삼는다는 것은, 차원 상승을 위한 불가피한 과정일 것이다. 그런데 음양(건곤) 집합과는 달리 감·리

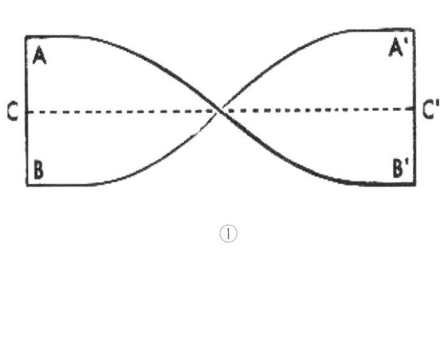

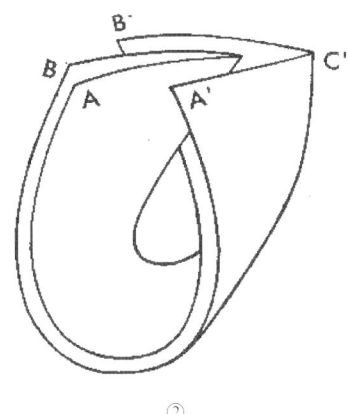

그림 8-5. 클라인병의 비틈 구조

집합은 위에서 말한 바와 같이 초효의 원리를 어기고 있다. 복희도에서는 없던 변화이다. 그러면 초효의 원리를 어기고 있다는 것은 무엇을 의미하는가? 초효의 원리를 어긴 이유는 효변 때문이다. 다시 말해서, 착을 하였기 때문이다. 반가치화를 시켰기 때문이다. 이렇게 반가치화를 초효까지 시키면 그것은 해당 집합을 이탈하게 된다. 이는 순서수의 역설이다.

칸토어가 대각선 정리에서 반가치화를 하였을 때 초과분이 생긴 배경이다. 마지막이나 처음에 있는 것마저 변화시키면 부류 자체를 일탈하여 그 부류 밖에 있게 된다는 것이다. 일탈 부분이 바로 '$E_0$'에 해당하는 어미 돼지 초과분이다. 이 점에서 우리는 복희도와 문왕도에서 초점을 놓치면 안 된다. 역학사는 $E_0$에 대한 고찰이고 연구라고 해도 과언이 아니기 때문이다. $E_0$는 유혼이라 하여 떠도는 혼이다. 정처가 없다는 뜻이다. 이러한 $E_0$의 문제를 위상학에서는 어떻게 해결하는가?

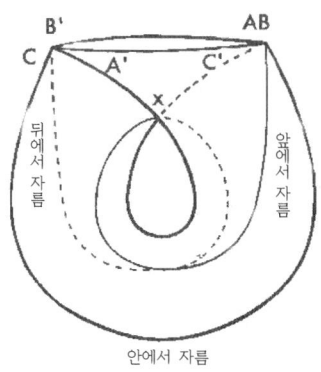

그림 8-6. 클라인병 안의 대칭점 관계

　문왕도에서는 리나 감괘가 자기 안의 세 개 효 가운데 한 개와는 초효
가 같고 두 개와는 다르다. 그래야 가족 관계의 일관성을 유지한다. 명
패와 물건, 즉 세로와 가로가 한 차원에서는 안비틈이고 다른 두 차원에
서는 비틈이란 뜻이다. 안비틈이란 초효가 같다는 뜻이고, 비틈이란 다
르다는 뜻이다. 안비틈의 비틈, 즉 세로와 가로가 '안비틈의 비틈'이면
그것은 클라인병이다. 그래서 문왕도는 복희도와 같이 감·리 명패가
거기에 포함되는 물건들과 비틈의 안비틈을 한다. 뫼비우스띠는 '비틈'
뿐이다. 반가치화뿐이다. 그러나 문왕도는 안비틈의 비틈이다. 이러한
차원의 첨가 때문에 중앙의 10이 사라진 것이다. 반대각선화를 하였기
때문이다.

　원기둥의 세로 명패가 원기둥의 가로 옆으로 뚫고 들어가는 것은 가
로와 세로의 사상寫像으로 이는 대각선화이고, 다시 맞은편에 있는 세로
가 원기둥 안에서 만난다는 것은 비틈의 반대 일치이다. 이 작용이 뫼비
우스띠의 작용이다. 이런 구조를 가진 것이 문왕팔괘도이다. 뫼비우스

띠는 아직 가로와 세로의 쌍이 연접이 안 된 전 대각선화 단계라는 것이
다. 세로나 가로만 서로 마주 붙어 있는 형국이다. 가로나 세로가 서로
마주 하는 것은 짝이라 하였고, 가로와 세로는 쌍이라고 하였다. 쌍끼리
서로 '비틈의 비틈'의 연접이면 사영평면이고, '비틈의 안비틈'의 연접이
면 클라인병이다. 뫼비우스띠는 같은 짝끼리의 비틈이다.

　문왕도는 복희도와 달리 같은 괘 안의 초효의 일치와 불일치라는 형
상이 첨가되어 있다. 위 〈그림 8-5 ①〉을 보라. 사각형 AA'BB'가 있다.
이 사각형을 가지고 클라인병을 만들면 〈그림 8-5 ②〉와 같아진다. 위
두 도형은 클라인병의 내부이다. 윗부분의 서로 만나는 곳은 AB와 A'B'
와 같이 '안비틈'이다. 세로가 가로의 옆구리와 만나는 장면이다. 그러나
〈그림 8-6〉의 내부를 보면 실선과 점선이 x에서 서로 교차하고 있다.
원기둥 내부에서 안과 밖이 만나는 반가치화와 반대각선인 비틈을 의미
한다. 가로와 세로가 서로 교차하는 대각선이다. 이와 같이 클라인병은
'비틈의 안비틈'이다. 내부는 비틈이고, 외부는 안비틈이다. 그래서 내부
와 외부가 서로 연결되어 있다. 이것이 문왕도에서 명패인 감리가 그
안의 물건괘들과 초효가 일치하거나 불일치한다는 의미이다.

　복희도와 문왕도의 위상학적 구조가 분명해졌다. 두 도형의 같은 점
은 사각형을 기저로 뫼비우스띠를 기본으로 하고 있는 것이라 할 수 있
다. 그러나 다른 점은, 전자의 명패는 건곤으로 세 효가 모두 동일하지
만, 후자의 명패는 감리로서 초효에서 일치와 불일치를 하고 있다. 다시
말해서, 문왕도는 복희도보다 한 차원 더 가미된 점이 있다는 것이다.
우리의 관심사는 복희팔괘도에 문왕팔괘도를 결합시켜 보려는 유혹이
다. 다시 말해서, 복희팔괘도의 '비틈'에 문왕팔괘도의 '비틈의 안비틈'

을 결합시키면 어떻게 될 것이냐이다. '비틈과 비틈'이면 클라인병이 되고, '비틈과 안비틈'이면 사영평면이 된다. 이런 가능성을 열어두고 정역도에 접근해야 할 것이다. 하도와 낙서의 채우지 못한 차원을 서로 보완하여 하나 되게 한 것이 정역도이기 때문이다.

## 8.4. 백서본과 통행본의 비교와 대각선 정리

### 통행본과 백서본의 비교 −팔괘와 64괘의 발생과 유래

방도는 판도라 상자와도 같다. 거기에서 온갖 곤혹스런 문제들이 튀어 나오기 때문이다. 방도란 가로와 세로가 직각으로 만나는 정사각형이다. 정인이 점사를 데이터베이스화하는 과정에서 자연스럽게 만들어졌다고 한다. 마치 의복사에서 씨줄과 날줄이 생기면서 베틀이 생긴 것과 같다고 할 수 있다. 그래서 인류문명사에서 가로줄과 세로줄을 분리하여 사각형을 만든 역사는, 의식의 차원 상승과 연관이 되어 매우 중요하다. 위상범례상에서 사각형은 기저에 해당한다. 인간이 직조기술을 발달시키기 전에는 유의紐衣라는 직선으로 된 띠옷을 입고 다녔다고 한다. 역의 횡도가 나타나는 배경이다. 직조기술은 이렇게 인간의 의식구조가 일차원에서 이차원으로 변하면서 가능해진 것이다. 횡도란 일직선상에 괘를 나열하는 것이고, 방도는 사각형 안에 배열하는 것이다. 위상학에 연관시켜야 할 이유가 여기에 있다.

팔괘를 나열하는 방법 역시 이렇게 의복사의 발전과정과 유사하다고 할 수 있다. 그래서 역을 차원으로 다루는 위상기하학적인 고찰이 필요하다. 위상학이란 공간의 차원 변화를 주로 다루기 때문이다. 방도가 출현하는 배경을 정인들이 작성해 놓은 원시적인 복서에서부터 유래를 찾는 이유도, 역을 차원의 변화로 고찰하기 위해서이다. 역학은 '역易'이란 말의 사전적 의미에서 보는 바와 같이, '변화' 그 자체를 떠나서 생각할 수 없다. 역의 차원 변화는 본괘本卦와 지괘之卦를 구별하는 데서부터 찾아야 할 것이다. 본괘는 '정正'괘 또는 '정貞'괘라고도 한다. 본괘에 해당하는 괘가 방도의 세로줄―명패에 배열된 괘라 할 수 있다. 이 본괘를 기준으로 하여, 본괘 자신을 포함한 일곱 개의 다른 괘들이 일대일 대응을 하면서 짝을 지을 때, 이들 일곱 개는 모두 변괘에 해당한다고 할 수 있다.(강학위, 1994, 62) 이렇게 변하는 괘를 지괘라고 한다. 여기서 '본괘 자신을 포함한'이란 말에 주의를 기울여야 한다. 본괘 자신도 지괘와 같이 변할 수 있다는 뜻이기 때문이다.

팔괘와 팔상은 복과 서에 대한 2차 질서에 해당한다. 이미 복서에 의하여 명패가 매겨진 다음에 명패에 대한 명패, 다시 말해서 메타 명패인 '명패의 명패'가 다시 매겨져야 할 필요성에서 상과 괘가 정리되었다. 전설적 견해에 따르면, 복희팔괘도의 팔상은 하도河圖라고 하는데, 복희가 황하에서 올라온 용마에 그려진 도상을 본떠 작도한 데서 붙은 이름이라고 한다. 이런 전설에 의한 방법이 8×8=64의 방법이고, 다른 한 방법은, 〈계사전〉에서 말하는 가일배법 $2^6$=64이다. 전자는 팔괘상이 먼저 있었다는 것이고, 후자는 음과 양이란 효가 먼저 있었다는 것이다. 이진수적인 방법으로 두 효가 가일배하는 방법으로 괘가 유래하였다는 것이다. 이 두 방법은 역의 본질을 말할 만큼이나 중요하다. 그러나 종래 역학 연구는 둘의 차이에 대하여 별다른 관심을 기울이지 않았다.

이는 원소가 먼저냐 부분이 먼저냐의 논쟁으로 이어질 수밖에 없고,

이런 논쟁 속에서 역설을 이해하는 요체가 생겨난다. 이러한 선후 문제를 분간하는 중요한 방법론 가운데 하나가 바로 대각선 정리이다. 대각선의 6대 요소는 인간의 의식 수준의 발달과 같기 때문에, 가로와 세로의 나열법, 반대각선화와 반가치화의 순서는 바로 인간의 의식 수준이 높아져 감을 잘 나타내 준다. 원소와 부분의 관계로 괘의 유래를 고찰할 때 어려운 점이 있지만, 대각선 정리의 6대 요소라는 관점은 비교적 상승의 선후 관계를 분명히 한다. 통행본과 백서본의 괘 나열법을 대각선 정리라는 관점에서 보면, 두 본의 선후가 분명해진다. 두 본이 다른 근본적인 이유가 대각선 논증으로 분명해진다는 것이다. 대각선 정리를 보는 시각에서 두 본은 차이가 난다는 것이다.

원소와 부분의 선후 문제는 지금 역경에 있는 상·수·사(괘사와 효사) 가운데 어느 것이 먼저냐 하는 문제와도 연관된다. 각각 어느 시기에 어느 것이 먼저 완성되었느냐이다. 물론 백서본에 근거하여 숫자가 먼저 만들어졌다는 것이 확인되었다. 지금까지 이 책에서 주장해 온 내용 그대로이다. 우리의 상식적 견해와는 달리, 괘상이 먼저 생긴 것이 아니고 숫자 괘가 먼저라는 것이다.[7] 숫자가 먼저라는 것은 1972년에 발견된 마왕퇴 백서본帛書本이 웅변적으로 말해주고 있다. 현행 통행본인 《주역》과는 대동소이하지만, 중요한 단전, 상전, 문언전도 없고, 64괘 순서도 다르고, 심지어는 괘의 명칭이 다른 것도 있다. 그러나 그 무엇보다도 괘를 나열하는 순서가 최대의 관심사라 할 수 있다. 대각선 논증의 관심사가 괘의 나열법에 있기 때문이다.

---

7) 주자와 퇴계는 수가 먼저라 보았고, 율곡은 상이 먼저라고 보았다. 전자가 더 설득력을 얻고 있다.

먼저 두 본은 괘명에서 약간의 차이가 있다. 여기서는 통행본과 백서본 두 본의 괘명 차이는 무시하고, 통행본의 괘명을 따라(혼란을 피하기 위해) 그 나열법만 제시하려 한다. 백서본 역시 명패 자체를 다시 대상화(물건화)하여, 그것에 대한 명패를 다시 붙이는 복희64괘도의 수법을 그대로 따르고 있다. 이는 대상과 메타를 교환하는 것으로서, 러셀의 말을 빌리면 유형type을 혼동하고 있는 것이다. 서양 철학은 플라톤 이후 이의 혼동을 매우 경계하고 있다. 대상과 메타의 유형을 혼동하는 데서 난제거리인 역설이 발생하기 때문이다. 플라톤의 이데아론이 나오는 배경이다. 아무튼 이 문제는 이 책에서 다루는 관건이기 때문에, 다음으로 미루기로 한다.

### 백서본의 나열법과 대각선 논증

백서본은 통행본과 달리, 건괘로 시작하여 42.익괘(䷩)로 끝난다. 백서본 64괘는 여덟 개의 조로 나누어지고, 각 조는 같은 여덟 개의 괘로 구성된다. 여덟 개 조의 외괘가 모두 같다. 그러나 통행본에서는 내괘가 모두 같았다. 통행본은 내괘가 명패이고, 백서본은 외괘가 명패라는 것을 의미한다. 이는 매우 괄목할 만한 사실이다. 명패와 물건의 위치가 고정적이 아님을 의미한다. 통행본에서는 내괘와 외괘의 순서가 같은데, 백서본에서는 다르다. 이상 두 본의 같은 점과 다른 점을 이렇게 일별한 다음, 대각선 정리라는 관점에서 검토를 계속하겠다.

백서본을 고찰할 때, 편리함을 위해 64괘의 명칭을 모두 통행본으로 통일하여 백서본을 나열하기로 한다. 같은 편리함을 위해 괘의 명칭만 사용하였다. 외괘와 내괘 밑선에는 64괘의 괘명을 붙여 놓았다.

1건　건　건　건　건　건　건　건　건　　... 외괘(물건)

　　　건　곤　간　태　감　리　진　손　　... 내괘(명괘)

　　　건　비　둔　리　송　동인　무망　구　... 64괘 명

2간　간　간　간　간　간　간　간　간

　　　간　건　곤　태　감　리　진　손

　　　간　대축　박　손　몽　분　리　고

3감　감　감　감　감　감　감　감　감

　　　감　건　곤　간　태　리　진　손

　　　감　수　비　건　절　기제　준　정

4진　진　진　진　진　진　진　진　진

　　　진　건　곤　간　태　감　리　손

　　　진　대장　예　소과　귀매　해　풍　항

5곤　곤　곤　곤　곤　곤　곤　곤　곤

　　　곤　건　간　태　감　리　진　손

　　　곤　태　겸　임　사　명이　복　승

6태　태　태　태　태　태　태　태　태

　　　태　건　곤　간　감　리　진　손

　　　태　쾌　췌　함　곤　혁　수　대과

7리　리　리　리　리　리　리　리　리

　　　리　건　곤　간　태　감　진　손

　　　리　대유　진　여　규　미제　서합　정

8손　손　손　손　손　손　손　손　손

　　　손　건　곤　간　태　감　리　진

　　　손　소축　관　접　중부　환　가인　익

백서본의 나열법에 나타난 규칙성을 찾아보면 다음과 같다. 먼저 통행본은 '건태리진손감간곤'의 순서가 외·내괘에 모두 동일한데, 백서본의 외괘는 '건간감진곤태리손' 순이고, 내괘는 '건곤간태감리진손' 순이다. 그리고 조의 명칭, 즉 명패는 외괘이다.(통행본은 그것이 하괘라 하였다) 이를 가로와 세로에 알기 쉽게 표시하면 아래와 같다.

1 건   곤   간   태   감   리   진   손
2 간
3 감
4 진
5 곤
6 태
7 리
8 손

앞자리에 나오는 간괘가 외괘의 시작이면, 그 내괘는 자기 자신인 간을 시작으로 하고, 나머지 순서는 같으나, 간괘는 앞자리에 나왔기 때문에 막상 자기 자리에서는 빠진다.

예를 들면, 태가 외괘가 된 경우, 내괘는 '태건간곤감리진손'이 된다. 외괘 명패에 해당하는 괘를 항상 내괘의 처음 자리에 둔다는 것과, 자기 자리에서는 자기를 빼버린다는 규칙이 있다. 백서의 이러한 규칙은 복희도와는 완전히 다르다. 이 다른 점을 대각선 정리라는 관점에서 보면 그 의미가 매우 크다고 하겠다. 통행본의 제일성과 조화가 해체된 자리에 새로운 질서가 나타났다. 상괘와 하괘의 나열 규칙을 대각선 정리와

차원의 상승이라는 관점에서 보면 일정한 규칙이 분명히 들어 있음을 발견한다. 다시 말해서, 백서본의 나열법은 대각선에 대해 각별한 인식을 하고 있었음이 분명하다.

1. 주백곤은 백서본의 나열 질서를 가족 관계로 파악한다. 통행본이 시생원리로 파악하는 것과는 대조가 된다. 팔괘에다 가족 관계를 적용하는 것은 가장 기본적이다. 건과 곤을 부와 모로서 한 조로 하고, 그 밖의 6괘를 자녀로 삼는다. 건과 곤을 명패로 삼을 때, 남성 부조에는 장남(진), 중남(감), 소남(간)을, 여성 모조에는 장녀(손), 중녀(리), 소녀(태)를 각각 포함시킨다.

2. 백서 64괘 나열 방법의 규칙성을 보면, 그 속에서 가족 관계의 질서를 발견할 수 있다. 즉, 외괘의 순서는 '건, 간, 감, 진, 곤, 태, 리, 진'이다. 그렇다면 우리는 쉽게 가족 관계를 파악할 수 있다. 즉, 여덟 개의 외괘 가운데 앞 4조인 '건, 간, 감, 진'은 가족 관계의 건-부조에 속하고, 뒤 4조인 '곤, 태, 리, 진'은 곤-모조에 속한다. 이는 괘를 분류하는 기준이 시생원리에 있지 않고 가족 관계에 있었음이 분명해진다.

명패괘에 해당하는 외괘에 이런 가족 관계를 적용하였다는 것은, 백서가 가족 관계의 역설을 얼마나 심각하게 받아들이고 있었는가를 단적으로 보여준다고 하겠다. 이를 두고 주백곤은 〈계사전〉의 "같은 부류끼리 상종한다"는 생각의 발로라고 한다. 다시 말해서, 건부는 3남끼리, 곤모는 3녀끼리 상종하려는 역의 원칙 때문이라고 한다.(주백곤, 2004, 48~49) 그러나 이것은 매우 저급하고 직관 수준의 견해라 아니할 수 없다. 가족 관계는 하나의 은유이고, 역이 다루려는 궁극적인 문제는 기

수와 순서수의 역설 해의에 있다고 볼 때, 백서본은 가족 관계 속에 있
는 순서수의 역설에 철학적이고도 논리적인 관심도가 매우 높았다는 것
을 방증하고도 남음이 있다.

　3. 다음으로 백서본의 내괘가 갖는 원칙은 무엇인가? 내괘의 괘 순서
는 '1건, 2곤, 3간, 4태, 5감, 6리, 7진, 8손'이다. 내괘 속의 규칙은 훨씬
쉽다. 즉, 서로 인접하는 두 개의 괘들은 그 구성하는 효가 같은 위치에
서 음양이 모두 대칭과 대립을 하고 있다. 즉, 건과 곤, 간과 태, 감과
리, 진과 손은 공영달이 말하는 '변變'을 하고 있다.

　4. 그런데 위 내괘의 순서에서 양수에 해당하는 괘와 음수에 해당하
는 괘를 순서대로 나열하면 이렇다.

　　　1건, 3간, 5감, 7진
　　　2곤, 4태, 6리, 8손

　다시 말해서, 외괘의 가족 관계 순서와 같아진다. 내괘에서도 양괘와
음괘의 배열순서는 가족 관계의 바로 그것이다. 즉, 내괘를 만약에 가족
관계의 명칭에 따라 나열하면, '부(건), 모(곤), 소남(간), 소녀(태), 중남
(감), 중녀(리), 장남(진), 장녀(손)'와 같다. 질서정연한 가족 관계인 동
시에 음양이 가지런한 조화를 번갈아가며 배열하고 있음을 한눈에 보여
준다. 주백곤은 이에 대하여 다음과 같이 강조해 말한다.

　　　백서 64괘의 배열순서는 외괘와 내괘의 구분, 그리고 8경괘의 지위를
　　　더욱 두드러지게 하였다는 데 있다. 〈계사전〉에서는 "팔괘가 이루어짐으
　　　로써 팔괘의 상은 가운데 있고, 팔괘가 중첩되어 64괘가 됨에 효상은 가운

데 있다고 하였는데, 이것은 팔괘가 서로 중첩되어 64괘를 구성하고 있음을 설명한 것이다. 백서본을 통행본과 비교할 때, 백서본의 64괘가 팔괘의 중첩으로 구성되어 있음을 확실하게 알 수 있다.(주백곤, 2004, 49)

여기서 백서본 편찬자가 팔괘상의 음양을 다시 양분하여, 네 개의 괘로 하나의 군(또는 조)으로 삼고, 이를 나누어 두 개의 군을 대칭 또는 대립시켜 나가고 있음을 발견할 수 있다. 이는 백서본이 음양의 착종 관계를 통행본보다 탁월하게 다루고 있음을 입증하는 것이다.

그러나 이러한 나열법에 대한 통찰력 자체가 백서본이 가족 관계 역설을 어떻게 해의하고 있는가를 말해 주는 것은 아니다. 음양 착종 관계는 역설 해의를 위한 준비단계를 보여주는 것일 뿐이기 때문이다. 문제의 본질은 가족 관계의 역설, 다시 말해서, 서수의 역설을 어떻게 백서본이 다루고 있는가를 아는 데에 있다.

### 차원의 상승과 대각선 정리의 관점으로 본 백서본

백서본은 대각선 정리라는 입장에서 보아도 통행본보다 충실하다. 〈계사전〉의 바람직한 희망사항인 대각선 정리라는 남겨둔 문제들을 통행본보다 백서본이 더 충실하게 실현하고 있다는 말이다. 가족 관계의 역설과 이에 따른 대각선 정리의 문제가 백서본에서 더 명확해지기 때문이다. 백서본의 기원을 전국시대 중기 무렵으로 본 것은, 백서본이 대각선의 여러 요소들을 통행본보다 더 많이 구비하였기 때문이다. 통행본은 〈계사전〉의 내용에 충실하지 못한 점이 드러나고, 대각선과 연관하여 볼 때 괘를 나열하는 방법에서도 백서본이 훨씬 규칙적이고 철저하다. 이를 통해서 백서본이 통행본보다 후대라는 것이 분명해진다. 그러나 여기서 중요한 것은 둘의 제작연대가 아니라, 두 본의 비교를 통해서 역이 시대를 관류하여 해결하려고 한 핵심 과제는 다름 아닌 대각선 정리에 있음을 확인하는 것이다.

먼저 차원 상승이란 위상학적 관점에서 두 본의 대각선 문제를 비교 관찰할 필요가 있다. 세로-명패괘 순서에서 볼 때 건-간, 감-손, 곤-태, 리-손은 사각형 팔괘에서 볼 때 이차원 대칭을 하는 괘들이다. 이를 쌍대칭이라고 하였다. 전-후, 좌-우, 상-하의 삼차원 가운데 두 개의 대각선 차원에서만 대칭을 이룬다. 그러나 가로-물건괘의 순서에서 건-곤, 간-태, 감-리, 진-손은 삼차원 모두 대각선에서 대칭을 이룬다. 이를 대각선 대칭 또는 엇대칭이라고 하였다. 이렇게 보면, 백서본이 철저하게 대각선과 차원 상승을 의식하고 있었음이 분명해진다. 복희도의 가로와 세로의 순서를 같은 차원에서 관찰하면, 이들은 모두 1차원 대칭만 한다. 즉, 건-태, 이-진, 손-감, 간-곤은 모두 일차원 대칭만 하고 있다. 이를 짝대칭이라 한다. 이에 견주어 볼 때, 백서본은 가로는 삼차원, 세로는 이차원 대칭을 한다.[8] 이를 짝대칭에 대하여 쌍대칭, 그리고 엇대칭이라 한다. 가로와 세로의 쌍이 사상하는 것이 대각선이기 때문이다.

이렇게 백서본에서 세로-내괘와 가로-외괘를 사각형의 대각선이라는 관점에서 관찰을 하여 각별한 의미를 얻게 되었다. 다시 정리하면,

---

8) 이는 위상학적으로 볼 때 가로는 삼차원 대칭인 뫼비우스띠이고, 세로는 이차원 대칭인 원기둥을 서로 마주 붙여 클라인병을 만드는 것과 같다고 하겠다. 그래서 백서본은 클라인병 구조라 할 수 있다.

백서본에서 가로–물건괘들은 그 대칭관계가 삼차원 대각선의 대칭관계라는 점이다. 즉, 건–곤, 간–태, 감–리, 진–손은 사각형 안에서 볼 때 삼차원 대각선에서 대칭을 이룬다. 그리고 이들 대칭들은 복희도 안에서 마주하는 대칭들이다. 가로–물건괘들은 삼차원 대각선에서 대칭을 이룬다. 이런 삼차원적 대칭관계를 두고 공영달은 변變이라고 하였다는 것이다. 백서본에서 외괘와 내괘의 배열순서를 보면 음양이 착종되어 일음일양의 조화를 이루고 있다. 백서본이 대각선 정리를 더 철저하게 의식하고 있었음을 의미한다.

위에서는 사각형 안의 대각선을 고찰하였다. 다음은 백서본과 통행본의 정사각형 방도 안에 있는 대각선을 고찰하기로 한다. 먼저 복희본에서, 대각선에 있는 괘들은 팔괘가 중첩된 '건건 태태 리리 진진 손손 감감 간간 곤곤'과 같다. 가로줄과 세로줄의 팔괘 나열순서가 같기 때문에, 대각선상의 괘들은 모두 자기언급을 한다. 그러나 백서본의 경우에는, 자기언급을 하는 '건건, 간간, 감감, 진진, 곤곤, 태태, 리리, 손손'이 정사각형의 세로 첫 줄에 나열되어 있다. 이것은 일종의 반대각선화 현상이다. 이는 방도의 대각선이 백서본에서는 세로에 나열되어 있기 때문이다.

반대각선화 현상에 대해 자세히 고찰해 보자. 백서본은 통행본의 대각선을 모두 첫 세로줄로 한다. 그리고 백서본의 대각선상은 '건건 간건 감곤 진간 곤감 태리 리진 손진'과 같다. 이제 백서본의 대각선상의 괘들과 세로 첫 줄의 괘들을 수평으로 나열해 비교해 보자.

건건 간간 감감 진진 곤곤 태태 리리 손손    … 세로 첫 줄 팔괘들

　건건 간건 감곤 진간 곤감 태리 리진 손진 　... 대각선상 팔괘들
　　(여기서는 외괘와 내괘를 좌와 우로 변경하였다. 그래서 '곤감'의 경우
　곤은 외괘이고, 감은 내괘이다.)

　가로줄 순서에 있는 괘들은 세로줄의 같은 순번에서 늘 첫 자리로 이
동하였고, 원래의 자기 자리는 다음 순번의 괘가 차지한다고 할 때, 대
각선의 첫 괘인 '건건'만은 대각선의 첫 괘인 동시에 세로줄 외괘의 첫
괘이다. 첫 번째는 항상 자기언급을 하는 자기 자신이라는 백서본의 원
칙 때문이다. 이런 현상이 생기는 부분에 각별한 관심을 갖는 것이 역학
연구의 본령이다.

　백서본의 대각선상의 팔괘와 세로 첫 줄 팔괘를 비교할 때, 외괘는
모두 같으나 내괘만 다르다. 다시 말해서, 이는 일종의 대각선 정리이다.
대각선을 세로줄로 바꾼 다음, 대각선의 외괘는 변하지 않고 내괘만 변
화시킨다. 이것이 백서본에서 시도하는 대각선 정리이다. 이를 다시 요
약하면, 1. 차원의 변화에 따른 나열 규칙, 2. 대각선을 세로줄로 바꾸는
반대각선화, 3. 대각선상의 외괘는 변화시키지 않고 내괘만 변화시키는
것이다. 이상의 결과를 종합할 때, 백서본은 대각선 정리의 6대 요소들
을 모두 갖추었다고 결론지을 수 있다. 백서본은 사이먼스의 말을 빌리
면, 양성 대각선 정리를 하고 있다. 우리는 위와 같은 대각선 정리라는
관점에서 볼 때 통행본과 백서본이 분명히 차원의 변화를 하면서 전개
되었음을 발견하게 된다.

## 8.5. 한대 맹희와 경방의 상수역과 대각선 정리

역학 역사상 대각선 논증의 전성기는 한대이다. 맹희와 경방 등의 괘기설은 의리역 때문에 외면당해 왔다. 그러나 이들의 역을 대각선 논증이라는 관점에서 보면, 이들 만큼 이 문제로 고민한 경우는 드물 것이다. 시각을 달리하면 진흙이 진주 같이 보일 수도 있을 것이다. 특히 경방의 효변설 등은 많은 대각선 정리에 관한 용어를 탄생시켰고, 그 구조의 우수성을 한눈에 들어오게 만들었다.

### 유혼과 귀매의 역설

역易을 역逆이라고도 역曆이라고도 한다. 이렇게 역의 의미가 다른 것은, 역이 공간과 시간의 문제를 다루고 있기 때문이다. 칸트도 그의 《순수이성비판》 서문에서 이율배반이 생기는 원인에 대하여 고민을 한다. 이율배반이 생기는 원인을 그는 공간과 시간에서 찾았다. 역은 팔괘가 생기는 순간부터 가족 관계의 역설이 나타나는 것을 알았다. 그리고 팔괘를 소성괘로 하여 상하로 중괘를 만들어 64괘의 격자방에 나열할 때, 방도 안 대각선에서 역설이 나타나는 것을 보았다. 역설은 인간 사고가 견디어 내기 힘든 것이며, 결국 이에 대한 해의 또는 해결을 모색하게 되었고, 역도 그 예외가 아니라는 것이다.

한대에 와서 나타난 한 가지 특징은, 역설 해의를 시간 축에서 찾기 시작한다는 점이다. 그것이 바로 괘기설卦氣說이다. 그러나 역의 시간성 문제가 한대에 처음 시작되었다는 것은 아니다. 《주역》 중천건괘(䷀)의 단사에서도 이미 "여섯 자리가 시時에 따라서 완성되니, 시로서 육룡을 타서 천도를 어거하느니라"(《주역》, 중천건괘, 단사) 하였다. 〈계사전 하〉 9장에서도 "주역의 글됨이 시초에 근원하여 종결에 요약하는 것으로 그 내용으로 삼고, 6효는 효들끼리 서로 섞이는 오직 하나의 이유는, 시간 이란 것을 나타내기 위해서이다"(易之爲書也 原始要終 以爲質也 六爻相雜 唯其時物也)라고 하였다.

　여기서 중요시 되는 말은 '원시요종原始要終'이다. 시간에는 시작이 있 고 종료가 있다는 것이다. 이것은 서양의 시간 개념과는 아주 다르다. 즉, 서양은 유한의 연장이 무한이라는 가무한 개념이 그대로 시간에도 적용되어 서양의 시간관이 만들어진다. 동양의 무한은 '닫힌 무한'이다. 역의 효를 셈하는 방법에도 그대로 나타나 있다. 6효는 그것이 하나의 닫힌 시간 단위이다. 서양의 현대 물리학이 말하는 닫힌 무한 개념과 상통한다. 첫 효는 '초', 마지막 6효는 '상'이라고 한다. 그 사이의 나머지 효들은 2, 3, 4, 5효라고 한다. 처음과 마감이 단위마다 이루어진다. 이는 수의 무한 퇴행을 막기 위한 역의 지혜의 발로이다.

　만약에 이런 시간 개념을 칸트가 가지고 있었다면 시간에 해당하는 제1이율배반 때문에 그렇게 고민하지는 않았을 것이다. 역의 이러한 시 간 이해는 칸토어의 실무한 개념과 상통한다. 다시 말해서, 우수의 무한, 기수의 무한, 유리수의 무한, 실수의 무한 등, 수는 수의 집합 부류별로 시와 종이 있다. 이것이 '원시요종'이 의미하는 바이다. 다수의 무한이 가능하고, 심지어 큰 무한과 작은 무한까지 가능하다. 하나의 괘 안에서 효의 종은 다른 괘의 시가 된다. 이를 두고 알랭 바디우는 '한계정렬limit ordinal'이라고 하였다. 이러한 실무한 개념으로서 시간 개념은 역의 여러 곳에서 발견된다. 즉, "종시성을 크게 자각하면 여섯 위가 시에 따라서 완성되니"(大明終始 六爻時成; 중천건괘 단사)와 같다. 시간이 주관성을 떠날 수 없다. 시간에 대한 주관의 자각이 육효의 완성 여부를 결정한다는 것이다. 이러한 시간 이해는 시간의 실무한 이해와 상통한다. "마치면 곧 시작함이 천도의 운행원리이다"(終則有始 天行也; 〈주역〉 山風蠱卦 象辭)

시와 종이 교차하는 괘가 54번 뇌택귀매괘雷澤歸妹卦(䷵)이다. 가족 관계에서 이미 본 바와 같이. 진괘(☳)는 장남이고, 태괘(☱)는 소녀이다. 소녀가 시초라면 장남은 종료이다. 그런데 소녀 태괘는 건괘 부집합(☰)의 상효를, 장남 진괘는 곤괘 모집합(☷)의 초효를 효변시킨 것이다. 여성 부분이 남성 집합에, 남성 부분이 여성 집합에 포함되어 있다는 것이다. 다시 말해서, 소녀(태)-중녀(리)-장녀(손), 소남(간)-중남(감)-장남(진)의 순서여야 일관성을 유지하는데, 이런 순서라면 역설이 발생하기 때문에 진(장녀)과 손(장남)이 삼차원 대각선에서 교차하면서 장남과 장녀가 자리를 바꾸어야 같은 집합 내의 일관성을 유지할 수 있다. 그래서 일관성을 유지하기 위해 자기가 있을 곳으로 되돌아간다 하여 귀매歸妹라고 한다. 산풍첩괘(䷑)의 단사는 "천지의 큰 뜻이니 귀매는 사람의 종시이다"(天地之大義…歸妹 人之終始也)라 하였다. 귀매괘에서는 역설이 일어나는 장소이다. 여기에 하늘과 땅의 처음과 끝이 있다는 뜻으로서 귀매괘만큼 문제가 되는 괘도 없다는 뜻이다.

다시 말해서, 이 장소를 두고 천지의 큰 뜻인 대의大義라 할 정도로 역설을 중요시 하는 것을 볼 수 있다. 역은 가족 관계에서 발생한 역설을 해의하기 위하여 시간성을 도입하고 있음이 귀매괘에서 분명하게 드러난다. '공간空間'이라 할 때 '간間'은 사이를 의미한다. 사이란 시초(소녀)와 종료(장남) 사이의 간격을 의미한다. '귀매'란 말은 소녀가 장남이 아닌 장녀로 돌아감, 그래서 자매姉妹가 서로 만나 역설에서 생긴 사이 간격을 메우는 것에서 유래한다. 귀매괘는 부계사회에서 모계사회로 되돌아가서, 여성은 여성들끼리, 남성은 남성들끼지 다시 헤쳐모이는 격이다. 이러한 '사이聞'를 역에서는 사용하지 않고, 또 '시종'이라고도 하지 않고, '종시'라 한다. 종료가 시작이고 시작이 종료임을 의미하기 때문에 '시종'이 아니고 '종시'라고 한다.

장남은 명패 곤괘의 끝이지만 명패 건괘에서는 시작이 된다. 건괘를 효변시킬 때 마지막은 결국 변화시킬 수 없어 곤괘의 처음으로 가야 하고, 곤괘에서도 마찬가지다. 이는 물건수와 명패수가 같은 수 없다는 것을, 즉 역설을 피하기 위한 수단이다. 대각선 대칭에서 삼차원적 교환을 하자면, 이는 귀신의 작용이 아니면 불가능하다고 역은 생각한 것이다. 시작에서 종말로 돌아가는 것은 명패가 물건이 되는 것이며, 명패가 물건 없이, 물건이 명패 없이 떠도는 혼, 유혼游魂이라 한다. 이런 유혼의 변화를 아는 것은 "귀신의 정상을 아는 것이다"(知鬼神之情狀;〈계사상〉 4장) 하였다. 역설의 세계는 이렇게 귀신이 노니는 장이라고 생각한 것이다. 명패와 물건이 서로 사상하여 차원의 변화를 일으키는 것이 역의 조화와 변화이다.

귀매와 유혼, 이 두 말에 대한 주석이 맹희와 경방 역의 핵심과제라고 할 수 있다. 순수 논리학적으로 말할 때, 초과분에서 생긴 돌출이 다시 자매가 상봉함으로써 해결되는 것이나 마찬가지다. 그렇지 않고 초과분이 갈 곳이 없어서, 다시 말해서, 부분이 자기가 포함될 집합 부류가 없어서, 아니면 물건이 명패가 없어서 방황하는 것이다. 가장인 명패가 없는 집 아이는 고아이다. 시초점에서 만약 이런 괘가 나타난다면 공망空亡이라고 한다. 그런 의미에서 역점은 순수 논리학적이라 할 수도 있다. 바디우의 수학적 존재론이 돌출의 문제와 씨름하듯이, 역의 핵심적 해결 과제는 결국 공망에 있다고 해도 과언이 아니다. 공망이란 명패와 물건이 사상이 제대로 안 되고, 대각선화가 제대로 안 되는 경우를 말한다. 그런데 서양에서는 대각선화를 병적인 것으로 보았다는 것이다.

### 한대의 괘변설과 역설 해의

'괘변설은 괘 속의 효를 변화시켜 나가는 것을 말한다. 이러한 괘변설을 도상으로 그려 놓은 것이 〈괘변도〉이다. 대성괘 안의 효를 순서대로 '초, 2, 3, 4, 5, 상과 같은 순서대로 배열할 때 순서수의 역설을 피할 수 없게 된다. 그리고 효가 몇 개냐의 개수와 함께 '모두'라는 말을 사용하는 순간 기수의 역설을 피할 수 없게 된다. '전체', '모두', '무한'이란 말을 사용하는 순간 역설의 상자는 열린다. 소심한 수학자들 가운데에는 수학이 이런 말만은 사용하지 말아달라고 한다. 칸토어가 무한이란 판도라 상자를 열었을 때 '칸토어의 역설'이, 러셀이 열었을 때 '러셀 역설'이 나타났다. 19세기 말부터 열리기 시작한 상자가 20세기에는 역설의 전성시대를 장식하게 되었고, 다투어 이 '러셀 역설'로 명명되었다. 동북아시아에서 이 역설의 상자가 열린 것은 방도에서 대각선이 나타날 때와 두 개의 소성괘로 하나의 대성괘를 만들 때, 상과 하 또는 외와 내에 나누어 배열할 때부터이다. 그 이후 역학 연구는 대각선과 함께 나타난 역설 해의에 집중하게 되었다.

하나의 대성괘 안에서 두 개의 소성괘를 두어, 하나는 명패로 다른 하나는 물건수로 삼고, 이를 방도라는 정방형 안에다 세로와 가로에 배열할 때, 바로 여기가 역설의 진원지가 되었다는 것이다. 이를 두고 하·은·주 시대의 정인들이 점사를 데이터베이스화 하는 것이라고 하였다. 여기서는 한대 이후부터 전개된 괘변설에서 역설을 해의하는 방법을 알아볼 차례이다. 한대는 상수역의 전성시대라 할 수 있다. 상수역은 위상역으로 가는 안내 역할을 한다고 할 수 있다. 상수역의 길잡이 없이는 위상역을 언급하는 것 자체가 불가능하기 때문이다.

역설의 진원지가 밝혀진 이상 그것의 극복, 해결, 해의라는 방법론상의 문제가 거론되는 것은 당연하다. 이는 역학 연구의 총본산과 같을 정도로 중요하다. 이를 무시한 점서로만 이용되고 있는 것은 역학 연구의 궤도를 벗어난 것이라 아니할 수 없다. 역설 해의 방법론 가운데 괘변설은 그 대미를 장식한다. 괘변설을 두고 "주역의 전체 괘상에 나타난 변화를 설명해 보고자 하는 것이 괘상 연구다"라고 한 정의는 매우 피상적이다. 괘변설의 본질은 역의 본질 그 자체와 직결된다 아니할 수 없기 때문이다. 괘변설은 시생원리 가운데 〈계사전〉의 가일배법에 근거를 두고 있다. 다시 말해서, 효의 가치인 음양을 반가치화 시키는 것이 다름 아닌 괘변설이다.

괘변설에는 맹희의 '12월 괘설', 초연수 역림의 '64괘점설', 경방의 '팔궁도설', 정현의 '효진설', 순상의 '승강도설' 등이 있다. 그러나 이들 괘변설은 64괘 전체 괘상을 포괄하지 못하였고, 제대로 체계를 갖춘 괘변설은 한대 이후부터 시작한다. 즉, 우번虞翻의 괘변설과 경방의 팔궁괘변설 등이 효시라 할 수 있다. 일단 맹희로부터 그 근거를 찾아 내려가면서 괘변설을 통한 역설 해의의 방법론을 점검해 보기로 한다.

괘변설은 우번으로부터 시작한다고 할 때, 우번의 괘변설에는 다음과 같은 네 가지 원칙이 있다. 첫째, 건과 곤의 2효와 5효는 상호 교호작용을 하여 감과 리가 된다. 둘째, 위位가 바르지 못한 효는 바르게 되어야 한다. 셋째, 12.벽괘 이론을 수용한다. 넷째, 진과 손괘의 괘변은 특별 취급을 해야 한다. 우번과 함께 중요시 되는 인물이 경방이다. 그리고 우번의 괘변설을 계승한 인물이 주진이다.

주진의 괘변설을 소개하면 다음과 같다. 첫째, 하나의 음효와 하나의 양효로부터 만들어진 괘는 각각 여섯 개인데, 모두 24.복괘(䷗)와 44.구괘(䷫)로부터 변한 것이다. 복괘는 초효만 양이고, 구괘는 초효만 음이다. 둘째, 두 개의 양효와 두 개의 음효로 만들어진 괘는 각각 아홉 개인데, 모두 19.림괘(䷒)와 33.돈괘(䷠)로부터 변한다. 셋째, 세 개의 양효와 세 개의 음효로 만들어진 괘는 각각 열 개인데, 모두 11.태괘(䷊)와 12.비괘(䷋)로부터 변한다. 넷째, 네 개의 음효와 네 개의 양효로부터 만들어진 괘는 각각 아홉 개인데, 모두 34.대장괘(䷡)와 20.관괘(䷓)로부터 변한다.

이렇게 변괘의 원칙을 적용해 나갈 때 예외가 생긴다. 다섯째, 예외의 괘들은 61.중부괘(䷻)와 62.소과괘(䷽)이다. 이 두 괘는 이전의 이어지는 괘들로서 림괘와 돈괘에서 변해야 하지만, 효의 일왕일래 원칙으로는 변하지 않기 때문에, 즉 서로 이웃하는 입장에 어긋나기 때문에 변괘로 본다. 변괘는 모두 건과 곤에서 유래하나, 만약에 이 원칙을 일관성 있게 적용하면 건괘, 곤괘, 중부괘, 소과괘를 뺀 나머지 60개 괘들에 변괘 적용이 가능하기 때문에 68개의 괘가 생긴다. 초과분이 생겨난 것이다. 이러한 비일관성은 8.비比괘(䷇)는 일양의 괘로서, 21.복괘(䷗)에서 변하였다고 할 수도 있고, 사괘(䷨)에서 변하였다고 할 수도 있기 때문이다. 몽괘(䷃)는 림괘(䷒)에서 변하였다고 해야 하지만 간괘(䷳)에서 변하였다고 한다. 이러한 괘변의 불일치에 역학 연구의 묘미가 있으며, 불일치의 원인은 귀매괘에서 발생한 초과분 때문이다.

초과분은 아무리 규칙을 일관성 있게 세워도 중복되는 부분이 나오기 때문에 생기는 현상이다. 그래서 괘변은 역설 해의, 특히 순서수의 역설 해의와 불가분의 관계를 가질 수밖에 없다. 가족 관계에서 이미 이러한 초과분이 생기는 원인을 확인하였다. 이러한 우번과 주진의 괘변설은 다음에 말할 이지재李之才에 와서 거의 그대로 반복된다. 우번과 주진 두 사람이 이루어 놓은 괘변설은 다음에 이어지는 여러 역학자들의 귀감이 될 정도이다. 맹희의 괘기설을 먼저 소개한 다음, 경방과 유목, 이지재 순서로 괘변설을 통한 중국 역학의 역설 해의 방법론을 일별해 보기로 한다.

### 맹희의 괘기설과 역설 해의

칸토어의 대각선 정리는 일대일 대응에서 출발한다고 하였다. 역의 역사도 일대일 대응의 역사이다. 팔괘가 만들어진 다음에 역의 역사는 끊임없이 이 괘를 수많은 종류의 물건들과 일대일 대응을 시켜왔다. 가족 관계에 대응시킨 것은 이미 위에서 보았다. 한대의 역학자들 가운데 일대일 대응의 방법론을 구사한 대표적인 두 인물은 맹희孟喜와 경방京房이다. 그 가운데 맹희는 괘기설卦氣說의 창시자로 잘 알려져 있다. 기가 삼라만상 그 어느 것과 관계 안 되는 것이 없는 만큼, 괘를 기와 일대일 대응을 시킬 때, 그 대응의 범위는 막대하다. 그 가운데 괘상으로 1년 절기의 변화에 대응시킨 것은 그의 고유한 사상이다. 즉, 64괘를 사계절에 일대일 대응을 시켰는데, 이를 '괘기설'이라고 한다. 맹희가 4괘인 감·리·진·태를 사계절에 일대일 대응시켰는데, 이것이 역설 해의와 연관이 되는 것은 괘기설이 괘에 시간 개념을 도입하였다는 각별한 의미 때문이다.(강학위, 1994, 178)

"감·리·진·태는 24절기가 차례로 1효씩 주관한다. 그 처음은 2지二至(동지와 하지)와 2분二分(춘분과 추분)이다."(《신당서》 권 1) 이는 맹희가 괘를 사계절 열두 달에 그대로 적용하고 있음을 단적으로 보여준다. 나아가 64괘로 1년 절기의 변화를 설명한다. 여기서 중요한 괘는 61.중부괘中孚卦(䷼)이다. 중부괘는 양효인 2효와 5효가 모두 중위中位에 있다. 그래서 맹희는 중부괘를 11월 동지 초하루를 대표한다고 본다. 여기서 1년 초하루가 시작한다고 하였다. 양인 2효와 5효가 중위에 있다는 것은(제자리에 있다는 것은) 2효는 음의 자리인데 음이고, 5는 양의 자리인데 양이 있다는 뜻이다. 이와 같이 괘기설은 역의 기본 틀을 유지하면서 이를 시간대에 대응시킨 것이다.

시간 개념이 적용되면서 움직이지 않던 팔괘가 모두 운행을 하기 시작한다. 그래서 괘의 모든 위와 치는 시간의 경과와 변화를 떠나 생각할 수 없게 되었다. 이것은 역을 이해하는 역사에서 상당한 변화를 가져오게 한 것으로서, 역설 이해에도 시간을 적용하는 사례가 되었다. 서양에서도 중세기부터 학자들 가운데 역설 해의를 위해 시간 개념을 적용해 해결하려고 하였다. 특히 중세기 학자들 가운데 이런 경향이 주류를 이루었다. 그러나 시간 개념을 적용하였을 때 바로 가족 관계의 순서수 역설이 발생하였다. 다시 말해서, 부랄리-포르테의 순서수의 역설이란 시간의 선후 개념 때문에 생긴 역설이다. 자녀들이 태어난 순서만큼 시간의 선후를 적용하기 좋은 것이 없기 때문이다.

사이먼스는 거짓말쟁이 역설에서 역설이 발생하는 이유는 참과 거짓을 시간대별로 고찰하지 않았기 때문이라 하여, 역설 해법에 시간 개념을 도입하였다. 그의 '특이성 이론'이란 다름 아닌 시간대별로 관찰할 때 거짓말쟁이 역설은 시간에 따른 맥락 때문에 발생한 것일 뿐이라고 보았다. 그래서 역설이 발생하는 이유는 '특이한singular' 맥락의 경우에 한정한다는 것이다. 위 가족 관계 역설에서도 보는 바와 같이, 역설이 발생하는 것은 장남과 장녀에 국한된다. 이 둘이 처음이라는 데 문제가 있다. 태어난 맥락과 관계된다. 시생원리로는 일관성이지만, 가족 관계에서는 비일관성인 이러한 특이한 맥락이, 역설 발생의 원인이라는 것이다. 그렇다면 이런 역설을 관찰하고 피하는 방법은, 시간 변화 과정과 괘를 대응시키는 것이 필수적이라고 할 수 있다. 그래서 한대에 와서 역에 대한 이러한 성찰이 불가피하였다고 할 수 있다. 다시 말해서, 공간에서 생긴 역설을 극복하는 일환으로 괘기설이 등장한 것이다. 그런 의미에서 맹희의 괘기설을 한갓 미신으로 취급한 것은 큰 과오라 아니할 수 없다. 이러한 특이함은 경방의 유혼괘와 귀매괘로 나타나는데, 이를 간지법에서는 공망空亡이라고 하였다. 점에서 공망에 걸리는 경우는 천간과 지지가 조합되는 과정의 한 특이한 경우에 한정된다.

시간 개념에서 생긴 역설은 간지의 역설에 잘 나타나 있다. 천간과 지지가 조합할 때 서로 어긋나는 이유가 바로 역설 때문이다. 천간은 10이고 지지는 12이다. 초과된 2는 멱집합에서 공집합과 자기 자신이 부분으로 포함되기 때문에 생긴 것이다. 그런데 역에서는 이 초과분, 즉 사각형 안에 들어가지 않는 이 초과분을 지지 속에 넣어 12를 만든다. 그 다음 10과 12의 최대공배수 60으로 운행도수로 삼고 모든 존재는 존재하는 맥락에 따라 도수가 정해진다는 것이다. 이것이 천간지지가 도입된 이후 역설 해의 법이다.

어느 전체 속에서 부분을 선택할 때 전체 자체도 한 부분으로 선택하지 않을 수 없다는 것이 선택 공리이다. 그러면 부분이 원소보다 커지는 이유가 생긴다. 그래서 부분과 집합 간의 일대일 대응이 불가능해진다. 이 점에 대한 성찰이 부족한 것이 사이먼스의 이론에서 발견된다. 어느 한 시간적 계열의 끝은 다른 계열의 시작이다. 이때 끝이면서 동시에 시작이 같아진다. 시작과 끝은 서로 포함包涵 관계가 아니고 포함包含 관계이다. 전자는 전체에 부분이 다 담긴다는 관계이고, 후자는 초과한다는 관계이다. 부분 속에도 전체가 포함될 수 있기 때문이다. 서양이 시간 개념을 포함包含 관계로 관찰하지 못한 것은 큰 결함이다. 과거, 현재, 미래가 상호 되먹힘 하는 것에 대한 이해 부족이 서양적 시간관이 가지고 있는 약점이고, 이런 약점 때문에 역설에 대한 해의도 동양과 달라졌다. 더 자세한 설명은 정역의 '포오함육包五含六'에서 이루어진다. 그래서 한국역인 정역에서 역설의 문제가 어떻게 다루어지는가를 보는 것은 기대할 만하다. 즉, 정역에 와서야 비로소 역易은 역逆에서 역曆으로 변한다. 시간의 요소를 도입하여, 대각선 논증이라는 관점에서 철저하게 역설을 관찰하는 것이 정역이다.

### 경방의 팔궁괘설과 대각선 논증

칸토어는 반대각선화와 반가치화에서 불일치의 역설과 연속체 가설을 만나게 되었고, 서양 사상사에 일대 혼란을 불러와, 20세기 모든 분야에서 몸살을 앓게 할 정도의 곤혹스런 결과를 가져 왔다. 역의 역사에서도 반가치화와 반대각선화를 처음 주도한 인물이 바로 양한 시대의 경방(京房; 기원전 77~37)이다. 경방에 이어 반가치화와 반대각선화를 주도한 인물은 소옹의 팔괘 교역설, 정이의 건곤 괘변역설, 주자의 건곤 효변 역설, 래구단의 6효 변역설, 방동미의 팔괘 교합설, 그리고 건곤 교역설 등이 있다. 여기서는 경방과 소옹만 소개한다.(서정기, 2009, 59)

경방은 양한시대 동군 돈구 사람이다. 그는 맹희의 괘기설를 크게 발전시켜 팔궁, 오행, 음양, 납갑 등의 설을 제창하여 한역 상수학파를 만드는 데 중심 역할을 하였다. 다시 말해, 경방은 음양 2기설을 가지고 맹희의 괘기설을 해석하였다.(강학위, 194, 183) 그의 제자로는 단가, 요평, 승홍 등이 있다. 역의 발달사는 역의 괘를 무엇과 대응시키느냐에 따라서 결정되고 전개된다고 해도 과언이 아니다. 양한 시대의 맹희는 괘를 절기의 변화에 대응시켰다고 하였다. 경방에 따르면 괘는 명괘가 되고, 계절의 절기는 그것에 붙는 물건이 된다. 괘기설에 명괘와 물건을 적용하여 괘기설을 데이터베이스화한 것이다. 그는 64괘를 다섯 개의 집합군(후괘, 대부괘, 경괘, 공괘, 벽괘)으로 나누고, 각 군에 열두 절기와 열두 지지를 대응시켰다. 그래서 역은 우주 자연의 여러 현상과 대응관계를 갖게 된다.

경방은 맹희의 괘기설을 대폭 수용하고 그 외연을 확장하여 괘기설, 팔궁괘설, 오행설, 음양 2기설, 납갑설, 팔괘 기원설 등, 지금 우리가 아는 대부분의 역에 관한 이론들을 제시하였다. 그 가운데 대각선 논증과 관련하여 우리의 관심을 끄는 것은 그의 팔궁괘설이다. 그는 팔괘의 배열순서도 우리가 지금 아는 통행본과 다른 방법으로 건진감간/곤손리태의 순서로 배열하였다. 그런데 놀라운 사실은, 이 배열순서가 백서본과 같다. 이러한 순서는 역에서 가족 관계에 의해 분류하는 것과 같다. 다시 말해서, 건(부)이 진, 감, 간이란 장남, 중남, 소남을 거느리고 있고, 곤(모)이 손, 리, 태란 장녀, 중녀, 소녀를 거느리고 있는 것과 같다. 집합론으로 보았을 때 일관성을 유지하고 있다. 그래서 백서본과 경방이 팔괘를 배열하는 순서는 역의 본래 모습에 가까운 것이다.

이 가족 관계는 효의 위치와 관련 있는 중요한 시사점을 던져준다. 다시 말해서, 건괘의 초효는 진에서, 2효는 감에서, 3효는 간에서 온 것이다. 그래서 건(부)은 세 아들을 세 개의 효 속에 포함하고 있다. 마찬가지로 곤(모)의 초효는 손에서, 2효는 리에서, 그리고 3효는 태에서 온 것이다. 그래서 어머니는 세 딸을 세 개의 효 속에 포함하고 있다. 문왕팔괘도에서 감·리 두 괘가 같은 방법으로 다른 세 개의 괘를 거느리며, 각 효마다 일대일 대응하는 것을 발견할 수 있다. 이는 일관성을 유지하는 방법이다. 그러나 이것은 하도와는 다른 방법이다. 즉, 하도에서 부는 2녀 1남(태·리·진)을, 모는 2남 1녀(손·감·간)를 포함하고 있다. 하도는 시생원리의 일관성에 기준을 두었기 때문이다. 그래서 하도와 복희팔괘도는 시생원리의 일관성을, 낙서와 문왕팔괘도는 가족 관계의 일관성을 유지하고 있다. 경방의 팔궁괘설은 이런 가족 관계의 일관성을 유지하고 있다. 그리고 경방의 팔괘 순서 변화가 최근 발견된 백서본과 일치하는 것은 놀랍다 아니할 수 없다.

경방의 팔궁괘설은 이러한 방법의 연장선에서 이해될 수 있다. 경방은 궁宮과 세世로 세로와 가로를 나눈다. 궁은 공간 개념이고, 세는 시간 개념이다. 전자는 '우宇'라 하고 후자를 '주宙'라 한다. 그래서 팔궁도는 '우주' 그 자체라 할 수 있다. 그리고 하나의 세계이다. 공간과 시간이 위가 되고 경이 된다. 복희도는 가로줄과 세로줄을 같은 팔괘로서 같은 순서로 나열하였다. 그러나 경방은 64괘의 순서를 세로로 배열하여, 건에서 시작하여 귀매에서 끝난다. 네 개 본괘를 거듭하여 만든 여덟 개의 중괘를 팔궁八宮 또는 팔순八純이라고 한다. 즉, 세로줄 궁의 제1궁은 효변 건, 제2궁은 효변 진, 제3궁은 효변 감, 제4궁은 효변 간, 제5궁은 효변 곤, 제6궁은 효변 손, 제7궁은 효변 리, 제8궁은 효변 태와 같다.

이들을 '팔순八純'이라고 하는데, '자합성 팔순自合成八純'이라고도 한다. "괘가 스스로 자기 자신과 만나 합성한다"는 뜻이다. 다시 말해서, 이는 복희도의 정대각선에 해당하는 중괘를 의미한다. 자기언급의 문제와 함께 지금부터 대각선 논증의 빌미가 보이기 시작한다. 그 순서만 시생원리의 '건태리진/손감간곤'에서 가족 관계의 '건진감간/곤손리태'로 바뀌었을 뿐이다. 이렇게 팔괘를 세로줄에 배열하는 것을 '팔궁'이라고 한다. 이에 대하여 경방은 가로줄에 상세, 1세, 2세, 3세, 4세, 5세, 6세, 유혼, 귀매라 순서대로 명칭을 붙인다. 7과 8을 '유혼'과 '귀매'라고 한 데 각별한 관심을 가져야 한다. 여섯 개의 효인데, 왜 여덟 개인가? 초과분이 발생하였기 때문이다.

상세上世란 8순 궁괘인 정대각선 자체이다. 대각선의 괘들은 일곱 개의 괘를 통솔하는 명패 역할을 한다는 뜻이다. 복희도와 다른 점은 경방의 경우는 궁괘 자체가 아래로부터 효를 변화시켜, 물건인 나머지 7괘를 만든다는 것이다. 명패로서의 각 궁괘는 자기 안의 일곱 괘를 통솔한다. 그런데 궁괘 자신은 변화를 주관하면서도 그 변화의 밖에 있지 않고 변화 안에 들어와 있다. 포함包含되어 있다는 뜻이다. 이러한 궁괘를 특별히 '상세上世'라고 한다. '세'란 시간 속에서 변화하는 것을 의미한다. 궁괘인 상세의 통솔을 받아 변화하는 일곱 개의 괘는 1세, 2세, …, 5세, 유혼, 귀혼 등이다.9)

일곱 개의 궁인 상세에서 귀매괘까지는 순괘의 각 효가 아래 제1효부터 음은 양으로, 양은 음으로 변한다. 즉, 반가치화를 한다. 그 순서는 아래로부터 차례대로 정해진다. 여기서 경방의 팔괘 나열 법칙에는 하나의 원칙이 있는데, 그것은 "여덟 개의 궁괘가 각각 일곱 개의 다른 괘를 산출한다"이다. 효변에 의해 창출한다. 복희도에서는 팔괘가 같은 팔괘를 순서대로 일대일 대응하면서 합성한다. 그러나 경방의 팔궁에서는 팔궁괘 자체가 자신의 효를 아래서부터 변화시켜 다른 괘들을 산출해 낸다. 이러한 효의 변을 '효변'이라고 하며, 일명 '색素'이라고 한다. 이는 역설 해의에 대한 경방 나름의 독특한 방법이다. 6효가 내·외괘로 양분될 때, 그것은 명괘와 물건의 관계임을 항상 염두에 두어야 한다. 만약에 그렇지 않다면 효변 자체로서는 아무런 의미가 없다. 가로와 세로가 사상된 대각선이 하나의 중괘임을 명심해야 한다는 뜻이다.

여기서 궁과 세 가운데 어느 것을 가로줄로 하고, 어느 것을 세로줄로 할 것인가는 임의적이다. 청대 사람 혜동은 《역한학》에서 〈팔궁괘차도〉를 통해 경방의 팔궁괘도를 작도할 때, 가로줄에 명괘─궁을 세로줄에 물건─세를 배열하였다. 이는 전형적인 서양의 방법이다. 그러나 복

---

9) 《경씨역전》은 이를 두고 "역에는 4세가 있으니 1세와 2세는 지역(地易)이고, 3세와 4세는 인역(人易)이고, 5세와 8순은 천역(天易)이고, 유혼과 귀혼은 귀역(鬼易)이라고 하였다."(강학위, 1994, 184)

희도와 칸토어의 경우 모두 세로줄에 명패를 둔 만큼, 경방의 경우도 아래와 같이 궁을 세로줄[경]에, 세를 가로줄[위]에 배열하는 것이 상호 대조하는 데 편하다. 가로와 세로 가운데 어느 것을 명패와 물건으로 할 것인가는 동서양의 차이가 있다. 그러나 여기서는 이에 대해 별다른 의의를 부여하지 않기로 한다. 가로와 세로가 만드는 대각선이 중요하기 때문이다.(강학위, 1994, 185)

여기서 대각선 정리의 기본원리를 찾기 위해서는 다음 〈표 8-2〉 속에 어떤 규칙적인 나열 질서가 있는지 확인해야 한다. 세로줄 첫 줄을

표 8-3 경방의 팔궁괘차도

| | | | | 八 宮 卦 | | | | |
|---|---|---|---|---|---|---|---|---|
| 上 世 (八 純) | 乾 | 震 | 次 | 艮 | 坤 | 巽 | 離 | 兌 |
| 一 世 | 姤 | 豫 | 節 | 賁 | 復 | 小畜 | 旅 | 困 |
| 二 世 | 遯 | 解 | 屯 | 大畜 | 臨 | 家人 | 鼎 | 萃 |
| 三 世 | 否 | 恒 | 旣濟 | 損 | 泰 | 益 | 未濟 | 咸 |
| 四 世 | 觀 | 升 | 革 | 睽 | 大壯 | 无妄 | 蒙 | 蹇 |
| 五 世 | 剝 | 井 | 豐 | 履 | 夬 | 噬嗑 | 渙 | 謙 |
| 游 魂 | 晉 | 大過 | 明夷 | 中孚 | 需 | 頤 | 訟 | 小過 |
| 歸 魂 | 大有 | 蠱 | 師 | 漸 | 比 | 蠱 | 同人 | 歸妹 |

상세上世, 팔순괘, 불변괘, 중괘라 부른다. 이들이 다름 아닌 명괘에 해당한다. 상세 여덟 개 가운데 1세에 해당하는 건괘를 명괘로 하여, 이 명괘가 통솔하는 나머지 일곱 개 괘들이 어떻게 변하는가를 살펴보자.

상세는 건괘가 자기언급을 한 1.중천건(䷀)이다. 1세는 44.천풍구괘(䷫)이다. 그 이유는 상세 건괘의 초효인 양이 음으로 변했기 때문이다. 다음 2세는 건괘의 2효 양을 음으로 효변한 33.천산돈괘(䷠)이다. 3세는 건괘의 3효가 양을 음으로 효변한 12.천지비(䷋)이다. 이런 방식으로 4세와 5세도 효변한다. 그런데 6세에 해당하는 유혼괘가 문제이다. 만약에 위와 같은 방법으로 변하여 제6효가 양에서 음으로 변하면 곤(䷁)이 되어 버린다. 그런데 이것은 막아야 한다. 시생원리를 어기고, 시생원리의 초효 원리를 어기는 것이다. 가족 관계의 역설이 왜 중요한지 여기서 분명해진다. 곤괘가 되면 초효가 변하고, 그러면 명패 자체가 달라진다. 경방은 이 위기를 어떻게 극복하고 있는가? 명패와 물건 사이의 순환의 위기 말이다. 러셀의 유형론을 무색하게 하는 위기 말이다.

이는 가족 관계에서 이미 문제된 바이다. 〈표 8-2〉에서 볼 때, 곤괘는 다른 데서 궁 노릇을 하고 있기 때문이다. 다른 궁의 명패 자체가 건궁의 물건 속에 포함될 수는 없다. 위계적 유형이 무너지기 때문이다. 그러면 특단의 다른 방법을 취해야 한다. 그것은 5세 외괘(상괘)의 초효를 바꾸는 것이다. 지금까지는 내괘(하괘)의 효를 바꾸어 온 것을 명심하라. 즉, 외괘의 초효(4효)가 음이기 때문에 양으로 바꾼다. 그러면 35.화지진괘(䷢)가 된다. 그러면 이를 6세라 하지 않고 '유혼괘遊魂卦'라 한다. 그 이유는?

유혼과 귀혼의 문제와 역설 해의

'유혼'이란 '혼이 떠돈다'는 뜻이다. 만약에 6세에 해당하는 효가 변해 버리면 먼저 말한 대로 곤괘가 되어 버리고, 그러면 곤괘는 팔궁 속에 있는 하나의 명패 괘가 되고 만다. 그러면 궁에 있을 왕인 통솔자가 피통솔자인 병사가 되듯, 명패가 내용의 물건이 되어 버린다. 이는 역설이 생기는 발생처이며, 이를 피하는 방법은 다름 아닌 외괘의 초효를 바꾸는 것이다. 그 결과로 생긴 괘가 '화지진괘火地晉卦☲'이다. 이제 아래에서 위로 향하면서 효가 순차적으로 변하던 일관성의 규칙은 무너지고 말았다. 처음 세운 규칙에 예외가 생겼다. 궁이던 건괘 안에서 자기와 일대일 대응을 할 수 없는 것이 생겼다. 그러면 마지막 7세에 해당하는 여덟 번째 괘, 즉 귀혼괘歸魂卦는 어떻게 처리할 것인가? 그 출구는 상세 건괘의 내괘 자체로 되돌아오는 것이다. 그것이 14.화천대유괘火天大有卦☲이다. 이 전 과정이 순서수와 기수의 역설에 대한 경방의 해의 방법이다. 역설 해의라는 안목으로 경방을 다시 보아야 할 대목이다.

유혼괘에 속한 5세괘의 제4효가 본궁 상세괘의 제4효를 다시 회복한 것이다. 이 5세괘의 제4효가 효변(양이 음으로, 음이 양으로 변함)을 일으켜 회복이 이루어진 것이다. 유혼괘가 만들어지는 방법으로 두 가지 설명이 가능하다는 것이다. 하나는 유혼괘 전에 있는 5세괘의 제4효가 효변하는 것이라는 견해와, 본궁 상세괘의 제4효를 회복한다는 것이다. 즉, '효변'을 통해서냐 아니면 '회복'을 통해서냐이다. 이 두 가지 방법을 논리적으로 설명하려면 간단하지 않다. 이렇게 명패라는 집을 잃어버린 효가 갈 곳 없이 이름 그대로 혼이 떠돌고 있다.

유혼괘에 대한 논리적인 설명은 다음과 같다. '효변'은 같은 물건괘 집합 안의 여섯 개 원소 사이에서 일어나는 변화이다. 왜냐하면 5세괘 는 유혼괘 바로 앞의 괘로서, 같은 차원 안에 있기 때문이다. 원소 사이 의 변화란 뜻이다. 그러나 '회복'이라면 사정이 다르다. 본궁괘는 명괘이 고 통솔하는 측면에 있고, 유혼괘는 피통솔적 측면에 있다. 한마디로 말 해서, 서로 다른 차원의 변화이다. 들뢰즈의 말을 빌리면 전자는 상사相 似, 후자는 유사類似에 해당한다. 종과 종 사이의 변화냐, 유와 종 사이의 변화냐의 차이인데, 이것이 바로 역설의 핵심부에 해당한다.

유혼의 문제는 다음 7세에 해당하는 귀혼에서도 발생한다. 귀혼괘는 유혼괘의 내괘가 본궁 상세괘의 내괘의 괘상으로 '회복'된 것이다. 이 귀혼괘에 대하여 유혼괘의 내괘가 모두 효변한 것이라고도 한다. 유혼 괘가 세와 세 사이, 궁과 세 사이에 있는 효와 효 사이의 변화라면, 귀혼 괘는 괘와 괘 사이의 변화이다. 바디우의 말을 빌리면, 전자는 원소와 원소 사이의 변화이고, 후자는 부분과 부분 사이의 변화이다. 전자는 '상황situation' 안의 변화이고, 후자는 '상황의 상태state of situation' 안의 변 화이다.

먼저 귀혼괘는 유혼괘의 내괘가 본궁괘의 내괘로 되돌아간 것, 다시 말해서, 그동안 변해 온 자신을 포기하고 본궁괘의 내괘 모습을 다시 찾는다는 뜻이다. 그래서 '귀혼'이란 말이 유래한다. 그런가 하면, 유혼 괘 내괘가 효변을 해 귀혼괘가 된다는 것이다. 유혼괘의 내괘는 본궁괘 에서 완전히 효변을 한 것이기 때문에, 그것을 다시 변화시키면 본궁괘 의 내괘가 된다. 이 본궁괘의 내괘를 귀혼괘의 내괘로 삼는다는 것이다. 효의 음양을 뒤집고 다시 뒤집는 격이다. 괘가 본향으로 되돌아가든지,

변한 것을 다시 변하게 하든지 하는 것이 귀혼괘이다.

'유혼'이라든지 '귀혼'이라 한 이유는, 위에서 두 괘를 처리한 방법에서 어원에서 찾을 수 있다. 유혼과 귀혼의 두 괘는 칸토어의 대각선 정리에서 일대일 대응이 되지 않는 초과분에 해당한다. 칸토어는 이 초과분의 정체를 해결하지 못하고 삶을 마쳤다. 괴델에 의해서 이는 결코 해결될 수 없는 비결정의 문제로 남을 수밖에 없는 것으로 그 정체가 드러나기까지, 서양 철학사에서 수천 년 동안 철학자들을 괴롭혀 온 난제 그 자체였다. 물론 칸토어의 대각선 정리에서는 대각선상의 모든 수이고, 여기서는 대각선상의 수가 지닌 이진수(음과 양)의 변화에서 발생한 것이지만, 그 구조는 마찬가지이다. 집합에 해당하는 궁이 집합 안에 있는 원소와 같아지는 원소가 되고, 다시 집합 자체가 된 다음, 또 그 반대가 되는 전형적인 칸토어 역설이, 경방역 안에 담겨 있었다. 그래서 경방의 팔궁괘설은 한마디로 말해서 역설 해의의 한 방법이다. 일관성 있게 효변시켜 나갈 때 마지막 서수에 해당하는 수는 다른 본궁괘가 아니어야 한다는 원칙을 지키기 위한, 다시 말해서, 명패와 물건의 유형적 혼동을 막기 위한 고육지책이다. 이어지는 모든 경우에서 이러한 대원칙은 불변의 원칙으로 통한다. 경방은 여섯 개의 효를 두 개의 괘로 나누어 보기도 하고, 다시 효의 연속으로 보기도 한다. 전자는 부분으로 보는 것이고, 후자는 원소로 보는 것이다. 상황의 상태로 보기고 하고 상황으로 보기도 한다는 뜻이다.

### 경방의 역설 해의법 재조명

사안의 중요성을 고려할 때, 경방이 역설을 해의하는 방법을 다시 요약할 필요가 있다.

1. 경방의 팔궁괘차도는 정대각선 여덟 개(이를 '팔순'이라 함)를 명패[궁]로 삼는다.

2. 5세까지 상향하던(이를 '배진'이라 함) 효변 방향을 유혼(6세)에서는 5세 외괘의 초효(5세의 4효)를 바꾼다. 이는 시간적으로 상향하던 방향을 하향으로 돌리는 것이다. 세를 시간상의 변화라고 할 때, 시간이 직선으로 흐르지 않고 역진하는 것이나 마찬가지이다. 마치 블랙홀 주변에서 빛이 휘고 시간의 미래가 과거가 되는 것과 같다. 이러한 초공간에서나 가능할, 귀신이 곡할 세계를 두고 남회근은 이렇게 말하였다. "내적인 생각의 변화가 행동으로 나타나 이 행동으로 인해 외부의 환경이 변하며, 이제 외부의 환경이 다시 자신의 내적인 생각의 변화를 강요하는 겁니다. 유혼이란 이처럼 다시 되돌아온다는 겁니다." "이어서 나타나는 여덟 번째 변화를 귀혼괘라 하는데, 이것은 다시 본래의 자리로 되돌아온 것을 말합니다."(남회근, 1998, 66)

이를 논리적인 표현으로 바꾸면 다음과 같다. 여기서 내적인 변화란 하나의 집합 안에서 원소들이 위와 치를 변화시키는 것을 의미한다. 부랄리−포르테의 순서수의 역설에 따르면, 하나의 집합 안의 원소들이 순서대로 다 변하였을 때에는, 그 집합 자체가 변해 또 다른 순서수의 첫 번째가 된다. 그러면 새롭게 된 순서는 집합이 자기 자신 속의 한 원소가 된다. 위상기하학적으로 말하면, 안이 겉이 되고 겉이 안이 되는 클라인병과 같다. 이를 재귀적recursive이라고 한다. 유혼과 귀혼이란 이런 재귀적 의미를 말한다. 즉, '귀혼'이란 자기 있던 곳으로 되돌아감의 재귀를 의미한다.

3. 유혼은 부랄리-포르테의 순서수 역설로 보았을 때 원소가 재귀적이 되는 것이고, 귀혼은 집합 자체가 재귀적이 되는 것이다. 집합이 자기 자신의 한 원소가 되는 것이다. 유혼괘에 해당하는 6세에서는 원소가 자기 자리로 되돌아와 양을 회복하고, 귀혼에서는 내괘란 집합 전체가 자기 자리에 돌아와 효변 이전의 자기 자신의 모습을 다시 찾는다. 그래서 역易은 역逆이 된다. 그러면 왜 이런 역설 현상이 발생하는가? 그것은 정대각선 자체가 상세의 자리를 차지하고 있기 때문이다. 궁인 명패가 세인 물건이 되는 것이 효변이다. 그래서 두 번째 자리가 1세가 되었다. 이는 마치 나무의 나이테에서 첫 해의 나이테는 나무의 둘레 자체인 것과 같다. 실제 나무의 나이는 나이테보다 하나 더 많다. 손가락으로 셈을 할 때, 첫 번째 것은 다 셈한 것 자체인 동시에, 새로운 시작으로서 첫 번째가 되는 것과도 같다. 서양인들은 엄지를 손가락 수에 넣지 않지만 우리는 넣는다. 상세도 다른 세와 같은가 다른가. 마지막 두 개 유혼과 귀혼에서도 같은 문제에 직면한다. 어미 돼지의 셈하기로 다시 돌아가 생각하면 쉽게 이해된다.

이에 대하여 남회근은 "건곤 양괘 이외의 기타 괘에서 여섯 효가 모두 동할 때에는, 그것이 속한 팔궁괘의 단사象辭로서 판단한다"(남회근, 1998, 128)고 하였다. '단사'란 효의 다른 말이다. 그렇다면 여섯 효가 모두 동한다는 것은 순서수의 역설에서 순서의 마지막까지 다 진행되어 왔다는 것이다. 그런데 '여섯 효가 모두 다 동한 것' 자체는 동하지 말아야 한다. 이때 그 순서 집합 전체가 다시 그 순서 안의 한 원소가 된다는 것을 의미한다. 어미 돼지도 자기 자신을 새끼들 가운데 하나로 셈하여야 한다는 것을 의미한다. 예를 들어서, "천풍구에서 여섯 효가 모두 동

한다면 건괘의 단사로서 판단한다. 구괘는 팔궁괘의 건궁에 속하여 건
괘로부터 변해 온 것이기 때문이다"(같은 책)와 같다. 여섯 효가 모두
동하였다는 것은 귀혼괘까지 도달하였다는 것이며, 그때 다른 곳에서
변화를 설명할 것이 아니라 천풍 구괘(☰) 안의 궁괘인 건괘로 돌아와
서 효를 설명하는 단사를 불러오라는 것이다. 이는 재귀적 순환론적 역
逆에 대한 해법이다. 괘사를 효사를 통해 설명한다는 것이다. 이는 부분
과 원소 사이의 동치를 의미한다. 이렇게 경방의 효변설에서는 효와 괘
가 자유자재로 왕래한다.

　여기서 역逆이란 러셀 역설 같은 것을 말한다. 원소가 부분이 되고 또
그 반대가 되는 역설 말이다. 이 역설을 해결하기 위해 러셀은 유형론
typology을 제시한다. 다시 말해서, 원소와 부분은 서로 다른 유형이니 이
를 혼동하지 말라는 것이다. 순환을 직선으로 바꾸는 것이 해의법이라
는 것이다. 그러나 경방은 이런 유형론을 무시하고 있다. 그 예가 바로
유혼괘와 귀혼괘이다. 러셀의 입장은 후대에 지대한 영향을 주어 타르
스키 등 대부분의 수리논리학자들이 러셀의 견해를 따른다. 러셀의 입
장은 일관적-위계적이라고도 한다. 경방의 입장에서 볼 때 1세에서 5세
까지는 위계적-일관적이지만, 6, 7세인 유혼과 귀혼에서는 비일관적-
순환적이라 할 수 있다.10) 그래서 서양에서도 1970년대 이후부터 주로
동양계 학자들에 의해서 비일관적-순환론이 등장하기 시작하였다. 경
방의 체계에서 볼 때 당연한 것이라 할 수 있다. 일정 단계까지는 위계

10) 6세와 7세는 7세와 8세라고 할 수도 있다. 상세를 1세로 보면 그렇게 된다. 그러나
　　상세는 전체 궁 자체이다. 그렇다면 이 궁 자체를 다른 순서수에 넣을 것인가 말
　　것인가? 여기서는 넣지 않아서 6세와 7세라고 한 것이다.

론이 통한다는 말이다.

　순환론이란 현대 물리학에서 소립자들이 통상적인 시간의 이동에 영향을 받지 않고, 과거·현재·미래 어디나 여기저기를 자유자재로 움직이는 것과 같다고 할 수 있다. 이를 귀신의 세계라 한다. 귀혼괘의 경우는 사라졌던 내괘 그 자체가 통째로 되돌아와 제 자리를 잡고 있다. 밤사이에 도깨비가 장난을 쳐 솥뚜껑이 솥 안에 들어가 있는 것과 같다. 이는 뫼비우스띠나 클라인병과 같은 공간의 세계에서나 가능한 일이다. 유혼괘에서는 효의 유형체계가 무너졌고, 귀혼괘에서는 부분과 원소의 구별이 사라지고 말았다. 이러한 위상공간의 세계를 경방의 팔궁괘차도는 그대로 잘 보여준다.

　방도가 대각선화 과정으로 역설을 만들어 내는 도상이라면, 경방의 팔궁괘차도는 역설을 해의하는 도상이다. 그래서 경방의 도상 배열법을 대각선 논증과 역설 해의라는 관점에서 보면 각별한 의미가 있다. 그 배열법은 다음과 같다. 경방의 팔궁괘는 복희도의 대각선상의 팔괘인 중괘와 순괘를 재배열한다. 중괘와 순괘는 자기언급을 하는 괘이다. 재배열이란 정대각선을 반대각선화하여 가로로 삼아 명패로 한다는 것이다. 즉, 대각선을 가로줄로 하여 궁(명패)을 여덟 개로 한다. 그 궁들 각각에 시간 개념을 도입하여 여섯 개의 효를 효변시켜 7세를 만든다. 6효가 일곱 개로 변한 이유는, 바로 위에서 말한 효변에 이어 괘변을 첨가하였기 때문이다. 그래서 초과분이 생긴 것이다.

　6효를 연속적으로 보아 하나의 계열로 한 다음, 밑에서부터 배진을 하면서 효변을 시켜 나간다. 이는 마치 칸트가 시간의 시종을 말하기 위해서 배진법을 사용한 것과 같다. 1세는 초효부터 효변을 하고, 순서

대로 5세까지 효변을 한다. 그러나 6세와 7세인 유혼과 귀혼에 와서는
순서수의 역설이 발생한다. 효변이란 다름 아닌 반가치화이다. 그리고
배진에서 역진은 한다는 것은 반가치화를 다시 반가치화한 것이다. 이
런 점에서 경방의 팔궁괘는 대각선 정리의 여러 요소들을 모두 갖추고
있다. 즉, 반대각선화와 반가치화가 다 그 속에 들어 있다. 장시양핑張祥
平은 경방의 팔궁괘 괘 배열방법이 백서본과 대동소이함을 보고는, 나름
대로 역의 원래 배열법을 원래본, 백서본, 현행 통행본으로 나누어 괘
나열법을 아래와 같이 새로 정리하였다.

| 건 | 태 | 리 | 진 | 손 | 감 | 간 | 곤 | |
|---|---|---|---|---|---|---|---|---|
| ↓ | ↓ | ↓ | ↓ | ↓ | ↓ | ↓ | ↓ | |
| 부 | 소녀 | 중녀 | 장남 | 장녀 | 중남 | 소남 | 모 | (1) |

| 건 | 진 | 감 | 간 | 곤 | 손 | 리 | 태 | |
|---|---|---|---|---|---|---|---|---|
| ↓ | ↓ | ↓ | ↓ | ↓ | ↓ | ↓ | ↓ | |
| 부 | 장남 | 중남 | 소남 | 모 | 장녀 | 중녀 | 소녀 | (2) |

위의 표에서 (1)은 시생원리의 일관성을 따른 것이고, (2)는 가족 관
계의 일관성을 따라 만든 것으로서, 경방의 팔궁괘차도(또는 팔궁괘)와
일치한다. (2)는 경방의 팔궁괘차도에서 가로줄에 해당하는 팔괘의 순
서이다. 한눈에 가족 관계의 일관성을 따랐음을 알 수 있다. 즉, 부 다음
에는 아들 셋이, 모 다음에는 딸 셋이 따른다. 이는 가족 관계의 일관성
을 두고 괘를 괄집하였음을 의미한다. 복희도는 시생원리, 문왕도는 가
족 관계의 일관성을 따른 것이라 하였다. 그렇다면 경방은 가족 관계의

일관성에 따라 궁을 만들었음을 다시 한 번 확인할 수 있다.

## 8.6. 송대 진단의 용도역과 대각선 정리

### 하도낙서의 '뉴'라는 수

지금 우리가 사용하는 개인용 컴퓨터의 창을 열면 수많은 도상들icons이 한꺼번에 나타나고, 그 밑에는 도상의 이름이 붙어 있다. 상·수·사에 해당하는 것이 키보드에 나열되어 있다. 이렇게 현대인들은 우뇌에 편리한 도상과 좌뇌에 편리한 문자를 동시에 사용하고 있다. 그러나 고대 그리스 철학자들의 책에서 도상을 발견하기란 힘들다. 아니 중세와 현대의 철학사에서도 마찬가지이다. 서양의 전통에서는 도상이나 도안을 사용하는 것이 금기시되어 왔다. 의도적으로 배제해 왔다. 지금도 학자들이 자기 저서에 도상을 넣으면 품위가 떨어지는 것으로 보고 있다. 이는 우뇌의 역할을 사악시해 온 역사와 무관하지 않다. 그러나 동양의 전통에서는 도상을 사용하는 것은 다반사이다. 특히 송대의 주렴계가 《태극도설》 하나로 유학의 신기원을 만든 것은, 도상의 위력이 얼마나 큰가를 웅변적으로 말해 준다.

수대 이전에는 도상이 없으면 책이 안 될 정도였다. 〈명당도〉, 〈삼례도〉, 〈이아도〉는 대표적인 예이다. 한대 이전에는 주로 위서에서 도를 많이 사용하여, 이를 '도위圖緯'라고 불렀다. 한대 이전에는 도상 가운에 '도'를 중요시하였다면, 한대에는 '상'을 중요시하여, 공영달의 《주역정위권수》는 역의 상을 주로 사용한 대표적인 저서이다. 도와 상을 결합한 도서 가운데 대종을 이루는 것은 하도와 낙서이다.(이신, 1995, 97)[11]

남송 초 주자는 하도와 낙서가 모두 진도에서 비롯하여, 전래된 계통
은 다음 세 갈래라고 보았다.

1. 진단-종방-이개-허견-범악창-유목(〈역수구은도〉)
2. 진단-종방-목수-이지재-소옹(《황극경세》)-주자(《주역본의》)-채원정
3. 진단-종방-목수-주돈이(《태극도설》) (이신, 1995, 102~103)

이를 보면 진단-종방 이후 세 파로 갈라진다. 유목과 소옹, 주돈이가
바로 세 갈래의 종착점이다. 여기서 중요한 쟁점이 되는 것은 구궁수를
하도, 오행생성수를 하도라고 한 데 대하여, 소옹과 주자는 정반대로 구
궁수는 낙서이고, 오행생성수는 하도라고 하였다. 이는 '하9서10' 또는
'하10서9' 논쟁이라 한다. 전자는 유목의 입장이고, 후자는 소옹의 입장
이다. 두 도상을 두고 이렇게 정반대 주장을 하는 이유는 바로 대각선
때문이다. 대각선의 반대각선화를 어떤 순서로 이해하느냐에 따라서 이
렇게 다른 결론이 나온다는 것이다. 그리고 쉽게 결정을 할 수 없는 이

---

11) 역의 역사는 도(圖), 서(書), 도(圖)의 순서로 발전한다. 도가 6천여 년 만에 다시
서를 거쳐 도로 되돌아온 역사가 역의 역사이다. 동이족에서 시작하여 한족을 거쳐
다시 동이로 돌아온 역사이다. 그래서 역이 발생하는 종족적인 배경으로 볼 때 도,
서, 도는 동이, 한, 동이와도 같다. 이는 한족과 동이족의 사고의 차이와도 연관이
있다. 하도와 정역도를 낙서에 비교할 때 서로 다른 점보다는 유사한 점이 많기 때
문에 같은 도라 한 것이다. 종족적으로 볼 때에도 같은 동이족의 사고구조 속에서
나온 것이기 때문에 같은 유사성을 보인다는 것이다. 그래서 도, 서, 도는 하도, 낙
서, 정역도를 두고 하는 말이다. 이 셋은 역의 큰 강줄기 세 개를 의미하기도 한다.
특히 하도와 정역도는 같은 도로서 하나는 전분별적이라면 후자는 초분별적이다.
전자가 뫼비우스띠와 같다면 후자는 사영평면과도 같다. 사영평면은 뫼비우스띠 두
개가 연접해 있는 것이다. 이는 둘이 같으면서도 다른 점이다.

유도 바로 하도와 낙서에 나타난 대각선의 애매한 성격 때문이다. 현재 우리에게 정설로 알려진 것은 소옹-주자의 주장이다. 지금부터 필자는 유목과 소옹 주장의 차이를 대각선 논증의 시각에서 비교할 것이다. 《사고전서총목제요》에서 유목이 "9를 하도라 하고 10을 낙서"라고 한 것은 소옹과도 다른 점이다. 유목의 하9서10론에 의한 도서론은 이 점에서 그 특징을 드러낸다.(량, 1994, 388)

먼저 하도와 낙서를 비교하기로 한다. 숫자상으로는 '5'와 '10'과 '1'이 문제의 중심부에 자리 잡고 집중적으로 다루어질 것이다. 이 세 숫자가 세 그림에서 어느 위치에 어떻게 배열되느냐가 최대 관심사라 할 수 있다. 대각선 정리가 기하학적인 도상에서 숫자로 옮겨져 거론이 된다는 의미이다.

하도와 낙서를 도상으로 비교하는데, 같은 점부터 찾아본다. 하도와 낙서가 같은 점은 중앙의 '5'이다. 그런데 나머지는 하나도 같은 점이 없다. 하도 속에 있던 5+5=10이 낙서에서는 사라지고 없으나, 서로 마주보는 괘수의 합이 모두 10이다. 다음으로 생수와 성수가 하도에서는 내외로 갈라져 배열되었다. 즉, 생내성외生內成外의 방법으로 배열되어 있다. 그러나 낙서는 생과 성이 모두 같은 외곽에 어깨를 견주듯이 쌍으로 배열되어 있다. 이제부터는 이런 차이의 원인을 대각선 정리라는 입장에서 검토하기로 한다. 특히 대각선 정리의 6대 요소 가운데 대각선화와 반대각선화에 초점을 맞추어 살펴본다. 명패는 5로, 대각선은 10으로, 성수와 생수는 대각선수와 물건수로 각각 등장한다. 기하학적인 대각선 논증이 숫자로 변했다. 이렇게 수로 대각선 논증을 개념화한다는 것이다.

중앙 5를 체라고 한다. 그런데 하도에는 5가 두 가지 다른 모양을 하고 있다. 중앙 5의 상·하에서 5와 5가 나누어져 배열되어 있다. 후자는 5가 자기언급을 하여 정대각선수 10이 된다. 상·하의 5가 같은 5이지만, 중앙 5와 같을 수는 없다. 중앙 5는 세로 명패이기 때문이다. 중앙 5의 상의 5는 명패수이고, 하의 5는 물건수이다. 중앙 5는 중앙의 중앙이며 명패의 명패에 해당한다. 즉, 명패는 자기 속에 명패를 또 가지고 있다. 명패의 명패가 가운데 백점이라는 것이다. 낙서에는 명패수 5만 남겨두고 상하 5+5=10 수는 없다. 이러한 이유가 대각선 논법의 신기원을 만들고 있다.

### 진단의 '용도역'과 대각선 정리의 여러 요소들

하도와 낙서 연구를 '하락학'이라고 할 때, 하락학의 비조는 북송의 진단이다. 하도와 낙서는 송대 이전에는 그림으로 나타나지 않았다. 도상화 작업은 진단으로부터라고 해도 과언이 아니다. 진단은 역학사에서 중요한 몇 가지 그림을 그려서 송대 도서상수역학圖書象數易學을 창시하였다. 용도를 일명 '역용도易龍圖' 또는 '용도역龍圖易'이라고도 하며, 모두 21편으로 되어 있다고 하나 전해진 것은 없다. 여기에는 '용도서龍圖序'에 '용도삼변도龍圖三變圖'가 들어 있다. 이에 따르면 〈계사전〉에 나오는 하늘 수 천수와 땅 수 지수가 세 차례 변하여 '용도'를 만든다고 한다. 하도 낙서를 근본으로 하는 도서 역학이 이 용도로부터 출발하였다고 할 정도로 중요하다.

도교 역학의 입장에서 정현은 오행설이나 〈건착도〉의 구궁설 등을 함께 묶어서, 하늘과 땅의 수로부터 팔괘가 이루어진다고 하였다. 지금 우리가 구사하려고 하는 도상들의 효시는 진단으로부터라고 해도 과언이 아니다. 그런데 여기서 진단과 다음에 말할 유목에 특별한 관심을 갖는 이유는, 이들이 하도와 낙서에 근거하여 대각선 정리에 상관된 문제들을 처리하고 있기 때문이다. 그래서 '진단의 용도龍圖'라 할 정도로 진단은 역의 도상학에 큰 획을 그었다. 즉, 유목이 진단으로부터 결정적인 영향을 받을 만큼, 그가 후대에 미친 영향은 지대하다.

진단의 용도는 '삼변설'로 알려져 있다. '삼변설'이란 첫째, 천지가 아직 합해지지 않은 수(天地未合之數), 둘째, 천지가 이미 합해진 수(天地已合之數), 셋째, 용과 마가 서로 짊어진 수(龍馬負圖之形)를 말한다. 삼변 가운데 가장 중요한 것은 제3변이며, 같은 송대의 유목이 이에 근거하여 〈역수구은도〉를 그렸다. 유목은 제3도의 두 그림을 각각 낙서와 하도라고 불렀다. 그의 '하9서10'이 근거한 이론적 배경이 여기에 있다. 그리고 진단의 용도는 원대 장리의 〈역상도설〉에서 근거한다는 것도 유력한 정설이다.

백원점을 '천수'라 하였고 흑원점을 '지수'라고 한다. 이렇게 흑백 원의 개수를 가지고 표시할 때, 필연적으로 칸토어의 역설에 직면하게 될 것이다. 바로 이 역설이 관건이 되어 하도와 낙서, 그리고 정역도로 이어지는 역의 전개사가 새롭게 펼쳐진다. 다시 말해서, 나름대로 이 용도에 나타난 역설을 극복하기 위해 씨름한 그 노력 자체를 여실히 보여주고 있다. 천지의 수를 '합한다'고 할 때 칸토어는 수를 합하는 셈을 하다가 멱집합의 역설을 만났다. 즉, '모두all'라는 말의 역설에 진단도 유목도 직면하게 될 것이고, 이들은 역설을 도상으로 해의하려고 할 것이다. 삼변도를 하나하나 고찰하면서 이를 확인하기로 한다.

　　제1변 상도에 대한 설명: 제1변도 상도는 천수, 하도는 지수를 나타
낸다. 천수의 백점은 25개, 지수의 흑점은 30개이다. 천수나 지수 모두
다섯 개의 집합으로 되어 있다. 그러나 흑점은 여섯 개를, 백점은 다섯
개를 원소로 하는 것이 다르다. 한 개의 조에서 천수는 가로, 세로가 모
두 3이나, 지수의 경우 가로 수는 3이고 세로 수는 2이다. 이렇게 천수와
지수가 가장 뚜렷하게 구별이 된다. 천수의 경우 각 조마다 중앙에 백점
한 개를 배열하였다는 점에 유의해야 한다.

　　그러면 여기서 가장 관심사가 되는 것은 왜 진단이 천수는 5를, 지수
는 6을 조의 대표 명패로 선택하였을까이다. 천수는 명패수라 하였고
그 가운데 5는 천수인 동시에 자기언급적 천수, 즉 '순純천수'이다. 5와
6은 정역에서 '포5함6'으로 중요하게 다루어진다. 5는 생수의 끝수이고,
6은 성수의 처음 수이다. 생수를 손가락으로 다 세고 나면 다섯 번째는
자기 자신을 다시 펴서 6이 된다. 이를 재륵再扐이라고 한다. 그래서 5와
6은 상호 포함包含하는 관계가 된다. 서로 자기 안에 담고 담긴다는 뜻이
다. 이에 대하여 일방적으로 상대방을 자기 안에 담을 때에는 포함包涵
이라 하고, 자기가 담기고 동시에 상대방을 담을 때에는 포함包含 또는
'호함互含'이라 한다. 다른 수와 달리 5와 6은 서로 호함하는 포함包含 관
계이지 포함包涵 관계가 아니다.

　　여기서 천수 5는 조의 원소인 동시에 집합인 중앙의 5이기도 한다.
물건이면서 동시에 명패란 뜻이다. 그런데 중앙 5는 다시 중앙의 중앙
에 해당하는 백점 한 개를 더 가지고 있다. 이 백점 한 개가 밖으로 나가
5+1=6이 된다. 초과분이 다시 천수 집합의 한 원소가 되면 6이 되어
지수 6으로 변한다. 천간이 10, 지지가 12인 이유도 이와 같은 논리이다.

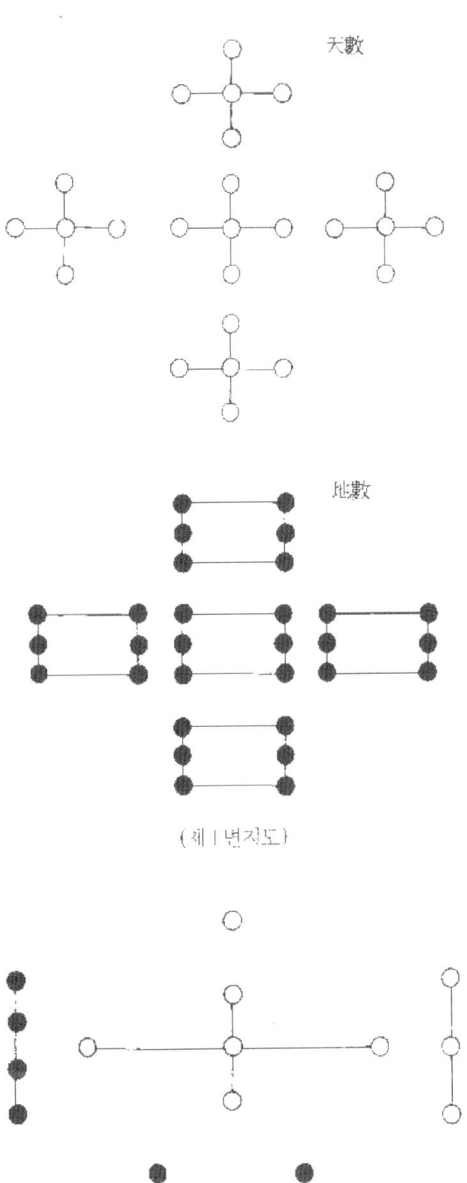

그림 8-7. 용도 제1변도

이는 가족 관계 역설에서도 확인한 바이다. 진단의 용도는 이러한 구조
에서 시작한다. 왜냐하면 이 부분이 바로 칸토어의 역설에 해당하기 때
문이다. 진단이 천지수에 '합合'이란 말을 적용하는 순간, 이런 역설은
이미 배태되었다. 역설을 만드는 '모두'란 말이 합에서 비롯하기 때문이
다. 다시 대각선 정리로 설명하면, '5'는 명패이며 '6'은 천수 5와 물건수
1이 합하여 된 대각선수 또는 사건수이다. 역에서는 이를 성수成數라고
한다.

### 용도와 하락의 수 개념

　제2변도는 바로 이 사건수를 만드는 방법을 말한다. 이제 명패수와
물건수가 합하여 사건수(대각선수)가 되는 도상을 눈으로 확인하자. 제2
변도에 대한 설명을 대각선화와 반가치화의 관점에서 관찰한다. 제2변
도의 상도는 명패수 5와 물건수 1, 2, 3, 4가 명패수를 중앙에 두고 서로
결합될 순간을 기다리고 있다. 물건수 안의 1과 3은 양수이고, 2와 4는
음수이다. 1은 남에, 2는 북에, 3은 동에, 4는 서에, 5는 명패답게 중앙에
배열되어 있다. 아직 명패가 물건들 각각에 이름을 달아주지 않았다.
　드디어 명패수 5가 물건수들과 북남동서에서 순서대로 결합하면서
명패가 붙게 되었다. 고아같이 지내던 물건들이 이제 호적에 오른 것이
나 마찬가지로 소속감을 갖게 되었다. 드디어 사건화가 되었고, 성수는
사건수가 되었다. 여기서 중요한 것은 '5'는 자기 자신이 명패이고 물건
이기 때문에, 다시 말해서 자기언급을 하기 때문에, 중앙에서 가로선 두
개로 붙잡고 있다.
　제2변도는 대각선화와 함께 반가치화를 분명히 하고 있다. 다시 말해

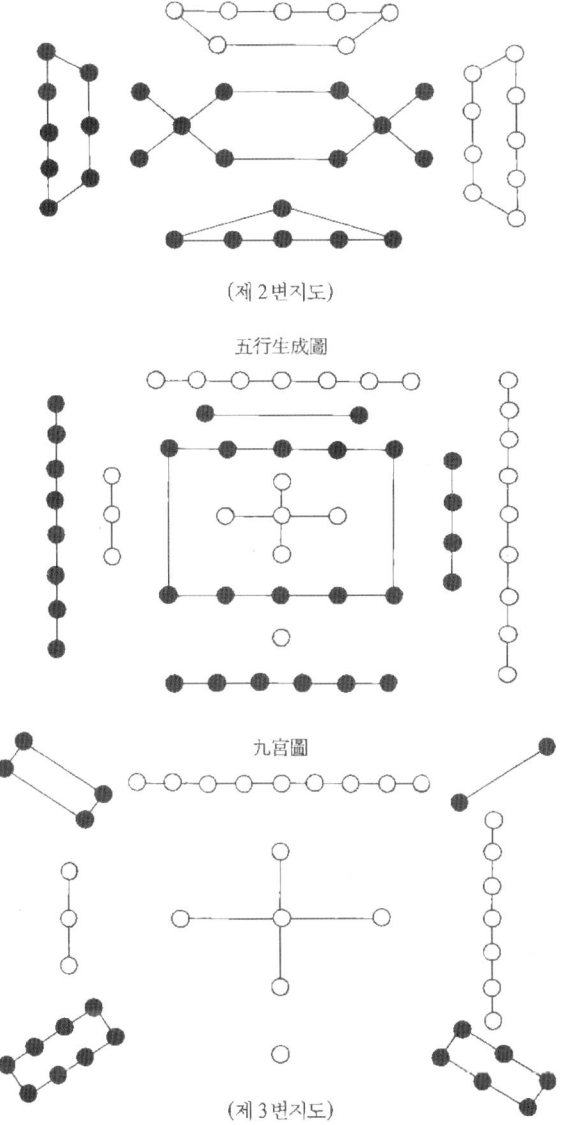

(제 2 변지도)

五行生成圖

九宮圖

(제 3 변지도)

그림 8-8. 용도 제2변도와 제3변도

서 지수인 2와 4는 (흑점이어야 하는데) 백점이 되고, 천수인 1과 3은 (백점이어야 하는데) 흑점이 된다. 이는 분명히 음은 양이 되고, 양은 음이 되는 반가치화를 그대로 보여주고 있다. 즉, 반가치화를 하고 있다. 중앙의 천수 5는 자기언급을 하여 지수(흑점) 10이 된다. 이와 같이 대각선화와 반가치화는 동시적으로 진행되고 있다.

다음은 제3변도에 대한 설명이다. 이제 진단은 두 가지 변도를 작도하는 작업을 마친 다음에, 두 개의 주인공 오행생성도(낙서)와 구궁도(하도)를 그린다. 제3변도 상은 낙서에, 하는 하도에 해당한다. 상도에 대한 설명을 다음과 같이 한다. 명패수와 각 물건수를 합한 사건수인 6개, 7개, 8개, 9개를 북, 남, 동, 서의 순서로 물건수와 대응시켜 북(1,6), 남(2,7), 동(3,8), 서(4,9)와 같이 배열한다. 그리고 중앙 5의 상하에는 각각 천수 5의 자기언급인 5와 5를 배열한다. 이것은 마치 복희 하도와 같아 보인다. 그러나 진단은 이것을 '낙서'라 보아 '서10'이라 하였다. 여기서 '10'은 중앙 5+5=10을 의미한다. 진단은 중앙 5의 작용에 의하여 생수와 성수가 서로 짝짓는 것이기 때문에, 이를 '오행생성도五行生成圖'라고 한다. 이제 제3변도 가운데 구궁수를 하도라 한 이유가 문제된다. '하10'이 정설인 마당에 '하9'라 한 것이다. 왜 '하9'라 하였는지 그 이유를 아는 것이 중요하다.

중앙 5만 남겨 놓고 10이 사라져 보이지 않는다. 물건수와 사건수, 즉 생수와 성수가 모두 외곽에 배열되었다. 사건수를 대각선수라 할 때, 이 말은 바로 물건수가 사건수가 되었고, 사건수가 물건수가 되었다는 것을 의미하며, 이는 다름 아닌 대각선 정리의 6대 요소 가운데 하나인 반대각선화이다. 이와 같이 진단은 대각선 정리의 선구자적 역할을 하고 있다. 진단의 용도를 요약하면 제1변도에서는 명패수와 그 역설적 구조 만들기, 제2변도에서는 명패가 물건수에 이름 달기, 즉 사건수 만들기 또는 대각선화, 제3변도에서는 명패를 통한 물건수를 사건수화하기이다. 또한 제3변도는 사건수를 물건수로, 물건수를 사건수로 만들기인 반대각선화이다.

　다음은 이러한 대각선 정리의 시각에서 진단의 용도를 보지 못한, 전통적인 용도 해설법을 소개하려 한다. 진단은 낙서를 일명 '오행생성지도'라 하였는데, 이는 소옹과 주자가 반대한 대목이다. 한국에서 율곡은 찬성하고 퇴계는 반대하였다. 즉, 소옹과 주자는 이것이 바로 낙서가 아니고 하도라고 하였다. 그러나 진단과 유목과 한국의 율곡은 낙서에서 천수 5를 중앙에 배치하고, 그것의 합인 10은 천수 5의 아래 위에 배열하였다. 진단이 하도를 두고 일명 '구궁도'라고 한 이유는, 구궁도란 제2변도 안에 있는 두 그림을 교차시켜 얻어낸 것이기 때문이다. 두 개의 그림 가운데 위의 중앙 5는 움직이지 않고, 오히려 아래 그림 가운데 있는 10이 움직이기 시작하여 기수인 1, 3, 7, 9(백원점)를 만든다. 그것을 4정위에, 그리고 우수인 2, 4, 6, 8을 네 귀퉁이에 각각 배열하여 구궁도를 만든다. 그래서 하도수는 10이란 견해를 배격하고 9라고 한다. 이는 역학 연구의 쟁점이 되고 있다.

　그래서 진단이 말하는 하도란 소옹과 주자가 말하는 낙서이다. 하도와 낙서에서 팔괘를 얻는 방법은, 하도에서는 중앙의 5와 10을, 낙서에서는 중앙의 5만 배제하면 된다. 다시 말해서, 낙서는 명패수만 제거하면 된다. 명패수는 생수들을 정의하는 정의역인데, 자기 자신이 정의되는 피정의역이 되었기 때문에, 이는 생수의 입장에서 볼 때는 초과분이

다. 명패수가 자기언급을 하여 만들어진 대각선수들은 이와 같이 초과
수이며 동시에 돌출수이기 때문에, 이 수를 어떻게 처리하느냐가 최대
의 관심사이고 관건이다. 마치 바디우의 존재론이 그러하듯이 말이다.

   그런데 문제는 이 팔괘들이 이상에서 보는 바와 같이 5와 10의 작용
으로 만들어졌다는 점에서 이들 돌출수로부터 자유로울 수 없다는 것이
다. 그렇지만 진단은 막상 용도 자체에서 팔괘를 구체적으로 배열하는
방법에 대해서는 말하지 않았다. 이것은 다음 유목의 몫으로 남겨진다.
오행은 초과분을 토로서 수용한다. 한의학에서는 토를 중앙에 배열하는
방법과 주변에 배열하는, 두 가지 방법을 다 구사한다. 중앙에 배열하면
대각선화이고, 주변에 배열하면 반대각선화이다. 하도는 중앙에 낙서는
주변에 배열한 의미가 드러나기 시작한다. 용도가 그려진 목적은 팔괘
의 상들이 용도에서 나왔음을 입증하는 것이지만,12) 대각선화와 반대
각선화라는 대각선 논증의 요소가 아직 용도에서 드러난 것은 아니다.
이것은 다음 유목이 해내야 할 몫이다.


## 8.7. 송·명대 역과 대각선 정리 —유목


### 유목의 〈역수구은도〉

   〈역수구은도易數鉤隱圖〉는 《도장道藏》과 《사고전서四庫全書》 속에 실려
있는데, 태극, 태극생양의, 천지수 15, 양의생사상, 사상생팔괘, …, 하도,
낙서오행생수, 낙서오행성수 등 쉰한 개의 그림을 포함한다. 유목의 역

---

12) 오행생성도는 정현의 오행설에서, 그리고 구궁도는 역위의 구궁설을 모방한 것임
   을 쉽게 알 수 있다.

학은 진단으로부터 나왔다고 할 수 있으나, 진단은 역도를 통해 단을 수련하는 과정과 원리를 설명하려 하였음에 대하여, 유목의 목적은 우주 만물이 생겨나고 이루어지고 변화하는 모습이나 원리, 구조를 설명하는 데 있었다. 그래서 백점으로는 하늘의 수를 나타내고, 흑점으로는 땅의 수를 나타내려 하였다. 그리고 낙서와 하도에 관한 구조적 설명을 처음으로 하였다. 그래서 사람들은 유목을 도서역학圖書易學의 비조라고 부른다.

유목은 위에서 말한 대로 역학 연구를 대각선 정리라는 관점에서 단행한 최초의 인물이라고 해도 과언이 아니다. 〈계사전〉에 나오는 하도河圖와 낙서洛書를 유목은 용도龍圖와 구서龜書라 불렀다. 낙서는《상서尙書》에 나오는 홍범洪範에 해당한다. 홍범의 아홉 범주는 오행수에서 나왔고, 오행수는 생수 다섯 개와 성수 다섯 개를 포함한 열 개의 수를 말한다. 열 개의 수를 차례로 합하면 55가 되고, 아홉 개의 수를 합하면 45가 된다. 결국 진단의 용도의 오행생성도五行生成圖와 같은 모습을 유목은 낙서라고 하였다. 그리고 하도는 오행과 함께 사상四象에 관해서도 말하는데, 그 사상으로부터 팔괘가 나오고 팔괘가 64괘를 낳는다고 한다. 이에서 천과 지가 생기고 음과 양의 가감에 따라서 만물이 생성된다.

유목은 대각선 정리의 나열법에 대한 생각으로부터 그의 역학 연구를 시작한다. 그래서 그는 천과 지가 생성되는 수는 결국 가로, 세로, 또는 대각선의 수를 더하여 어느 경우나 15가 된다는 마방진에 각별한 관심을 갖는다. 유목은 진단의 용도의 구궁도九宮圖와 같은 하도 도상을 그렸다. 이를 '도9서10설圖九書十說'이라고 하는데,13) 이는 소옹의 주장과는 반대라고 하였다. '10'이란 수가 대각선이고 보면, 10을 반대각선화하

여 가로로 가면 9가 남는다. 그래서 10과 9의 문제는 대각선화와 반대각
선화의 문제라 할 수 있다. 대각선화가 있은 다음에 반대각선화가 가능
하다는 입장에서 보았을 때는 소옹의 말이 옳지만, 그 반대로 생각하였
을 때에는 유목의 말이 옳다고 할 수 있다. 이는 10이란 수를 두고 역설
을 만드는 문제의 수로 보느냐, 아니면 해결의 수로 보느냐의 차이와도
같다. 대각선수 10이 있어서 역설이 발생하기에, 이것을 제거해야 역설
이 해의된다는 주장은 소옹과 주회의 설로서, 후대의 정설로 이어진다.
그러나 반대로 10을 넣어서 역설을 해의할 수 있다는 것이 바로 유목의
주장이다. 이는 러셀의 유형론이 역설의 장본인이냐 아니면 해결책이냐
로 보는 차이와도 같다.14) 유목의 도9서10설은 이런 의미에서 역학 연
구의 본령을 건드리고 있다고 하겠다.

　이 두 가지 서로 다른 주장의 차이는 위상학을 통해서만 논쟁의 시말
을 알 수 있다. 위상학적으로 보았을 때 시생원리와 가족 관계는 구조적
으로 일관성과 비일관성이라는 차이를 여실히 보여준다. 시생원리라는
발생원리로 보았을 때는 일관성을 보이지만, 가족 관계로 보았을 때에
는 비일관성을 보인다. 가족 관계는 시생원리에서 만들어진 괘를 반가
치화한 효변을 통하여 만들어진 것이다. 그래서 진과 손이 서로 교환을
하였다. 진과 손은 삼차원 대각선상에서 대칭되는 괘들이다. 이들이 교
환을 한다는 것은 사상을 한다는 말이다. 이 밖에도 유목은 하도 낙서의

---

13) '도9서10'를 '하9서10'이라고도 한다. 하와 도는 '하도'에서 유래하고, 서는 낙서에
　　서 유래한다.
14) 러셀은 역설을 해의하기 위해 유형론을 말하는데, 역설이 발생하는 원인이 바로
　　유형론이라는 것이다.

근원에 태극이 있는데, 태극은 스스로 움직이거나 움직이지 않거나 하는 최고의 근본원리라고 보았다. 이것은 왕필이 주장한 허무虛無와는 다르다. 따라서 그는 공영달 등에 의하여 확립되어 내려오던 '유有가 무無에서 생긴다'는 철학적 명제를 포기한다.

### 〈역수구은도〉와 대각선 논증

이와 같은 철학적인 전제 아래 유목은 진단의 용도를 더 세분화시켰다. 다시 말해서, 〈계사전〉의 시생원리에 근거하여 대각선 정리를 더 구체적이게 하였다. 그러나 그는 가족 관계 역설에 직면한다. 가족 관계 역설 사이에서 고민하는 유목의 모습이 그의 도상들 속에 분명히 나타나 있다. 진단은 중앙의 명패 5가 만들어지는 과정을 설명하지 않았지만, 유목은 이 과정에 대한 설명을 해놓았는데, 이것은 그의 공헌이라고 할 수 있다. 즉, 유목은 그의 〈역수구은도〉에서 무려 쉰여 개의 도상들을 통해 흑점과 백점이 발생하는 순서와 대각선과 반대각선의 문제를 차례대로 나타내 보여주고 있다. 그런 의미에서 대각선 정리의 여러 요소들을 다 갖춘 대각선 논증을 해 내고 있다.

도상들이 전개되는 순서를 보면, 그가 왜 구궁수를 하도에, 오행생성도를 낙서에 배정하였는지 이해할 수 있다. 그 이유 또한 대각선 정리로만 제대로 파악될 것이다. 다른 이유 가운데 하나는, 도상의 전개과정이 발생론적이기 때문이라고 본다. 즉, 그가 하도와 낙서의 순서를 소옹과는 반대로 생각한 이유가, 다름 아닌 흑점과 백점을 통해 태극에서 수가 전개되는 순서대로 하도와 낙서를 관찰하였기 때문이다. 그런데 우리의 관심사는 여기서 수 5 자체가 어떻게 생겨나고, 그것이 어디에 어떻게 배열되느냐이다. 소옹과 주자는 두 도상을 대각선 정리라는 관점에서부터 출발하지만, 도상을 보는 의견은 서로 달랐던 이유를 여기서 상론할 필요가 있다. 이에 대한 이유가 바로 대각선 논증과 연관이 된다는 것이다. 〈계사전〉에서 말하는 시생원리를 유목은 도상을 통해 구체화시키려 작심한 인물이다. 우리는 그의 도상을 통해 태극에서 양의가, 양의에서 사상이, 사상에서 팔괘가 발생하는 과정을 한눈에 볼 수 있다. 그리고 그가 대각선을 어떻게 정리하였는가도 분명하게 볼 수 있다. 대각선의 여러 요소들에 따라서 유목의 〈역수구은도〉를 분석하면 다음과 같다.

유목의 〈역수구은도〉는 그의 지론인 '하9서10'을 정당화하기 위한 도구이다. 모두 쉰한 개로 된 도상 가운데, 제45도에서 제48도까지 네 개가 하도에 관한 것이고, 제49, 50도 두 개가 낙서에 관한 것이다. 유목은 하도가 먼저이고 낙서가 나중이라는 데 근거하여, 숫자도 9가 먼저이고 10이 나중이기 때문에 '하9서10'이 옳다고 주장한다. 자기주장의 정당성을 입증하기 위하여 도상들을 그린 것이다.

9와 10의 문제는 바로 역의 대각선 논증의 본령을 건드리는 것과 같다. 9와 10을 하도와 낙서 가운데 어디에 배정하느냐의 문제를 두고 소옹과 주자는 하10서9의 입장을 취한다고 하였다. 먼저 10이란 수가 어떻게 만들어진 수이냐에 대한 성찰을 할 필요가 있다. 10이란 수는 5가 자기언급을 하여 만들어진 수이다. 그리고 5는 생수 1, 2, 3, 4, 5에 대한 명패수이다. 그러면 5는 생수 물건수인 동시에 명패수가 된다. 5가 자기언급을 하면 그렇게 된다. 쉰한 개 도상 가운데 생수 다섯 개와 명패수 5가 관계 안 되는 것은 없다고 할 정도이다. 5의 자기언급이 아니면 수는 10이 없기 때문에 1에서 9개의 수로 끝날 수 있다. 그래서 문제의 요점은

5의 자기언급이고, 자기언급은 수의 세계에 역설을 불러들이는 장본인이다. 열 개의 수를 이렇게 명패와 물건으로 나눈 수학사를 서양에서는 발견할 수 없다. 하9서10이냐 하10서9냐의 논쟁은 결국 5의 자기언급인 대각선화의 문제와 직결된다.

그래서 〈역수구은도〉의 궁극적 관심사는 대각선 정리의 6대 요소들을 관찰하는 것이다. 특히, 대각선화와 반대각선화, 반가치화이다. 반가치화란 흑점과 백점의 관계이다. 연결되느냐 안 되느냐이다. 다음은 대각선화이다. 그것은 명패수 5와 생수들의 연결 관계를 이른다. 반대각선화란 대각선화가 다시 생수와 연결되는 것을 말한다. 그러면 〈역수구은도〉 속에서 배열, 가치화, 반가치화, 대각선화, 반대각선화를 모두 확인할 수 있다.

이러한 설명과 함께 여러 도상들에다 대각선 정리의 6대 요소인 배열, 가로와 세로, 가치화, 대각선화, 반가치화, 반대각선화의 문제를 순서대로 하나하나 적용해 나가기로 한다. 먼저 쉰한 개 도상을 6대 요소에 맞추어 분류하면 다음과 같다. 〈역수구은도〉에서 흑점과 백점의 결합은 반가치화라 하고, 백점과 백점, 흑점과 흑점의 결합은 대각선화라 한다. 생수와 5의 만남은 연접이고, 연접이 다시 다른 수와 만나는 것은 결접이다. 아래 전개되는 도상들을 관찰할 때 이러한 여러 결과들을 적용해 볼 것이다.

## 8.8. 〈역수구은도〉 해설과 대각선 논증

대각선 정리의 6대 요소를 메타언어를 사용하여 〈역수구은도〉의 쉰한 개 도상들을 아래에서 분석할 것이다. 대각선 이전 단계에서 시작하여 반대각선화의 단계에까지, 그리고 〈역수구은도〉에서 유목이 어떻게 이런 대각선 논증을 통해 그의 지론인 하9서10론을 확립하는가를 결론적으로 보게 될 것이다. 그리고 그가 이러한 논증을 통해 어떤 실용적 의미를 추구하는지, 그리고 그 무엇보다도 그의 역설 해의 방법론이 무엇인지를 보게 될 것이다.

### 대각선화 이전 단계

(1) 가치화의 단계: 제1도는 음과 양이란 가치가 생겨나려는 순간을 포착한다. '담김'과 '안담김'이란 두 개의 정의역을 결정한다. 모든 도상에 나타난다. 담김 양은 백점으로, 안담김 음은 흑점으로 나타낸다.

(2) 가로와 생수와 세로 명패 5의 발생: 제2도에서는 가로-물건-생수 1, 2, 3, 4가 생기는 것을, 제3도는 세로-명패수 5가 발생하는 순간을 잡는다.

(3) 가로와 세로, 대각선의 형성: 제4도는 대각선화를 위해 배열되는 단계이다. 중앙에 명패 5를 두고 생수 1, 2, 3, 4의 네 수가 포진을 하는 단계이다. 제3도의 다섯 개 백점이 서로 관련이 된다. 5는 중앙 백점 1과 주변 4점의 합이다. 제4도는 5 자체가 중심인데, 제3도는 중앙 1점과 주변 4점이 합하여 5가 된다. 이러한 3도와 4도의 차이는 크다고 아니할 수 없다. 이러한 기법을 유목이 도입한 것은 멱집합의 원리와 나아가 초과분의 문제를 그가 알고 있었음을 의미한다. 이들 도상은 모두 대각선화가 일어나기 이전의 여러 단계를 그대로 보여주기 위한 것이다.

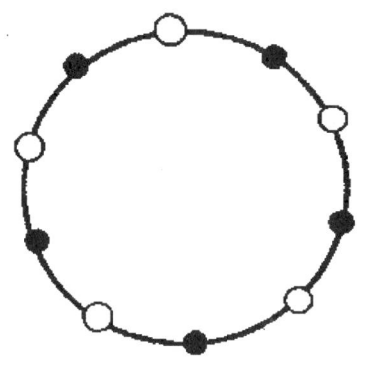

그림 8-9. 제1도 태극도

제1도 태극도 $2^0$=1/ 제2도 태극생양의도 $2^1$=2

유목의 〈역수구은도〉에 주목하는 이유는 그가 수 '5'에 각별한 주의를 기울여 쉰한 개의 도상을 만들어 나가기 때문이다. 5는 세로-명패수이다. 이제 5와 물건수-생수 1, 2, 3, 4, 5의 연접을 통한 대각선화, 그리고 그것의 반대각선화가 점철되는 유목이 심혈을 기울인 역작들을 보게될 것이다.

도상들 가운데 제1도는 '태극도'이다. 흑점 다섯 개와 백점 다섯 개를하나의 원둘레에 번갈아가며 배열한다. 흑은 음, 백은 양이다. 흑백을같은 수로 하였다는 점에 유의해야 한다. 흑백이 연접하여 10이 된다.왜 다섯 개로 하였을까? 5는 양수이다. 그래서 백점 5는 자기언급이고,흑점 5는 타급이다. 왜냐하면 5는 양수이지 음수가 아니기 때문이다. 이런 단순한 데서부터 주의 깊게 유목의 그림을 관찰해 나가야 한다. 이렇게 자급과 타급이 동시적인 것이 태극도의 특징이다. 음양의 기가 혼합하여 하나의 원이 되어 우주만상을 시작하려는 욕망慾望을 드러낸다고 유목은 말하였다. 유목은 태극을 이렇게 양의가 아직 하나의 원에서 분리되지 않은 혼합의 상태로 보았다.

시작을 무로 보느냐 유로 보느냐는 철학의 관건 가운데 관건이다. 왕필은 무라고 한 데 대하여, 유목은 유라고 보았다. $2^0=1$에서 정의역은 0이고 치역은 1이다. 이것이 무극 0과 태극 1의 관계이다. 그래서 둘은 불가분리적이다. 그래서 주돈이는 '무극이태극'이라 하였고, 《천부경》은 '일시무시'라고 하였다. 0와 1이 동시적이라는 것이다. 이러한 발상은 근본적으로 음과 양을 동시적으로 '담김'이냐 '안담김'이냐로 보는가의 구별 때문이다. 0과 그것의 집합 {∅}을 구별할 때 후자는 1이다. 즉, '0'이란 개수가 한 개라는 뜻이다. 이렇게 무극과 태극, 그리고 양의의 관계는 집합론적 관계라는 것을 알면 쉽게 풀이된다. 0과 1과 2가 생성되는 과정을 유클리드는 몰랐던 것이다. $2^0=1$인 이유는 집합 {0}의 멱집합은 공집합과 제 자신인데, 둘 다 0이기 때문에 즉, {0, 0}이기 때문에 같은 집합 안에서 똑같은 원소는 하나로 취급한다. 그래서 {∅}이다. 고로 $2^0=1$이 된다.

유목은 〈계사전〉의 말을 인용하여, 역에 태극이 있고 태극이 양의를 낳고 태극은 일기一氣라고 하였다. 일기는 천지가 나누어지기 전의 하나인 바로 그것이다. 이를 두고 '원기혼이위일元氣混以爲一'이라고 하였다. 유목은 유는 무에서 나온다는 설을 부정하고, 태극 안에 이미 음양이 갖추어져 있어서, 태극 안의 음양이 상호 교호작용을 함으로써 유가 자체 발생한다는, 사실상 유물론적 입장에 선다. 이것은 후대에 주자와 육상산 형제 사이에 벌어진 아호 논쟁의 불씨가 된다.[15] 부분(음양)이 전체(태극)에 이미 포함된 것으로 보느냐, 아니면 음양이 태극에서 부분으로 발생한 것으로 보느냐는 끝날 수 없는 논쟁이기 때문이다.

태극이 어떻게 양의를 낳는가? 이미 멱집합에서 본 바와 같이, 태극은 0집합 자체의 개수가 하나인 '1'이다. 그래서 개수 1을 원소로 할 때 $2^1=2$에 의하여 양의가 생겨난다. 다시 말해서, 먼저 생긴 0과 거기서 생긴 1을 원소로 하여 {0, 1}=2가 된다. {1}의 멱집합은 공집합과 자기 자신을 포함하기 때문이다. 이렇게 제2도는 '태극이 양의를 낳는다太極生兩儀'를 나타내는 도상이다.

유목은 왜 '천지'라 하지 않고 '양의'라고 하였는지부터 묻고 있다. 태극은 천지가 아직 나누어지기 이전의, 원기가 하나로 머문 상태이다. 이러한 일기가 둘로 갈라진 것을 '양의'라고 한다. 양의가 '천지'가 되자면 제3도에서 말할 5가 나타나야 하는데, 제2도에서는 아직 명패수 5가 없다. 그래서 '양의'라고만 한다고 유목은 말하였다. '2'라 하지 않고 '양의'라고 한 이유는, 그것이 숫자가 아니고 '담김'과 '안담김'이란 언어이기 때문이다. 담김과 안담김일 때만 다음 5가 생성된다. 양의를 '2'라는 수로 보면, 그것이 실체가 되어 5를 낳을 수 없기 때문이다. 작용 관계로 보아야 한다는 것이다. 실체로서의 수가 실체로서의 수를 낳으면 무한 퇴행을 할 우려가 있기 때문이다.

'양의'는 작용을 할 때, 기라는 것이 위에 있을 때에는 맑고 아래에 있을 때는 흐린데, 맑은 기를 '천'이라 하고 흐린 기를 '지'라고 하여 오르내리게 된다. '천'을 '원'으로, '지'를 '방'으로 표시하는데, 이를 상象이라고 한다. 이제 두 기가 교합하기 시작한다. 천1이 물을 낳으니 지2가

---

15) 아호 논쟁.

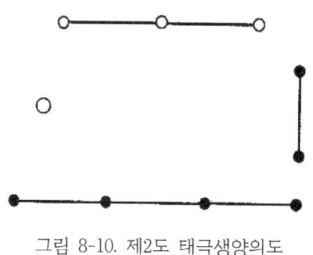

그림 8-10. 제2도 태극생양의도

불을 생한다. 상象이 형形으로 변하는 것을 말한다. 첫 번째 형상이 만들어졌다. 유목은 이를 두고 "이미 오행이 갖추어졌다五行既備"고 한다. "하늘은 상을 만들고, 땅은 형을 만든다在天成象 在地成形"고 하였다. 명패(天)는 상이고 물건(地)은 형이란 뜻이다. 그러면 사건은 '형상形象'이 될 것이다. 이제 사상이 만들어지는 과정을 제2도에서 보기로 한다.

천수인 1과 3은 좌선(시계바늘 방향)을 하고, 지수인 2와 4는 우선(시계바늘 반대 방향)을 한다. 그러나 천수와 지수는 각기 나누어져 있을 뿐 서로 상하가 교합하는 상은 아니다分而各其處者 上下未交之象也. 이렇게 서로 교합이 안 되는 이유는 분명하다. 그것은 명패수 5가 없기 때문이다. 천수가 지수에 대하여 명패이기는 해도 생수 전체를 아우르는 전체적 성격을 갖는 순수한 명패는 5이다. 5는 오행의 토에 해당하는 것으로서, 생수들을 주조해 내어 성수를 만드는 역할을 한다. 이제 제3도에서 이런 5가 비로소 등장한다. 대각선화가 시작되었다는 뜻이다.

물건에 명패가 안 달리면 애매함 그 자체이다. 이를 '혼동混同'이라고 한다. 물건에 명패가 달리면 혼동混同이 혼돈混沌이 되고, 이것이 역설이다. 그래서 혼동과 혼돈을 같이 보아서는 안 된다. 〈태극도〉는 이러한 혼동을 나타내는 것이기 때문에 역설이 아직 나타나지 않은 상태이다.

그림 8-11. 제3도 천5도

이런 혼동 속에서 자급과 타급이 동시에 작용하면서 음과 양이 갈라지기 시작한다. 바로 음과 양이 갈라지는 모습을 그린 것이 제2도인 '태극생양의도'이다. 갈라지면서 역설이 태동하기 시작한다. '5'가 명패가 되어 다른 수들을 물건화함으로써 명패와 물건 사이의 연접이 일어나 역설이 발생한다. 이것이 다음 제3도이다.

## 명패화의 단계

제3도 천5도/ 제4도 천지지수 10유5도

이제 명패수이면서 동시에 천수인 5가 제3도에 등장한다. 그러면 5는 외부에서 들어오는 것인가? 그렇지 않다. 5는 이미 〈태극도〉 속에 다섯 개라는 개수로 천수에도 지수에도 있었다. 〈태극도〉 속의 천5와 지5는 자급과 타급을 하고 있었다. 위 제2도에는 5가 빠져 있었지만, 생수 또는 물건수들 1, 2, 3, 4 속에 숨어 있었다. 이 물건수들을 총괄하면서 자급과 타급을 통해 내재하였다. 이렇게 하여 전체수이면서 동시에 중앙수인 명패 자체가 드러난다. 그것이 제3도이다. 제3도가 갖는 의미는 거기서 비로소 명패수 5가 등장한다는 것이다.

1, 2, 3, 4를 물건수, 5를 명패수라고 할 때 그것이 원에서는 주변과 중앙으로 변한다. 수 '5'는 자기 자신이 다시 주변과 중앙으로 나누어진다. 그래서 백점 다섯 개 가운데 네 개는 사각형의 네 구석에, 그리고 나머지 하나는 중앙에 나열된다. 중앙의 5는 자급이다. 주변수들과 타급적 작용을 한다. 담김과 안담김의 작용을 할 때, 공집합과 자기 자신은 반드시 부분으로 포함된다. 이것이 멱집합의 원리이다. 이 멱집합의 원리에 의하여 자기 자신이 다시 부분으로 들어가는 것이 바로 중앙 5를 만든다. 5는 전체 명패인 동시에 부분 생수이다.

이는 음양 양의가 사상을 낳을 때, 이 4를 하나로 묶는(집합을 만들 때에) 중앙의 백점 하나가 5이다. 그래서 사상의 전체가 또 하나의 수가 되는데, 이는 초과수 또는 메타수이다. 이러한 초과로 돌출한 수가 작용을 매개한다. 이러한 초과수 없이는 어떤 움직임도 불가능하다. 수의 축적으로서 5가 아니라, '메타의 메타'로서 메타와 대상을 그 속에 품는 수여야만 작용을 할 수 있다. 자기언급을 하는 수여야 한다는 것이다. 그래서 수는 자급과 타급을 동시에 하면서 자기 조직을 할 때 창조적일 수 있다.

그런데 유목의 '5'에 대한 설명은 다음과 같다. 천1, 지2, 천3, 지4는 사상四象의 수이다. 천5에 이르러 중앙에 자리할 수 있게 되어 변화를 주도하는 조정이나 조절을 하게 된다. 그런데 유목의 이러한 표현으로는 5의 정체가 무엇인지 알 수 없다. 유목은 "억지로 그 이름을 붙이면, '중화의 기'라고 할 수 있다"는 정도로 5를 설명하였다. 왜 그러는지 그 원인과 원인의 원인도 알 수 없다고 하였다. '천5'는 천지의 기를 교접시키는데, 이것은 오행의 본질을 성취시키는 것과 같다고만 하였다. 이를

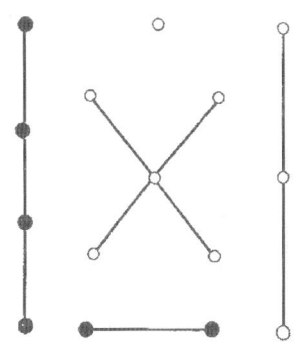

그림 8-12. 제4도 천지지수 10유5도

‘착종錯綜’이라고도 하여, 두루 안 미치는 데가 없고, 3재(천지인)의 도가 모두 여기에 구비되어 있다. 빈틈없이 조밀하나 적연하여, 마치 아무것도 없는 것과 같다. 이를 ‘음양이 측량할 수 없는 신陰陽不測之神’이라고도 하였다.(施維, 2008, 2) ‘5’에 대한 유목의 이러한 설명 가운데 ‘착종’이란 말은 도상의 실마리를 풀게 한다. 즉, ‘착종’이란 명패와 물건, 대성괘 안에서 내괘와 외괘가 서로 교차 내지 교환하는 것을 가리킨다. 다시 말해서, 5와 다른 생수들의 관계를 착종이라고 한 것은, 그것의 논리적 구조를 설명하기에 충분하다는 것이다.

 김일부가 5를 황극皇極이라 한 이유를 유목의 글에서 확인할 수 있다. 5의 작용은 마치 음양도 측량할 수 없는 신의 경지라고 한다. 여기서 착종은 사상寫像을 말한다. 세로와 가로, 즉 경위가 서로 만나 만드는 대각선이 생겨나는 방법, 그것이 바로 착종이라는 것이다. 특히 ‘종’이 이에 해당한다. 명패수 5는 물건수들 또는 생수들과 착종을 하여 대각선화를 한다. 그리고 자기 자신과 사상을 하여 10을 탄생시킨다.

이것이 바로 제4도에서 보여주는 '10유5'이다. 특히 이를 '천지의 수'라고 한다. 5는 천수이지만 그것이 자기언급을 하면 지수 10이 된다. 생수 가운데 이렇게 자기언급을 하는 수는 5뿐이다. 5는 명패이면서 물건이기 때문이다. 5가 자기언급을 하는 것은 제4도의 중앙에 있는 백점 5를 통해 확인할 수 있다. 이 백점은 '명패의 명패'이다. 명패 자신이 자기언급을 하기 때문에 생수와 사상을 한다. 이러한 자기 자신과 사상을 한 것이 바로 정대각선 또는 순대각선이다. 5는 흑점과 백점으로도 되고, 횡으로도 배열되고, 방으로도 배열된다. 전자를 '횡5도', 후자를 '방5도'라고 한다.

제4도와 제3도를 놓고 명패수 5를 처리하는 방법을 보면 그 차이가 분명해진다. 제3도에서는 백점 4와 백점 1이 서로 연관적이지 못한다. 1이 중앙에 자리 잡고 4는 주변으로 분리된 상태이다. 4+1=5이다. 그러나 제4도에서는 4와 1이 상호 유기적이 된다. 이를 두고 명패수 5의 등장이라고 본다는 것이다. 그런 의미에서 제3도를 두고 명패수 5라고 할 수는 없다. 그 이전의 준비단계이다.

이렇게 유목은 진단이 5가 생겨나는 과정을 설명하지 못한 것을 잘 설명해 놓았다. 유목은 제4도에서 '천지지수 10유5도'를 다음과 같이 설명한다. 제4도는 제2도와 제3도를 결합시켜 놓은 것이다. 물건수들에 명패수가 딸리지 않으면 고아와 같은데, 이 수를 5가 거느리고 돌보아 고아의 집에 5라는 명패를 달아주었다. 그래서 제2도 집 안으로 들어가 제3도의 명패를 달고 아이들이 성장하도록 돕는다. 바로 제4도가 그러한 역할을 한다. 그러나 아직 준비단계일 뿐, 작용을 시작한 것은 다음 차례이다. 대각선화의 준비단계이지 '대각선화' 자체는 아니기 때문이다. 5와 다른 생수들이 연접을 안 하고 있다는 뜻이다.

그래서 제4도는 5에서 수가 작용하고 미동을 시작하는 것을 그린 것이다. 5와 생수가 진열을 하고 작용을 하려는 자세이다. 명패와 물건이 다 갖추어졌으니 대각선화는 시간문제이다. 다른 말로 하면, 대각선화를 준비하는 자세이다. 가로 주변과 세로 중앙이 이제 완벽하게 갖추어졌다. 그런 의미에서 대각선 정리라는 관점에서 제4도는 매우 중요하다. 유목은 천지의 수가 하필이면 왜 천5에서 시작하느냐고 묻는다. 이 질문에 대하여 "천지의 생수가 만족해지면, 그로 인해 생수가 변화를 하기 때문이다天地之生數足 所以生變化也"고 대답한다. 천지의 생수는 1, 2, 3, 4, 5이다. 이 생수들이 5가 없이는 만족할 수 없다고도 하였다. '만족한다' 또는 '충족한다'는 무엇을 의미하는가? 이는 천5가 다른 생수들에 일대일 대응 연접을 한다는 것이며, 그래서 궁극적으로는 자기언급을 하여 드디어 5가 5에 자급적 대응을 하는 것을 말한다. 5와 5의 자급이 정대각선화인 것이다.

'천5'가 1, 2, 3, 4를 포包하고 자기 자신을 함술하는, 즉 '포1, 2, 3, 4, 함5'일 때 변화가 일어나 '만족'해진다. 천5가 자기를 함할 때 '10유5'가 이룩된다. 여기서 '유有'란 자기언급을 하는 포함包술의 의미를 갖는다. 다른 수에는 붙지 않는 특별한 말이다. 다시 말해서, 10과 5는 포함包涵이 아니고 포함包술이다. 거듭 말해서, 천5가 생수5와 대응을 한다는 것은 명패수와 물건수가 자기 대응을 한다는 것이다. 이것이 대각선이 만들어지는 단서가 된다. 김일부가 '십오일언十五一言'이란 말을 한 배경이 바로 '10유5'이다.

천지수 가운데 천수들 1, 3, 5의 합은 9이다. 그래서 《주역》은 '건원용구乾元用九'라 한다. 천지수 가운데 지수 2, 4의 합은 6이다. 그래서 《주역》은 '곤원용육坤元用六'이라 한다. 천수의 합(1+3+5+7+9)은 25이다. 지수의 합(2+4+6+8+10)은 30이다. 그래서 천수와 지수의 합은 55이다. 55에서 정대각선수 10을 빼면 45가 된다. 전자는 하도의 수, 후자는 낙서의 수라고 한다. 그런데 유목은 10을 낙서에 넣어 '하9서10'이라고 한다. 관건은 10을 하도와 낙서 가운데 어디에다 배정하느냐의 차이이다. 정대각선수 10의 행방에 따라서 하락의 수에 차이가 생긴다. 10이 사각형 안에서 백점의 대각선이냐 흑점의 대각선이냐에 따라서 하락수가 9이냐 10이냐의 문제가 결판난다.

즉, '하9서10'이냐, 아니면 '하10서9'이냐의 논쟁은 바로 10을 어디에 넣고 빼느냐에 따라 결정된다. 10은 5가 자기언급을 한 초과수이다. 이 초과수를 어디에 넣느냐에 따라서 역의 구조가 근본적으로 달라진다는 것이다. 그리고 10은 역설을 조장하는 대각선수 또는 사건수이다. 역설을 조장하는 동시에 해의하는 수이다. 그래서 역설 해의라는 관점에서 볼 때, 문제의 수이냐 아니면 해의의 수이냐에 따라서 선이냐 후이냐의 문제가 결정 난다. 하도가 문제이고 낙서가 해결이냐, 아니면 그 반대이냐, 이것이 〈역수구은도〉의 핵심이다.

역에서는 우주와 삼라만상의 조화가 모두 이들 대연수의 행방에 의하여 발생한다고 본다. 55를 대연수大衍數라 부른다. 여기서 생수와 대각선수의 합은 바로 대각선화와 반대각선화의 변화과정을 설명해낸다. 이들 대연수를 두고 유목은 천지의 극수極數라고 한다. 이 극수를 통해 변화가 일어나고 동시에 귀신도 부릴 수 있다고 하였다. 그래서 대각선화와 그것의 반대각선화는 천지의 조화이며, 귀신도 이를 통해 움직일 수 있다는 것이다. 제3, 4도의 이런 준비과정을 거친 뒤 제5도에서 제8도까지는 대각선화가 일어나는 단계이다.

제5도에서 제8도까지는 대각선화와 반가치화, 그리고 반대각선화를 보여준다. 연접과 결접의 관계를 한눈에 보여준다는 것이다.

(4) 대각선화와 반가치화의 단계: 제5도는 가로–생수 흑점 1과 흑점5가 연접하여 대각선화를 한 다음 백점 1과 결접을 하여 반대각선화와 반가치화를 한다. 같은 방법으로 제6도에서 제8도까지를 관찰하면 다음과 같다.

| 제5도 | 제6도 | 제7도 | 제8도 |
|-------|-------|-------|-------|
| 흑1 X 흑5 | 백2 X 백5 | 흑3 X 흑5 | 백4 X 백5 |
| 백1+흑5 | 백2+백5 | 백3+흑5 | 흑4+백5 |

명패수 5와 연접하여 대각선을 만든다. 처음으로 대각선화가 되었다. 반가치화도 동시적으로 되었다. 가로와 세로의 연접이 이루어졌다.

제6도는 백점 2가 백점 5와 연접하여 대각선을 만든다. 그런데 반가치화는 없다. 제7도는 백3점이 흑5점과 연접하여 대각선화와 반가치화를 동시에 하고, 흑4와 백5는 결접을 하고 있다.

제7도에서는 흑4점이 백5점와 연접하여 대각선화 되었고, 다시 백4점과도 연접한다. 대각선화와 반가치화, 그리고 반대각선화가 동시적이다. 하나하나의 도상에 대한 점검을 하면 다음과 같다.

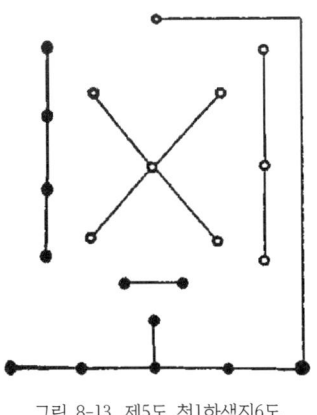

그림 8-13. 제5도 천1하생지6도

제5도 천1하생지6도/ 제6도 지2상생천7도

제5도부터는 대각선화의 과정이 시작된다. 제4도에서는 명패 5와 생수가 서로 연접하지 않는다. 세로수 5와 가로수 생수가 접하는 것이기 때문에 연접이다. 같은 사각형 안에서 일어나는 일이다. 위상학에서는 이를 두고 연접이라고 하였다. 연접에서 비틈이 있을 때 뫼비우스띠가 만들어진다. 이제부터 5와 1(제5도), 5와 2(제6도)가 서로 연접하는 장면을 보게 된다. 제5도 '천1하생지6도'는 생수 백1과 흑5가 연접하여 성수 6이 되면서 연접과 결접을 동시에 한다. '흑1의 흑5'는 연접이고 '백1과 흑5'는 결접이라고 한다. 흑과 백은 서로 반가치화를 하는 관계이다. 연접을 할 때는 흑점이지만, 결접을 하면 백점으로 변한다. 이는 반가치화의 일환이다. 이는 '비틈(흑)의 비틈(흑)'(연접)은 '비틈과 안비틈'(결접)이란 뜻으로서, 대각선화와 반대각선화를 동시에 하고 있다. 제6도 '지2상생천7도'는 백2와 백5가 연접하고 동시에 결접을 한다. 그리고 다른

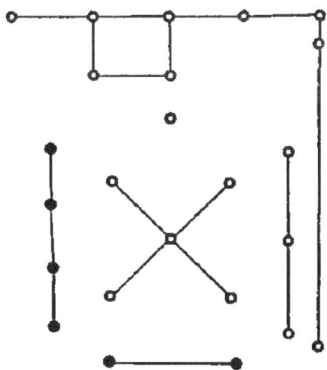

그림 8-14. 제6도 지2상생천7도

하나는 흑2와 백5가 분리된 상태이다. 제5도와 제6도를 대각선화와 반대각선화에 연관하여 설명하면 다음과 같다.

제5도는 천수 1이, 제6도는 지수 2가 대각선화와 반대각선화되는 과정과 방법을 그대로 나타낸다. 유목은 진단의 용도를 확대 구체화한 것은 물론, 대각선 정리의 6대 요소들 가운데 반가치화를 더욱 분명히 하고 있다. 흑점이 백점이 되고, 백점이 흑점이 되는 것은 반가치화를 의미하기 때문이다. 진단의 용도 제2변도를 보면, 지수 2와 4는 5를 만나 모두 천수 7과 9가 되고, 천수 1과 3은 5를 만나 지수 6과 8이 된다. 이러한 대각선화가 아래 유목의 제5도에서 제8도까지 대각선화와 반가치화가 함께 나타나면서 더욱 분명해진다. 천1은 물건수(또는 생수)로서 하생하여 천5인 명패수와 대응하여 연접한다. 그래서 사건수(대각선수)가 되어 지6이 된다. 천1 백점이 천5를 만나 흑점으로 변해 버렸다. 천1이 지로 하생하여 5를 만나니, 합하여 대각선수(성수) 6이 되었다. 지6이기 때문에 모두 흑점이 되었다.(제5도) 물건수 지2는 반대로 위로 상생하여

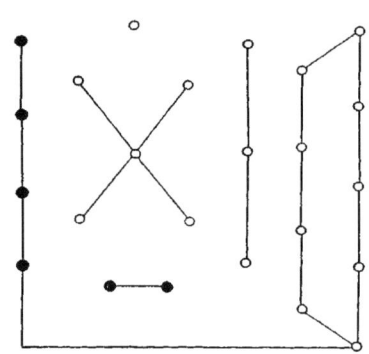

그림 8-15. 제7도 천3좌생지8도

명패수 5와 만나 천7 대각선수가 된다. 천7은 양수이기 때문에 모두 백점이다.(제6도) 제5도와 제6도는 1과 2가 대각선화 되는 과정의 어떠함을 그대로 보여준다. 즉, 모두 천5를 매개로 하여 그것이 가능해졌다. 흑과 백의 변화는 반가치화이고, 천과 지의 변화는 반대각선화이다.

제7도 천3좌생지8도/ 제8도 지4우생천9도

제7도에서 천1과 지2는 하와 상에서 상하 이동을 하지만, 천3과 지4는 우와 좌에 있기 때문에 좌우이동을 한다. 즉, '흑3의 흑5'는 연접을 하고 '백3과 흑5'로 결접을 한다. 그래서 대각선수 8을 만든다. 제8도에서는 '백4의 백5'로 연접을 하고 '흑5와 백5'로 결접을 한다. 그래서 대각선수 9를 만든다. 제7도를 일명 '천3좌생지8도'라 하고, 제8도는 '지4우생천9도'라고 한 이유는, 제7도는 천수 3이 좌로 가 8을 낳는다는 뜻이고, 제8도는 좌에 있는 지 생수 4가 우로 가 천5를 만나 성수 9를 낳는다는 뜻이다. 여기서도 흑점과 백점은 서로 반가치화하면서 연접과 결접

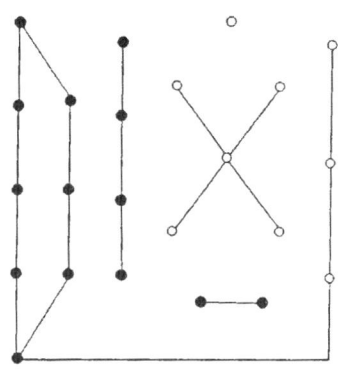

그림 8-16. 제8도 지4우생천9도

을 한다.

유목은 제5도에서 제8도까지 이렇게 대각선화를 한 다음에 드디어 상象이 생긴다고 하였다. 물건수 1과 2는 상하로 이동하고, 3과 4는 좌우로 이동하는데, 이를 우偶와 배配, 즉 '배우配偶'라고 한다. 서로 결혼하는 쌍으로 비유하고 있다. 하늘에서 남자가 내려와[배] 땅의 여자와 만나 결혼하는 것[우]이다. 이는 가로와 세로라는 대칭이 만나서 대각선을 만드는 것을 '배우'라고 한 것이라 할 수 있다. 상하 좌우에 있던 남녀가 서로 반대로 이동하여 결합을 한다. 예를 들어, 제5도에서 '천1이 천5와 만나 결혼하여 지6 수를 만드는 것天五合配天一 下生地六數足也"을 말한다. 이를 통하여 변화한다고도 한다. 성수(대각선수)가 만들어지는 과정이 완성되었다.

물건수가 명패수를 만나는 것을 '교착交錯'한다고도 한다. 이렇게 교착하여 만들어지는 것이 대각선이며, 이를 두고 '상象'이라고 한다. 그래서 상이 네 개인 사상四象이 만들어졌다.(제5~8도) 다음으로 사상이 팔괘를 만든다. 상을 천지의 문文이라고 한다. 음양이 교착하는 이치를 두고 '문리文理'라고 한다. 그래서 대각선화는 '문리가 트이는 것'을 말한다. 5는 극수極數라고도 한다. 천5도 극수이고 지5도 극수이다. 이 두 극수가 교착하면 '10유5'가 된다. '10유5'는 자기언급인데, 이를 두고 "드디어 천지의 상이 정해졌다"고 한다. 천지의 수가 드디어 정해졌으니, 상은 안정을 찾았다. 이것이 제5도에서 제8도까지 네 도상에 대한 설명이고, 이 설명은 대각선화와 반가치화를 함께 하는 설명이다. 그래서 대각선화와 반대각선화는 문리가 트이는 행위이다. 6, 7, 8, 9, 10 성수가 대각선수라면, 이것을 만드는 것이 대각선화이다.

### 대각선화와 사상과 팔괘의 형성 - 제9도 사상도, 제10도 사상생팔괘도

제9도와 제10도는 대각선화와 반대각선화의 결과물에 관한 도상들이다. 결과물이란 사상과 팔괘이다. 그래서 사상들은 모두 대각선화의 모양을 하고 있다. 이에 대한 자세한 고찰은 다음과 같다.

(5) 가로의 대각선화: 제9도는 1에서 4가 대각선화한 것을 종합한다. 백2와 백5가 연접한 것이 소양, 흑1과 흑5가 연접한 것이 소음, 흑3과 흑5가 연접한 것이 태음, 백4와 백5가 연접한 것이 태양 등과 같다. 이렇게 사상은 대각선화와 밀접한 관계가 있다. 이를 시생원리에 대한 새로운 이해 방법이라 할 수 있다. 성수가 만들어진 대각선화이다. 이를 양의생사상이라 한다.

(6) 3을 명패로 한 대각선화: 제10도는 3을 명패수로 하여 1과 2, 그리고 3 자신과 연접하여 대각선화한다. 이를 사상생팔괘라 한다.

이제 명패수 5는 자기 임무인 천지를 매개해 주는 역할을 다하였다.

유목은 5가 제 임무를 다해 연접과 결접을 통해 대각선화 작업을 성공적으로 마친 결과를 한 자리에 모아 놓았는데, 그것이 제9도이다. 그런데 5 자신이 대각선화한 정대각선수 10은 보이지 않는다. 그래서 제9도의 중앙은 텅 비어 있다. 즉, 5는 없고 그것이 모두 1, 2, 3, 4와 짝하여 변에 배열되어 있다. 사상만 보이지 오행은 보이지 않는다. 이것이 제9도이다. 제9도에서 반가치화는 없다. 1, 2, 3, 4가 모두 흑1흑5, 백2백5, 흑3흑5, 백4백5와 같기 때문이다. 흑흑과 백백이다. 그래서 제9도 사상도는 상극을 하고 있는 형국이다. 그러나 6과 7, 8과 9 같이 서로 상하좌우에서 대대하면서 상생을 할 순간을 기다린다. 이렇게 상극인 형국은 중앙 5가 없기 때문이다. 중앙 5와 그것의 자기언급은 제11도에서 나타난다.

물건수인 가로 1, 2, 3, 4가 모두 횡5를 두 팔 벌려 잡고 있는 형국이 제9도이다. 네 개의 사건수인 대각선수 6, 7, 8, 9가 상하좌우에 포진하고 있다. 그래서 제9도는 대각선화 또는 사건의 현장이라고 할 수 있다. 이 네 개의 대각선수를 사상四象이라고 하였다. 그래서 제9도를 두고 '양의생사상도'라 한다. 이는 〈계사전〉의 시생원리를 그대로 반영한 것이다. 양의가 사상을 낳는다는 내용을 가시적으로 보여준다는 것이다. 사상은 금, 목, 수, 화이다. 이 사상은 중앙 토5에서 분화된 것이다. 그래서 토를 두고서 '나누어 주는 왕'이라고 한다. 유목은 왜 '사상'이라 하고 5상이라 하지 않는가 묻는다.(施維, 2008, 4~5) 이 질문에 대하여 유목은 5는 1에 가하여 6이 되고, 2에 가하여 7이 되고, 3에 가하여 8이 되고, 4에 가하여 9가 되고, 자기 자신 5에 가하여 10이 되기 때문이라고 하였다. 이 말은 5가 명패 노릇을 하기 때문에 자기언급을 하는 초과분을

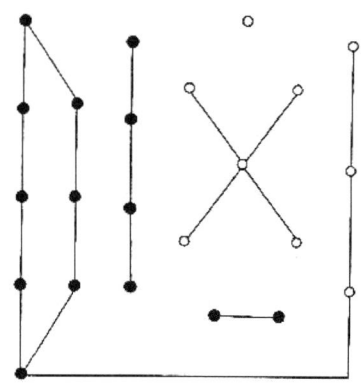

그림 8-17. 제9도 양의생사상도

다른 것과 같은 상으로 보아서는 안 된다는 것이다. 초과분을 다른 것과 같이 같은 집합 속에 넣을 수 없다는 것이다. 그래서 5-5는 제9도에서 보이지 않는다. 사물이라 하지 않고 사상이라고 한 이유는 성수를 생수와 차별화하기 위해서이다. 생수는 4물이고, 성수는 사상이라는 것이다. 생수 4물은 사상寫像을 하지 않았지만, 성수는 하였기에 사상四象이라고 한다. 대각선화와 함께 상, 즉, 사상이 만들어진다.

제10도는 다른 것에 비해 구조가 복잡하고 미묘하다. 유목이 '하9서 10'을 주장하는 것을 뒷받침하는 도상이 바로 제10도이다. 여기서는 일단 유목의 주장에 따라 그가 하9서10론을 주장하게 된 배경을 제10도를 통해 확인하기로 한다. 제10도의 명패수가 5가 아니고 3이라는 것이 논증의 시발점이다. 명패는 홀수여야 변화를 주도할 수 있다. 짝수면 가산을 할 경우 변화를 주도할 수 없기 때문이다. 홀수만 오직 짝은 홀로, 홀은 짝으로 바꿀 수 있다. 그래서 홀수 5 이하의 생수만으로 명패수로 한다고 할 때, 1, 3, 5만 명패수가 될 수 있다. 양의와 사상은 1과 3이

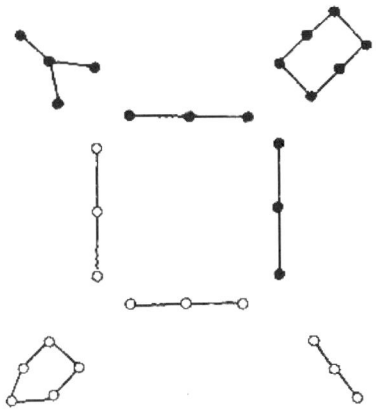

그림 8-18. 제10도 사상생팔괘도

명패수가 되어 시생된 결과이다.

제10도는 3이 명패수가 되었을 경우 팔괘를 만들어 내는 그림이다. 제10도에서 볼 때, 명패수 3이 중앙에서 사각형을 만들고 모서리에는 3, 4, 5, 6이 둘려 있다. 3이 명백하게 명패수 역할을 하고 있음을 의미한다. 그런데 3은 명패수인 동시에 제 자신이 주변 수이다. 이제 3은 네 개의 수 0, 1, 2, 3과 대응을 하여 가산을 한다. 즉, 3이 명패가 되어 대응하는 물건수는 0, 1, 2, 3이다. 즉, 명패수 3에 이들 물건수를 더하면 다음과 같다.

```
    0, 1, 2, 3      물건수
  + 3, 3, 3, 3      명패수
    3, 4, 5, 6      대각선수(사상)   ...대각선화
```

이 대각선수 3, 4, 5, 6이 제10도 사각형의 네 귀퉁이에 배열되어 있다. 이는 명백히 3을 명패수로 하는 대각선화이다. 이 네 개의 수가 사상四象이다. 명패수는 3인데 사상이 생기는 이유는, 0의 개입과 3 자신의 자기 언급 때문이다. 이는 멱집합의 원리를 그대로 따른 것이다. 그래서 제10도는 지금까지 언급되지 않았던 멱집합의 원리를 여실히 보여준다.

$$
\begin{array}{l}
\phantom{+}3\ 4\ 5\ 6 \qquad \text{이차원 대각선수(사상)} \qquad \text{...대각선화} \\
\underline{+3\ 3\ 3\ 3} \\
\phantom{+}6\ 7\ 8\ 9 \qquad \text{삼차원 대각선수(팔괘)} \qquad \text{...재대각선화}
\end{array}
$$

유목은, 팔괘인 대각선수 6, 7, 8, 9에서 오행과 팔괘가 만들어지는 원리를 여집합餘集合에서 찾고 있다.

오행을 만드는 수는 다음과 같다. 수(水)는 숫자 6, 금(金)은 숫자 9, 화(火)는 숫자 7, 목(木)은 숫자 8이다.(같은 책)

토土는 안 보이는 5이다. 이러한 수에 의해 발생원리를 설명하는 것을 '삼극지도'라 하고, 괘로서 그렇게 하는 것을 '삼재지도'라 한다. 그런데 삼극지도에 대한 설명은 완전히 여집합의 원리를 따른 결과이다. 즉, 6, 7, 8, 9에서 명패수 3를 감하는 방법과, 0, 1, 2, 3에서 3을 가하는 방법을 취한다. 즉, 제10도에서 대각선수 6, 7, 8, 9에서 3을 감하면 3, 4, 5, 6이 된다. 그래서 3, 4, 5, 6과 6, 7, 8, 9는 서로 여집합과 보집합을 하면서 팔괘와 오행을 다음과 같이 만들어낸다.

```
  0,  1,  2,  3     물건수
 +3,  3,  3,  3     명패수
    3   4   5   6              ...대각선화(사상화)
 +3   3   3   3
    6   7   8   9              ...대각선화(오행과 팔괘화)
    수  화  목  금(오행)
    감  이  진  태(팔괘)
    6   7   8   9
  - 3   3   3   3
    3   4   5   6
    건  손  간  곤(팔괘)        ...반대각선화 (팔괘화)
```

　유목은 제10도를 통해 사상에서 팔괘가 나오는 과정을 3단계에 걸쳐 만들어 낸다. 대각선화와 반대각선화는 궁극적으로 사상과 팔괘를 창출하기 위함이었다. 유목은 대각선 정리에 철저하면서 역의 주요 개념들을 도출해 내고 있다.

　이와 같이 제10도는 멱집합의 원리와 여집합의 공리를 통해서 3을 명패수로 하여 오행과 팔괘를 만들어 내고, 다시 이에 근거하여 '하9서10'의 논리적 배경을 설명하고 있다. 멱집합 다음에 여집합과 보집합을 이용하면 숫자 9가 끝수로 등장할 수밖에 없다. 그래서 극수는 9인데 괘는 여덟 개가 된다. 이러한 이유로 3재와 3극은 따로 생각할 수밖에 없다. 이는 모두 제10도가 가진 중요한 의미라고 할 수 있다. 3을 명패로 하였을 때는 '하9'수가 나오고, 5를 명패로 하였을 때는 '서10' 수가 나온다고 할 수 있다.

대각선화의 해체

(7) 반대각선화의 해체 과정: 제11도 '2양득10성도二陽得十成圖'에서는 2를 제외한 전수의 대각선화와 반대각선화, 그리고 반가치화를 총집결해 놓았다. 제1도에서 제10도까지의 과정이 대각선화와 반대각선화 과정이었다면, 제11도는 백2를 제외한 모든 수의 대각선화와 반대각선화를 한자리에 진열해 놓은 것이다. 그러면 왜 2양(백2)만 제외하였는가? 제11도의 이름 '2양득10성변화도'에서 보는 바와 같이, 흑2는 홀로 중앙에서 대각선화를 하지 않고 있다. 대각선화의 해체를 위한 자세를 갖추고 있는 것이라 볼 수 있다. 그러나 다음 제12도에서는 백2와 백4가 백5와 연접을 하여 대각선화를 하고, 나머지 1, 3, 5는 대각선화를 해체하고 있다. 연접을 풀고 있다는 것이다.

제11도는 정대각선이 만들어지는 과정을 한눈에 보여준다. 그런데 '백2의 백5'로 연접을 하면서도 '흑2와 백5'의 결접은 아니다. 명패 5가 연접과 결접하는 것을 보자. '흑종5의 흑종5'[16]로서 결접을 하고 '백방5와 흑종10'과 결접을 한다. 그렇다면 중앙의 '흑2'와 '백2의 백5'가 접하는 데에서 어떻게 명패 5가 정대각선화하는 데에, 즉, 10이 되는 데에 매개자 역할을 하는가이다. 이에 대한 설명은 이러하다. 중앙의 '흑횡2'란 메타 개념으로 두 개의 '흑종5'를 의미하고, 중앙 상의 '백5'는 다름 아닌 명패 '방5'를 의미한다. 그래서 중앙의 흑2와 백2가 결접이 되면 백5와 흑5가 결접이 되어 정대각선수 흑10이 만들어진다. 이것이 바로

---

16) 여기서 '종'이란 접이 종으로 배열된 경우이고, '횡'은 횡으로, '방'은 사각형 방으로 배열된 경우이다.

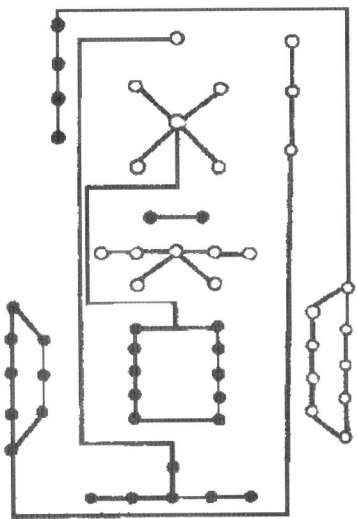

그림 8-19. 제11도 2양득10성변화도

'2양득10성 변화도'에 대한 해설이다. 제11도를 두고 유목은 오행생성수이며, 본래 낙서에 속한다고 하였다. 제10도에서는 9가 극수이지만 제11도에서는 10수가 극수이다. 그래서 제10도가 하도라면 제11도는 낙서이다. 유목은 제11도에서 대각선화를 이룬 다음에 그것을 해체한다. 제12도부터는 명패와 물건수를 분리하기 시작한다. 이를 대각선의 해체라고한다.

### 반대각선화와 대각선화의 해체

(8) 먼저 제12도에서 천수 1, 3, 5부터 대각선화를 해체하고 있다. 백2와 백4만 대각선화를 하고 있을 뿐이다. 반면에 제13도는 지수 2, 4의대각선화의 해체이다. 지수 2와 4에서 명패수 5는 사라지고 없다. 이를

대각선화의 해체라고 한다. 해체는 대각선화의 분리나 반대각선화와 다르다. 지수든 천수든 생수에서 명패수 5를 제거하는 것이 대각선화의 해체라고 한다.

제14도는 대각선화에서 가로수를 분리해 내는 것이다. 예를 들어서 3의 경우, 흑3과 흑5는 연접을 하여 대각선화를 하고 있지만, 여기서 백3이 분리되어 백4-백5의 대각선 곁으로 가버렸다. 이런 방법으로 이번에는 반대각선화를 해체하고 반가치화도 해체해 버린다. 동일한 생수의 흑과 백을 분리하고, 대각선화에 결접되어 있지도 않다. 연접되어 있지만 결접은 모두 해체한 것이다. 반면에 제12도와 제13도는 천수와 지수의 대각선 해체이다. 다시 말해서, 연접의 고리를 끊어버렸다. 그러나 제14도의 경우는 결접의 고리를 끊어버렸다.

이렇게 연접과 결접의 고리를 끊어 대각선화와 반대각선화를 해체하는 것이 순서라고 할 때, 제15도는 선명하게 한눈에 들어온다. 제15도는 결접의 고리를 잘라버린 다음, 잘린 생수들 1, 2, 3, 4가 분리되어 중앙에 배열되었다. 그러나 분리된 5는 보이지 않는다. 제16도에는 1이 보이지 않는다. 제15도와 제16도는 그 구조가 같은데, 제15도에는 5가, 제16도에는 1이 보이지 않는다. 5와 1이 빠진 이유는 무엇인가? 그 이유는 분리된 생수인 백1, 흑2, 백3, 흑4와 같이 모두 흑백과 천지수가 일치하지만, 5를 만약에 같이 배열할 경우 흑과 백 그 어느 것으로도 할 수 없기 때문이다. 그렇다면 5는 대각선화를 하기 위해 연접을 하여 대각선화를 하면서 작용으로 남아 있다는 것을 의미한다. 보이지 않는 용으로서 있는 것이다. 이는 대각선화의 연접에서 결접을 풀어 버리는 것으로서, 유목이 대각선화와 반대각선화를 하면서 동시에 그것의 반대인 해체를 시도한 것이다.

그러면 유목은 무엇을 위해 이런 작업을 하였는가? 그것은 제15도의 이름 자체에 잘 설명되어 있다. 즉, '대연지수도'라는 이름 말이다. 다시 말해서, 대연의 수 '50'을 산출해 내기 위해서라는 것이다. 제15도 안에 있는 흑점과 백점을 모두 더하면 50이 된다. 이 50을 '대연지수大衍之數'라고 한다. 10 이상의 큰 수를 산출해 내는 수인 '수의 수'라는 뜻이다. 유목의 설명에 따르면, 1에서 10까지 수의 합은 55이다. 그런데 여기서 5를 감한 수가 바로 50이다. 그러면 왜 5를 감하는가. 바로 이 점이 대각선 정리와 관계되는 문제이다. 5는 초과분 '$E_0$'의 발생처이다. 5는 자기 언급을 하여 10이 된다. 그리고 이 수는 초과분을 만들어 내버려 정상적인 산출을 불가능하게 만든다. 그래서 이 수를 조장하는 5를 제거해야 한다.

명패수 5는 생수 1, 2, 3, 4, 5와 더하기 사상 작용을 하여 대각선수 6, 7, 8, 9, 10을 만든다. 그런데 명패수 5 자체는 어디 둘 곳이 없다. 중앙에 5를 두면 백점과 흑점의 합은 55이다. 그런데 5를 감하면 50이 된다. 의도적으로 5를 감한다는 것은 제15도가 대각선 논증의 본령을 건드는 것이라 할 수 있다. 〈계사전〉은 50이라는 수 안에는 귀신도 모르는 비밀이 있다고 하였다. 제14도는 흑백의 수가 60개이고, 제13도는 32개이다. 제15도만이 1에서 10까지의 합수인 55에서 5를 감한 50개이다.

제16도는 50에서 1을 감한 '49'수이다. 제16도는 5 이외에 1의 대각선화가 빠져 있다. 제16도의 이름을 '기용49도'라고 하였다. 왜 50에서 1을 감하는가? 그 이유는 1은 태극이기 때문이다. 전체와 부분의 혼동을 피하기 위해서이다. 태극은 거기서 모든 수들이 나오는 수이기 때문에 1

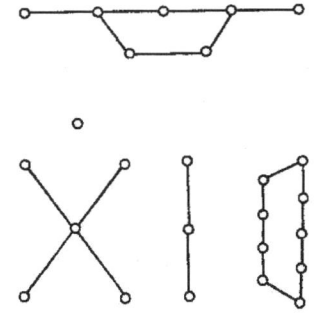

그림 8-20. 제12도 천수도

만은 감하여야 한다. 시초점에서 산가지 50에서 1을 제거하는 이유와 같다. 1은 전체 수 태극이다. 이러한 1을 50에서 제거해야만 질서정연한 산출작업을 할 수 있기 때문이다. 제12도부터 해설을 하면 다음과 같다.

우선 요약을 하면, 제12도는 천수는 1, 3, 5의 대각선화의 해체, 제13 도는 지수 2, 4의 대각선화의 해체, 제14도는 1, 2, 3, 4, 5의 반대각선화 에서 분리, 그리고 1의 반대각선화 해체, 제15도는 1, 2, 3, 4,의 반대각선 화의 분리와 5의 반대각선화 해체, 제16도는 1과 5의 반대각선화 해체 와 같다. 이에 대한 자세한 설명은 다음과 같다.

### 제12도 천수도/ 제13도 지수도

제12, 13, 14도는 지금까지 해놓은 대각선화 작업을 차례로 해체해 나 가는 도상들이다. 먼저 지수 대각선화의 연접만 남겨 놓고 천수 1, 3, 5 세 수의 명패를 모두 제거해 버렸다. 이를 두고 대각선화의 해체라고 한다. 해체는 반대각선화와는 다르다. 반대각선화는 대각선을 다시 생 수와 결접을 시키는 것이지만, 해체란 아예 생수에서 명패를 제거해 버

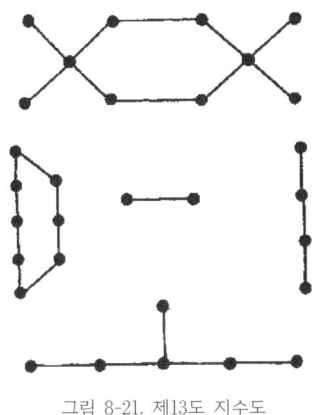

그림 8-21. 제13도 지수도

리는 것이다.

제12도는 천수의 전시장이라 할 수 있다. 천수들이 하늘에서 내려와 아직 명패를 갖지 못하고 있는 못한 모습 그대로이다. 제13도는 반대로 지수 2와 4가 명패를 상실한 상태이다. 이를 두고 대각선화의 해체라고 한다. 부분적으로 천수부터 시작하여 지수도 그러한 상태이다. 먼저 제 12도에서는 천수 1, 3, 5를 명패수에서 분리시켜 낸다. 마치 천수들이 분리된 상태에서 기다리고 있는 것과 같다. 제13도에서는 지수 2와 4를 분리시켜 낸다. 이는 마치 지수들이 천수 5를 기다리고 있는 모양새다. 제12도와 제13도의 비교에서 가장 괄목할 만한 것은 수 5이다. 제12도 에서는 백점으로서 자접을 하지 못하지만, 제13도에서는 흑점으로 자접 을 한다.

제14도 천지지수도/ 제15도 대연지수도/ 제16도 기용-49도

제14, 15, 16도는 명패 5와 태극 1의 유무를 표시하는 도상들이다. 즉,

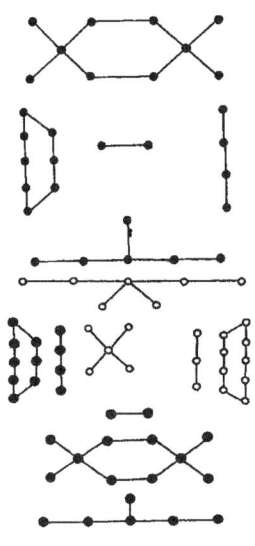

그림 8-22. 제14도 천지지수도

제14도는 '5유1무,' 제15도는 '1유5무,' 제16도는 '5무1무'이다. 왜 유목은 이러한 시도를 하였을까? 그것은 5와 1이란 수의 특성 때문이다. 5는 명패수, 1은 생수이지만 태극이라고 할 때 이 두 수는 다른 수들과는 다른 성격을 갖는다. 집합적 전체적 성격을 갖는다.

제14도는 천수와 지수를 합하여 연접을 하여 대각선화한 그림의 전시장이다. 그래서 '천지지수도天地之數圖'라 한다. 1을 제외한 2, 3, 4, 5가 대각선화는 하여도 반대각선화와 반가치화는 하지 못하고 있다. 백은 백, 흑은 흑끼리 연접하고 있지만, 결접은 하지 못하고 있기 때문이다. 흑점과 백점은 따로 분리되어 있다. 그래서 반대각선화와 반가치화를 안 하는 형국을 그대로 나타낸 것이 제14도이다. 그런데 제14도를 들여다보면, 예외적으로 1에서 6수는 연접을 하고 있으나, 결접을 할 1이 보

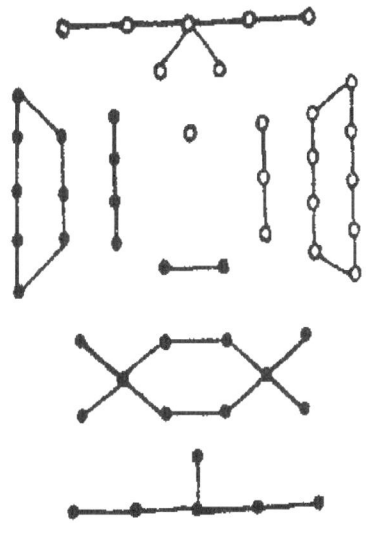

그림 8-23. 제15도 대연지수도

이지 않는다. 5유1무이다. 5는 보이고 1은 보이지 않는다는 뜻이다. 그런데 제11도와 비교해 보면 흥미롭다. 제11도에서는 명패 5와 물건수 1, 2, 3, 4, 5가 서로 연접과 결접을 동시에 하지만, 제14도에서는 연접만 하지 결접은 하지 않는다. 다시 제11도에서 보면, 연접을 할 때와 결접을 할 때 물건수들이 흑점에서 백점으로, 백점에서 흑점으로 변해 있다. 반가치화를 하고 있다. 그러나 제14도에서는 연접만 하였기 때문에 흑은 흑, 백은 백끼리 붙어 있다. 흑5와 흑5는 서로 양손을 내밀어 마주 잡고 있다.

제15도는 중앙의 5가 빠지고 1이 대신 들어간 것 외에는 제14도와 같다. 그리고 제16도는 1과 5를 모두 제거해 버렸다. 그래서 제14, 15, 16도는 이어서 같이 보아야 한다. 제14도에는 1이, 제15도에서는 5가, 제16

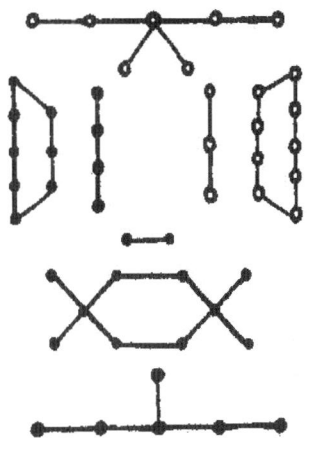

그림 8-24. 제16도 기용49도

도에서 1과 5가 모두 결접에서 제외되었기 때문이다. 결접에서 제외되었다는 것은 반대각선화의 해체를 의미한다. 결접이라는 것은 대각선이 가로와 만나는 반대각선화이기 때문이다. 1과 5가 도상에서 차지하는 위치는 크다. 1은 태극을 의미하며 전체를 통괄한다. 그리고 5는 명패수로서 5가 있어서 대각선화를 주관한다. 그런데 이러한 1과 5를 결접에서 제외시켰다는 것은 대각선화와 반대각선화에 밀접하게 관련이 되는 문제이다.

이렇게 제1도에서 제16도까지는 대각선화의 이전 단계, 대각선화 반대각선화의 단계, 그리고 대각선화와 반대각선화의 해체 단계로 나눌 수 있다. 이러한 과정 속에서 유목이 얼마나 철저하게 대각선 논증을 이해하고 있었는지 확인할 수 있다. 이어지는 제17도에서 제44도까지는 모두 이러한 대각선 논증을 통해 얻어진 결론을 사상, 팔괘, 가족 관계,

인체의 장부 등에 응용한 것이다. 그리고 제45에서 제48도까지는 하도에, 제49, 50도는 낙서에, 마지막 제51도는 심지어 천간지지에 응용한 것이다. 이 말은 대각선화, 반대각선화, 그리고 그것의 해체가 무용지물이 아니고 인간사와 우주 변화의 원리임을 말해 준다. 즉, 1에서 16개의 도상들은 바로 명패와 물건 사이에 발생할 수 있는 여러 사례들을 망라한 것이라 할 수 있다.

대각선 논증은 명패수 5와 생수 1, 2, 3, 4, 5의 관계이다. 이 관계 속에서 대각선화, 반대각선화, 반가치화, 대각선화의 해체, 반대각선화의 해체 등이 진행된다. 그러면 명패와 물건 사이에서 반드시 역설이 발생한다고 할 때, 이러한 대각선의 구성 요소들이 역설 해의에 갖는 의미란 무엇인가. 대각선의 6대 구성 요소 이외에 우리는 여기서 추가된 반대각선화의 해체 같은 것도 확인하였다. 유목의 이러한 시도는 결국 그나름대로의 역설 해의와 연관된다고 할 수 있다.

## 대연지수와 대각선의 문제

문제의 핵은 대연지수에 있다. 5와 1을 감하는 문제 말이다. 천수와 지수의 합을 대연지수大衍之數라 하고, 그 수는 50이었다. 천지지수는 55이다. 대연지수는 천지지수보다 5가 적다. 5가 사라지고 안 보이는 것을 두고 '퇴장밀우退藏密雨'라고 한다. 뒤에 숨어 있는 것이 마치 비를 실은 구름과 같다는 뜻이다. 없는 것이 아니라 구름에 가리어 안 보일 뿐이다. 55가 천수의 수이지만, 천지가 작용을 할 때에는 5가 그 작용 속에 있기 때문에 안 보인다는 것이다. 데이비드 봄의 말을 빌리면, 5는 '숨겨진 질서implicate order'이다. 50은 '나타난 질서explicate order'이다. 그래서 제

14도 천지지수는 1이 퇴장밀우이고, 제15도는 5가 퇴장밀우이고, 제16도는 1과 5 모두 퇴장밀우이다. 제14도, 제15도, 제16도의 전체 수는 54, 50, 49이다. 전체 천지수 55에서 제14도는 1, 제15도는 5, 제16도에서는 5와 1이 모두 퇴장밀우의 수이기 때문이다. 역이 대각선수와 역설의 수를 표현하는 방법이다. 구름 속에 비가 가득 차 있는 상태인 수라는 것이다. 1과 5가 비로 변하면 삼라만상의 변화가 생긴다는 것이다. 그 변화의 시작은 사상과 팔괘로부터 시작한다. 제17도 이하 이어지는 도상들은 모두 이런 다양한 변화에 관한 것이다.

천1, 지2, 천3, 지4이다. 이것이 바로 사상이며, 이 사상이 생수이다. 이어서 제17도부터 제20도에서 사상을 논하는 이유가 여기에 있다. 사상이 5와 연접하면서 성수 6, 7, 8, 9를 만든다. 6, 7, 8, 9는 1, 2, 3, 4라는 상에서 만들어진 것이기 때문에 '상 중의 상'이라고 한다. 대각선수라는 수이다. 사건이란 수이다. 모두 그 속에 5를 포함하지만 구름 속의 비와 같다. 오직 5만 사상을 모두 그 속에 포함할 수 있다. 사상은 5의 작용이다. 그런데 5는 사상의 작용 그 안에 있다. 둘은 비와 구름의 관계이다. 구름이 5라면 비는 사상이다. 5가 사상을 포함包涵하면서 동시에 5가 사상의 작용 안에 있다고 하였기 때문에, 이를 구별하여 포함包숨이라 한다. 4를 거론하는 순간 5는 그 안에 들어 있기 때문이다. 그래서 드러나는 것은 4뿐이기 때문에 '사상四象'이라 하고, 5는 그 속에서 작용만 하기 때문에 오행이라고 한다. 사상과 오행에 대한 명쾌한 지적이다. 이러한 이유로 대연지수는 천지지수에서 5를 감하는 것이다. 사상은 드러난 체이고, 오행은 숨겨진 용이다. 제15도에서 5가 안 보이는 이유에 대한 설명이다.

이를 다른 표현으로 하면 제14도 천지지수는 5에 의한 대각선화이고, 제15도 대연지수는 명패수 자체를 제거한 50이다. 천5는 명패수로서 물건수와 연접하여 대각선을 만드는데, 5를 가하는 것(천지지수)은 대각선화한다는 뜻이고(제14도), 5를 감하는 것은 대각선화의 해체이다. 대각선화는 구름이 쌓여 밀집된 비가 내릴 듯한 상태이다. 이러한 대각선을 만드는 명패수 5가 없어진다는 것은 비가 쏟아지는 듯한 모습이다. 5는 명패수로서 5가 자기언급을 한 정대각선수 10은 '밀우' 바로 그것이다. 이와 같이 유목의 도상들은 대각선 정리의 여섯 개 요소들을 하나하나 극명하게 보여주려 세심한 주의를 기울였다. 그 가운데 제15도는 대각선화에 관련하여 천지지수와 대연지수의 관계를 한눈에 보여준다. 구름 속에 가득 차 있던 비가 정역에 와서는 쏟아져 내린다. 퇴장해 있던 1과 5, 그리고 10이 소나기가 되어 내린다.

점을 칠 때 산가지 쉰 개 가운데서 한 개를 감하여 마흔아홉 개로 한다. 그 이유는 다음과 같다. 50은 대연수이다. 대연수는 55에서 5를 감한 수이다. 50에서 다시 1을 감한 49로서 산가지를 삼는다. 제16도인 '기용 49도'는 바로 그 1을 감한 수 49를 그린 도상이다. 여기서 1과 5는 어떤 수인가? 바로 명패수이다. 명패수가 물건수와 함께 섞여 있는 것이 55이다. 1과 5를 감한다는 것은 바로 물건수만 남기고 명패수는 없애 역설적인 요소를 제거한다는 의미이다. 50 가운데 태극인 1을 제거하고 나면 이런 역설이 사라진다. 물건수들 가운데서 명패수를 제거하여 일관성을 유지한다는 의미이다. 바로 이러한 것을 나타낸 도상이 제16도이다. 제16도는 밀우 상태에서 비가 쏟아져 내려 작용을 하고 있는 모습이다. 수 1도 5도 안 보인다. 감독하는 명패가 없어져 자유롭게 마음대로 물선들이 삭용을 할 수 있다.

　한씨는 이러한 1을 두고 사용하지 않는 '수 아닌 수' 또는 '통하지 않으며 통하는' 수라고 하였다. 태극1의 역설적인 성격을 잘 표현하였다. 경방도 50 가운데에는 사용하지 않는 1이 반드시 있다고 하였다. 그 이유를 두고 그의 특이한 괘기설에 근거하여 "앞으로 허로서 실을 구하려 하기 때문이다"고 하였다. 쓸모없지만 쓸 데 있을 때가 있을 것이라 기대하기 때문이라는 것이다. 이렇게 허로써 실을 구하는 것이 바로 '생기生氣'라고 하였다. 마계장은 1을 부동의 북극성에 비유하여 나머지 49성들이 그 주위를 도는 것과 같다고 하였다. 부동이 있어야 동이 가능하듯이, 1이 있어서 49가 작용할 수 있다는 뜻이다. 순석筍奭은 건괘 6효에 비유하여 초9효는 부동의 잠룡潛龍이듯이, 태극도 이와 같이 부동이지만 이것이 있어야 다른 5효가 작용할 수 있다고 하였다. 정강성은 "55 가운데 5는 만물에 다 통하는 것이다. 이 5를 감해야 한다. 마찬가지로 대연의 수는 50인데, 이 50에서도 1을 감해야 49가 쓰임이 있게 된다"고 하였다. '대연大衍'의 '연衍'은 연장extend, 전개develop의 의미이다. 그래서 '대연'은 'great extend'이다. 사방에 크게 만연해 퍼져나가자면 제어하고 통제하는 수인 태극1과 명패5가 없어야 한다. 그래야 만물인 49가 자유롭게 전개될 수 있다.(施維, 2008, 9)

　고환은, 수는 비록 신이 아니지만 신은 수로 인해서 나타나고, 그래서 1을 비운다고 하였다. 또 한씨는 다음과 같이 자문자답하면서 문제를 제기한다. 만약에 1이 허하면서 그것이 동시에 태극이라고 한다면, 다음과 같은 문제가 생긴다고 한다. 즉, 허한 곳에서 어떻게 태극이 나올 수 있느냐, 다시 말해서, 어떻게 태극이 만물의 종가 노릇을 할 수 있느냐이다. 발생론적으로 보아 태극-양의-사상-팔괘-만물이란 발생순서에 의한 그 결과로 55가 생겨났다. 그렇다면 55는 천지의 극수이다. 그런데 지금 와서 그 극수에서 1을 허하다고 한다면, 결국 대연수는 54가 마땅한데, 어떻게 49라 하는가? 5란 수가 어디로 갔단 말인가? 천지수 55는 선천수이고, 대연수 50은 후천수라고 하다. 그런데 만약에 선천수인 1이 허하다고 한다면, 〈계사전〉의 시생원리를 근본적으로 어기는 것이 된다. 왜냐하면 처음 1이 허하다면, 거기서 양의와 사상 등이 나올 수 없기 때문이다. 그렇다고 1이 실하다고 한다면, 그것이 모든 것을 관장하기 때문에 대연의 원리에 어긋난다.

이러한 한씨의 태극1에 대한 시비는 아리스토텔레스의 부동의 동자 논쟁을 방불케 한다. 궁극자를 동자라고 하면 다른 것에 의해 움직임을 받아야 하고, 부동자라고 하면 자기 밑의 것을 움직일 수 없는 것을 부동의 동자 역설이라고 한다. 태극1자를 허하다고 한다면 거기서 다른 것이 발생할 수 없고, 실하다고 한다면 자기 위의 다른 것에 의해 영향을 받아야 하고, 이를 '허실의 역설'이라 한다. 결국 제16도는 이와 같은 존재론의 근본적인 문제점을 그 속에 안고 있다. 결국 이 역설은 난제거리로 남겨야 할 문제이다. 제1도부터 제16도에 이르는 열여섯 개의 도상들은 결국 동서양을 망라해서 존재론의 궁극적인 역설 문제에 직면하게 한 것이라 할 수 있다.

55에서 1을 제거시키고(제14도), 다시 5를 제거시키는(제15도) 방법으로 역설이 해결된다고 생각한 것은 가장 단순한 해결 방법 가운데 하나이다. 이에 대하여 한국의 김일부는 선천수인 천지지수 1부터 10을 구조적으로 분석한다. 김일부는 1부터 10까지의 수 안에는 생성生成과 도

역到逆의 순환관계가 있다고 보아, 이 구소를 파악하면 대연수에서 발생한 역설도 생성과 도역의 연장선에서 풀릴 것으로 보았다. 그러나 중국 신유학의 창시자 주렴계는 그의 《태극도설》에서, 태극1을 만물수에서 제거하여 밖으로 내보내고, 태극1의 허한 면을 무극이라 하여 궁극자를 '무극이태극'이라고 하였다.(8.12. 참고) 이는 한국역과 다른 해의 방법이다. 그리고 유목의 해의 방법도 김일부의 비판을 받아 마땅할 것이다. 하9서10의 문제도 결국 1과 5의 처리 문제에서 발생한 것의 연장에 지나지 않는다. 김일부의 도역생성론에서 볼 때 1, 5, 10은 순환의 분기점에서 전환점, 변환점, 반환점 등을 만들어주는 역할을 한다.[17)

  서양 철학의 주류 역시 궁극의 일자를 밖으로 내보내어 '실존'은 밖에 있다는 의미 'ex-istere'이다. 밖에 있는 '일자'만이 실존한다는 뜻이다. 최근 바디우가 이에 대하여 내함 또는 포함包含, in-ex-istere이라고 하였다. 역의 역사 역시 태1자를 태극도 안에 두느냐 밖에 두느냐에 따라 많은 주장들을 가능하게 만든다. 한국의 정역은 태1을 10과 5의 상대관계 속에서 도到와 역逆의 순환관계로 파악한다. 그래서 '10과 5', 그리고 '10과 1'이 정역의 주된 주제가 되었다. 태일이 안과 밖을 왕래한다고 보는 것이 도역생성이라는 것이다. 이 문제는 궁극적으로 멱집합의 원리이며, 나아가 두 가지 역설의 문제이다. 제16도의 이러한 존재론적 문제와 함께 유목의 〈역수구은도〉는 다음으로 이어진다. 다음은 주로 응용 문제에 해당한다. 대각선 논증의 여러 요소들을 적용한 다음 응용단계로 접

---

17) 수학의 페어홀스트 방정식에서도 수가 순환한다는 것을 보여주고 있으며, 1과 5는 거기서도 분기점 역할을 한다. 분기점의 수는 종인 동시에 시이고, 시인 동시에 종이다. 순서수의 역설에서 자유롭지 못하다.

어든다.

## 8.9. 〈역수구은도〉와 대각선의 응용 문제

대각선화 적용과 응용단계 —사상도와 대각선 논증

(9) 제17도 소음도/ 제18도 소양도/ 제19도 노음도/ 제20도 노양도

유목은 사상을 대각선 개념으로 파악한다. 네 개의 도상, 제17도에서 제20도까지는 '사상도四象圖'라 한다. 즉 제17도에서 제20도까지에서 보는 바와 같이, 2–5는 소양도(제17도), 3–5는 소양도(제18도), 1–5는 노양도(제19도), 4–9는 노양도(제20도)이다. 1, 2, 3, 4가 5와 연접을 하여 노양, 소양, 소음, 노음이 된다. 대각선화되어 네 개의 상으로 나누어진다는 것이다. 대각선화는 명패수 5와 물건수 1, 2, 3, 4가 연접을 하는 것이다. 이런 연접을 한 대각선들이 따로 진열되어 있다. 네 개의 사상도를 통하여 사상이 어떻게 만들어지는지 알 수 있다. 그런데 5와 5가 연접하는 정대각선은 빠져 있는 것이 사상이다. 만약에 5–5가 들어가면 그것이 바로 오행이다. 다시 말해서, 정대각선이 들어가면 바로 오행이다. 오행은 명패이고 물건이다. 그 속에 초과분을 안고 있고 동시에 역설적이다. 그러나 사상은 아직 이런 초과분이 없는 상태이다.

사상이 발생하는 순서는 제16도에서 그대로 이어지기 때문에 설명을 덧붙인다. 한씨는 태일이 만약에 허하다면 당연히 55–1=54여야 하는데, 왜 49냐 묻는다. 대연의 수가 천지수를 연한다고 한다면, 당연히 천지는 선천이고 대연은 후천이다. 그렇다면 태극은 허1과 짝을 지을 수 없다. 선후가 뒤바뀌었기 때문이다. 동시에 태극은 허하기 때문에 원명

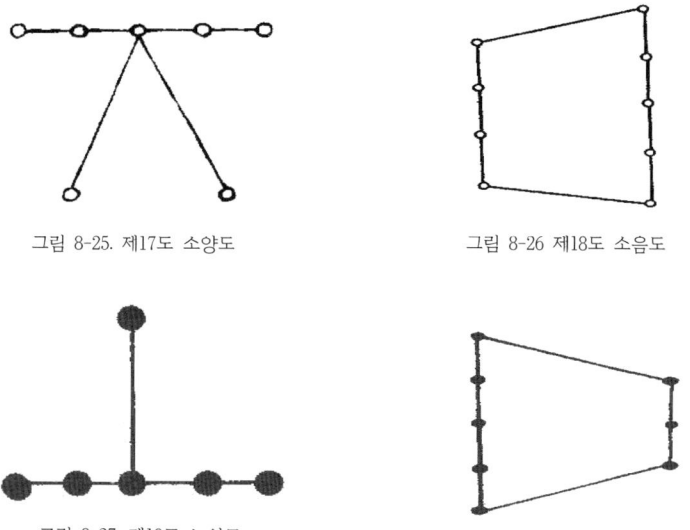

그림 8-25. 제17도 소양도

그림 8-26 제18도 소음도

그림 8-27. 제19도 노양도

그림 8-28. 제20도 노음도

元明할 수가 없다. 태극을 무극이라 칭하는 일이 없게 된다.

사실상 주렴계가 《태극도설》에서 '무극이태극'이라 한 이유가 여기에 있다. 태극이란 원기는 혼동 상태였던 때가 있었다고 말할 수밖에 없다. 그래서 허가 태1자와 짝을 짓는다는 것은 불가능하다는 양명학파의 거센 반발도 있었지만, 주자는 '무극이태극'을 주장한다. 이는 집합론에서 보면 0과 1의 관계 문제이다. 그리고 명패수와 물건수가 서로 연접하면서 생기는 역설의 문제이다. 멱집합에서 정의역과 치역의 문제인데, 집합론과 미비한 수학적 지식을 가지고 있던 시대에 살던 철학자들의 한계가 여기서 나타난다.

55에서 5와 그것의 자기언급인 10을 합한, 즉 10+5=15를 감하면 40인데, 왜 49냐가 문제의 핵심이다. 그것은 50을 후천 대연수의 물건수라고 보고, 태극1사를 명패수로 보았기 때문이다. 55 안에서 5는 유행을 하기 때문에 감한다고 하였다. 그래서 50이 된 것은 변화를 주도하는 5를 상실하고 있음을 의미한다. 5는 변화를 주도하고 어디에나 산재해 있다. 5의 부재는 이러한 변화의 중심을 상실함을 의미한다. 천1은 높은 곳에 있어서 움직일 수 없다. 부동자이다. 천1은 상象의 시작이고, 모든 존재를 낳는 종가이며, 조화의 주인이다. 그래서 높은 곳에 자리하며 부동의 자세이다.

그런데 반대로 5는 사방에 선회 운행하면서 수를 이루고 만들어 내면서 모든 변화에 통하게 된다. 생수와 연접하여 대각선을 만들어 사상을 가능하게 하는 중요한 역할을 한다. 역에서 '곤원용육坤元用六'이라고 하고, '건삼곤육乾三坤六'이라 하면 5는 무용지물로 설 자리가 없어 보인다. 그러나 그렇지 않다. 바로 5는 밖이 아닌 작용 그 안에 있기 때문이다. 제17도는 5가 2와 연접, 제18도는 5가 3과 연접, 제19도는 5가 1과 연접, 제20도는 5가 4와 연접하여 작용하는 모습을 보여준다. 원초적인 대각선화 양상이다. 이렇게 사상이 만들어지면, 같은 5에 연접할 때의 물건 수 1, 2, 3, 4의 량에 따라서 사상의 음과 양의 다와 소로 표시하여 노음, 노양, 소양, 소음이라고 한다. 사건수, 성수, 대각선수만으로 된 제17도에서 제20도까지를 한자리에 모아 놓았다. 이를 유목은 '사위합수四位合數'라 하여

$$4 \times 9 = 36 \quad \text{노양}$$
$$4 \times 7 = 28 \quad \text{소양}$$
$$4 \times 6 = 24 \quad \text{노음}$$
$$4 \times 8 = 32 \quad \text{소음}$$

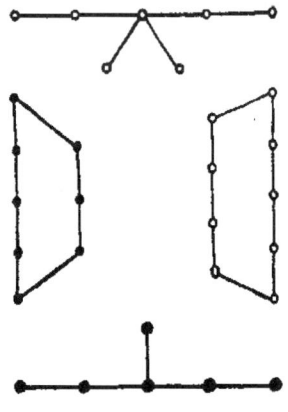

그림 8-29. 제21도  7, 8, 9, 6 합수도

라고 하였다. 4가 명패수가 되어 6, 7, 8, 9와 승을 한 수가 사위의 합수라고 하였다. 여기서 지4가 처음으로 명패수로 등장하였다는 것과, 더하기가 아닌 곱하기를 하였다는 점에서 특별한 의미를 부여할 수 있다. 그이유는 음수 4가 여기서 명패수로 나타나는데, 음수는 승하는 모든 수를 음수로 바꾸어 버린다. 위에서 보는 바와 같이 36, 28, 24, 32는 모두음수이다. 변화가 생기지 않는다. 다음에 말할 일음일양을 불가능하게만든다. 사상은 변화를 위해 5가 나와야 할 이유를 보여주는 수이다. 사상은 오행을 향도하기 위해 전령 같이 나온 것이라 할 수 있다. 그래서제21도는 이러한 사상의 정체된 모습을 한자리에 모아 놓은 것이다.

사상도의 특이한 점은 바로 5가 물건수가 아니라는 점이다. 만약에 5가 개입되면, 5는 명패수이자 물건수이기 때문에 초과분을 만들어 낸다. 그래서 역설을 조장한다. 사상은 다소의 양 차이는 있어도 그 속에서 아직 역설을 잉태하고 있지는 않다. 이제 역설은 오행부터 시작한다.

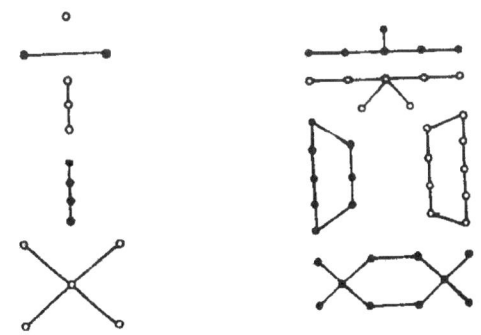

그림 8-30. 제22도 건괘삼위도    그림 8-31. 제23도 곤괘삼위도

## 음양 시생도와 대각선화

제22도와 제23도에는 5가 개입한다. 제22도에서는 5가 명패수로서, 제23도에서는 5가 자신과 연접한 대각선수 10으로서 등장한다.

유목은 결접을 끊은 다음 연접도 끊어 버린다. 즉, 제22도는 수직으로 물건수 또는 생수 1, 2, 3, 4, 5만으로 상하로 배열하였다. 명패수 5와의 연접을 절단시켜 버렸다. 대각선의 해체이지 반대각선화는 아니다. 여기서 주목할 점은, 5는 다른 수와 달리 두 가지 다른 방법으로 표시한다는 것이다. 하나는 5를 흑이든 백이든 상관없이 횡 직선으로 배열하는 방법과, 다른 하나는 점1은 중앙에 두고 방으로 배열하는 방법이다. 전자를 '횡5'라 하고 후자를 '방5'라 하자. 그 차이는 무엇인가. 그 차이는 크다. 5는 다른 수와 달리 자기언급을 하여 명패도 물건도 된다. 그래서 명패일 때에는 횡5로 표시하고, 물건이고 명패일 때에는 방5로 표시한다. 제22도에서는 물건인 생수이기 때문에 '방5'로 표시하였다. 제23도에서 5가 명패일 때에는 횡으로 물건일 때와 명패일 때는 방5로 표시하였다.

제23도에서는 1, 2, 3, 4, 5가 5와 다시 연접을 시켜 놓았다. 그런데 흑은 흑, 백은 백으로 연접시켜 놓았다. 1-5와 2-5는 상하에, 3-5와 4-5는 좌우에, 그리고 5-5 하나가 좌우로 나누어져 배열되었다. 5-5에서 하나의 방5는 좌에, 다른 한 방5는 우에 배열되었다.

제24도는 1을 제외한 생수 '방5, 4, 3, 2'가 상하로 배열되었다. 제22도가 1, 2, 3, 4, 5가 상하로 배열된 것과는 반대 방향이다. 제25도는 1-6을 제외하고 횡5와 2-5를 상하에, 3-5와 4-5는 좌우에, 방5-방5는 방5와 방5가 나누어져 좌우에 배열되었다. 그래서 제24도는 제22도와, 제25도는 제23도와 각각 비교가 된다. 비교의 관점은 1과 5를 처리하는 방법에 있다. 제24도와 제25도는 모두 1을 제외한다는 것이다. 퇴장밀우의 수 1이 비가 되어 내렸음인가? 제22도와 제23도를 보라. 제22도의 흑백점이 제23도에서는 모두 반대로 되었다. 이는 유목이 대각선 정리의 6대 요소 가운데 가치와 반가치화의 문제를 의식하고 작도하였음을 의미한다. 가치가 건곤이고 음양인 것을 상기하자. 제22도와 제23도의 명칭 자체가 이를 잘 반영하고 있다. 제24도와 제25도는 6대 요소 가운데 대각선화와 반대각선을 의식한 도상이다. 왜냐하면 대각선화를 좌우하는 5와 1의 유무에 의하여 작도되었기 때문이다.


제24도 음중양도/ 제25도 양중음도

5의 유무에 따라 가치화와 반대각선화가 동시에 진행된다. 5의 이런 작용을 두고 '일음일양'이라 한다. 이는 명패가 갖는 융통성을 의미한다. 〈계사전〉에서는 '일음일양지위도'라고 하였다. 무엇이 일음일양 되게 하는가? 그것은 다름 아닌 명패수 5 때문이다. 제24도와 제25도는 이러

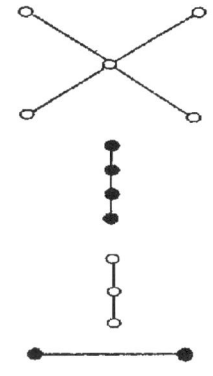

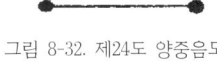

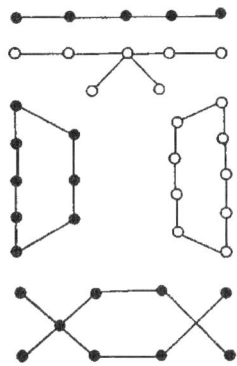

그림 8-32. 제24도 양중음도                    그림 8-33. 제25도 음중양도

한 음 가운데 양, 양 가운데 음이 들어 있음과 5가 일음일양을 가능하게
하는 촉매 역할을 한다는 것을 한눈에 보여주는 도상이다. 그런데 두
도상 모두 1이 빠져 있다. 제24도의 경우는 백점 '방5'가 제일 처음에
등장하면서 5백4흑3백2흑의 순서이다. 모두 수와 색이 일관성을 유지하
고 있다. 그런데 왜 1이 없을까? 그것은 5가 1의 역할을 해주고 있기
때문이다. 여기서 순서수의 역설이 발생하고 초과분이 생긴다. 같은 역
할을 하는 것이 두 개가 있기 때문이다. 즉, 방5는 물건인 동시에 명패의
역할을 한다. 자기 자신인 5와 자기언급을 할 때에는 물건과 명패가 동
시적이다. 그래서 제25도에서는 횡5와 방5가 동시적이다.

  제25도에서는 흑점인 '횡5'가 독자적으로 제일 처음에 등장한다. 다시
말해서, 이 5 없이는 일음일양이 불가능함을 보여준다. 가치화와 반가치
화, 대각선화와 반대각선화가 모두 5의 유무 여부에 의하여 결정된다.
그런 5가 제24도에서는 '백방5'이고 제25도에서는 '흑횡5'이다. 5는 양수
이기 때문에 백점이어야 한다. 그래서 '백5'일 경우는 자급이다. 그러나

'흑5'의 경우는 타급이다. 개수는 양수 5이지만 색은 음수 흑색이기 때문에 타급이라 한다. 양수 5가 백색 5이면 자급이다. 5의 이러한 자급과 타급의 이중적이고도 역설적인 성격 때문에 일음일양을 하는 데 촉매가 가능하다. 이제 이러한 5의 촉매성 때문에 5가 양을 만나면 음이 되게 하고 음을 만나면 양이 되게 한다. 그래서 제24도와 제25도에서 각각 5는 색도 다르지만 모양도 다르다. 5가 5 자신을 자기언급할 때에는 방5를 사용한다.

제24도의 경우는 양이 음 가운데 있는 도상이라고 한다. 백5, 흑4, 백3, 흑2와 같이 흑백이 번갈아가며 배열되어 있다. 그래서 양중음도라고 한다. 대각선화가 아직 안 된 전 단계이다. 반대로 제25도는 흑5, 백7, 흑8, 백9, 흑10과 같이 음이 양 가운데 있다고 한다. 흑5가 독립해 있으면서 2, 3, 4, 5와 연접하여 대각선을 만들고 있다. 제24도의 대각선 이전 단계를 제25도는 대각선화하고 있다. 그리고 일음일양이 도라는 〈계사전〉에 대한 설명을 가시적으로 만들었다. 일음일양이 단순논리적이 아니고 명패와 물건의 관계라는 대각선 정리와 유관함을 알게 되었다. 일·음일양 역시 역설적임을 말해주는 것이다. 대각선을 떠나서는 음양을 시초부터 생각할 수 없음을 보여준다.

### 음양과 팔괘의 시생원리
### 제26도 건독양도/ 제27도 곤독음도

제26도부터 제44도까지는 대각선화와 팔괘의 관계를 전반적으로 말하고 있다. 대각선화의 해체와 함께 생수들이 명패 5와의 연접고리가 절단되면서 팔괘가 생겨난다. 유목은 사상은 대각선화이고 팔괘는 대각

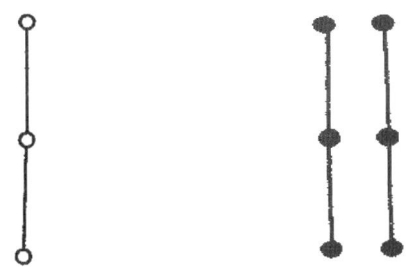

그림 8-34. 제26도 건독양도    그림 8-35. 제27도 곤독음도

선의 해체로 보고 있다. 건괘는 백3(제26도), 곤괘는 두 개의 '흑3'(제27
도), 리괘는 '흑4'(제28도), 감괘는 '백5'(제29도), 진괘는 '백5'(제30도), 태
괘는 '흑4'(제31도)이다. 특히 오행에 연관하여 리괘는 화, 감괘는 수, 진
괘는 목, 태괘는 금이라고 하였다. 토는 건괘이다.

건과 곤은 홀로 생명을 만들어 내지 못한다. 반드시 음과 양, 양과 음
이 합하여야 한다. 합한 다음에야 묘하게 쓰임[妙用]이 있게 된다. 그러
면 변화를 할 수 있다. 음양이 이렇게 서로 묘용하여 사상이 생긴다. 사
상에서 드디어 만물이 나온다. 그러나 사상은 위에서 본 바와 같이 5가
자기언급함이 없어서 일음일양을 주도하지 못한다. 대각선화에서는 아
직 생명 탄생이 어렵다. 명패수 5가 생수들에 연접되어 있던 고리를 잘
라 버리는 것이 대각선의 해체이며, 이런 해체와 동시에 팔괘가 생겨난
다. 5가 명패가 만들어진 대각선화인 사상이 해체되니, 3이 명패가 되어
팔괘가 만들어진다.

제32도는 '천5합지10위토도'이다. 명패수 천5가 자기언급을 한다. 다
시 말해서 5가 5와 연접을 하여 10이 되어 다시 천5와 결접을 한다. 토는
다른 행보다 이렇게 한 차원 높은 메타이다. 연접과 결접을 하고 반가치

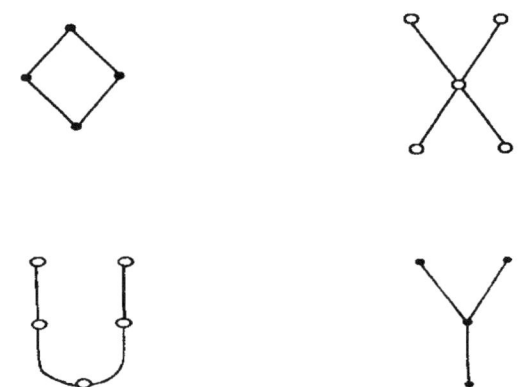

그림 8-36. 제28도 리위화도(위왼쪽), 그림 8-37. 제29도 감위수도,
그림 8-38. 제30도 진위목도(아래왼쪽), 그림 8-39. 제31도 태위금도

화까지 하였기 때문이다. 그래서 토 속에는 다른 오행들이 포함되어 작
용을 하고 있다. 천5가 정대각선화된 10은 지수인데, 10 혼자는 결코 만
물을 만들어 낼 수 없다. 반드시 천5를 만나 결접을 해야 한다. 자기 자
신 5와 연접을 하고, 동시에 5와 결접을 한 상태이다. 이를 두고 유목은
"천5와 지10이 합하여 만물을 비로소 생성해 낸다"고 하였다.

제32도는 명패수 천5가 결접과 연접을 동시에 하는 모습이다. 그래서
매우 중요하다. 명패가 대각선과 결접을 한다는 것은 일종의 반대각선
화이다. 결접을 한다는 것은 반대각선화이다. 그렇다면 생명의 원천인
토는 대각선화와 반대각선화를 동시에 해야 한다는 것이다. 대각선수
10이 명패 5와 5가 연접하여 대각선화한 것이다. 이러한 10이 다시 천5
와 결접을 하여 반대각선화와 반가치화를 동시에 한다. 그렇다면 역설
은 제거의 대상이 아닌 바로 생명 창조의 기틀인 것이다. 이것이 역이
보는 역설의 견해이다. 병적이 아니라는 뜻이다.

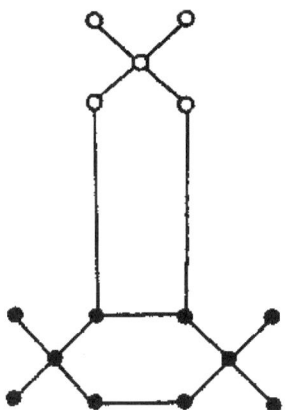

그림 8-4. 제32도 천5합지10위토도

　토는 상이 없다. 토이면서 왕인 5를 나누니 4계가 된다. 지는 칭하기를 음의 기라고 한다. 기는 독음을 품는다. 그러나 물건들을 생할 수 없다. 비로소 천5와 지10이 합하여 토를 생한다. 그래서 토의 형질을 이룬다. 지에 부응하여 드디어 등재를 하게 된다. 이를 두고 "5가 행하여 1이 된다"라고 한다. 따라서 "토는 지 가운데 있는 별종이다. 5는 지로 인해서 독음이라 칭하게 된다. 토는 또 2기를 다 품는다고도 한다." 그러나 토에 대한 위상학적 분석과 대각선 정리라는 관점에서 보았을 때, 토는 초공간적이고 다차원적이다. 초공간 속에서 생명이 탄생한다. 제33도를 보라.

　위상학적으로 제32도를 관찰하면 다음과 같다. 흑5가 서로 연접을 하면서 동시에 백5와 결접을 한다. 이것은 마치 클라인병과 사영평면을 제작할 때 '비틈의 비틈'이란 연접은 '비틈과 안비틈'인 결접과 같음을 의미한다. 흑을 '비틈' 백을 '안비틈'이라 할 때 이러한 결론은 자연스럽

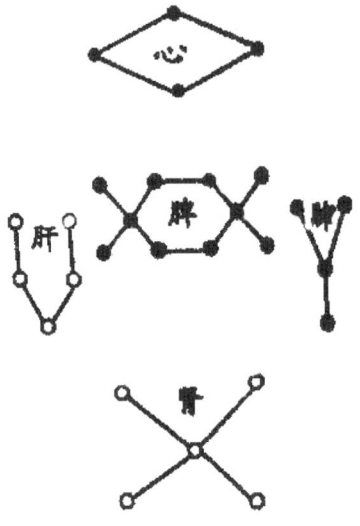

그림 8-41. 제33도 인품오행도

다. 이것은 분명한 사영평면적 구조이다. 이러한 사영평면적 구조에서
생명이 탄생한다. 이제부터는 자연스럽게 인품과 생명이 여기서 어떻게
태어나는가를 볼 차례이다. 사영평면에는 막힘이 없기 때문이다.

### 오행과 인품의 탄생과 대각선 논증

제33도 '인품오행도'는 팔괘를 인체의 장부에 연관시킨 것이다. 리는
심, 진은 간에, 태는 폐에, 감은 신에 토는 비에 비정을 하였다. 관심이
집중되는 곳은 중앙 비脾이다. 비가 생겨나 중앙에 10으로 자리 잡으면
간(5)심(4)폐(4)신(5)가 생겨난다. 10은 토라고 하였다. 그런 10이 비와
위인 것이다. 여기서 간은 주변 5이고 신은 중앙 5이다. 심은 닫힌 4이고
폐는 열린 4이다. 인체의 5장6부에다 수와 괘를 배정한 것이다. 여기서

중요시되는 것은 중앙과 주변의 관계이다. 중앙은 비로소 5가 자기언급을 한 정대각선수 10이다. 여기서 10은 주변의 변화 생성을 주관한다.

인체 장부는 상호 간에 상생과 상극의 작용 관계를 유지한다. 한마디로 말해서 역설적 구조이다. 이렇게 팔괘와 오행이 장부와 연관이 되는 한 그 사이에 역설 관계는 피할 수 없다. 그러나 유목은 이런 역설적인 관계는 자연이나 인체에서 자연스러운 것인 동시에, 이런 역설적 관계가 생명의 존재를 가능하게 만든다고 보았다.

> 독음과 독양이 있을 때 오행이 독양독음에 들어가서 독음독양이 각각 일양일음과 포함하여 기를 생하게 된다. 그래서 5가 없으면 기가 생하지 못한다.(至于五行之物 則各含一陰一陽之氣而生也)

일음일양을 가능하게 하는 것은 명패수 5이다. 생명은 대각선화되어야 함을 의미한다. 그런데 팔괘에서 명패수가 5에서 3으로 변하였다는 점이다. 건괘는 3 자체이다.(제26도) 3이 자기언급을 한 6은 곤괘이다.(제27도) 3이 1과 연접을 하여 리괘가 되고(제28도), 3이 2와 연접을 하여 감괘가 된다(제29도).

진괘와 태괘는 감괘와 리괘의 모양만 바꾼 것이다. 3과 2가 연접하여 진괘가 되고, 3이 1과 연접하여 태괘가 된 것에는 변함이 없다.

> 먼저 천지독양과 독음의 체를 선포하면, 다음으로 오행이 두 개 기의 상을 포함한다. 그러면 인품은 오행의 기질을 그 안에 품는다.(故先布天地獨陽獨陰之體 次列五行含二氣之象 末陳人稟五行之質)

음과 양이 홀로 지내다 5를 만나서 오행을 생성해 내고, 오행이 생긴 다음에야 비로소 기를 그 안에 품게 된다. 오행이 유행한 다음에야 비로소 인간의 인품도 오행을 지니게 된다. 여기서 명패와 물건이란 관계 설정 없이 만물의 생성은 불가능함을 알 수 있다.

이렇게 제28도에서 제31도까지는 대각선 논증의 6대 요소들이 생명 이론 자체임을 말해준다. 역설을 조장하는 동시에 대각선화는 다름 아닌 생명의 논리인 것이다. 장자의 생명 이론과 일맥상통한다. 혼돈인 역설을 제거하면 그것이 곧 생명의 죽음이라는 것이다. 그런데 서양의 논리학은 이런 역설을 병적인 것으로 보고 제거하려 하였다는 것이다. 그와는 정반대의 논리를 주장하고 있는 것이 유목이 여기서 시도하는 목적이라 할 수 있다.

## 8.10. '하9서10'이냐 '하10서9'냐

제34도부터 제50도까지 무려 열여섯 개나 되는 도상들은 쉽게 말해서 유목의 지론인 '하9서10'을 최종적으로 입증하기 위한 것들이라 해도 지나친 말이 아니다. 유목은 이를 입증하기 위해 시생원리와 가족 관계를 통해 그 안에 일관성과 비일관성의 문제를 도상으로 예시하였다. 제45도부터 제48도까지는 하도를, 제49도와 제50도에서는 낙서를 말함으로써 최종적으로 그의 지론인 '하9서10론'이 정당함을 입증하려 하였다.

제34도에서는 시생원리에 입각한 도상을 소개하고, 제35도와 제36도에서는 시생원리를 반영하는 건과 곤괘의 두 명패를 소개한다. 그리고 가족 관계의 3남 3녀를 한 쌍으로 한 도상을 소개한다. 즉, 제37도와 제

38도는 장남과 장녀를, 제39도와 제40도는 중남과 중녀를, 제41도와 제
42도는 소남과 소녀를 쌍으로 만들어 소개한다. 이렇게 쌍을 만들어 일
관성을 만들지만 양과 음을 명패로 한 집합에서 보면, 즉, 시생원리에서
보면 비일관성임을 한눈에 확인한다. 그래서 가족 관계의 일관성을 보
여주는 감괘와 리괘를 명패로 하는 제43도와 제44도를 소개한 다음, 시
생원리와 가족 관계의 일관성과 비일관성을 해의하는 도상으로 하도
(제45~48도)와 낙서(제49, 50도)를 소개한다. 이는 위의 여러 장에서 필
자가 주장해 온 시생원리와 가족 관계의 일관성과 비일관성의 문제를
유목이 나름대로 예시하고 있음을 의미한다.

　이러한 시생원리와 가족 관계의 문제에서는 대각선화와 반대각선화
문제, 그리고 가치화와 반가치화의 문제가 함께 거론될 것이다. 하도와
낙서의 선후 문제는 대각선화와 반대각선화의 두 경우 가운데 어느 것
을 선후로 할 것이냐의 문제이다. 대각선화가 선이고 반대각선화가 후
라면 '하10서9'가 되고, 그 반대라면 '하9서10'이 된다는 것이다. 유목은
결국 후자의 입장을 취한다. 그리고 소옹과 주자는 모두 전자의 입장을
취한다. 대각선수는 항상 10이라는 사실을 염두에 둘 때, 나중에 작도된
낙서에 10을 배당하면 결국 하9서10론이 정당하다. 그러나 대각선수 10
을 어디에 먼저 배열할 것이냐의 문제는 결국 대각선 정리와 함께 영구
미제로 남을 수밖에 없는 난제일 뿐이다. 초과분 '$E_0$'의 문제에 걸려 있
기 때문이다.

### 〈역수구운도〉의 시생원리와 가족 관계(1)

　제34도는 '건곤생6자도'이다. '건곤생6자도'라는 도상의 이름에서 보

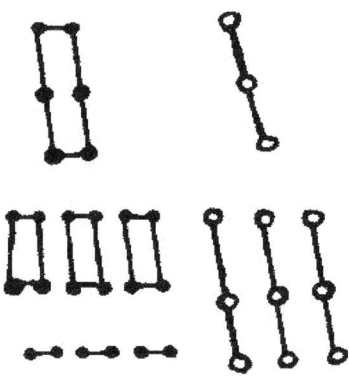

그림 8-42. 제34도 건곤생6자녀도

는 바와 같이, 건곤 부모가 여섯 자녀를 낳기 위해 진용을 갖추는 모습
이다. 백3은 건-부이고, 흑6은 곤-모이다. 건-백3에서 소남, 중남, 장남
이, 곤-흑6에서 소녀, 중녀, 장녀가 나온다. 딸은 어머니에, 아들은 아버
지의 명패 집합 속에 포함되어야 한다. 그런 의미에서 볼 때 제34도 안
에서는 어떠한 비일관성도 안 보인다. 가족 관계의 일관성에 근거를 두
고 있기 때문이다. 건-부 집합 안에 3남이, 모-곤 집합 안에 3녀가 배열
되어 있다. 이를 가족 관계의 일관성이라 한다. 그러나 시생원리로 볼
때 장남은 곤 집합에 속하고, 장녀는 건 집합에 속한다.

　제34도에서는 건3과 곤6이 진용을 갖추고 있을 뿐, 부와 모가 아직
합방을 하지 않는다. 여기서 말하는 합방이란 반드시 백-건이 흑-모와
교접하는 것이기 때문에, 이는 반가치화의 문제이다. 그런데 건괘와 곤
괘의 효를 가족 관계의 일관성에 따라서 반가치화하면, 반드시 시생원
리의 비일관성에 직면한다는 것이다. 제34도의 건-백3 아래 3남이, 곤-
흑6 아래에 3녀가 배열되어 있다. 그런데 곤모의 경우에 세 딸의 흑점들

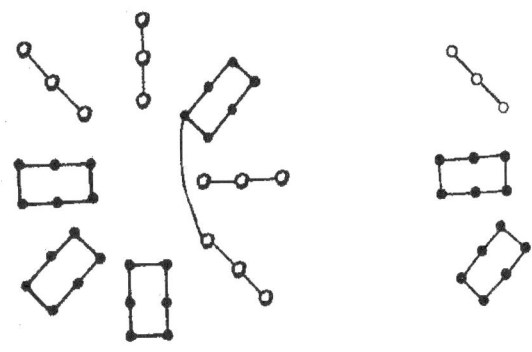

그림 8-43. 제35도 건하교곤도          그림 8-44. 제36도 곤상교건도

(효들) 가운데 한 개씩 분리되어 있다. 이는 분리되어 나와 건−백점과 교접을 채비를 하는 것을 암시한다.

드디어 제35도 '건하교건도'에서는, 건과 곤의 아래위에서 한 효끼리 교접을 하여 효변을 한다. 건−백3의 한 백점(양효)이 하강하여 곤−흑6 의 한 흑점(음효)과 교접을 한다. 제36도 '곤상교건도'는 반대로 곤이 상 향하여 건과 교접을 한다.[18] 제35도와 제36도는 건곤 명패 집합이 상하 에서 서로 교접하는 것을 나타낸다. 이는 괘의 효가 효변하는 것을 말 한다.

이를 러셀의 유형론에서 볼 때 다른 유형 안에 있는 요소들이 서로 교접을 하는 것이나 마찬가지여서 경악스럽다 할 만하다. 서양 철학사 에서는 이런 일들이 용납될 수가 없기 때문이다. 그런 의미에서 교접 관계를 더 자세하게 관찰 할 필요가 있다. 제35도와 36도는 건과 곤이

---

18) 역에서 말하는 상하 개념은 지금 우리가 생각하는 것과는 반대이다. 즉, 아래가 상이고 위가 하이다.

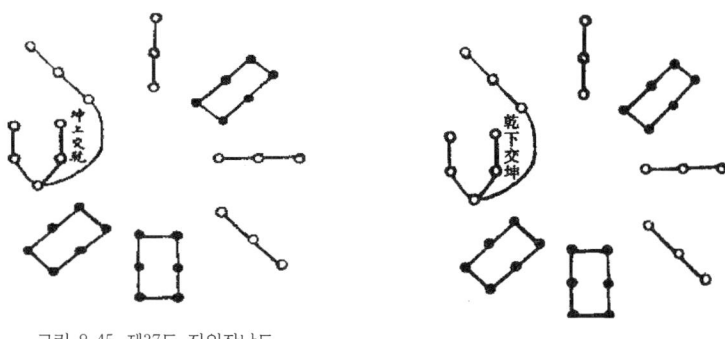

그림 8-45. 제37도 진위장남도 　　　　　 그림 8-46. 제38도 손위장녀도

서로 효를 한 개씩 교환하여 교접하는, 다시 말해서 반가치화를 하는 단계를 보여준다.

### ⟨역수구은도⟩의 시생원리와 가족 관계(2)

　이렇게 생겨난 가족 관계를 방위별로 보면 제35도는 서북 건1과 서남 곤1이 요소 하나를 서로 교환하는 그림이다. 이렇게 곤과 건 안의 한 요소가 서로 교합하는 것을 교접交接이라고 한다. 제36도 '곤상교건도'는 제35도와는 반대로 곤이 위로 올라가 건과 교합하는 도상이라 하여 "어머니가 몸을 낮추어 위로 향한다母卑而上行焉"라 한다. 각 유형들이 몸을 낮추고 높임에 따라서 유형끼리 소통이 가능하다. 집합 안의 원소들이 효변을 하면서 이런 일들이 가능하게 된다.

　제37도와 제38도는 장남(진)과 장녀(손)의 도상이다. 진과 손은 삼차원 대각선에서 대칭 관계였다. 장남–진☳은 건☰의 초효에 해당하는 괘이다. 곤모의 초효를 효변시키면 진괘가 되고, 그것은 건괘의 초효이다. 그래서 이를 두고 '곤상교건'이라고 한다. 곤괘의 초효가 위로 가 건

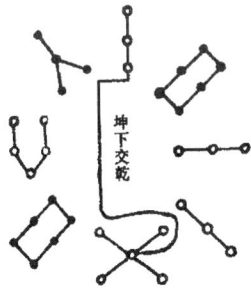

그림 8-47. 제39도 감위중남도

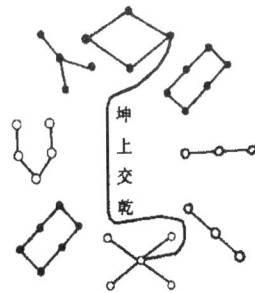

그림 8-48. 제40도 리위중녀도

과 교접한다는 뜻이다. 이에 반하여 제38도는 '손위장녀도'로서 '건하교곤'이다. 건의 초효가 아래로 가 곤과 교접한다는 것이다. 손괘☴는 건괘의 초효가 효변한 것이다. 제37도와 제38도를 비교해 보라. 배열 모양은 완전히 같다. 그러나 건괘와 진괘 사이에서 '곤상교건'이냐 아니면 '건하교곤'이냐에 따라서 장남과 장녀가 달라진다. 그 이유는 건과 곤괘의 초효가 모두 효변하는 것이기 때문이다.

제39도와 제40도는 중남과 중녀도이다. 중남 감괘☵와 중녀 리괘☲는 각각 곤괘☷와 건괘☰의 중효인 제2효를 효변시킨 것이다. 제39도 '감위중남도'는 '곤하교건도'이고, 제40도 '리위중녀도'는 '곤상교건도'이다. 제39도 감위중남은 곤모의 중효가 반가치화한 것이다. 제40도 리위중녀는 건부의 중효가 반가치화한 것이다.

제41도 간위소남도/ 제42도 태위소녀도

제41도는 곤−모의 상효를 반가치화한 것이고, 제42도는 건−부의 상효를 반가치화한 것이다.

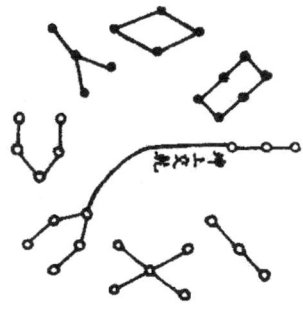

그림 8-49. 제41도 간위소남도

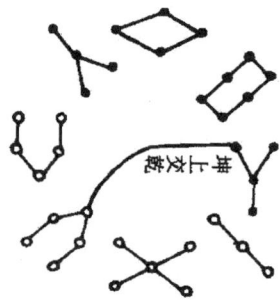

그림 8-50. 제42도 태위소녀도

이제 건과 곤, 두 집합 아래 3남 3녀를 배열하면 다음과 같다.

|  |  |
|---|---|
| 건–부 | 곤–모 |
| 진–장남 | 손–장녀 |
| 감–중남 | 리–중녀 |
| 간–소남 | 태–소녀 |

이는 건 집합={태, 리, 진}과 곤 집합={손, 감, 곤}과는 일치하지 않음을 보여준다. 그런데 유목은 의도적으로 장남(제37도)–장녀(제38도), 중남(제39도)–중녀(제40도), 소남(제41도)–소녀(제42도)로 쌍을 만들고 있다. 이는 유목이 가족 관계와 시생원리의 비일치성을 보여주기 위한 의도적인 도상 배열이라고 할 수 있다.

여섯 자녀도에는 삼색론三色論이 철저하게 적용된다. '색索'이란 효변의 다른 말이다. 1효가 변하면 '1색', 2효가 변하면 '재색', 3효가 변하면 '삼색'이라고 한다. 건괘와 곤괘를 좌우에 대칭을 시킨 다음, 건괘의 3효를 1색, 재색, 3색의 순서대로 곤괘로 이동하여 세 아들을 얻고, 건괘의

3효를 순서대로 1색, 재색, 3색의 순서대로 곤괘에 이동하여 세 딸을 얻는다. 그래서 제37도에서 '진1색'이면 아들을 얻는데, 이것이 장남이다. 이를 '곤상교건'이라고 한다. 곤이 위로 올라가 건과 교접한다는 뜻이다. 제38도 '손위장녀도'에서 '손1색'이면 딸을 얻는데, 이것이 장녀이다. '건하교곤'이란 건이 아래로 내려와 곤과 교접한다는 뜻이다. 제39도 '감위중남도'에서 '감재색'이면 아들을 얻는데, 이것이 중남이다. '건하교곤'이다. 제40도 '리위중녀도'에서 '리재색'이면 딸을 얻는데, 이것이 중녀이다. '곤상교건'이다. 제41도 '간위소남도'에서 '간삼색'이면 아들을 얻는데, 이것이 소남이다. '곤상교건'이다. 제42도 '태위소녀도'에서 '태3색'이면 딸을 얻는데, 이것이 소녀이다. '곤상교건'이다. 제34도부터 제42도까지는 자연의 상이다. 상하가 서로 교역상생하는 이치이다. 팔괘가 성립하여 변화하는 이치이다. 새로운 생명이 태어나는 원리이다. 재색과 3색이란 2효와 3효가 변한다는 뜻이다.

대각선 정리에서 보면, 여섯 자녀가 모두 명패수 5에서 초과분 백1점인 곤상건하 하면서 각각 건과 곤이 교접하는 데서 교역상생을 한다. 그런데 여기서 중요한 것은 다름 아닌 색 작용을 할 때, 장남과 장녀의 경우 모두 1색을 한다는 점이다. 이때 곤괘와 건괘가 1효마저 1색을 해 버리면 건과 곤의 집합 자체가 바뀌어 버린다. 그래서 가족 관계에서 가장 문제가 되는 부분은 삼색론에서 제1효 또는 초효의 효변이다. 초효마저 변하면 시생원리에 비일관성이 발생한다는 것이다.

집합이 원소 가운데 하나가 되어버린다는 것이다. 그래서 초효는 어디에도, 즉 건에도 곤에도 정처할 수 없는 떠도는 혼이 된다고 하여 이를 '유혼'이라 한다. 명패수 5 가운데 있는 한 개를 건하乾下 또는 곤상坤上

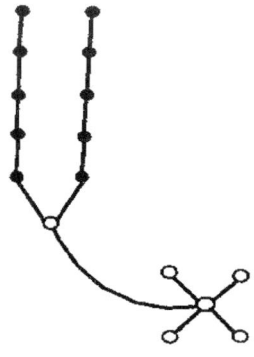
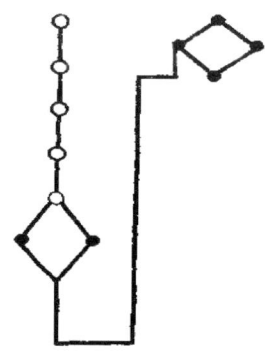

그림 8-51. 제43도 감생복괘도　　　　　　그림 8-52. 제44도 리생구괘도

시켜 버리는 이유가 바로 여기에 있다. 진은 건 집합에, 손은 곤 집합에
되돌려 보내야 한다. 이를 '귀매'라고 한다. 그래야 시생원리에 일관성을
갖는다. 이것이 여섯 자녀가 태어나는 비밀이다. 귀매란 역설의 다른 말
이며, 생명 탄생의 비밀 속에는 역설의 논리가 담겨 있었던 것이다.

### 감과 리의 역설 관계

　　유목이 얼마나 철저하게 시생원리와 가족 관계를 두고 　고심하였는
가는 제43도와 제44도에서 여실히 확인할 수 있다. 건과 곤을 명패로
할 경우가 시생원리이고, 리와 감을 명패로 할 경우가 가족 관계라 하였
다. 전자가 선천 복희팔괘도이고, 후자가 후천 문왕팔괘도이다. 그런데
유목은 여섯 자녀를 만든 다음에, 제43도와 제44도에서는 감괘와 리괘
를 도상으로 표시하고 있다. 이는 건도(제35도), 곤도(제36도)에 대한 대
칭 관계이고, 동시에 다음에 말할 하도와 낙서에 대한 대비구조라 할
수 있다.

제43도와 제44도는 서로 비교를 통하여 그 차이점이 분명해지나, 둘다 귀매의 원리를 말하고 있다는 점에서는 같다. 제43도는 '흑5' 두 개가 자기언급을 한 다음 '백1'로 연접한다. 그런데 '흑5' 자체는 타급이다. '5'는 천수이기 때문에 백이어야 하는데 흑이기 때문이다. '흑5' 두 개가 연접을 하여 백1 한 개가 된다는 데 귀매의 원리가 나타난다. 이는 제43도를 감생복괘도라 하는 데서 분명해진다. 24.지뢰복괘(☷)를 보라. 1.건괘(☰)의 6효가 상효부터 음으로 변해오다 초효 마지막에 와 효변이 멈춘 상태이다. 만약에 초효마저 음으로 변해 버리면 1.건괘(☰)는 그만 집합으로서의 자리를 2.곤괘(☷)에게 내주어야 한다. 이 마지막 남은 초효가 바로 제43도의 백1점이다. 그래서 백1은 효로서 한 원소이지만 다음 백5와 결접을 한다. 원소이지만 건 집합의 중앙에 들어간다. 이것이 부랄리–포르테의 순서수의 역설이다. 순서의 한 끝이 다음 순서의 전체가 된다. 이것이 감괘(중남)의 성격이다. 이런 성격 때문에 감괘는 리괘와 함께 문왕도에서 명패 노릇을 한다. 이는 귀매의 원리에서만 이해될 수 있는 풀이이다.

5는 횡5와 방5의 두 가지 방법으로 나타낸다고 하였다. 제43도는 여기에 '종5'를 보여주고 있다. 횡5와 종5는 모두 중앙의 해체이고, 방5는 중앙의 중심화이다. 그래서 횡5는 중심인데 주변의 한 요소가 되어 버린 것을 상징한다. 제43도에서 보는 바와 같이 5는 탈중심화 되었다. 중심의 백1점이 결국 계열의 한 요소가 되어, 다음 계열의 중심과 결접을 한다. 이는 순서수의 역설을 그대로 두고 하는 말이다.

두 개의 흑–종5가 백1에서 연접과 결접을 동시에 한다. 여기서 백1은 흑 종5가 결접하여 생긴 초과분이다. 그리고 동시에 그것은 흑5의 시작이자 마지막이다. 그러면 그것은 어디서 나왔는가. 감괘☵의 중효에서 나온 것이다. 감괘 중앙에 있는 백1이 복괘의 밑에 있는 초효가 된다는 것이다. 그것은 흑5의 초효가 효변한 것인 동시에 감괘의 중효이다.

제44도 '리생구괘도'인데 리괘가 31.천풍구괘(䷫)를 낳는다는 뜻이다. 제43도의 복괘와는 반대이다. 초효가 음이고 다른 효들은 모두 양이다. 도상의 오른쪽 위에 있는 흑4(리괘)가 종-백5로 효변을 한다. 즉, 2.곤괘(䷁)가 상효부터 양효로 변하여 내려오다, 마지막 초효마저 양효로 효변을 하면 건괘가 되어 버린다. 귀매의 원리 그대로이다.

제43도와는 달리 제44도는 종-백5가 한 개뿐이다. 끝의 종-백5의 마지막이 흑으로 변할 때 흑1이 두 개로 갈라져 변한다. 이것은 구괘의 초효는 효변을 하지 않고 남는다는 것이다. 이 초효마저 변하면 안 된다. 초효의 원리를 어기는 것이기 때문이다. 그러나 그것은 시생원리에 의해서 시작이자 마지막이어야 한다. 그래서 흑2이다. '흑1' 하나는 시작이고, '흑1' 하나는 마지막이다. 이 둘이 하나인 흑1이 어디서 유래하는가. 그것은 리괘☲의 중앙에서 유래한다. 이와 같이 제43도와 제44도는 같이 귀매의 원리를 따르고 있으나, 전자는 건괘가 곤괘로 변하는 것이고, 후자는 그 반대이다. 이는 이미 가족 관계 역설에서 관찰된 바이다. 그리고 집합론에서는 이를 순서수의 역설이라고 한다.

## 진·손괘와 대각선

문왕도는 리와 감을 정중앙에 두고, 리와 감이 서로 상대방을 삼색론에 의해 효변을 시켰을 때 만들어진 것을 집합으로 하는 방법으로 배열한 것이다. 하도가 시생원리에 일관성을 보인다면, 낙서는 가족 관계의

표 8-4 가족 관계의 대각선화와 반대각선화

| 건 집합 ☰ | | |
|---|---|---|
| -- | — | -- |
| — | -- | -- |
| — | — | — |
| 태 | 리 | 진 |

대각선의 반대각선화　진 ☳
반대각선화의 반가치화　손 ☴

| 곤 집합 ☷ | | |
|---|---|---|
| — | -- | — |
| — | -- | -- |
| -- | -- | -- |
| 손 | 감 | 간 |

대각선의 반대각선화　손 ☴
반대각선화의 반가치화 진 ☳

일관성을 보인다. 그리고 하나가 일관적이면 다른 것은 비일관적인 역설적인 면모를 보인다고 하였다. 결국 복희도와 문왕도는 바로 이런 면모를 보이는 전형이라고 할 수 있다. 즉, 하도의 일관성은 낙서의 비일관성이고, 낙서의 일관성은 하도의 비일관성이다. 이러한 둘의 관계를 잘 설명해 주는 것이 다름 아닌 대각선 논증이다.

만약에 괘가 아닌 괘 안의 효로서 대각선을 만들면, 이러한 역설 관계를 쉽게 발견할 수 있다.

위 건 집합과 곤 집합의 3효를 정방형 속 아홉 칸에 각각 넣고, 대각선상의 효를 반대각선화시킨 뒤 다시 반가치화시키면, 진은 손이 되고 손은 진이 되는 것을 발견할 수 있다. 이는 가족 관계의 역설이 대각선 정리와 밀접한 관계 속에 있음을 보여주는 것이다. 방도가 괘를 통해 거시적으로 대각선 관계를 알아보는 것이라면, 가족 관계는 효를 통해서 미시적으로 대각선 관계를 알아보는 것이라 할 수 있다. 그러면 건 집합과 곤 집합 모두에서 진(장남)과 손(장녀)은 서로 대각선화와 반대각선화, 반가치화라는 대각선 여러 구성 요소들을 다 갖춘, 하나의 양성 대각선 정리 같은 것이라 할 수 있다. 이제 유목이 제37도와 제38도에서 왜 장남과 장녀를 배열해 두었는가를 알 수 있다. 즉, 그것은 그가 대각선 논증에 대한 사려 깊은 이해 때문이라 할 수 있다. 이러한 대각선 논증에 대한 이해를 전제한 다음, 유목은 그의 지론으로 넘어간다.

### 대각선 논증과 '하9서10'

제1도부터 제44도까지는 모두 '하9서10'가 옳다는 유목의 주장을 입증하기 위한 전제들이라고 해도 과언이 아니다. 이 과정에서 대각선화와 반대각선화, 그리고 순서수의 역설과 기수의 역설을 한눈에 볼 수 있었다. 먼저 제45도는 하도이고, 제50도는 낙서라고 유목은 주장한다. 이는 소옹과 주자와는 정반대의 주장이다. 낙서와 하도의 중요한 차이는 중앙의 5가 제45도에서는 자기언급을 하고 있지 않아서 5뿐이지만, 제50도에서는 자기언급을 하여 5가 10이 되었다. 그런데 유목은 제45도가 하도이고 제50도가 낙서라고 통행본과는 정반대의 주장을 한다. '10'이란 바로 대각선수인데, 유목의 낙서에는 10이 있고, 하도에는 없다. 그러나 통행본에서는 그 반대이다.

5가 먼저 생기고 그것이 자기언급한 것이 10이니, '하9서10'이 정당하다는 것이 유목의 견해이다. 그러나 통행본에서는 중앙 5에서 출발하여 그것의 자기언급인 10이 그 다음 중앙에 자리 잡아야 한다고 보아 그것이 하도라고 한다. 그래서 '하10서9'가 옳다는 것이다. 결국 이 문제는 대각선수 10의 문제로 함축된다.

유목은 자기 주장이 정당하다는 것을 보이기 위해 다음 제46도 '하도

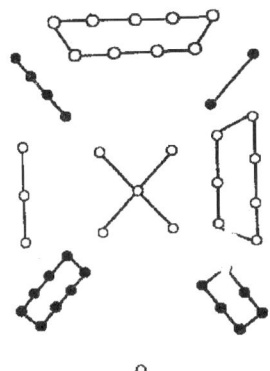

그림 8-53. 제45도 하도

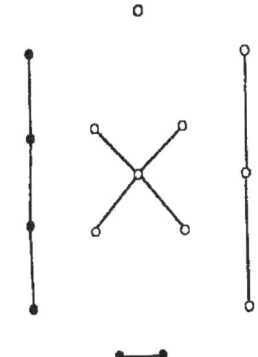

그림 8-54. 제46도 하도천지수도

천지수도'와 제47도 '하도사상도'를 이어 작도하였다. 그는 얼마나 일관성 있게 하도가 만들어지는지, 그 결과 하도 제45도가 나타날 수밖에 없다는 것을 강변하고 있다. 먼저 하도와 낙서의 모습을 소개하기로 한다. 명확하게 대조되는 것을 보여주기 위해서이다.

유목은 차례로 '하도천지수도'(제46도)와 '하도사상도'(제47도), 그리고 '하도팔괘도'(제48도)의 순서로 대각선화가 이루어진 다음에, 드디어 5가 자기언급을 하여 대각선수 10이 나올 수밖에 없기 때문에 '하9서10'이 제대로 된 것이라고 강조한다.

제46도는 음양 양의(천지)에 의하여 1, 2, 3, 4, 5의 생수가 생겨나는 순서를 그대로 보여준다. 여기서는 아직 명패수 5가 대각선수 10을 만들어 내지를 못하고 있다. 제47도는 5가 명패가 되어 1, 2, 3, 4와 연접하여 6, 7, 8, 9의 사상이 만들어지는 것을 본다. 사상인 이유는 5가 자기언급을 하고 있기 때문이다. 이는 제10도에서 이미 보았다. 제48도에서는 3이 명패가 되어 팔괘가 만들어지는 것이다.

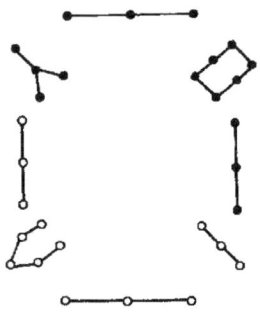

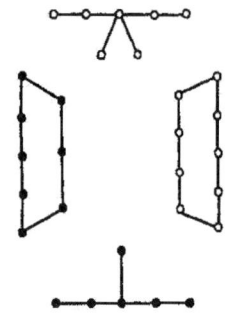

그림 8-55. 제47도 하도사상도    그림 8-56. 제48도 하도팔괘도

다음은 낙서가 등장할 순서이다. 제49도는 '낙서오행생수도'라고 한다. 생수 1, 2, 3, 4, 5를 흑과 백점으로 표시하였다. 이것이 5와 연접을 하여 낙서를 만든다는 것이다. 괄목할 점은 제50도 낙서오행성수도에서는 5가 5 자신과 연접을 하여 중앙에 위치한다는 것이다. 제50도 낙서에서 드디어 5마저 자기언급을 하여 정대각선을 만들어 10수가 되어 등장한다. 주자와 소옹이 이 제50도를 본다면 하도라고 할 것이다. 그러나 유목은 이를 낙서라 한다.

제49도 낙서오행생수도에서는 1, 2, 3, 4, 5의 상하 좌우가 제46도와는 반대로 되어 있다. 제50도 낙서오행성수도에서는 제49의 5가 이제 1, 2, 3, 4, 5 모두와 연접하여 대각선화된다. 제48도에서 결여되어 있던 5가 자기언급을 한 10마저 중심에 자리 잡는다. 이렇게 5가 1, 2, 3, 4, 5와 연접하여 대각선화되는 것이 낙서(제50도)이다. 제50도 낙서오행성수도라는 이름 그대로, 낙서에서는 성수라는 대각선수가 등장하여 드디어 대각선화가 이루어졌다는 것이다. 복희의 하도는 생수와 명패수 5가 아직 연접을 하지 않은 상태이지만, 낙서는 연접을 하고 5 자신마저도

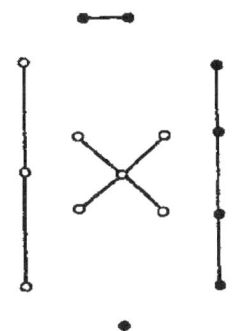

그림 8-57. 제49도 낙서오행상수도

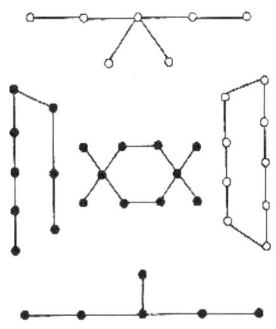

그림 8-58. 제50도 낙서오행성수도

5와 연접한 것이다. 이것은 어디까지나 유목의 독특한 이해 방법임을 강조해 둔다. 이런 견해의 차이는 5의 자기언급인 대각선수 10수의 처리 문제 때문이다.

여기서 유목의 시각은 분명하다. 바로 연접의 문제이다. 하도에도 5와 생수가 있지만 연접이 이루어지지 않았고, 결국 연접이 이루어져 대각선화된 것이 낙서지 하도가 아니라고 본다. 그래서 5가 자기연접하여 만들어진 '10'이란 수가 낙서에는 있고 하도에는 없다. 이것이 유목의 입장이다.

명패수를 사용하는 순서에서도 유목은 달랐다. 위에서 보는 바와 같이 유목은 명패수 3을 사용해 사상(제47도)을 만들고, 5를 명패수로 사용해 팔괘(제48도)를 만든다. 그러나 하도에서는 5 자신의 자기언급은 없다. '10'의 부재, 이것이 하도이다. 대각선화가 안 되어 있는 것이 하도이다.

1에서 5까지의 생수 가운데 기수인 3, 5를 차례로 명패수로 삼았을 때 '하9'가 나오고, 5를 자기언급시키면 '서10'이 나온다고 보았다. 이렇듯 유목의 주장은, 수가 전개되는 순서로 보았을 때 가장 자연스러워 보인다. 유목은 이와 같이 대각선 정리에 가장 민감한 학자였다. 명패수와 그것의 물건수가 만드는 대각선수 10을 정확하게 안 사람이었다. 3을 명패수로 하고, 5를 다음으로 하는 것은 자연스럽다. 다시 말해서, 명패수를 사용하는 순서로 보았을 때, 9 다음에 10이 나온다는 것이다. 그래서 하도가 낙서보다 먼저 작도된 것이라면, 자연히 '하9서10'이라 하는 것이 정당하다고 여겼다. 3과 5 같은 기수가 명패가 된 이유는, 기수만이 곱하기와 더하기 등을 할 때 변화를 주도할 수 있기 때문이다.

그런데 역설 해의와 대각선화라는 관점에서 보면 사정은 달라진다. 5가 자기언급을 하여 대각선수 10이 생기면, 10은 역설적이 된다. 왜냐하면 5는 명패이면서 동시에 물건이기 때문이다. 이러한 역설을 해의하자면 10을 제거하여야 한다. 다시 말해서, 문제의 수인 10을 제거하고 나면 9가 된다. 바로 이러한 이유로 '하10서9'론이 나온다. 이것이 소옹과 주희가 생각한 방법이다. 이 말은 역설을 해의의 대상으로 보았을 때, 역설수 10 다음에 9가 나오는 것이 자연스럽다는 것이다. 그러나 유목은 해의라는 관점이 아니고 역설 또는 대각선이 발생하는 순서대로 생각할 때에는 '하9서10'이 옳다고 생각하였다. 유목의 '하9서10'론에서 보면, 하도(통행본의 낙서)에서는 아직 대각선화가 안 된 상태이다. 그 이유는 5가 자기언급을 하지 않고 있기 때문이다.

역설의 대각선수 10의 존재 여부는 결국 하도와 낙서의 선후 문제를 결정하는 데 중요 변수가 된다. 소옹과 주자는 하도에서 발생한 역설을 해의하기 위해서 낙서를 작도하였다고 보았기 때문에 '하10서9론'을 주장하고, 유목은 반대로 수의 발생순서가 9 다음에 10이고, 하도가 낙서보다 먼저이기 때문에 '하9서10'론을 주장한다.

10이 문제를 만드는 수냐, 아니면 문제를 해결하는 수냐의 차이에서 발상의 상이함이 생겼다고도 할 수 있다. 중심화에서 탈중심화냐, 아니면 그 반대냐? 대각선화에서 반대각선화냐, 아니면 그 반대냐? 이것은 칸토어의 연속체 가설의 연장선에 있는 문제이다. 그런 의미에서 하9서10론은 영구미제로 남을 수밖에 없다. 이와 관련하여 문제 되는 것이 다름 아닌 대연수이다.

### 대연수의 문제와 대각선

유목은 대연수를 55가 아니고 50이라고 하였다. 명패수 또는 천5를 사용하지 않기 때문이다. 대연수 문제에 관해서 양자는 "5와 5는 서로 지킨다. 지10은 곧 5이다. 50유5(55)는 곧 50이다"고 하였다. 유목은 10은 5는 명패수로서 자기언급을 하여 초과분이 생겨 만들어진 것이기 때문에 5를 감해야 한다고 한다. 그래서 1에서 10까지의 합수는 55지만, 55에서 명패에 해당하는 5를 감한 수가 바로 대연수 50이어야 한다고 하였다. 자기가 자신 안에 포함되는 것을 피하기 위해서 천5를 제거하자는 것이다. 이는 노씨가 "왜 5를 생략하여 지10이 5가 되는가?"라고 한 질문에 대한 대답이다.

제47도 '하도사상도'는 제10도 '사상생팔괘도'와 구조가 유사하다. 즉, 제47도와 제10도는 3을 명패수로 하여 3+0=3, 3+1=4, 3+2=5, 3+3=6을 만든다. 제48도 '하도팔괘도'는 제9도 '양의생사상도'와 유사하다. 제47도와 제10도의 차이는 전자의 경우 명패수 3이 중앙에 모여 따로 정방형을 만들고 있지만, 제47도에서는 3, 4, 5, 6 사이에 연결고리로 자리 잡고 있다. 그러면 3+3=6, 4+3=7, 4+4=8, 4+5=9의 사상이 만들어 진다. 제47도에서는 3을 명패수로 사용하여 사상을 만들고, 제48도에서 는 5를 사용해 팔괘를 만든다. 즉, 제48도 '하도팔괘도'는 명패수 5가 물 건수 1, 2, 3, 4와 연접하여 5+1=6, 5+2=7, 5+3=8, 5+4=9로 된 도상 이다. 그런데 5+5=10은 안 보인다. 바로 이곳이 유목의 하9서10 이론의 현장이다. 유목은 말하기를 "천지의 수는 50유5(55)이다. 그 안에서 안 과 밖이 서로 선회한다. 오행수를 합하면 40이다(6+7+8+9=40).(물론 이것은 주자가 반박한 설이다) 그런데 지금은 49다. 그 이유는 이러하 다. 55에서 천5란 변화를 주도하는 수다. 그리고 오행의 위치에서 사방 에 산재하며 유행한다. 그래서 중앙에 위치해 정해진 상이 없다. 그래서 5를 제거해야 한다. 그러면 55-5=50이다. 그리고 천1은 높임을 받아 움 직이지 않기 때문에 역시 제거 대상이어서 50-1=49이다. 이렇게 유목 에 따르면 어느 모로 보나 5+5=10은 불필요하다는 것이다. 천5는 유행 하여 사방에 편만해 있는 작용 자체이지, 중앙에 위치하는 실체가 아니 라는 것이다. 그러면 1과 5를 제거하고 남는 수는 2와 3과 4이고, 이것의 합은 9이다. 이것이 바로 '하9'의 의미라는 것이다.

　5는 끝수로 자기언급을 하기 때문에 혼란에 빠진다. 천1 역시 처음 수로서 움직일 수도 안 움직일 수도 없어서 빠져야 한다. 그래서 양9 속에는 천3과 지2와 지4가 합한 음양이 혼재되어 있다. 유목의 주장에 따르면, 10이 빠진 것은 그 자체를 부정하기 때문이 아니고, 떠돌아다니 며 사방에 산재하기 때문이다. 이런 성격을 두고 '유혼遊魂'이라고 하였 다. '귀매歸妹'는 첫수와 끝수가 직면하는 순서수의 역설을 말하는 것으 로서, 제 자신으로 되돌아간다는 뜻이다. 전체 자체가 부분의 한 원소가 되기 때문이다.

10은 유혼을 하든지 귀매를 하든지 해야 한다. 그런데 유목은 지금 유혼만 보고 있다. 10이 귀혼을 하여 천1의 자리로 되돌아오는 것은 말하지 않고 있다. 귀매를 말하지 않았다. 천1은 사실상 지10이다. 이를 말한 이는 김일부로, 그는 '10과 1에 대한 말┼──┋'이란 글에서 이를 상론하였다. 유목도 그 사실을 암시나 하듯이, 천1은 존귀하여 움직이지 않는다고 하면서 양9 속에 놓지 않았다. 무엇을 9라고 할 것이냐 할 때 천1+천3+천5라고 할 수 있고, 6은 지2+지4라고 할 수 있다고 하였다. 그러면 음양이 상합하지 못한다. 그러나 천1은 부동의 위치에 처해 있고, 5는 중앙의 자리에서 자기언급하여 초과분을 만든다. 그래서 남는 천3과 지2와 지4가 합하여 양9를 만들면 천지가 상합하고, 5는 음양 어디에나 유행하게 된다는 것이다. 그래서 '하9'란 철저하게 1과 5를 제거하는 데서 나온 것이다.

제48도 '하도팔괘도'에서 자연히 생기는 질문은 오행의 토는 어디에 있느냐이다. 1-6수, 2-7화, 3-8목, 4-9금과 같다. 이에 대하여 유목은 "하도는 1에서 9까지의 수이다. 5을 비워서 팔괘에 응한다河圖之數自一之九 而 應八卦." 토는 {수, 화, 목, 금}을 원소로 하는 집합 자체이다. 토가 있기 때문에 변화 과정이 생긴다. 그것은 전체로서 작용 자체이기 때문에 실체로 나타나지 않는다. 그러나 토 또한 자신이 집합의 한 원소이기 때문에 오행이 된다.

그래서 제49도 '낙서오행생수도'에서는 명패수 5가 중앙에 다시 등장하고, 주변에 명패수 1, 2, 3, 4가 배열된다. 그리고 제50도 '낙서오행성수도'에서는 5가 자기언급을 한 5+5=10이 등장한다. 바로 이것이 주희와 소옹은 하도라고 한다. 그러나 유목은 이것을 낙서라 보았다. 제49도와 제50도가 다른 점을 보라. 제50도 낙서오행성수도에서는 명패수와 물건수가 모두 연접을 하고, 명패수 자신도 자기연접을 한다. 자기연접을 하기 때문에 초과분인 10이 생겨난 것이다. 집합론적 순서로 볼 때 유목이 옳다. 5 자신이 명패수도 되고 물건수도 되지는 않았다. 그 이유는 자급이 아니기 때문이다. 백5여야 하는데 흑5가 되었다. 이것은 분명한 타급이다.

제50도 주변의 수들은 이렇게 대각선화를 하면서 자급과 타급을 동시에 하고 있다. 흑1-흑5, 백2-백5, 흑3-흑5, 백4-백5는 색과 수가 자급과 타급을 불일치하게 하고 있는 모습들이다. 역설을 그 안에 담고 있다. 그런 의미에서 낙서는 대각선화와 함께 역설을 조장하고 있으나, 하도는 대각선의 해체와 함께 역설을 해의하고 있다. 이러한 이유로 낙서는 상극을 하고, 하도는 상생을 한다고 한다.

그러나 이것은 순서가 바뀌었다. 왜냐하면 역설에 대한 해의가 나중이어야 하기 때문이다. 그런 의미에서 수가 발생하는 순서로 볼 때에는 하9서10이 옳지만, 역설의 해의라는 관점에서 볼 때에는 그 반대가 옳다. 이러한 불일치는 마치 시생원리와 가족 관계가 서로 불일치하는 것과 같은 맥락이라고 할 수 있다.

### 역설 해의와 시간의 문제

제51도는 낙서 속에 있는 대각선의 해체이지, 궁극적으로 반대각선화는 아니다. 제51도는 연접과 결접을 동시에 해 놓고, 반가치화의 문제도 고려한 것이다. 다시 말해서, 대각선화와 반대각선화가 동시에 고려되

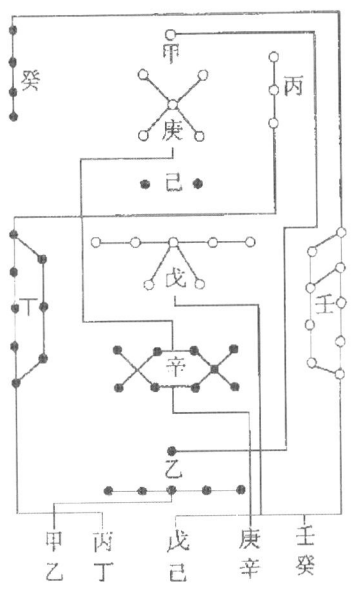

그림 8-59. 제51도 십일생오행병상생도

어 작도된 것이다. 해체되었던 대각선화가 다시 해체의 해체를 하여 연접과 결접을 하고 있다.

명패수 5와 생수를 연접과 결접을 동시에 해 놓은 것에 천간10(甲乙丙丁戊己庚辛壬癸)을 일대일로 대응시켜 놓았다. 천간지지는 역의 시공간 개념을 종합하는 것이라 할 수 있다. 유목이 최종적으로 천간지지에 닻을 내리는 이유는, 그 사이에 역설 해의의 문제가 얼마나 심각한 것인가를 알았기 때문이다. 그러나 제51도에서도 귀매의 원리와 집합론의 초과 문제가 여실히 나타난다. 먼저 도상의 구조를 알기 쉽게 분석한다.

유목은 대각선화와 반대각선화, 그리고 반가치화를 동시에 진행할 때 결국 비결정성의 문제에 이른다는 사실을 잘 알았다. 마치 칸토어가 대각선 정리에서 알고 있었듯이 말이다. 유목은 이제 생수와 성수의 연접과 결접을 동시에 생각하여 1, 2, 3, 4, 5가 모두 연접과 결접을 하는 것을 불러와 그것으로 제51도를 작도한다. 위 제45도 하도와 제50도 낙서에서는 연접은 있어도 결접은 없다. 연접이 대각선화라면 결접은 반대각선화이다. 그런데 제51도에서는 1, 2, 3, 4, 5가 연접과 결접을 동시에 하고 있다는 것이다. 그리고 여기에 천간 열 개를 일대일로 대응을 시킨다. 예를 들어, 1과 5의 결접은 갑, 연접은 을, 3과 5의 결접은 병, 연접은 정, 2와 5의 결접은 무, 연접은 기 등과 같다.

백1갑 – 흑6을

흑2기 – 백7무

백3병 – 흑8정

흑4계 – 백9임

백5경 – 흑10신

흑과 백은 서로 반가치화의 관계라고 할 때, 대각선 정리의 6대 요소가 제51도에 망라되어 있다. 먼저 천간 열 개 갑–을, 병–정, 무–기, 경–신, 임–계를 순서대로 읽는다. 이런 천간의 순서와 오행의 순서는 일치하지 않는다. 갑, 병, 무, 경, 임은 양이기 때문에 백점이고, 을, 정, 기, 신, 계는 음이기 때문에 흑점이다. 여기서 1, 2, 3, 4, 5는 물건수(생수)이고, 6, 7, 8, 9, 10은 대각선수 또는 사건수(성수)이다. 그렇다면 물건수와 사건수의 일대일 대응은 곧 물物과 사事의 대응으로서 '사물화'이다. 물건과 사건의 대응이다. 물건과 사건의 대응은 물건수의 대각선화인 동시에 대각선수의 반대각선화라 할 수 있다. 이를 그대로 나타낸 것이

다름 아닌 천간이다.

　그런데 천간 가운데 각별한 주의를 기울여야 할 곳은 '임壬'이다. 임은 4-5인 동시에 3-4이기 때문이다. 이는 귀매의 원리이다. 4-5는 5-5 바로 직전이다. 5-5는 자기가 자기 자신과 만나는 유일한 것이다. 자기 자신이 부분이면서 동시에 원소이고 명패이면서 물건이다. 4-5는 5-5가 되어 역설에 직면하기 전에 한 단계 아래인 3-4로 돌아가야 한다. 유혼이 되기 전에 귀매의 길을 선택해야 한다. 경방의 팔궁괘에서 본 바와 같이, 마지막 단계 직전에서 돌아서지 않으면 안 된다. 그래서 천간 열 개 가운데 마지막인 임계는 그 직전 단계인 3-4로 돌아간 것이다. 유혼이 되든지 귀매를 하든지 양자택일을 해야 한다. 귀매괘를 한 번 살펴보면, 제51도의 전모를 알 수 있다.

　52. 귀매괘의 괘상은 ䷵이다. 외괘는 진괘 ☳이고, 내괘는 태괘☱이다. 진괘는 장남이고 태괘는 소녀이다. 진괘는 음효의 끝이고 양효의 시작이다. 태괘는 음효의 시작이고 양효의 끝이다. 시작과 끝이란 순서수의 역설을 한 몸에 담고 있는 괘들이다. 각각 하나를 감하고 가하고, 가하고 감하는 형국이다. 천간 열 개 가운데 임만이 이중화되어 있는 배경을 귀매괘에서 찾아야 할 이유가 여기에 있다. 4-5인 동시에 3-4여야 한다는 것이다. 이 점이 제51도의 핵심이다. 그리고 대각선화와 반대각선화, 반가치화가 만들어질 때, 그 속에서 튀어 나오는 연속과 불연속의 문제, 일관성과 비일관성의 문제를 함께 해결할 수 있는 방도가 귀매의 원리이다. 결국 임은 '이-제로'($E_0$)의 문제이고 어미 돼지의 문제이다.

### 결론

유목의 〈역수구은도〉는 유목의 지론인 하9서10론을 입증하기 위해 작도된 것이다. 제1도에서 제16도까지는 대각선화 이전 단계, 대각선화와 반대각선화 단계, 그리고 대각선화와 반대각선화의 해체 단계로 나눌 수 있다. 이러한 과정 속에서 우리는 대각선 논증의 6대 요소를 확인하면서 유목이 얼마나 철저하게 대각선 논증을 이해하고 있었는가를 알았다.

이어지는 제17도에서 제44도까지는 대각선 논증을 통해 얻어진 결론을 사상, 팔괘, 가족 관계, 인체의 장부 등에 응용한 것이다. 그리고 제45도에서 제48도까지는 하도에, 제49, 50도는 낙서에 적용하여 하9서10론의 정당성을 입증하였다. 마지막 제51도는 대각선 논증을 천간에 응용한 것이다. 그 이유는 대각선 논증에서 발생한 역설을 해의하기 위해서이다. 다시 말해서, 역설 해의에 시간 개념을 적용하기 위해서이다.

여기서 중요한 부분은 제1도에서 제16도까지는 대각선 논증에 직접 관련된 도상들이라는 점이다. 대각선 논증은 명패수 5와 생수 1, 2, 3, 4, 5의 관계이다. 이 관계 속에서 대각선화, 반대각선화, 반가치화, 대각선화의 해체, 반대각선화의 해체 등이 진행된다. 그러면 쟁점은 명패와 물건 사이에서 반드시 역설이 발생한다고 할 때, 이러한 대각선의 구성 요소들이 역설 해의에서 갖는 의미란 무엇인가이다. 대각선의 6대 구성 요소들 외에, 우리는 여기서 추가된 반대각선화의 해체 같은 것도 확인하였다.

제1도에서 제16도까지 도상들은 바로 명패와 물건 사이에 발생하는 역설 문제에 대한 여러 사례들을 망라한 것이다. 유목의 주장에 따르면, 명패와 물건 사이는 결합과 분리, 해체의 순서를 밟는다는 것이다. 바로 이것이 다름 아닌 역설 해의와 연관이 된다. 이러한 여러 구성 요소들 사이의 관계가 사상, 팔괘, 오장, 그리고 천간 등에 그대로 응용이 되어, 우주자연과 인간사 등에 대각선 논증이 어떻게 연관이 되는가를 한눈에 보여주는 효과를 〈역수구은도〉는 가지고 있다. 특히 제51도는 천간지지 라는 시간 개념을 도입하여 역설 해의를 시도하고 있다. 천간지지 가운 데 '임'은 특히 칸토어 대각선 제2증명과 유관한 '이–제로' 그 자체임을 확인하고 결론을 대신한다.

이 책은 실로 유목의 〈역수구은도〉에 대한 주석이라 할 정도이다. 1 장부터 7장까지는 〈역수구은도〉에 나타난 대각선 구성의 6대 요소들을 확인하기 위한 준비단계였다고 할 수 있다. 흑점과 백점은 가치를, 그리 고 5와 다른 수들의 관계는 대각선화와 반대각선화를 그대로 보여준다. 시각적인 도상들을 통해 대각선 논증의 주요 쟁점들을 거의 망라해 역 설이 생기는 원인과 그 해의 등을 보여준다.

## 8.11. 송·명대 역과 대각선 논증 —이지재의 괘변설

### 이지재의 괘변설과 대각선 논증

이지재李之才는 소옹의 스승이다. 그리고 주자 역시 이지재의 괘변설 을 이어 받는다. 소옹과 주자 역이 송명대 역학의 결정판 같지만, 그 기 원은 이지재의 역이다. 그래서 이 책에서는 이지재를 중국역 강물의 하 구로 다루려 한다. 이지재의 괘변설은 위에서 소개한 한대의 우번과 주

진의 것을 답습하고 계승하여, 진단의 영향을 직접 받는다. 그의 대표작
은 〈변괘반대도變卦反對圖〉와 〈육십사괘상생도六十四卦相生圖〉이다. 우번의
괘변설을 체계적으로 정리 발전시킨 점도 있다. 두 그림은 명괘와 물건
으로 괘를 나누고, 명괘를 분해시켜 거기서 다시 명괘를 분화시켜 내는
방법을 취한다. 명괘와 '명괘의 명괘', 그리고 다시 명괘의 명괘의 명괘
를 만들어 나가는 방법을 취하는 것이 특징이다. 이지재의 괘변설을 소
개하기 전에 주진의 괘변설을 요약하기로 한다.

괘변설이 역설 해의에서 중요한 이유는, 하나의 대성괘는 내괘-명괘
와 외괘-물건이기 때문이다. 만약에 이러한 구조가 아니라면 역의 철학
적 논리적 가치는 전무할지도 모른다. 바로 괘변설은 내괘와 외괘 안에
귀속되어 있는 효들의 변화 구조를 통해 역설을 해의하는 방법을 그대
로 보여준다. 이지재 괘변설의 전신인 주진의 괘변설은 다음과 같다.

> 1변: 하나의 음효와 하나의 양효로부터 만들어진 괘는 각각 여섯 개인
> 데, 이는 모두 복괘(䷗)와 구괘(䷫)로부터 변한 것이다. 복괘는
> 초효만 양이고 구괘는 초효만 음이다.
>
> 2변: 두 개의 양효와 두 개의 음효로 만들어진 괘는 모두 각각 아홉 개
> 인데, 이는 모두 림괘(䷒)와 돈괘(䷠)로부터 변한 것이다.
>
> 3변: 세 개의 양효와 세 개의 음효로 만들어진 괘는 각각 열 개인데,
> 이는 모두 태괘(䷊)와 비괘(䷋)로부터 변한 것이다.
>
> 4변: 네 개의 양효와 네 개의 음효로부터 만들어진 괘는 각각 아홉 개인
> 데, 이는 모두 대과괘(䷛)와 관괘(䷓)로부터 변한 것이다.

여섯 개의 효가 있는데, 네 개의 효, 즉 4변까지 말하였다. 그러나 그

이상의 변화인 경우 어떤 현상이 생기는가는 이미 경방의 팔궁괘변설에서 보았다. 그 이상의 효변은 귀매의 원리에 직면하게 된다. 시생원리와 가족 관계의 일관성과 비일관성의 문제에서 제기되는 것을 보았다. 모든 수를 순서수로 간주할 경우 순서수의 역설에 직면하고, 개수로 간주할 경우 기수의 역설에 직면한다. 이 두 역설이 이지재의 괘변설에서 어떻게 처리되는가를 보자.

변괘는 모두 건과 곤에서 유래하지만, 만약에 위의 원칙을 일관성 있게 적용하면 비일관성적인 예가 나타난다. 즉, 위에 소개한 네 개의 효변설에 예외가 있다. 즉, 중부괘(䷼)와 소과괘(䷽)의 경우는 2음이고 2양이기 때문에 림괘와 돈괘에서 변해야 하지만, 다른 두 괘에서도 그것이 가능하다. 비괘는 1양의 괘로서 복괘에서 변하였다고도 할 수 있고, 사괘에서도 변하였다고 할 수 있다. 몽괘는 2양의 괘로서 림괘에서 변하였다고 해야 하지만, 간괘에서 변하였다고 한다. 이러한 괘변의 비일관성 현상 때문에 초과분의 문제가 발생한다. 즉, 괘변설을 일관성 있게 적용하면 이중 적용이 불가피해져 결국 68개의 괘가 가능해진다. 네 개의 초과분이 생긴다. 여기에 역학 연구의 묘미가 있으며, 이는 귀매의 원리에서 발생한 초과분의 문제이다. 그래서 괘변은 역설 해의, 특히 순서수의 역설 해의와 불가분의 관계를 가질 수밖에 없게 된다.

이러한 우번과 주진의 괘변설은 다음에 말할 이지재에게 와서 거의 그대로 반복된다. 건, 곤, 중부, 소과괘를 제외한 나머지 60개의 괘에 변괘의 적용이 가능하기 때문에, 모두 68개의 괘가 생긴다. 이러한 초과분을 주진의 괘변설에서 발견한 다음, 이지재의 괘변설로 넘어가기로 한다. 주진의 괘변설을 전제할 때, 아래 이지재의 변괘설은 한층 그 가치가 드러나게 된다.


1. 건괘와 곤괘는 모든 괘들의 근원이다.(乾坤之祖)

2. 건괘와 곤괘가 한 차례 효를 교환하여 복괘䷗와 구괘䷫가 된다.(乾坤一交而復姤)

　가. 5음1양으로 된 괘는 모두 복괘로부터 왔으며, 복괘의 제1효가 다섯 번 변하여 다섯 개의 괘들(1변 師䷆, 2변 謙䷎, 3변 豫䷏, 4변 比䷇, 5변 剝䷖)이 만들어진다. 이 다섯 개의 괘들은 모두 5음1양인 것이 특징이다.

　나. 반대로 5양1음으로 된 괘는 모두 구괘로부터 왔으며, 구괘의 제1효가 다섯 번 변하여 다섯 개의 괘들(1변 同人䷌, 2변 覆䷉, 3변 小畜䷈, 4변 大有䷍, 5변 夬䷪)이 만들어진다.

3. 건괘와 곤괘가 두 차례 효를 교환하여 림괘䷒와 돈괘䷠가 된다.(乾坤二交而臨豚)

　가. 4음2양으로 된 괘는 모두 림괘로부터 왔으며, 림괘가 다섯 번에 걸쳐 다섯 번 변하여 열네 개의 괘들(晉䷢, 艮䷳, 明夷䷣, 震䷲, 屯䷂, 頤䷚, 升䷭, 解䷧, 坎䷜, 蒙䷃, 小過䷽, 萃䷬, 觀䷓, 蹇䷦)을 만든다. 이들 열네 개의 괘들은 모두 4음2양이 특징인 때문에 림괘에서 왔다고 한다.

　나. 4양2음으로 된 괘는 모두 돈괘로부터 왔으며, 돈괘가 다섯 번에 걸쳐 다섯 번 변하여 열네 개의 괘들(1변 괘 訟䷅, 1변 괘 巽䷸, 1변 괘 鼎䷱, 1변 괘 大過䷛, 2변 괘 无妄䷘, 2변 괘 家人䷤, 2변 괘 離䷝, 2변 괘 革䷰, 3변 괘 中孚䷼, 3변 괘 大畜䷙, 3변 괘 大壯䷡, 4변 괘 睽䷥, 4변 괘 需䷄, 5변 괘 兌䷹)이 만들어진다. 이들 열네 개의 괘들은 4양2음이 특징이다.

4. 건괘와 곤괘가 세 번 효를 교환하여 태괘(☷)와 비괘(☶)를 만든다. (乾坤三交而泰否)

　가. 3음3양으로 된 괘는 모두 태괘로부터 만들어진다. 태괘가 세 번에 걸쳐 세 번 변하여 아홉 개의 괘들(1변 歸妹☷, 1변 節☷, 1변 損☷, 2변 豊☷, 2변 既濟☷, 2변 賁☷, 3변 恒☷, 3변 井☷, 3변 蠱☷)이 만들어진다. 이들 아홉 개의 괘들은 3음3양이 특징이다.

　나. 3양3음으로 된 괘는 모두 비(否)괘로부터 만들어진다. 비괘가 세 번에 걸쳐 세 번 변하여 아홉 개의 괘들(漸☶, 旅☶, 咸☶, 渙☶, 未濟☶, 節☶, 益☶, 噬嗑☶, 隨☶)이 만들어진다. 이들 아홉 개의 괘들은 3양3음이 특징이다.

위 그림에서 건괘와 곤괘는 1차적인 명패라 하여 "건괘와 곤괘는 모든 괘들의 근원이다[乾坤之祖]"라 하였다. 64괘 가운데 곤괘와 건괘를 좌우에 두고 두 명패의 내괘의 초효부터 색하여 나가는 방법을 취한다. 즉, 〈육괘생육십사괘도〉에 따르면, 곤괘와 건괘를 좌우에 배열을 하고 건괘의 명패(내괘) 안에 있는 초효를 건에서 곤으로, 곤에서 건으로 옮긴다. "건괘와 곤괘가 한 차례 효를 교환하여 복괘와 구괘가 된다[乾坤一交而復姤]"고 한다. 건에서 곤으로 옮기면 복괘가 되고, 곤에서 건으로 옮기면 구괘가 된다. 이번에는 두 개의 효, 초효와 2효를 건에서 곤으로 옮기면 림괘가 되고, 반대로 곤에서 건으로 옮기면 돈괘가 된다. "건괘와 곤괘가 두 차례 교환하여 림과 돈이 된다[乾坤二交而臨豚]"란 말의 의미이다. 세 개의 효, 초, 2, 3효를 건에서 곤으로 옮기면 태泰괘가 되고, 반대로 곤에서 건으로 옮기면 비否괘가 된다.

그래서 여섯 개의 괘들인 복, 구, 림, 돈, 태, 비는 제2의 명패이다. 이

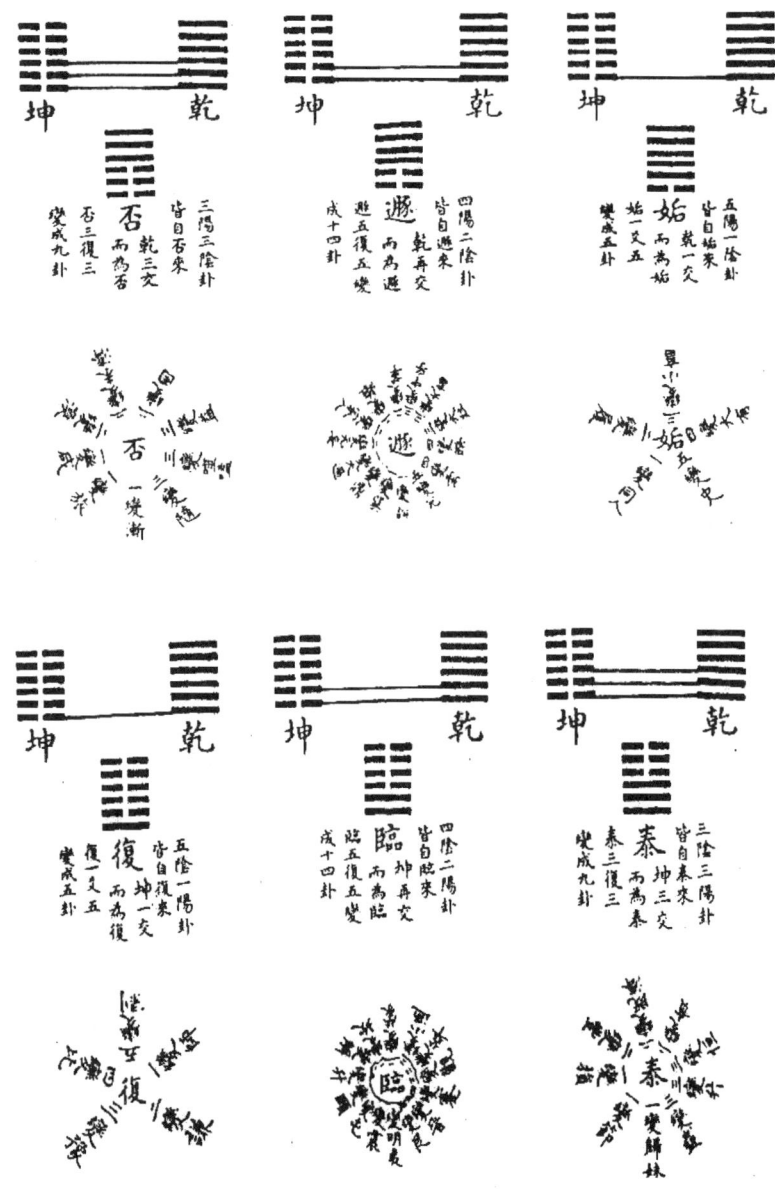

그림 8-60. 이지재의 〈6괘생64괘도〉(위)와 〈8괘추64괘도〉(아래)

들 여섯 개의 2차 명패에는 각각 물건괘들이 달린다. 이들 물건괘들을
{ } 안에 넣었다. 대각선 논증에 2차 명패가 등장하였다. 러셀의 유형론
으로 볼 때 유형의 유형이 만들어진 것이다.

복　 ＝　{사, 겸, 예, 비, 박}
곤·림={진, 간, 명이, 진, 둔, 이, 승, 해, 감, 몽, 소과, 췌, 관, 건}
태　 ＝　{귀매, 절, 손, 풍, 기제, 분, 항, 정, 충}

↓↑

비　 ＝　{점, 려, 함, 환, 미제, 곤, 익, 서합, 수}
돈　 ＝　{송, 손, 정, 대과, 무망, 가인, 리, 혁, 중부, 대축, 대장, 규, 수, 태}
건·구={동인, 복, 소축, 대유, 쾌}

《주역철학사》의 저자 강학위 등은 이지재의 괘변설에 대하여 비판적
이다. 그는, 건괘가 한 번 교차하여 구괘가 되고, 곤괘가 한 번 교차하여
복괘가 된다고 하여, 구와 복을 '작은 부모'라고 하였지만, 이는《역대
전》의 내용과 어긋난다고 하였다. 《역대전》은 건괘가 한 번 교차하여
손괘가 나오지 구괘가 나오는 것이 아니라 하였고, 곤괘가 한 번 교차하
면 진괘가 나오지 복괘가 나오는 것이 아니라고 한다. 그리고《역대전》
은 3교3색만 있다고 하였지 5복5변이 있다고는 하지 않았다고 비판한
다. 그러면서 이지재가 이렇게 잘못 이해한 배경에는, 그가 건괘와 곤괘
가 경괘(명패)인 것을 별괘(물건)인 것으로 구별하지 못한 데서 기인한
다고 결론한다. 즉, 별괘가 괘를 생한다는 별괘생괘설別卦生卦說에 그 원
인이 있다고 결론한다. 그러나 일면 이지재의 괘변설은 주진과 주희에
그대로 계승되었다고 인정을 한다. 이지재 일파의 한결같은 오류는 별

괘생괘설이라 요약할 수 있다.(강학위, 1994, 394~395)

이러한 이지재에 대한 비판은 건괘가 명괘인 것을 물건으로 오인한 데 있다는 것과, 괘는 3변이지 5변은 아니라는 데 주안점이 있는 것 같다. 그러나 이 문제는 모두 이지재가 나름대로 귀매원리에 대한 새로운 인식과, 나아가 역설 해의에 대한 나름의 새로운 견해가 있었다고 필자는 판단한다. 즉, 위의 도해를 역설 해의라는 관점에서 볼 때, 이는 현대 서양 역설 해의의 한 방법인 지멜로-프랭클 공리(Z-F 공리) 가운데 합집합의 공리axiom of union의 관점에서 보았을 때 탁월한 점이 있다는 것이다. Z-F공리는 역설 해의의 한 방안으로 제시된 아홉 개의 공리를 말한다. 그 가운데 합집합의 공리는 이지재의 〈육괘생육십사괘도〉와 일치하는 면이 있다.

이지재의 주장에 따르면, 모든 괘들이 갖는 의미는 그것이 속한 위치에 따라서 달라진다. 괘들은 위의 집합 관계에서 볼 때, 어느 집합의 단계에 있느냐에 따라서 그 맥락이 달라지고, 맥락에 따라서 의미도 달라진다. 이를 가리켜 괘의 별개성singularity이라고 말할 수 있다. 이는 사이먼스가 말하는 역설 해의에서 매우 중요한 의의를 갖는다. 그리고 64괘를 이지재와 같이 하나의 용수철 주름처럼 만들어 놓으면, 서로 반대되는 두 대상이 만드는 역설이라는 것이 충돌할 때, 그 충격을 피할 수 있게 한다. 이것이 합집합 공리의 내용이다. 알랭 바디우가 이해한 합집합의 공리에 따라서 이지재의 괘변설을 다시 요약해서 정리하면, 아래와 같다.

합집합의 공리와 이지재의 역설 해의

이지재의 변괘 구조는 합집합의 공리를 두고 하는 말과 같다. 합집합 공리는 Z-F공리 가운데 제4 공리로서, 어느 두 집합이 있으면 그 두 집합의 합집합도 구성할 수 있다는 공리이다. 이를 기호로 읽기 전에 문장으로 읽으면 "집합 c 등을 원소로 하는 임의의 집합 a가 주어졌을 때, 그들 원소(즉 c 등)의 원소 d 전체로 이루어지는 모임이 집합이 되는 b가 존재한다"와 같으며, 이것이 '집합1의 원소1의 원소2의 집합2 the set2 of the elements2 of the elements1 of that sets1의 의미이다. 여기서 '집합1'은 a이고, '집합2'는 b이고, 원소1은 c이고, 원소2는 d이다. 이를 기호로 적으면 다음과 같다.(김상일, 2008, 204)

$$(\forall a)(\exists b)[(d\in b)\leftrightarrow(\exists c)[(c\in a)=(d\in c)]]$$

여기서 차례대로 a는 건곤 집합이고, b는 복구, 림돈, 태비이고, c는 다양한 변괘들 1변, 2변, …, 5변 등이라 할 수 있다. 이에 대한 보충 설명을 하면 다음과 같다. c에 속한 56개 원소 모두는 집합 a에 속한다. 그런데 이들 c의 원소는 동시에 b라는 집합(복·구·림·돈·태·비)의 원소라는 것이다. 그리고 c에 속한 56개 원소도 다시 분류되어 원소로 나누어질 수 있으며, 이들 원소를 d라고 한다는 것이다.

a인 '집합1'과 b인 '집합2' 사이에 원소인 '원소1(c)의 원소2(d)'가 끼여 있다. 여기서 '원소의 원소'란 바로 집합1이 분산되는 과정을 두고 하는 말이다. 임의의 집합 a에 대하여 a의 원소(c)를 가, 나, 다, …(56개 괘들)

라고 하자. 여기서 가, 나, 다, …의 원소(d)를 각각 나누어 '가의 원소를 갑, 을, 병, …이라 하고 이를 c라고 하자. 나의 원소는 1, 2, 3, …이라고 하고, 다의 원소는 A, B, C, …라고 하자. 그러면 여기서 가, 나, 다, … 전체로 이루어진 집합 b가 존재한다.

이는 이지재의 괘변 구조와 일치한다. 다시 말해서, 여기서 말하는 가, 나, 다, …의 원소란 56괘를 1변, 2변, …, 5변으로 나누는 것과 같다. 그러면 이들 전체를 아우르는 하나의 집합이 생기는데, 그것이 b이다. b에 해당하는 것이 다름 아닌 여섯 개의 '복·구·림·돈·태·비'라는 것이다. 이렇게 합집합의 공리에 따라서 이지재의 변괘 구조를 분석할 때, 서로 일치한다는 사실을 발견하게 된다. 위의 내용을 논리기호로 적으면 다음과 같다.

b={갑, 을, 병, …, 1, 2, 3, …, A, B, C, …}

이를 다시 이지재의 용어로 적으면 다음과 같다.

{복}={1변 사, 2변 겸, 3변 예, 4변 比, 5변 박}
{돈}={1변 송, 1변 巽, 2변 혁, 3변 중부, 3변 대축, 3변 대장, 4변 睽, 4변 需, 5변 태}

이를 기호로는 b=∪a로 적고, 'a의 합집합'이라 읽는다. 이 합집합은 '집합의 집합the set of that sets'과 그것에 귀속하는 '원소들의 원소들elements of elements'이라는 구조에서 보는 바와 같이 중층적이다. 용수철spring과 같다. 이는 마치 군 부대에서 1개 사단의 구성원이 중대, 대대, 연대라는 구조를 무시하고 소대원들로 되는 것과 같다고 할 수 있다. 여기서 '합 union'이란 말을 선택한 이유는 한 복합물이 모든 것을 종합하는 성격을 반영하고 있다고 판단한 때문이다. 시발하는 복합물 (a)에 대하여 두 번째 복합물 (d)를 종합한다는 의미가 '합'이란 말의 의미 속에 담겨 있다. 그리고 두 번째 복합물 (d)에서 역으로 첫 번째 복합물 (c)가 구성된다. 처음이 결과물이 되고 다시 결과물이 원인이 된다. 첫 번째 복합물에서 시발 복합물이 결과물로 나왔다고 함으로써 합집합은 집합과 원소 사이의 위계적 종속 관계를 파괴하자는 데 목적이 있다. 그런 의미에서 유형론을 무색하게 한다. 자칫 유형론으로 오해될 우려도 있다.

'집합들의 원소의 원소의 집합the set of the elements of the elements of that sets'이라고 할 때 이런 오해가 없어야 한다. 이는 마치 위계적 층위를 표시하는 것처럼 여겨질 수 있기 때문이다. 여기서 사용하는 원소와 집합을 속성에 의하여 정의하려 해서는 안 된다는 뜻이다. 층위적 사고방식은 '하나를 향한 셈하기count for one'의 습성에서 나온 것이다. 이지재가 건괘를 경괘로도 보고 별괘로도 보았다는 것은, 합집합의 공리로만 이해될 수 있다고 본다. 그리고 그가 3변3색 대신에 5변5색을 택한 이유도 귀매의 원리로 보면 이해가 된다.

여기서도 귀매의 원리가 문제시된다는 것이다. 구괘의 2효부터 양효를 음효로 바꾸어 나가면서 6변을 시키면 건괘가 된다. 1변과 2변까지는 ☰가 외괘—물건이던 것이 3변-5변에서는 내괘—명패로 변한다. 그리고 명패이던 것이 물건으로 변해 버린다. 이것은 이지재가 러셀의 유형론을 무색하게 만들어 버리는 방법이라고 할 수 있다. 물건과 명패는 상호 교환적임을 한눈에 보여준다. 그래서 그가 5변5색을 선택한 이유도 합집합 공리에 따른 역설 해의와 무관하지 않다. 그가 6변6색을 하지 않은 이유가 바로 귀매의 원리와 연관이 된다는 것이다. 마지막 효마저 변화시키면 안 되기 때문이다.

귀매의 원리가 어떻게 작용하는가 보자. 먼저 돈괘와 비괘를 명괘로 삼았을 경우, 명괘와 물건 사이에 일어나는 변화를 관찰한다. 돈괘를 명 괘로 삼았을 경우 위의 도상에서 볼 때 여기에 따르는 물건괘는 다음과 같다.

하나의 효가 음과 양을 변함으로써 이루어지는 괘가 6, 그것을 반대 쪽에서 볼 때 이루어지는 괘가 6이고, 두 효가 변함으로써 이루어지는 괘가 12, 그것을 반대쪽에서 볼 때 이루어지는 괘가 12며, 세 효가 변함 으로써 이루어지는 괘가 12, 그것을 반대쪽에서 볼 때 이루어지는 괘가 12고, 바로보거나 반대쪽에서 보거나 괘의 모습이 바뀌지 않는 것이 6 이다. 그러면 모두 68괘가 되는데, 그 가운데에는 기제既濟와 미제未濟, 비否와 태泰괘가 거듭 들어간다. 이러한 괘들이 초과분에 해당하며, 이지 재의 괘변설 속에 나타나는 초과분이야말로 그의 역학의 매력이라 할 수 있다. 주희가 《역학계몽》의 끝 부분에 그려놓은 괘변도는 이러한 합 집합의 공리에 의거한 역설 해의의 한 단면을 그대로 보여주는 것이라 여겨진다. 그런 의미에서 주희의 역은 이지재의 것을 계승한 것이라 할 수 있다.

## 8.12. 송·명대의 역학사상과 대각선 정리 —주돈이와 소옹

### 주돈이의 무극과 태극의 문제

송·명대 신유학의 비조 주돈이(1017~1073)의 역학에 관한 저술로는 《태극도설太極圖說》과 《통서通書》가 있다. 《태극도설》은 그림과 그림을 풀이한 두 부분으로 나누어지는데, 〈계사전〉의 내용을 답습하는 듯하나 무극과 태극을 동시에 말하는 점이 다르다.

서양 수학사에서 유클리드 이후 0을 수에서 배제하려고 하였으나, 결국 17세기 무렵부터 0 없이는 수 자체의 성립이 불가능하다는 인식과 함께 집합론이 등장하게 되었고, 집합론에서 공집합은 모든 집합의 시원과도 같아질 정도로 중요시된다. 인간의 두뇌는 수라는 빈 그릇과 같은데, 물건이 담기느냐 안 담기느냐의 두 가지 경우에서 출발한다면, 안 담기는 것도 표시해야 할 때, 그것이 0 또는 공집합이라고 하였다. 인간이 이런 발상을 한다는 것 자체가 의식의 발전 단계와 연관이 된다. 즉, '없음의 있음'이라고 하는 사고의 메타화 없이는 불가능하다. 파르메니데스는 이것을 무시했기 때문에 있는 것은 있는 것, 없는 것은 없는 것이라고 하였다. 이런 점에서 동양은 서양보다 이른 시기에 이런 사고의 메타화에 성공한다.

아래 주돈이(왼쪽)와 주자(오른쪽)의 두 도형에서 보는 바와 같이, 두 사람은 모두 〈계사전〉에는 안 보이는 빈 원을 상 위에 올려놓고 있다. 이것이 바로 아무것도 안 담기는 공집합을 상징하는 것이다. 그런데 이런 공집합을 위位로 보느냐 수數로 보느냐에 따라서 수학에서는 그것이

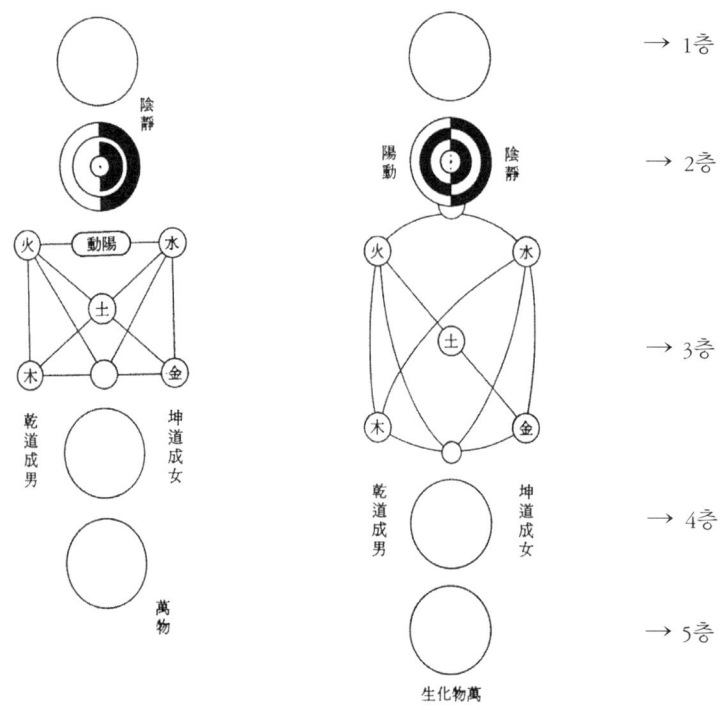

그림 8-61. 주돈이의 《태극도설》과 주자의 비교

0이 되기도 하고 1이 되기도 한다. 다시 말해서, 자리로서의 위치는 비어 있지만, 분명히 자리 자체는 한 개라는 개수이기 때문이다. 노장 사상은 빈자리를 먼저 보고, 유가 사상은 그 속에 들어 있는 개수를 먼저 본다는 점에서 시원에 관한 차이점이 생긴 것이다.

그런데 송·명대에 와서 노장과 불가 사상이 더 설득력을 얻게 되자, 유가 사상도 이를 수용하지 않을 수 없었다. 이를 논리적으로 타당하게 만든 다음 우주론에 바로 적용을 시킨다는 것이다. 즉, 주돈이는 무극으로부터 네 계절이 운행하는 데까지 우주가 생겨나서 이루어지는 과정을 말하고는, 다시 거슬러서 "오행은 하나의 음양이고 음양은 하나의 태극이며 태극은 본디 무극이다"고 한다. 이것이 그의 우주론이다. 그 속에서 특히 "태극이 움직여서 양이 생기게 하고, …… 움직이지 않아서 음이 생기게 한다"고 말함으로써 태극이 능동적 원리임을 주장한다. 어떤 경우든 《태극도설》은 태극, 음양, 오행, 건, 곤의 원리를 상징적 그림으로 설명하면서도 수는 말하지 않는다는 점에서 상수역학 가운데에서도 상역학象易學으로 분류된다. 《통서》는 그림을 그리지 않았고, 무극이라는 용어도 나오지 않으며, 그에 담긴 철학사상이 더 순수하게 유가에 속하는 등, 《태극도설》과 다른 점이 있다.

《태극도설》에 있던 무극이 《통서》에서는 왜 사라졌을까? 이를 두고 사람들은, 주돈이가 무극을 《태극도설》에 도입한 것은 순간적인 실수였다고도 하는 등, 온갖 오해가 있는 것이 사실이다. 심지어 유가 본연의 자세로 되돌아온 것이라고까지 말하기도 한다. 그러나 위에서 본 바와 같이, 0와 1은 그것이 동시적이기 때문에, 즉 1을 말하는 그 속에 0이 있고, 0을 말하는 그 순간 1이 있기 때문에, 《통서》에서 무극을 말하지 않았다고 해서 주돈이가 무극을 부정하였다고는 할 수 없다. 그 이유는 그가 오행을 부정하지 않는 한 무극의 논리는 여전히 유효하기 때문이다. 무극과 오행은 모두 멱집합의 원리에 그 근거를 두고 있기 때문이다.

주돈이는 '무극이태극' 바로 그 아래에 '금목수화토'란 오행을 언급하고 있다. 오행 역시 집합론적 시각에서 보아야 그것이 무극과 관련이 있다는 사실을 알게 된다. 그의 오행도에 따르면 토가 중앙에 위치하고

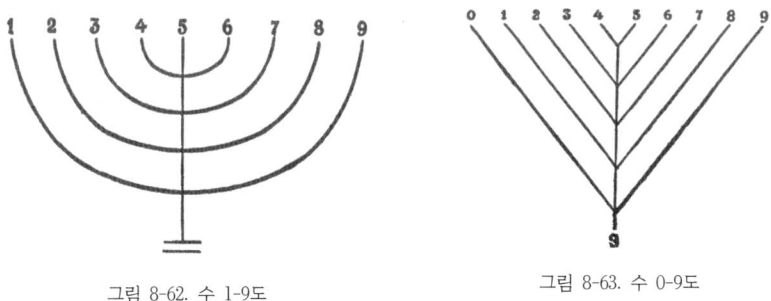

그림 8-62. 수 1-9도                          그림 8-63. 수 0-9도

있다는 사실이다. 토는 5-5이다. 목 1-6, 화 2-7, 목 3-8, 금 4-9이다. 수의 처음을 1로 할 때와 0으로 할 때 1-9와 0-9로 대칭관계를 만들 때 도형상의 차이를 보인다.

1-9도에서 5는 자기 자신과 짝을 만들지만, 0-9도에서는 5가 4와 짝을 만든다. 그리고 1-9도에서는 대칭 짝들의 합이 10이지만, 0-9도에서는 9이다. 여기서 하도와 낙서의 9와 10의 문제가 왜 유래하는지를 한눈에 볼 수 있다. 1-9도는 태극 1을 시발점으로 본 것이고, 0-9도는 무극 0을 시발점으로 본 것이다. '토5-5'를 중앙에 배열한다는 것은 5가 자기언급을 한다는 것이다. 자기언급을 한 10은 가시적으로는 보이지 않는다. 그것이 1-9도 속에 들어 있다. 이것이 낙서라는 것이다. 그런데 0-9도의 경우는 5가 중앙에 있는 것이 아니고, 4와 대칭이 되면서 여러 다른 수들과 같다.

전자에서는 5가 집합의 명패 역할을 하였지만, 후자의 경우에서는 주변의 물건과 같아져 버렸다. 위 《태극도설》의 제3층에서 태극은 중앙 토5-5의 위치에 들어와 있고, 무극은 아래 백원으로 그려져 있다. 이것이 주돈이가 오행도에서 무극과 태극을 취급하는 방법이다. 토를 중앙의 명패 위치에 둘 것인지, 아니면 주변의 물건의 위치에 둘 것인지는 역학뿐만 아니라 한의학 등 모든 분야에서 지난한 난제거리로 남겨진 기수와 순서수 역설의 문제이다. 대각선 정리라는 시각에서 볼 때 토는 대각선이다. 그렇다면 1-9도는 대각선화라면 0-9도는 반대각선화라고 할 수 있다.

괘변설에서 외괘와 내괘가 서로 교환하는 '상하왕래上下往來'를 두고, 주자 이전에는 상과 왕은 내괘에서 외괘로 움직이는 것이고, 하와 래는 그 반대인 외괘에서 내괘로 움직이는 것을 이른다고 보았다. 그러나 주자는 효가 상으로 이동하는 것이나 하로 이동하는 것이나, 모든 경우를 다 이르는 말로 이해하였다. 내괘와 외괘를 물건과 명패라는 관점에서 보았을 때, 주자의 이러한 말은 내와 외의 유형을 무시하는 발언이라고 할 수 있다. 다시 말해서, 러셀의 유형이 상하로 나누어질 수 없음을 의미한다.

### 소옹의 역학

긴 여정 끝에 우리는 드디어 역의 본원지에 도달하였다. 이 책은 소옹(소강절; 1011~1077)이 작도한 방도와 원도에서 대각선 논증을 도출하고 이것을 칸토어의 그것과 연관시키는 데서 출발하였다. 실로 소옹이 없었더라면 오늘날 역학이라는 것이 없었을 정도로, 소옹은 역의 집대성자인 동시에 역학의 창시자이다. 소옹의 저작인 《황극경세서》는 〈관물내편觀物內篇〉과 〈관물외편觀物外篇〉으로 나누어지는데, 원본은 사라지고 없다. 그 중요 내용 가운데 도상과 이론은 후대 사람에 의하여 정리 주석된 것들이다. 즉, 소백온邵伯溫의 《황극계술皇極系述》, 《관물내외편해》, 장행성張行成의 《주역변통周易變通》, 채원정의 《경세지요經世指要》, 주희의 《역학계몽》, 《주자어류》〈소자지서邵子之書〉 등에 소옹사사의 해설이 실려 있다.

오늘날 전해지는 《황극경세서》에 실려 있는 여러 그림들 가운데에는 소백온, 채원정, 주희 및 명청시대의 학자들이 보충해 놓은 것들이 많다. 소옹의 역학은 북송 상수역학 계통인데, 선천역학先天易學이라 불리기도 한다. 소옹은 복희씨가 그렸다고 하는 역학 관계 그림들에 대해 주로 관심을 가지는 반면, 《주역》 경전의 글에 대해서는 관심이 적었다. 그의 역학에서 가장 큰 특징으로는 수數에 대한 각별한 관심을 꼽을 수 있는데, 그 근원은 진단의 역학이라 할 수 있고, 그의 직접 스승은 이지재이다.

《황극경세서》는 소옹의 상수역학의 체계이다. 팔괘나 64괘가 이루어진 내력과 관련하여 그는, 팔괘와 64괘의 수는 음6 양9라는 수라든가, 건과 곤이 상징하는 모습 등 모두가 하늘의 바른 수와 땅의 바른 수, 곧 홀수와 짝수로부터 나온 것이라고 생각하였다. 시생원리인 "태극이 나누어지니 음양이라는 두 기본이 이루어지고, 양은 아래로 음과, 음은 위로 양과 어우러지니 네 모습이 생긴다. 다시 양은 음과 음은 양과 어우러지니 하늘의 네 모습이 생기고, 강함이 부드러움과 부드러움이 강함과 어우러지니 땅의 네 모습이 생겨서 팔괘가 이루어진다. 팔괘가 서로 엇갈리게 되어서 만물이 생긴다. 이렇기 때문에 1이 나누어져 2로 되고, 2가 나누어져 4로 되며, 4가 나누어져 8로 되고, 8이 나누어져 16으로 되며, 16이 나누어져 32로 되고, 32가 나누어져 64로 된다"를 그림으로 그린 것이 〈팔괘차서도八卦次序圖〉와 〈육십사괘차서도六十四卦次序圖〉

이다. 이러한 생각의 법칙을 정호는 '가일배법加一倍法'이라 하였고, 주희는 '일분위이법一分爲二法'이라 하였다. 이것은 우번의 괘변설, 한강백의 '유가 무에서 생긴다'는 설이나, 공영달의 '태극원기설'이나 '오행설'과도 다른 독특한 것이었다. 그 뒤 수백 년 동안 상수역학의 기본원리로 인정받아 수학적 관점에서 역학을 풀이하는 새로운 학파를 이루게 되었다.

소옹은 이 밖에도 〈복희팔괘방위도伏羲八卦方位圖〉, 〈복희육십사괘방위도伏羲六十四卦方位圖〉, 〈천근월굴도天根月窟圖〉, 〈괘기도卦氣圖〉 등을 그렸다고 인정된다. 이 그림들은 팔괘나 64괘가 각각 그에 마땅한 방위를 갖고 있다는 설명인데, 결국은 1년 동안의 계절 변화 과정을 설명하고, 나아가서 사회의 흥망성쇠나 나라의 다스려지거나 어지러워지는 관계 및 세계의 시작과 끝을 예측하려는 목적에 이용되었다. 또한 〈경세천지시종지수도經世天地始終之數圖〉를 그렸는데, 이것은 그가 우주의 역사에 원元, 회會, 운運, 세世라는 어떤 주기周期가 있음을 알아내어 그에 맞는 주기표를 만든 것이다. 우주는 이 그림에 나타난 주기를 따라 끝없이 시작과 끝남을 거듭거듭 한다는 것이다.

우리는 소강절이 이루어 놓은 이러한 업적을 거슬러 올라가 복희와 문왕에게 돌리기도 한다. 그러나 이것은 전후가 뒤바뀐 결론이라 할 수 있다. 지금까지 중국 역학에 관한 여러 견해들은 사실 소강절로부터 이해하는 것이 타당하다. 그가 이해한 가일배법 같은 것이 이 책에서는 시생원리라는 말로 사용되어, 가족 관계와 연관되어 일관성과 비일관성의 문제를 야기하는 것을 보았다. 그리고 대각선 논증의 원인을 제공한 방도는 소옹이 작도한 것이라고 한다. 이것이 부베를 통해 라이프니츠에게까지 전달되었고, 라이프니츠는 이진수에 몰두한 나머지 방도 속에 있는 격자형의 배열법과 대각선의 중요성을 간과하고 말았다는 것이다. 이렇게 우리는 거슬러 올라가서 소옹이 이룩해 놓은 업적들을 거꾸로 추적해 여기까지 온 것이다.

# 끝맺음말

지면의 한계 속에서 중국역의 대각선 논증을 고려한 탓에, 여기서 다룰 수 있는 양은 아주 제한적일 수밖에 없었다. 그러나 필자가 여기서 시도한 방법론은 다 다루지 못한 학자들의 역학에도 그대로 적용해 볼 수 있을 것이다.

이 책은 애당초 3부로 계획하여, 한국역과 대각선 논법도 한 책에서 모두 다루려 하였다. 그런데 분량이 너무 많아져서 3부는 권을 달리 할 수밖에 없었다. 퇴계 역에서 김일부의 정역으로 이어지는 한국역의 전통 속에서 대각선 논법을 적용하는 3부는, 이어서 나올 책《대각선 정리와 한국역》에 담길 것이다. 그래서 '끝맺음말'은 실제로 다음 책에서 끝을 맺는 형식이 되었다.

이 책은 역을 빌미로 삼아 칸토어의 대각선 논법을 이해하고 러셀 역설을 해의하자는 데 궁극적인 목적이 있었다. 역학이 역술에서 해방되어 학문의 본령에 들어오자면, 동서 철학사에서 난제로 남겨져 온 역설의 문제를 거론하고 그것의 해결이나 해의를 모색해야 한다.

이 책의 1부는 칸토어와 러셀을 중심으로 하여 서양 철학사에서 역설이 갖는 비중을 다루었다. 그리고 칸토어의 대각선 정리가 화두로 남긴 연속체 가설의 문제를 역으로 옮겨 가서, 같은 문제가 역에서는 어떻게 다루어지는가를 고찰하였다.

2부는 중국역의 전통 속에 1부에서 펼쳤던 이론들을 적용해 보았다. 대부분의 내용을 유목의 〈역수구은도〉에 할애하였다. 대각선 논증의 6대 요소들을 아주 어렵게 51개의 도형 속에 그려 놓고 설명해 놓은 것이 〈역수구은도〉이기 때문이다.

권을 달리하는 3부에서도 한국 역학사 속에서 같은 문제가 어떻게 다루어졌고, 중국의 그것과는 어떻게 다른가를 보게 될 것이다. 여기서 미처 다 말하지 못한 소강절의 역은, 김일부의 정역을 말하면서 다시 거론할 것이다.

이 책을 마지막으로 교정 보는 동안에 영화 〈고지전〉을 보았다. 그 영화 속에서 어느 병사가 한 말이 생각난다. '정전회담을 하는 도중에 휴전을 하면 되지 않느냐는 말 말이다. 드디어 정전협정이 선포되고, 효력을 발생하는 시간까지 남은 12시간 동안에 적군과 아군의 남은 병사들은 주인공을 제외하고 다 죽는다. 이 '12시간'을 정전이란 기간에 넣을 것인가 말 것인가? 도서관 안의 모든 책을 수록한 목록은 도서관 장서수에 포함할 것인가 말 것인가?

이 질문에 대하여 간단하게 답을 할 수 있는 사람은 아무도 없을 것이다. 이 책에서 자주 나왔던 이제로($E_0$)도 결국은 이 '12시간'에 해당하는

것과 다르지 않다. 어느 시간에도 일대일 대응이 안 되는 시간이 있듯이
말이다. 이런 문제로 고민하는 것이 논리학이다. 그리고 논리학은 현실
아니 〈고지전〉과 같은 처참한 현실 속에도 있는 것이다.

# 참고문헌

## 1. 자 료

주역
사서삼경

김인환 역주, 《주역》, 고려대출판부, 2006.

소강절/윤상철 옮김, 《황극경세》, 대유학당, 2002.

아리스토텔레스/조대호 옮김, 《형이상학》, 문예출판사, 2005.

아리스토텔레스/김진성 옮김, 《오르가논》, 이제이북스, 2005.

주자/백은기 옮김, 《주역본의》, 여강, 1999.

주자/김상섭 옮김, 《역학계몽》, 예문서원, 1994.


Aristotle, *The Cambridge Companion to Aristotle*, ed. by Jonathan Barnes, New York: Cambridge University Press, 1995.

*I Ching, The First Complete Translation With Concordance*, tr. by Rudolf Ritsema and Stephen Karcher, Rockport: ELEMENT, 1994.

*I Ching*, Annotated bibliography ed. by Edward Hacker and Steve Moore, New York: Routledge, 2002.

Plato, *Plato Complete Works*, trans. by John M. Cooper and D. S. Hutscison, Indianapolis: Hackett Publishing, 1997.

*I Ching*, Trans. by Rudolf Ritsema, Dorset: ELEMENT, 1994.

Whitehead, A. N. *Principia Mathematica*, New York: W. W. Norton & Company, 1927.

──────, *Process and Reality*, New York: The Free Press, 1979.

Whitehead, A. N. and Russell B., *Principia Mathematica*, Cambridge: Cambridge University Press, 1962.

Wilhelm R., *I Ching*, trans. by F. Baynes, New York: Pantheon Books, 1950.

## 2. 국내논저

### 1) 단행본

강진원, 《알기 쉬운 역의 원리》, 정신세계사, 2003.

강학위/심경호 옮김, 《주역철학사》, 예문출판사, 1994.

고회민/신하령 옮김, 《상수역학》, 신지선원, 1994.

고회민/정병석 옮김, 《주역철학의 이해》, 문예출판사, 1995.

곽신환, 《주역의 이해》, 서광사, 1990.

그레이엄, A. C./이창일 옮김, 《음양과 상관적 사유》, 청계, 2001.

김상일, 《현대물리학과 한국철학》, 고려원, 1993.

──────, 《초공간과 한국 문화》, 교학연구사, 1999.

──────, 《원효의 판비량론》, 지식산업사, 2004.

──────, 《원효의 판비량론 비교 연구》, 지식산업사, 2005.

──────, 《역과 탈현대의 논리》, 지식산업사, 2006.

──────, 《알랭바디우와 철학의 새로운 시작》, 새물결, 2008.

김승호, 《주역원론》, 선영사, 2009.

김용운, 《위상기하학》, 동아출판사, 1992.

──────, 《토폴로지 입문》, 우성문화사, 1995.

김용정, 《제3의 철학》, 사사연, 1986.

김일곤, 《주역의 이해》, 한국학술정보(주), 2009.

김재범, 《주역사회학》, 예문서원, 2001.

김진근, 《왕부지의 주역철학》, 예문서원, 1996.

김진희, 《주역의 근원적 이해》, 보고사, 2010.

남회근/신원봉 옮김, 《역경잡설》, 문예출판사, 1998.

────, 《주역강의》, 문예출판사, 1998.

네이글 외/강현주 옮김, 《괴델의 증명》, 경문사, 2003

다가나 아쓰시/이기동 옮김, 《주역이란 무엇인가》, 여강출판사, 1993.

들뢰즈/이정우 옮김, 《의미의 논리》, 한길사, 2003.

들뢰즈/이찬웅 옮김, 《주름, 라이프니츠와 바로크》, 문학과지성사, 2004b.

레베카 골드스타인/고중숙 옮김, 《불완전성—괴델의 증명과 역설》, 승산, 2007.

로버트 카플란/심재관 옮김, 《존재하는 무 0의 세계》, 이끌리오, 2003.

로빈 로버트슨/이광자 옮김, 《융과 괴델》, 몸과마음, 2005.

로저 에임즈/장원석 옮김, 《동양 철학, 그 삶과 창조성》, 유교문화연구소, 2005.

마틴 데이비스/박정일 · 장영태 옮김, 《수학자, 컴퓨터를 만들다》, 지식의풍경, 2005.

모리스 클라인/김경화 옮김, 《지식 추구와 수학》, 이화여대출판부, 1997.

문용직, 《주역의 발견》, 부키, 2007.

미치오 가쿠/최성진 옮김, 《초공간》, 김영사, 1994.

박재주, 《주역의 생성논리와 과정철학》, 청계, 1999.

배선복, 《탈현대 기초 논리학 입문》, 철학과현실사, 2004.

베나세랖 외/박세희 옮김, 《수학의 철학》, 아카넷, 2002.

비트겐슈타인, L./박영식 옮김, 《논리철학 논고》, 정음사, 1985.

서정기, 《주역상수체계와 의리사상》, 한국학술정보(주), 2009.

송재국, 《역학담론》, 예문서원, 2010.

슈츠스키, I. K./오진탁 옮김, 《주역연구》, 한겨레, 1988.

스에끼 다께히로/최승호 옮김, 《동양의 합리사상》, 대구 : 이문출판사, 1987.

스티븐 F. 바커/이종권 옮김, 《수리철학》, 종로서적, 1985.

액설, A. D./신현용 옮김, 《무한의 신비》, 승산, 2002.

야마오카 에쓰로/안소현 옮김, 《거짓말쟁이 역설》, 영림카디널, 2004.

에리히 얀치/홍동선 옮김, 《자기조직하는 우주》, 범양사, 1989.

양력/김충렬 옮김, 《주역과 중국의학》, 법인문화사, 2004.

요사마사 요시나가/임승원 옮김, 《괴델 불완전성 정리》, 전파과학사, 1993.

위르겐 베를리츠/이기숙 역, 《패러독스와 딜레마》, 보누스, 2011

이도흠, 《화쟁 기호학 이론과 실제》, 한양대출판부, 2001.

이동준, 《유교의 인도주의와 한국사상》, 한울, 1997.

──── , 《훈민정음과 역학사상》, 2002.

이명섭, 《태극기와 술어논리학》(*The ensign and predicate logic*), 미조사, 1993.

이신/이주행 옮김, 《주역 ― 주역의 강은 어디로 흘러갈 것인가》, 인간사랑, 1995.

이운형, 《거짓말쟁이 역설》, 한국학술정보(주), 2006.

이정우, 《세계철학사》, 길, 2011.

이종우, 《유한에서 무한으로 여행》, 경문사, 2000.

이창일, 《소강절철학》, 심산, 2007.

장시앙핑/박정철 역, 《역과 인류사유》, 이학사, 2007.

존 베로/ 고종숙 역, 《무영진공》, 해나무, 2003.

존 캐스티/박정일 옮김, 《괴델》, 몸과마음, 2002.

주백곤/김학권 옮김, 《주역 산책》, 예문서원, 1999.

채항식/김일곤 외 역, 《역으로 본 현대과학》, 여강출판사, 1992.

최봉영, 《본과 보기 문화이론》, 지식산업사, 2002.

프랜시스 코린스/이창신 역, 《신의 언어》, 김영사, 2006.

푸코/김현 옮김, 《이것은 파이프가 아닙니다》, 민음사, 1995.

하이데거/이기상 옮김, 《논리학》, 까치, 2000.

하이데거/신상희 옮김, 《동일성과 차이》, 민음사, 2001.

하이젠베르크/김용준 옮김, 《부분과 전체》, 지식산업사, 1982.

한국역경문화학회, 《주역철학과 문화》, 수덕문화사, 2004.

한국주역학회, 《주역의 현대적 조명》, 범양사, 1992.

────, 《주역의 근본 원리》, 철학과현실사, 2004.

한국화이트헤드학회, 《창조성의 형이상학》, 동과서, 1999.

한규성, 《역학원리강화》, 예문사, 2004.

호프스테터, D./박여성 옮김, 《괴델, 에셔, 바흐》, 까치, 1999.

화이트헤드, A. N./오영환 옮김, 《과정과 실제》, 민음사, 1991.

## 3. 외국논저

楊力, 《周易與中醫學》, 北京科學技術出版社, 1989.

江愼修, 《河洛精蘊》, 學苑出版社, 2007.

黃易, 《易經》, 南海出版社, 2009.

張立文, 《帛書周易註釋》, 中州出版社, 2007.

張其成, 《易圖 深秘》, 廣西科學技術出版社, 2008.

唐頤, 《京氏易傳》, 陝西師範出版社, 2009.

郭彧, 《易圖倂座》, 華夏出版社, 2007.

嚴有穀, 《周易六十四卦精解》, 萬卷出版社, 2007.

曾子健, 《易學》, 當代世界出版社, 2009.

張年生, 《易理數理》, 團結出版社, 2009.

施維, 《周易八卦圖解》, 四川出版集團, 2008.

徐芹庭, 《易圖原流》, 臺灣中國書店, 2008.

周春才, 《易經圖典》, 海豚出版社, 2006.

Aczel, A. D., *The Mystery of The Aleph*, New York : A Washington Square Press Publication, 2000.

Allen, R. E., *Plato's Parmenides*, New Haven: Yale University Press, 1997.

Aylward, Thomas F., *Feng Shui & Chinese Astrology*, London: Wakins Publishing, 2007.

Badiou, Alain, *Being and Event*, New York: Continuum, 2005.

——, *Number and Numbers*, Cambridge: Polity Press, 2008.

——, *Logics of World*, New York: Continuum, 2009.

——, *Number and Numbers*, Cambridge: Polity Press, 2008.

Barr, Stephen, *Experiments TOPOLOGY*, New York: Dover Publications Inc., 1964,

Bartlett, Steven J., and Suber, Peter, *Self-Reference*, Boston: Martinus Nijhoff Publishers, 1987.

Bohm, David, *Wholeness and the Implicate Order*, Boston: Routledge and Kegan Paul, 1980.

Berlinski, David, *The Advent of the Algorithm*, San Diego, Harcourt, Inc., 2000.

Brennan, J.H., *The Magical I Ching*, St. Paul: Llewellyan Publications, 2000.

Burke, James, *The Day The Universe Changed*, Boston: Little Brown and Company, 1985.

Charmers, David J., *Metametaphysics*, Oxford: Clarendon Press, 2009.

Clearly Thomas, *I Ching Mandalas*, Boston: Shambala, 1989.

Chihara, C.. "The Semantic Paradox: A Diagnostic Investigation", *The Philosophical Review* (Oct.1979)

Clark, Michael, *Paradox from a to z*, London: Routledge, 2002.

Cobb, John B. Jr., *Christian Natural Theology*, Philadelphia: The Westminster Press, 1976.

——, *Whitehead Word Book*, Claremont: Visit P&F Press, 2008.

Da, Lieu, *I Ching Numerology*, San Francisco: Harper and Row, 1979.

Deleuze, Gilles, *Difference and Repetition*, New York: Columbia University Press, 1994.

Devlin, Keith, *Mathematics, The Science of Patterns*, New York: Henry Holt & Company, 1994.

Evans, Gareth, *The Varieties of Reference*, Oxford: Clarendon Press, 1982.

Falletta, N. *Paradoxicon*, Wallingborough: Turnstone, 1983.

Gardner, Martin, *The Colossal Book of Mathematics*, New York: W.W. Norton & Company, 2001.

Gupta, Annil, *The Revision Theory of Truth*, London: The MIT Press, 1993.

Heidegger, Martin, *The Metaphysical Foundation of Logic*, Indianapolis: Indiana University Press, 1982.

————, *Parmenides*, Indianapolis: Indiana University Press, 1992.

Henle, James M., *An Outline of Set Theory*, New York: Dover Publications Inc., 1986.

Herzberger, Hans G., "New Paradodxes for Old", *Proceedings of the Aristotelian Society* 81(1981).

Huang, Alfred, *The Numerology of the I Ching*, Vermont: Rochester, 2000.

Karcher, Stephen, *Total I Ching*, London: PIATKUS, 2003.

Ko, Young Woon, *Paradox, Harmony and Change*, Denver: Oputkirst Press Inc., 2005.

Lakoff, G. & Nunez R. E. , *Where Mathematics Comes From?*, New York: Basic Books, 2000.

Legge, James, *The I Ching*, translated, New York: Dover Publications Inc. 1899.

Ming—Dao, Deng, *The Living I Ching*, San Francisco: Harper Collins Publishers, 2006.

Ockover, Clifford A., *Surfing Through Hyperspace*, New York: Harper Collins Publisher, 1999.

————, *The Loom of God*, Cambridge: Perseus Books, 1997.

Pease, Marshall, *The Aquarian I Ching*, Albuqueque: Brotherhood of Life, Inc., 1993.

Pickover, Clifford, *The Moebius Strip*, New York: Thunder Mouth Press, 2006.

————, *The Loom of God*, Cambridge: Perseus Books, 1997.

Priest, Graham, *Logic*, London: Sterling, 2000.

————, *Beyond the Limits of Thought*, Oxford: Clarendon Press, 2002.

————, *Toward Non—Being*, Oxford: Clarendon Press, 2005.

Ramsey, F. P., *Foundation of Mathemetics*, 1925.

Reifler, Sam, *I Ching*, New York: Bantam Books, 1974.

Rick, L.M. "Some Notes on the Mediaeval Tract Deinsolubilibus with the Edition of a Tract Dating from the End of the Twelfth Century", *Vivarium* 4, 1966.

Rosen, Steven M., *Topologies of the Flesh*, Athens: Ohio University Press, 2006.

———, *Dimensions of Apeiron*, New York: Amsterdam, 2004.

Rucker, R., *Infinity and the Mind*, Princeton: Princeton University Press, 1995.

Russell, Bertrand, *Introduction to Mathematical Philosophy*, London: George Allen & Unwin LTD., 1960.

Sainsbury, R.M. *Paradoxes*, New York: Cambridge University Press, 1995.

Salmon, Nathan, *Metaphysics, Mathamatics, and Meaning*, Oxford: Clarendon Press, 2005.

Sandifer, Jon & Yang, Wang, *The Authentic I Ching*, London: Wakins Publishing, 2003.

Schoenberger Martin, *The I Ching & Genetic Code*, New York: ASI Publishers Inc., 1979.

Secter, ondo, *I Ching Clarified*, Boston: Charles E. Tuttle Company, Inc., 1993.

Shanker, S., *Wittgenstein and the Turning Point in the Philosophy of Mathematics*, New York: Routledge, 1991.

Shchutskii, Lulian, *Research on the I Ching,* London: Routledge & Kegan Paul, 1979.

Simmons, K., *Universality and the Liar*, New York: Cambridge University Press, 1993.

Smullyan, Raymond, *Daigonalization and Self-Reference*, Oxford: Clarendon Press, 1994.

Song, Ha Suk, *The Nature and the Logic of Truth*, Claremont: Claremont Graduate School, 1994.

Stahl, Saul, *Geometry From Euclid to Knots,* New York: Dover Publications Inc., 2003.

Sung, Z. D., *The Symbol of Yi King*, New York: Pagan Book, 1969.

Swetz, Frank J., *Legacy of the Luoshu*, Wellesley: A. K. Peters, Ltd., 2008.

Taylor, Kenneth, *Truth and Meaning*, Malden: Blackwell Publisher Inc., 1998.

Tian, Chenshan, *Chinese Dialectics*, Oxford: Lexington Books, 2005.

Tiles, Mary, *The Philosophy of Set Theory*, New York: Dover Publications Inc., 1989.

Vlastos, G., "The Third Man Argument in the Parmenides", *Philosophical Review*, vol. 63, Issue 3, July, 1954.

Walker, Barbara G., *The I Ching of the Goddess*, New York: Harper & Row, San Francisco, 1986.

Wallace, David Foster, *Everything and More*, London: W. W. Norton & Company, 2003.

Weden, Michael V., *Aristotle's Theory of Substance*, Oxford: Oxford University Press, 2000.

Werner, Gerhard, "The Topology of the Body Representation in the Somatic Afferent Pathway", Schmitt, F. O., ed., *The Neurosciences*, New York: The Rockfeller Univ. Press, 1970.

Yablo, Stephen, "Truth Definite Truth, and Paradox", *Jr. of Philosophy* 86, 1989.

Kripke, Saul, "Outline of a Theory of Truth", *Jr. of Philosophy* 72, 1975.

# 찾아보기